经以修七
建行简束
贺教务印
责大攻向项目
心至玉展

李崇林
明山有人

教育部哲学社會科學研究重大課題攻関項目
"十三五"国家重点出版物出版规划项目

我国城市住房制度改革研究
——变迁、绩效与创新

A STUDY ON REFORM OF
URBAN HOUSING SYSTEM IN CHINA:
CHANGE, PERFORMANCE AND INNOVATION

高 波
等著

中国财经出版传媒集团
经济科学出版社
Economic Science Press

图书在版编目（CIP）数据

我国城市住房制度改革研究：变迁、绩效与创新/
高波等著 . —北京：经济科学出版社，2017.5
教育部哲学社会科学研究重大课题攻关项目"十三五"
国家重点出版物出版规划项目
ISBN 978 - 7 - 5141 - 8082 - 4

Ⅰ.①我… Ⅱ.①高… Ⅲ.①城市 - 住房制度改革 -
研究 - 中国 Ⅳ.①F299.233.1

中国版本图书馆 CIP 数据核字（2017）第 128630 号

责任编辑：王红英
责任校对：杨　海
责任印制：邱　天

我国城市住房制度改革研究
——变迁、绩效与创新
高　波　等著
经济科学出版社出版、发行　新华书店经销
社址：北京市海淀区阜成路甲 28 号　邮编：100142
总编部电话：010 - 88191217　发行部电话：010 - 88191522
网址：www.esp.com.cn
电子邮件：esp@ esp.com.cn
天猫网店：经济科学出版社旗舰店
网址：http://jjkxcbs.tmall.com
北京季蜂印刷有限公司印装
787 × 1092　16 开　25 印张　480000 字
2017 年 5 月第 1 版　2017 年 5 月第 1 次印刷
ISBN 978 - 7 - 5141 - 8082 - 4　定价：63.00 元
（图书出现印装问题，本社负责调换。电话：010 - 88191510）
（版权所有　侵权必究　举报电话：010 - 88191586
电子邮箱：dbts@ esp.com.cn）

课题组主要成员

著 作 者 高 波 赵奉军 王辉龙 毛丰付
其他成员 王先柱 王 斌 陈 健
骆祖春 程 瑶

编审委员会成员

主　任　周法兴

委　员　郭兆旭　吕　萍　唐俊南　刘明晖

　　　　刘　茜　樊曙华　解　丹　刘新颖

总　序

哲学社会科学是人们认识世界、改造世界的重要工具，是推动历史发展和社会进步的重要力量，其发展水平反映了一个民族的思维能力、精神品格、文明素质，体现了一个国家的综合国力和国际竞争力。一个国家的发展水平，既取决于自然科学发展水平，也取决于哲学社会科学发展水平。

党和国家高度重视哲学社会科学。党的十八大提出要建设哲学社会科学创新体系，推进马克思主义中国化时代化大众化，坚持不懈用中国特色社会主义理论体系武装全党、教育人民。2016 年 5 月 17 日，习近平总书记亲自主持召开哲学社会科学工作座谈会并发表重要讲话。讲话从坚持和发展中国特色社会主义事业全局的高度，深刻阐释了哲学社会科学的战略地位，全面分析了哲学社会科学面临的新形势，明确了加快构建中国特色哲学社会科学的新目标，对哲学社会科学工作者提出了新期待，体现了我们党对哲学社会科学发展规律的认识达到了一个新高度，是一篇新形势下繁荣发展我国哲学社会科学事业的纲领性文献，为哲学社会科学事业提供了强大精神动力，指明了前进方向。

高校是我国哲学社会科学事业的主力军。贯彻落实习近平总书记哲学社会科学座谈会重要讲话精神，加快构建中国特色哲学社会科学，高校应需发挥重要作用：要坚持和巩固马克思主义的指导地位，用中国化的马克思主义指导哲学社会科学；要实施以育人育才为中心的哲学社会科学整体发展战略，构筑学生、学术、学科一体的综合发展体系；要以人为本，从人抓起，积极实施人才工程，构建种类齐全、梯队衔接的高校哲学社会科学人才体系；要深化科研管理体制改革，发挥高校人才、智力和学科优势，提升学术原创能力，激发创新创造活力，建设中国特色新型高校智库；要加强组织领导、做好统筹规划、营造良好学术生态，形成统筹推进高校哲学社会科学发展新格局。

哲学社会科学研究重大课题攻关项目计划是教育部贯彻落实党中央决策部署的一项重大举措，是实施"高校哲学社会科学繁荣计划"的重要内容。重大攻关项目采取招投标的组织方式，按照"公平竞争，择优立项，严格管理，铸造精品"的要求进行，每年评审立项约 40 个项目。项目研究实行首席专家负责制，鼓励跨学科、跨学校、跨地区的联合研究，协同创新。重大攻关项目以解决国家现代化建设过程中重大理论和实际问题为主攻方向，以提升为党和政府咨询决策服务能力和推动哲学社会科学发展为战略目标，集合优秀研究团队和顶尖人才联合攻关。自 2003 年以来，项目开展取得了丰硕成果，形成了特色品牌。一大批标志性成果纷纷涌现，一大批科研名家脱颖而出，高校哲学社会科学整体实力和社会影响力快速提升。国务院副总理刘延东同志做出重要批示，指出重大攻关项目有效调动各方面的积极性，产生了一批重要成果，影响广泛，成效显著；要总结经验，再接再厉，紧密服务国家需求，更好地优化资源，突出重点，多出精品，多出人才，为经济社会发展做出新的贡献。

作为教育部社科研究项目中的拳头产品，我们始终秉持以管理创新服务学术创新的理念，坚持科学管理、民主管理、依法管理，切实增强服务意识，不断创新管理模式，健全管理制度，加强对重大攻关项目的选题遴选、评审立项、组织开题、中期检查到最终成果鉴定的全过程管理，逐渐探索并形成一套成熟有效、符合学术研究规律的管理办法，努力将重大攻关项目打造成学术精品工程。我们将项目最终成果汇编成"教育部哲学社会科学研究重大课题攻关项目成果文库"统一组织出版。经济科学出版社倾全社之力，精心组织编辑力量，努力铸造出版精品。国学大师季羡林先生为本文库题词："经时济世　继往开来——贺教育部重大攻关项目成果出版"；欧阳中石先生题写了"教育部哲学社会科学研究重大课题攻关项目"的书名，充分体现了他们对繁荣发展高校哲学社会科学的深切勉励和由衷期望。

伟大的时代呼唤伟大的理论，伟大的理论推动伟大的实践。高校哲学社会科学将不忘初心，继续前进。深入贯彻落实习近平总书记系列重要讲话精神，坚持道路自信、理论自信、制度自信、文化自信，立足中国、借鉴国外，挖掘历史、把握当代，关怀人类、面向未来，立时代之潮头、发思想之先声，为加快构建中国特色哲学社会科学，实现中华民族伟大复兴的中国梦作出新的更大贡献！

教育部社会科学司

前　言

本书是教育部哲学社会科学研究重大课题攻关项目《我国城市住房制度改革研究》（项目批准号：10JZD025）的最终成果。重大攻关项目组基于经济学理论的建构阐释和我国住房市场体系发展实践的总结展望，对我国城市住房制度进行了较为系统的研究，这部书旨在把我们研究过程中的思考和发现呈现给读者。

房地产和房地产业是中国经济中最重要的组成部分，住房制度内嵌于中国的政治、经济、社会制度。中国经济步入新常态，是认识中国发展和制度变迁的现实基础。分析中国城市住房制度必须置身于中国特色社会主义政治经济学的宏观图景之中。新的发展阶段和发展环境下，中国房地产业特别是城市住房制度必须适应变化，顺势变革。第一，住房制度是新常态下供给侧结构性改革的重要内容之一。绕开住房制度的改革实践，忽略住房制度的改革理论必然难以取得理想的综合效果。第二，结构性问题是住房制度改革中的核心问题。这些结构性问题体现在财富与分配的失衡，房地产业与其他产业之间结构的失衡，房地产供求结构失衡，以及住房制度设计的失衡。第三，供给侧结构性改革要求住房制度改革提供支撑条件。一方面，要努力摆脱经济增长对房地产业的过度依赖；另一方面，房地产业可持续发展也为社会经济创新驱动和转型升级提供支撑和保障。衡平两者关系，需要高超的政治远见和政策艺术。

创新、协调、绿色、开放、共享的新发展理念，是推进我国城市住房制度的供给侧结构性改革的重要指导思想。在开放的经济全球化时代，我国房地产业必须不断进行制度、管理和技术创新，协调各种要素，实现智能绿色发展，提高全体人民的获得感和幸福感。基于历史的视角，我们对我国城市住房制度的变迁、行为、绩效和创新的研究仍然是初步的。随着中国新型城镇化的推进和进入服务业经济占主导的社会，都市圈、城市带在经济社会发展中的角色日益凸显，城市间的融合与共生关系更加紧密，未来的研究将更加注重城市发展中的房地产业发展，更加注重构建和完善城乡统一的住房市场和土地制度，更加注重住房制度和政策设计中统筹协调市场、政府以及长期被忽视的第三部门的关系。

本重大攻关项目依托于南京大学，由国务院参事室、杭州师范大学、浙江工商大学、南京财经大学、安徽工业大学和江苏省社会科学院等高校和单位的专家组成重大攻关项目组。我担任重大攻关项目首席专家，重大攻关项目组成员包括：赵奉军博士、王辉龙博士、毛丰付博士、陈健博士、王先柱博士、程瑶博士、骆祖春博士和王斌博士。

近年来，重大攻关项目组围绕我国住房制度改革这一主题，取得了一系列成果。项目组的阶段性研究成果《中国房地产周期波动与宏观调控》（高波、赵奉军，2012）、《中国土地财政问题研究》（骆祖春，2012）、《基本公共服务对房地产市场的溢出效应研究》（李祥，2014）、《现代房地产金融学》（高波，2015）和《住房消费与扩大内需》（高波、王辉龙，2015）已陆续出版。在《经济研究》、《金融研究》、《财贸经济》、《经济学动态》、《经济评论》、《改革》等学术刊物发表论文80余篇。先后有10余位博士研究生围绕相关子课题展开研究，撰写博士学位论文，有10位同学顺利通过博士论文答辩，获得经济学博士学位。

本书是集体合作的成果。2016年2月5日教育部社会科学司下发了重大攻关项目的结项证书和专家鉴定意见。3月中旬，根据专家鉴定意见和修改建议，重大攻关项目组专门召开了专家研讨会，毛丰付博士、毛中根博士、洪涛博士、王业强博士、王辉龙博士、王先柱博士、赵奉军博士、王斌博士等与会专家对课题总报告修改提出了宝贵的建设性意见。之后，我在课题研究成果的基础上提出了本书的逻辑思路和大纲安排，赵奉军、王辉龙和毛丰付参与了全书的统筹、写作和修改。最后，由我对全书进行了全面的修改和统稿。

在重大攻关项目研究过程中，我们得到了诸多同行的大力支持和无私帮助。课题组调研足迹遍布全国30多个省市区，感谢所有给予项目调研支持的单位和个人。重大攻关项目研究过程中，国内外的专家和学者给予课题组许多有价值的建议，课题组在与这些同行的交流中获益匪浅，并借鉴了许多学者的大量研究成果。在本书成稿及修改过程中，博士研究生樊学瑞、郑建锋、孔令池等同学还做了大量查找文献和绘制图表的工作，充分展示了他们的才华和敬业精神。重大攻关项目在研期间，我指导的已毕业和在读博士研究生、硕士研究生参与了课题的调研和研究，他们不计得失、紧密合作，这种"勤奋、高效、求真、务实"的团队精神是重大攻关项目组高质量完成课题研究工作的重要保证。

书成之际，十分感谢教育部社会科学司对我们重大攻关项目组的信任和指导。南京大学校长办公室、社科处、商学院为我们的调研和项目管理提供了无私的帮助。感谢南京大学洪银兴教授一直以来对本重大攻关项目研究的关心和指导，给我们带来莫大的精神鼓励和实质帮助。重大攻关项目结项成果顺利出版，还要特别感谢经济科学出版社社长、总编辑吕萍女士和本书责任编辑王红英女士细致、认真、耐心的帮助。

"不觉碧山暮，秋云暗几重"，学术研究的时光总是太匆匆，我们仍将在住房制度改革研究的道路上继续前行！

2017 年 3 月

摘　要

20 世纪 70 年代末期的改革开放，开启了我国城市住房制度改革的历程。1987 年下半年深圳市在内地首次拍卖土地使用权，标志着我国房地产市场的产生和房地产业的萌发。相较于农业体制、国有企业体制、财税体制和金融体制改革等，城市住房制度改革进展缓慢。而 1998 年开始大力推行的城市住房分配货币化改革，使我国城市住房制度改革和房地产业发展取得了重大突破性进展。城市住房制度改革和房地产业的快速成长，使绝大多数居民的居住条件得到显著改善，房地产业在促进经济增长、加速城镇化、刺激消费需求、实现充分就业、增进国民财富和扩大地方政府财政收入等方面发挥了巨大的作用。当前，我国房地产业处于多种因素叠加、影响十分复杂的新阶段。一是世界经济正处于由经济全球化和信息技术革命推动的第五轮康德拉季耶夫长波周期下行阶段。二是正在发生的第四次科技革命，将深刻影响我国房地产业的创新发展。三是中国经济从中高收入艰难跨入高收入阶段，步入经济新常态。四是我国进入工业化后期，城镇化后半程。五是我国房地产业处于成长阶段走向成熟阶段的转折期。这些因素正是我们谋划和实施"我国城市住房制度改革研究"的现实背景。所以，本研究和政策建议不仅仅是学术自洽，而是充分考虑了当前复杂的社会经济现实环境。

住房问题是全面建设小康社会进程中的重大战略问题。城市住房问题并没有因为住房分配货币化改革而消弭，我国经济进入新常态，住房市场呈现出更加复杂的局面。少数热点城市房价的快速上涨和房价的剧烈波动引发了社会各界对房地产泡沫和住房支付能力的担忧；

地方政府对土地财政和房地产业的过度依赖加深了债务危机；城乡分割的二元土地制度和住房制度及大规模农业转移人口长期排斥在城市住房供应体系之外；住房建设、交易和持有环节税收体制混乱；住房金融体系不健全、政策性住房金融功能不足；住房保障体系不完善；房地产市场的宏观调控不力，等等。凡此种种，不一而足。住房问题一直是整个社会关注的焦点问题。人们已经认识到，中国城市住房问题之所以迁延不愈，在很大程度上既受制于住房问题的复杂性，更与住房制度改革和住房制度体系建设滞后大有关联。这些关系到我国城市住房制度的深层次问题和基础性制度安排，关系到住房市场的长效机制建设。

本书旨在讨论在经济新常态和房地产业由增长型周期向古典型周期转换的背景下，中国城市住房制度的变迁、行为和绩效，并提出住房制度的创新思路及改革方案。全书系统梳理和归纳总结了我国城市住房制度改革的历程和得失，揭示了住房制度改革背后的经济逻辑，分析了房地产市场存在的问题，提出了城市住房制度改革必须坚持的原则，重点从住房市场和住房价格形成机制、土地制度、住房财税制度、住房金融制度和住房保障制度等五个制度维度，探讨我国城市住房制度变迁、行为和绩效，并据此展开城市住房制度总体设计，谋求未来实现所有城市常住人口"住有所居"、"住有宜居"、"人人享有适当住房"的住房发展目标之策。

住房的耐用消费品属性和投资品属性并具，是政府干预的对象，住房对居住者的身心健康和生活满意度以及劳动力市场的就业、人口生育状况产生显著影响，住房甚至成为一种特殊的社会文化符号。住房制度是一个国家或地区关于住房的开发、投资、分配、消费、交易、价格和管理等方面的法律、法规、政策及非正式规则等调整人与自然、人与人关系，并约束人们行为的规则集。我国经过近40年的城市住房制度改革，基本建立了与社会主义市场经济体制相适应，住房开发企业化、住房分配货币化、住房配置市场化、住房管理社会化和政府主导公共住房保障的住房制度。尽管如此，我国城市住房制度仍存在一些明显的问题，诸如：住房政策左右摇摆，不断出台应急性政策措施，长效机制缺乏；住房制度体系不协调，某些制度改革滞后；住房制度的制度环境不完善，住房制度的配套性改革措施不足；城乡分隔、城乡二元的住房市场和土地制度等。城市住房制度的缺陷，在城市住房市场上得到充分的反映。当前，我国住房市场上存在的问题是：部分城市房价远超居民支付能力；投资性住房需求不能有效遏制，挤出效应明显；住房预售制度引发住房市场交易秩序混乱；住房租赁市场不成熟；农业转移人口的住房问题突出；城市住房用地比例偏低；保障房的规模、结构和退出机制不合理；二元土地制度下的小产权房问题严峻；政策性住房金融体系不健全；住房市场信息不充分不完全等等。由于各国政治、经济和社会环境的差异，世界各国不同时期的住房制度和住房政策亦不尽一致，对我国住房制度改革和住房政策完善具有借鉴价值。

　　房价是住房制度研究的核心问题。当下中国城市房价的特征是：（1）房价涨幅惊人，高房价主要集中在东部沿海热点城市。（2）房价表现出剧烈的短周期波动。（3）房价的城市空间相关性显著，大城市房价的溢出效应明显。（4）房租滞后于房价上涨，存在城市房价租金"剪刀差"或房价泡沫。从房价生成的制度环境来看，"有土斯有财"的民族心理，造成对土地和住房的特殊偏好，收入和财富分配的恶化，为增长而竞争的地方政府行为和"以土地谋发展"的地方增长模式，腐败和公共治理机制的缺失以及全球化的冲击等对住房市场的参与者产生了强烈的影响。从基本面来分析中国城市房价上涨的动力，主要涉及需求面和供给面的因素。对于需求面来说，人口的城乡、性别和年龄结构变动，收入增长，金融支持促使中国城市住房需求扩张而引发房价上涨。在供给面，住房成本上升、公共品和公共服务水平提升推动了房价上涨。从收入分配视角看，由于房价的非理性上涨，中国城镇居民的住房支付能力确实受到挑战。

　　土地制度的变迁对住房市场的运行和发展具有关键影响。长期以来，城乡建设用地市场不统一、工业用地与住宅用地的价格扭曲及用途转变不规范等是当下极其重要和亟须解决的问题。住房市场的可持续发展有赖于土地制度的改革和创新：一是承认并赋予农民充分的农地承包经营权、流转权、抵押权和宅基地财产权及处分权。二是给予农业转移人口充分的住房交换权，防止陷入住房贫困。三是平衡好工

3

业用地产出效率与住宅用地溢价之间的关系，夯实经济社会基本面。在此基础上，经过 5～10 年的改革和探索，建立和完善与新型城镇化和城乡发展一体化相适应的城乡统一的住房市场和土地制度。在土地公有制条件下，伴随着人口和土地的快速城市化，土地财政成为我国现阶段一个独特的经济现象。土地财政对地区经济增长、城市基础设施建设、公共服务供给和城市发展发挥了重要作用，亦是促使城乡收入分配恶化和金融风险加剧的因素。因此，要改进政府治理结构、重构财政分权体系和完善土地产权制度，进而实现土地财政向房地产税收财政转型。

现实中，房地产税收财政困境重重。城市的功能在于建立在规模经济基础上更有效率地提供城市基础设施和公共服务。城市公共产品的供给需要大规模的一次性投资和金额庞大的后期维护费用。因此，政府要不断改革和完善房地产财税体制，按照"宽税基、简税种、低税率"的原则，对行政管辖范围内的土地、房产等财产征税，为地方政府更好地供给公共产品和服务提供充足的财力保障。由中央政府确定房地产税制框架，地方政府根据"谁受益、谁缴税"和"量入而出"的准则，采取民主决策确定房地产税的课税对象、税基和税率。与此同时，政府主导基础设施和基本公共服务供给，并促使基本公共服务均等化。在城市公共产品和公共服务领域，政府要切实放开市场准入，鼓励各种社会组织、市场主体以及社会公众参与提供公共产品和公共服务。

从国际经验来看，住房金融功能由政策性和商业性住房金融体系共同承担。现实中，我国的住房公积金制度存在定位不准确、机构不完善、金融功能不强诸多问题，务必建立国家、省市区住房公积金管理机构，全面拓展政策性住房金融功能，条件成熟时改组为专业性、政策性住房银行。而我国的商业性住房金融体系，间接融资发展较快，直接融资发展滞后，住房金融风险凸显。因此，要创新住房金融工具，拓展住房金融服务，促使股票、债券、房地产投资信托基金（REITs）等直接融资业务和房地产证券化的发展。

市场经济条件下的住房制度，一般以市场机制运行满足多层次住房需求，以政府主导提供基本保障。我国的公共住房体系虽走过了一段弯路，但已渐入佳境。当前，我国住房保障制度存在的问题有：保障房的定位不准确，各级政府对于住房保障的责任界定不清，农业转移人口长期游离于住房保障体系之外，土地、融资和准入、退出等住房保障实施机制缺陷明显，以及外部制度环境不完善等。因此，要从包容性发展的视角建构和完善住房保障体系，政府在主导住房保障过程中，主动引入市场机制，引导全社会关注和参与住房保障，有效实现住房保障的宏伟目标。

Abstract

The reform and opening-up in the late 1970s started the course of urban housing system reform in China. Shenzhen auctioned the right to use land in mainland China for the first time in the second half of 1987, which marked the appearance of real estate market and the emergence of real estate industry in China. Urban housing system reform progress was slower compared with the reforms in agricultural system, state-owned enterprise system, fiscal and taxation system, financial system, etc. However, since the reform of urban monetized housing allocation was vigorously promoted in 1998, urban housing system reform and real estate industry development made significant breakthrough in China as a result. The living conditions of most residents have been improved remarkably due to urban housing system reform and rapid growth of the real estate industry. The real estate industry had played a great role in the aspects of promoting economic growth, accelerating urbanization, stimulating consumption demand, achieving sufficient employment, promoting national wealth, expanding fiscal revenue of local governments, etc. Currently, Chinese real estate industry is undergoing a new stage with superposed factors and complicated influences. Firstly, the world economy is just in the downward phase of the fifth Nikolai Kondratiev long-wave cycle driven by economic globalization and information technology revolution. Secondly, the fourth technological revolution is happening at present, which will affect the innovative development of the real estate industry in China profoundly. Thirdly, China is trying to step into high-income stage from its inter medium stage, entering a new normal state of economy. Fourthly, China is undergoing the later stage of industrialization and the second-half period of urbanization. Fifthly, China real estate industry is just in the transition period of developing from the growth stage to the maturity stage. These factors are realistic backgrounds of our plans and implements for our research on urban housing system reform in China. Therefore, the research and policy suggestions are not only including academic perspective, but also considering fully on current complicated realistic environment of society and economy.

Housing is a major strategic issue in the process of comprehensive construction of a well-off society. Urban housing problem does not disappear by monetization reform of housing allocation. In contrast, with China enters new normal stage of economy, housing market presents a more complex situation. All levels of people in society worry about real estate bubbles and housing affordability due to rapid house price increase and sharp fluctuations of house price in a few popular cities. The debt crisis risk accumulates due to over-reliance of local governments on land finance and real estate industry. Dual Urban – Rural Structure, housing system, and large-scale agricultural migratory population are excluded from urban housing supply system for long time; the tax systems are disordered in housing construction, trading and holding links; housing finance system is defective, and policy housing finance functions are insufficient; housing security system is imperfect; the real estate market is lack of macroeconomic regulation, etc. Such problems are numerous. Housing has always been the spotlight of the whole society. People have realized that protracted Chinese urban housing problem is due to great complicated housing problem. Lagged housing system reform and housing system construction even have stronger relationship. Those deep-seated problems relate to not only Chinese urban housing system and basic system arrangements but also construction of long-term systems in the housing market.

This book aims to discuss urban housing system changes, behaviors, and performances under the new normal stage of economy and the background of converting the real estate industry from the growth cycle to the classic cycle, proposing innovative concepts and housing system reform plans. It also systemically concludes pros and cons of Chinese urban housing system reform, revealing the economic logic behind the housing system reform. Problems in the real estate market are analyzed; the principles that must be followed in urban housing system reform are proposed; the changes, behaviors and performances of Chinese urban housing system are discussed mainly from five system dimensions, including the housing market and housing prince formation system, the land institution, the housing tax system, housing finance system, the housing security system, etc. Urban housing systems are designed as a whole accordingly, thereby seeking solutions of housing development goals for all urban resident population in the future, namely "home to live in", "livable house to live in", and "enjoyable rights to live in".

Housing has properties of both durable consumer goods and investments goods. It is the aspect that government intervenes. Housing has prominent influence on residents' physical and mental health, life satisfaction, employment of labor market, and birth rates. Housing even becomes a special social and cultural symbol. Housing system is a set of rules including laws, regulations, policies and informal rules, which refers to housing development, investment, distribution, consumption, trade, price, management, in one country or region, and which is applied for adjusting the relationship between human beings and natural and among human beings, and limiting behaviors of human beings. China has basically set up a housing system compatible with the socialist market economy after urban housing system reforms for nearly 40 years, which is characterized by housing development enterprization, currency-based housing assignment, currency configuration marketization, housing management socialization and government-led public housing security. Even so, there are still some obvious problems in Chinese urban housing system, such as vacillated housing policies, emergency policies and measures are introduced unceasingly, and long-term system is insufficient; housing system is not harmonious, some system reforms are lagged behind; housing system environment is imperfect, supporting reform measured of housing systems are insufficient; there are urban-rural separation, urban-rural binary housing market, land system. Defects of urban housing systems are fully reflected in the urban housing market. Currently, the following problems are available in Chinese housing market-unaffordable prices in some cities, unpreventable demand of housing investment (an obvious crowding effect), trading confusion caused by pre-sale housing system, immature housing rental market, huge agricultural transfer population, relatively low urban housing ratio, unreasonable scale, structure, and exist system for low-income housing, severe problem to houses with limited property rights under Dual Urban – Rural Structure, imperfect policy housing finance system, inadequate and incomplete housing market information, etc. Different countries all over the world have inconsistent housing systems and housing policies in different stages because of the difference in political, economic and social environments among different countries, which provide valuable experience for Chinese housing system reform and housing policy.

House price is the core issue for research on the housing system. Chinese urban housing prices have the following characteristics presently: (1) House prices are surging surprisingly, and they are mainly concentrated in southeast coastal popular cities. (2) House prices show severe short-cycle fluctuations. (3) House prices have significant correlation to urban capacity, and the prices in metropolises have obvious crowding effect. (4) Rent is growing more slowly than house price, occurring "price scissors" or house price bubbles. The national common sense of "land equals to money" leads to special preference for land and housing from the perspective of institutional environment for house price generation, incurring deterioration of income and wealth distribution, local government behaviors with competition for growth and local growth patterns of "seeking development by land", corruption and deficient public governance system, strong global impact to participants in housing market. If we analyze the motivation of growth for Chinese urban housing prices from fundamental perspective, we may find out that is mainly relates to factors of demand and supply. From the demand perspective, rising housing cost, public goods, and public services promote the growth of housing prices. From the point of view of income distribution, the housing affordability of urban residents in China is actually challenged due to irrational rising of house prices.

The changes of land institution have critical influence on operation and development of the housing market. Non-conformant urban and rural construction land market, price distortion of industrial land and resident land, nonstandard purpose transformation and other problems are extremely important which should be solved urgently for a long time. The sustainable development of the housing market depends on reform and innovation of land systems: firstly, sufficient farmland contracted management right, circulation right, mortgage right, homestead property right and disposition right should be fully acknowledged and given to farmers. Secondly, sufficient housing exchange right should be given to people who transferred through agriculture thereby preventing them from housing poverty. Thirdly, the relationship between industrial land output efficiency and residential land premium should be balanced and social economic fundamentals should be strengthened. On these basis, after five to ten years' revolution and exploration, China should establish and ameliorate urban-rural unified housing market and land system adapting both new type urbanization and integration of urban and rural development. Under the condition of public ownership of land, combining with rapid urbanization of population and land, land finance becomes a unique economic phenomenon at present stage in China. It is also the factor to deteriorate urban and rural income distribution, aggravating financial risk. Therefore, it is necessary to improve the governance structure of the government, reconstruct fiscal decentralization systems, and improve land property right systems, thereby transforming land finance to real estate tax finance.

In reality, the real estate tax finance encounters many difficulties. The function of the city lies in providing urban infrastructure and public service more efficiently on the basis of scale economies. Large-scale one-time investment and large-amount post maintenance costs are required for the supply of urban public goods. Therefore, the government should constantly reform and complete real estate tax systems. Land, real estate and other properties are levied in the scope of administrative jurisdiction according to the principles of "relaxed tax basis, simplified tax categories, and low tax rate", thereby providing sufficient financial guarantee for local governments who could supply better public goods and services. The central government is responsible for determining the real estate tax system framework. The local government should apply democratic decision to determine the object, tax basis, and tax rate of real estate taxation according to the criteria of "profit-makers should pay the tax" and "making ends meet". Meanwhile, the government is mainly responsible for supplying infrastructure and basic public services, promoting equalization of basic public services. In the aspect of public goods and services, the government should open the market, encouraging all social organizations, main market players, and people to join and provide public goods and services.

International experience shows that housing finance functions should be jointly undertaken by policy and commercial housing finance system. In reality, Chinese housing accumulation fund system has many problems such as inaccurate positioning, imperfect system, weak financial function. It is necessary to establish the state, provincial, municipal and district housing accumulation fund management institutions for comprehensively developing policy housing finance functions, which can be reformed into professional and policy housing banks when there are mature conditions. However, Chinese commercial housing finance system is characterized by rapid development of indirect financing and lagged development of direct financing and prominent risks of housing finance. Therefore, it is necessary to innovate housing financial tools, expand housing financial services, and diversify the development of direct financing business and real estate securitization, such as stocks, bonds, real esate investment trusts (REITs).

The housing system under the condition of market economy meets multi-level demands for housing by market system operation. Basic guarantee is provided on the basis of government-orientation. Chinese public housing system has experienced a course of detour, but it already becomes more and more mature. Currently, Chinese housing security system has the following problems: affordable housing is positioned inaccurately; governments at all levels do not have clear definition on housing security responsibility; agricultural transfer population are excluded outside the housing security system for a long time, land, financing, entry, exit and other housing security enforcement systems have prominent defects; external institutional environment is imperfect, etc. Therefore, China should establish and ameliorate housing security system inclusive development perspective. During the process, the government should proactively introduce market system, lead whole society to follow and join housing security, and efficiently achieve the great goal of housing security.

目 ■ 录

Contents

Contents

1

第一章

住房问题的复杂性与城市
住房制度：理论和逻辑

住房及其环境不仅是一个遮风避雨的居住场所，更是公众生活和社会交往的空间，住房为社会大众获得各种公共资源，积累人力资本和社会资本，融入主流社会提供社会生产和再生产的空间。更值得注意的是，住房与"家"的概念紧密相连，具有心灵和精神需求上的价值。

人口和产业的集聚引致社区和城市的兴起，随着人口向城市集中，城市规模不断向外扩张，城市住房的区位属性逐渐显露出来，人们会为某一区位的住房展开竞争，城市成为住房问题集中的区域。住房提供的"居住"服务还必须与各种公共基础设施互补才有意义，而城市的功能在于建立在规模经济基础上更有效率地提供城市基础设施和公共服务。这些公共产品及准公共产品的数量和质量决定了城市土地的价值。城市不动产的价值，正是其所处区位公共产品的折射。这对城市政府的执政能力和各种公共资源的分配提出了挑战。在现代社会，住房往往又与金融市场联系紧密，其价格波动或住房的投资需求过度都可能引发金融危机。住房是大多数社会民众财富的主要构成部分，住房的巨大价值与可支付性之间的矛盾将引发居住权利困境，社会如何保障公民的基本居住权利则成为一个难题。

住房问题常常不是住房本身，而是其他经济、政治、社会问题的某种折射。诸如，收入分配失衡会严重影响到住房市场的健康发展；城市化和土地用途管制往往会造成短期的住房供求失衡；金融深化与货币供给的变化也会影响到住房价格。在分权制治理体系下，各级政府在住房问题上可能存在多种相互矛盾的目标，由于政府的治理体系和治理能力等原因而在面对复杂的住房问题时则显得捉襟见肘、进退失据。这意味着在分析住房问题时，需要综合考虑住房问题所处的复杂社会经济环境及其相互影响。

随着中国经济进入新常态，中国经济表现出中高速经济增长、城市经济和服务业经济占主导、中高端产业、创新驱动和更高水平的开放经济等特征（高波，2016）。由于经济周期和房地产周期的强关联性，这必然会传导到住房市场。而在中国城镇基本结束住房极度短缺进入结构性过剩时代，部分城市房地产库存严重，需要进一步深化城市住房制度改革，以支持实现原住民和新市民在城镇"住有所居"、"住有宜居"，真正覆盖城市所有常住人口"人人享有适当住房"的住房发展目标。

第一节　住房问题的复杂性

分析住房问题，必须对住房问题的复杂性有相当清醒的认识。从某种程度上来说，人们对住房问题的复杂性认识并不充分。住房问题的复杂性主要来自于住房商品本身的复杂性，它不仅仅是一种性质特殊的消费品，亦是一种具有保值增值功能的特殊的投资品，因而各国政府普遍对住房市场实施最广泛干预。与此同时，住房还是具有各种非经济功能的社会文化符号。

一、作为消费品的住房

（一）住房的异质性

大多数情况下，人们都能找到特征相同的商品，这是工业化时代大规模标准化生产的结果。尽管在互联网经济时代，在技术上已经能做到个性化定制满足异质性的消费者需求，但在经济上由于交易成本太高仍然不现实。住房与空间相联系的特征—空间，具有独一无二的固有属性，现实中的住房，与面积、新旧程度、结构设计、周边环境、楼层、装修以及社区服务乃至城市整体环境联系在一起。更为复杂的是，住房的异质性是与购买者的异质性联系在一起的。

为了解决这种异质性，奥尔森（Olsen，1969）曾经提出，可以假设存在一种无差异的单位叫"居住服务"（housing service），尽管所有的住房是不同的，但是它们都为居住者提供了一种服务流，这种服务流是无差异的，只存在量的多少，不同质量住房的差异可反映为所提供"居住服务"的单位数量是多少，由于"居住服务"是同质的，其市场价格也是固定的，那么消费者的决策则变成选择最优的对"居住服务"的需求量来解决异质性的问题。当然，这种观念仅仅在理论上可行，所谓同质性的"居住服务"在现实的住房市场上并不存在。另一种解决住房异质性的方法是通过特征价格法（Hedonic prices）来实现。其指导思想是承认住房消费的效用来自于住房的不同特征，通过假设各个特征对效用的影响相互独立，以住房特征而非住房本身为研究对象，间接分析出对住房的需求和价格的决定。对特征价格法的使用，主要是在该模型的基础上，进行回归等计量分析，进而用来编制住房价格指数，估计交通便利条件对房价的影响，估计外部性、邻里效应及对所在地政府的税收和支出政策的影响，估计对住房特征的需求函数等。这种广为使用的特征价格模型同样没有彻底解决住房的异质性问题，这是因为特征价格模型在回归方程形式的设定以及特征的分类上还存在着诸多难以克服的难题。

（二）超强的耐用性

作为消费品的住房，具有超强的耐用性。由住房的超强耐用性，衍生出以下三个问题。第一，既然住房耐用，满足居民住房需求的是全部住房，而不仅仅是增量住房。相反，增量住房相比城市住房总量是微不足道的。例如，我国住房消费核算中采用的是 2% 的折旧率。当然，现阶段的中国由于处于快速城市化过程中，我们每年的新房竣工面积会超出存量面积的 5%。从长期来看，真正影响总人口居住水平的并非新增加的住房量，而是已有的住房存量。研究住房存量其实非常重要，但这些住房的市场交易统计缺失，其历史交易信息十分缺乏。第二，鉴于其耐用性，住房这种商品的消费竞争性就另有含义。例如，对一般消费品来说，竞争性意味着商品不可能在不同的消费者之间流转使用。但住房超强的耐用性意味着住房可以在很长的一段时间内供不同的居住者使用。而且消费者获得居住使用权未必要求购买房子的所有权，可以通过租赁住房来实现居住需求。这就使得租买选择和租赁房市场成为住房研究领域中重要的一环。到底是租房合算还是买房更好成为社会公众至今争论不休的话题。不过，潜在的资本收益或损失并非选择租赁或购买的关键因素，从经验数据可以间接推断出，对固定住房居住时间长短的选择是影响居住权形式选择的关键因素。消费者预期在一个地方居留的时间越长，其购买住房的可能性越大。所以，未婚的年轻人、工作流动性强的人一般会选择租房子，而不是买房子。第三，住房的耐用性往往会成为人的一生中最大的一笔固定资产和财富，因而理性的消费者即使是纯粹的居住需求也会考虑一生效用的最大化，这意味着消费者在购买住房时并非利用当前的收入和财富，而是要利用积累或储蓄，以及普遍需要金融机构的信贷支持。而银行为了规避风险，一般总是会有首付要求。这意味着住房的消费、储蓄和其他商品的消费会牵连在一起。根据托马斯·皮凯蒂（2014，第 117 页）在《21 世纪资本论》中的研究，由于住房价值的大幅攀升，导致了发达经济体的财富收入比过去 40 年出现了惊人的上升，1970 年财富总量是国民收入的 3 倍左右，到了 2010 年扩大至 5 ~ 6 倍。例如英国，住房财富在 1970 年是国民收入的 1.2 倍，到了 2010 年升至 3 倍；法国同期由 1.2 倍上升到 3.71 倍。

（三）空间固定性

住房具有空间位置的固定性，是一种典型的不动产。消费者无法移动住房，为了消费只有移动自己。而空间固定性一旦与住房本身的异质性相结合，就产生了搜寻成本（search cost）问题。由于住房是异质的，消费者为了购买最能满足自身需求的住房，就必须比较大量不同的住房，花费大量的时间和成本来获取每一套住房在各特征方面所对应的价值信息，从中挑选出认为最适合自己的目标。住房的异质性导致无法发展形成一个有组织的商品市场，因为缺乏同质单位的标准价格，也意味着除非通过搜寻否则无法获得精确的价格信息。但住房又是空间固定的，不像普通商品那样，某一类商品会整齐堆放在相邻的货架上，外包装上都印有该商品的信息，供人随意挑选。为准确获取住房的信息，消费者通常会亲自上门，对各个方面各个角落实地勘察。同时，对卖方而言，没有办法把商品汇集到一个统一的交易场所来吸引顾客并传递信息，也没有办法通过在市场中接触到的大量顾客来获取需求方的信息。以房东为例，就非常需要知道潜在租户的信誉质量问题，所以卖方为了与合适的买家交易也要进行搜寻。于是住房的信息就无奈的遍布在城市不同地区，阻止了市场信息的廉价散播，使得搜寻成本十分高昂。可以说，住房市场的一个特殊性在于，并不存在一个符合传统定义的"市场"本身。

搜寻行为以及高昂的搜寻成本引出了两个有意思的问题。一个是匹配过程和自然空置率问题，另一个则是仅仅为了降低搜寻成本，衍生出了一个相对独立的住房中介产业。中介公司的广泛存在，反过来证明了住房的搜寻及交易成本究竟有多大，大到足以衍生出一个行业。搜寻行为的存在导致交易的完成依赖于匹配过程，而在匹配过程中不可避免会产生讨价还价的现象，交易双方都不是价格的接受者，而会参与定价。由于匹配过程有时很长，导致住房的交易时间可能持续数月甚至几年，这与一般商品在具备买卖双方时交易往往在瞬间完成有很大的区别，所以住房的交易时间也能成为研究的一个对象。

而当匹配不成功的时候，就发生了空置率的问题，空置率是搜寻和转手的正常结果，这一点在住房租赁市场比住房买卖市场表现得更为明显，在一定时期内在合理的价位下房子依然租不出去，是现实中广泛存在的现象，于是市场的变化往往体现在空置率上，而非直接体现在价格上。

（四） 动态非均衡性

住房所具有的上述几个特点结合在一起，则使住房及住房市场存在动态非均衡性。这种非均衡以两种形式存在，一种形式是数量意义由滞后调整造成的非均衡，另一种形式则是特征意义不匹配造成的非均衡。由于住房的异质性，当消费者想要调整对住房的需求时，无法简单通过数量调整来完成，比如多买几个苹果，而是必须调整对各种特征的需求。但是住房的空间固定性决定了这样的调整很难操作，合适的选择只有搬家。而一旦要搬家，重新寻找一套很好匹配自己需要的住房并非那么容易，因为搜寻成本非常高昂。为降低搜寻成本可以通过中介公司，但那还是需要支付一定费用。而除了搜寻成本之外，搬家还有其他不可忽略的成本，特别是随着移动过程有很多附加的成本就发生于物质的重新配置过程，家具、装修可能不合适了要换，而精神方面原来建立的邻里关系就丧失了。按照史密斯等（Smith et al. ，1988）的估计，所有成本折合成现金形式，可能占到住房价值的 8%～10%，考虑到住房总价大，这个成本非常高。正是由于搬迁会产生较大的搜寻和交易成本，对住房消费量的调整不可能立刻发生，只有当调整后的新住房比原来的住房所带来的效用增加值大于搬迁成本时，调整才会发生。

二、 作为投资品的住房

如果说住房作为消费品已经足够复杂的话，住房的另一个身份使问题的复杂程度达到了几何级数程度的增加。住房作为投资品，其具有的保值增值功能得到了社会的广泛认同。

在衡量投资品的时候，人们关注的几个主要特征是流动性、风险性、收益率。与金融资产相比，住房的流动性是最差的一种，因为它在物理上是固定资产，而交易成本又较高，其变现能力远不如其他金融资产或贵金属。住房的收益率不错，在正常情况下，通过出租获得的报酬率一般高出银行存款利息或股票的分红，通过转卖获得的差价更是十分可观。即使是纯粹自有住房，也要考虑其市场租金表征的虚拟租金收入。房地产的风险性是一个比较模糊的概念，由于它不是纯粹的虚拟资本，本身具有消费价值，所以不可能像股票那样可能成为废纸一张，也不会像货币那样遭受通货膨胀时的贬值或面临银行倒闭造成的损失，所以说房地产的风险性是比较低的，但是其价格又确实存在较明显的波动现象。房地产的另一个性质则是让人容易忽视其风险性的原因，房地产价值包含了其所属范围土地的价值，而不可再生的土地随着人口的增长，其价值从长期看是增加的。

较低的流动性，较高的收益率，以及模糊的风险性，住房这种不算太诱人的特征组合成为普遍被持有的投资品，这是因为住房真正的好处在于，当人们居住在里面享受其消费价值时并不影响投资功能的实现。这种身兼两个角色的特点对消费或投资者来说当然是好事，但对经济学的理论分析却是一个更严峻的挑战。

由于住房作为普遍的投资品，其带来的一个严重问题是投资者可能会因为其长期价格上涨预期而买入，而在短期既不出租也不出售，这种纯粹的住房投资需求会推动房地产价格上涨并酿成房地产泡沫，同时住房投资需求的扩张导致整个社会稀缺资源更多地涌向房地产业，进而对实体经济产生挤出效应（作为消费品的住房也是实体经济的组成部分，但作为纯粹投资品的住房并不是）。更严重的是，住房具有的超强耐用性和高价值也会成为金融界最青睐的抵押品，金融机构往往会在房地产投资需求市场繁荣时采取顺周期操作，通过降低首付比例或利率，提高杠杆，从而酿成金融危机。住房作为一种金融资产会随着属性的增强，导致信贷和货币供给的被动放大。根据霍尔达、舒拉里克和泰勒（Òscar Jordà, M. Schularick, A. M. Taylor, 2016）的研究，发达经济体的银行业务在过去 45 年中发生了重大变化（见图 1-1）。1928～1970 年，房地产信贷占全部银行信贷的比重由 30% 逐步上升到 35%。到了 2007 年，这一比例接近 60%，而其余 40% 的银行信贷中也有相当一部分可能是为商业房地产融资的。正如三位作者所言："标准教课书中描述的金融部门职能通常是在家庭部门储蓄与企业部门生产性投资之间提供中介服务，然而，这类传统业务在当今银行业务中的份额微不足道"。如果没有金融机构的参与，作为纯粹投资品的住房即使有泡沫，也不会威胁到整个金融和经济体系的稳定。因此，作为投资品的住房，天生具有价格的不稳定性（艾伦·W·埃文斯，2013，第 48 页），[①] 并因此成为监测金融稳定的重要指标。

---

① 需要指出的是，即使是作为消费品的住房，由于其异质性，也会带来价格的不稳定性。根据经济学的"核"理论，随着经济体中交易人数的增加，核将会越来越小，最终趋于一点。但是作为消费品的住房，由于其异质性以及交易并不是经常发生，在任何给定的交易状况下住房市场的参与者都不多，这会导致"核"是一个区间而不是一个点。

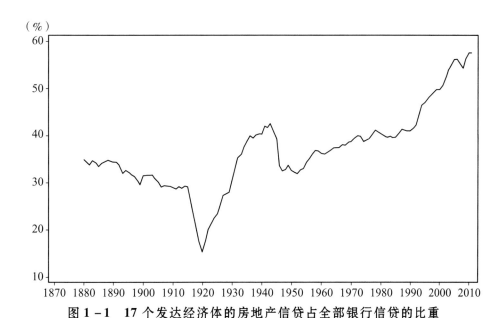

图 1-1　17 个发达经济体的房地产信贷占全部银行信贷的比重

资料来源：ÒscarJordà，MoritzSchularick，Taylor，A. M.，The great mortgaging：housing finance，crises and business cycles，Economic Policy，2016，31（85），pp. 107－152.

三、作为政府干预对象的住房

一般认为，房地产市场是政府干预措施最多的一个市场（罗森，2005）。伯恩斯和格林贝乐（Burns & Grebller，1977）提出"住宅干预理论"，先从有益物品、分配不均的物品、大工程和规模经济、市场不完善等政府干预市场的一般理由出发，又进一步从内部收益，如提高劳动生产率、健康状况、减少犯罪、外部收益、时间—空间—部门之间的分配等方面论证了政府干预的益处。哈什曼和奎格利（Harshman & Quigley，1991）指出，"所有发达国家都有某种形式的住宅问题，且不管它们对自由市场和中央计划是什么取向，都采用各种各样的住宅政策。它们以各种复杂形式控制、调整和补贴房屋的生产、消费、融资、分配和区位。事实上，与其他商品相比，住宅或许是所有消费品中受管制最重的。"而在第二次世界大战后，随着西方经济社会的发展，住宅逐渐演变成为一种社会权利。例如，美国在 1949 年通过的《住房法》的序言里，美国议会宣布了它的住宅目标："让每一个家庭都能在适宜的居住环境里拥有一个舒适的家"。在法案通过后的 50 多年里，联邦政府为资助全国的低收入者，建设、修缮了 500 多万户住房，同时为 20 多万户低收入家庭提供了租房券。

奎格利（Quigley，1999）以"为什么政府要在住宅事务中起作用"为题，基于北美的经验，从保护消费者、缓解外部性、收入分配和追求公平机会等方面论述了政府参与住房事务的原因。克拉珀姆（Clapham，1996）回顾和评价了英国住房体系的演变，认为住宅市场的内在不平稳性会强化国民经济的波动，市场体系不会带来经济增长的最大化，因此，政府对住房的干预，在实现住房目标上是必要的，对宏观经济增长也是有益的。卡茨等人（Katz, Turner, Brown, Cunningham & Sawyer，2003）在评估 1930 年以来美国州和地方政府的住房项目过程中，提出了政府干预住房市场的 7 个目标：稳定并扩大优质住房的供给；让更多的人买得起住房；促进社区居民在种族和经济阶层上的多元化；帮助家庭积累财富；巩固家庭；为居民提供基本的住房服务；促进都市区的协调发展。

2007 年美国爆发的次贷危机再次引发了政府对住房市场干预的大讨论。在此之前，学界基本上认可政府的一些干预措施，例如土地用途管制、区位规划、容积率、金融支持或税收优惠等，而在宏观经济政策或宏观调控上是否应该关注住房市场的信号一直莫衷一是。在 2008 年全球金融危机发生后，学界普遍倾向于宏观调控政策尤其是货币政策应该关注以房地产为代表的资产价格，也就是说，政府干预住房市场的理由已经远远超过改善民生的范畴。

四、作为社会文化符号和其他角色的住房

住房不仅仅是消费品和投资品或政府干预的对象，它还具有各种出人意料的影响，它不仅仅影响到子女的学业成绩、居住者身心健康和生活满意度，还会影响到劳动力市场的就业、生育状况，成为一种特殊的社会文化符号。

住房存在多种影响子女学业成绩或其他特征的机制。首先，要拥有并维持一套住房，父母亲必须拥有一些必要的技能，这些技能包括家庭内部的收支纪律和住房的维护，子女耳濡目染，更有利于他们融入社会。其次，住房的邻里属性是决定住房的特征价值（hedonic price）的一个重要方面，这意味着如果街区的孩子出现不轨行为将降低街区的房地产价值，这使得住房自有者从自身利益出发会关心街区孩子的行为。最后，拥有住房的人流动性更少，居住更稳定这本身有利于父母监控孩子的学习和其他行为，从而提高孩子的学习成绩。其他的渠道还包括住房有利于提高父母亲的自尊，以及更积极地参与构建当地的社会关系网络，这些都是有利于孩子成长的（Haurin et al.，2002）。在实证研究方面，格林和怀特（Green & White，1997）利用多种数据验证了住房对子女成绩的积极影响，并认为在低收入家庭中这种影响更明显。阿伦森（Aaronson，2000）发现拥有住房能有效降低孩子的辍学率。豪林等（Haurin et al.，2002）的实证研究发现，相对于租房家庭，自有住房家庭的孩子在数学、阅读和行为习惯上都表现得更加优

异。在豪林等人看来，如果自有住房确实显著影响了孩子的学习和行为习惯，这将会影响他们未来在劳动力市场的竞争力和收入，未来的反社会行为也会更少，因此公共支出支持自有住房实乃功在当代利在千秋的事情。

关于健康水平与住房状况的关系方面，在经济学或社会科学研究中很少见。大量的研究见诸一些医学或健康研究中。在理论上，住房能通过多种渠道影响住户的健康。首先，自住者相对于租房者而言，会有更大的动机或激励维护房子的完好性，住房设施的完整性能提供有利于居住者身心健康的良好环境。其次，住房自有者相对于租房者而言居住状况更稳定，他们搬家的频率要小得多，这种稳定的居住状态有利于他们了解居住周围的各种社会医疗设施，这也会有利于他们的健康。最后，住房所有权本身就是一个能提供健康的很好的资源，例如针对老人的反向抵押贷款。

住房的拥有状况被认为会影响个体的自尊、自控和生活满意度水平。罗森伯格（Rosenberg，1979）区分了获得自尊的三种机制：反应性评价（reflected appraisals）、社会比较（social comparison）与自我归因（self-attribution）。从反应性评价上看，自尊取决于他人怎么看待某人，如果其他人很尊敬某人，则这个人容易获得自尊。而社会尊重某人往往取决于这个人的收入、教育、职业或社会身份。显然，住房是社会身份的一种重要象征。其次，从社会比较上看，社会比较的原理显示一个人的自尊受到人际比较的影响。如果个人觉得自己比参考组做得更好，他们会容易获得自尊或自信。拥有自有住房的个人，可能会导致他们认为自己比那些租赁住房的人更成功。另外，尊严和自信还来自于人们往往会将成功实现某个目标视为自己的努力或才能，拥有住房而不是租赁住房往往被视为成功的实现人生的一个目标，这会潜意识的增强一个人对自己的才能和努力的肯定，从而获得自信和自尊。在实证研究方面，罗厄和斯特格曼（Rohe & Stegman，1994）利用面板数据，研究确认了自有住房显著影响了低收入者的生活满意度，并且拥有住房的低收入者更愿意参与社区的集会以及与邻居的互动。罗西和韦伯（Rossi & Weber，1996）利用美国综合社会调查的数据，发现自有住房能显著地增强居住者的自尊感。

除了自尊外，住房还能增强一个人对自主生活的控制感，即相信自己的生活由自我控制而不是命运或他人。拥有自己的住房使得个人能按照自己的偏好和口味修整住房、能获得更大的安全感，但是罗厄和斯特格曼（1994）的实证研究发现自住者和租住者的自控感差距在统计上并不显著。

对生活满意度而言，实证研究显示，种族、婚姻状况、年龄、收入、教育程度都会影响到主观福利（subject well-being）。在罗厄和斯特格曼的实证研究中，住房居住方式（自住或租住）比起收入、年龄等人口结构变量更显著地影响了生活满意度。迪茨和豪林（Dietz & Haurin，2003）认为这些研究存在不稳健的问题。在此之后，埃尔森加和胡克斯特拉（Elsinga & Hoekstra，2005）、迪亚斯 – 塞拉诺（Diaz – Serrano，2009）利用欧洲社区住户面板数据也得到了类似的结果。总体上来看，拥有自住住房而不是租房能显著地增强住户的居住和生活满意度。另外，对更积极地融入社区以及提升公民责任感和社会资本而言，自有住房也有积极的作用。相对于租住而言，住房自有者有着更强烈的渴望保护自己房子的利益动机，他们对社区的归属感更强烈，这使得他们更频繁的参与到和邻居与社区的互动中去，从而提升了社区的信任感和社会资本。

住房对劳动力市场也存在影响。一种观点认为住房自有不利于劳动力的流动，从而会导致劳动力市场缺乏弹性，促进失业率攀升。论证逻辑为，自有住房带来很大的迁移成本，我国民间素有"搬一次家穷三年"的说法。这意味着如果在某地有了自己的房子，即使当地劳动力市场不景气，劳动力流动到其他地方也是很难的。该假说最早由英国经济学家奥斯瓦尔德（Oswald，1996）提出，奥斯瓦尔德认为住房自有率每上升10%，将导致失业率上升2%。奥斯瓦尔德的断言引发了后续大量的实证研究，但实证研究结果并没有得到统一的结论。佩赫科宁（J. Pehkonen，1997）、帕特里奇和里克曼（Partridge & Rickman，1997）、尼克尔和莱亚德（Nickell & Layard，1999）利用 OECD 数据的实证研究中，在控制了若干变量后，发现了二者之间存在显著的正相关关系从而支持了奥斯瓦尔德假说。但是更多的研究并没有支持奥斯瓦尔德假说。有研究发现，有住房按揭贷款的人失业持续期更短，这与他们面临更大的压力因而更积极的在失业后寻找工作有关（Goss & Phillips，1997），同时也更加珍惜现有工作岗位，其就业变动频率更低（P. Flatau et al.，2003）。加西亚和埃尔南德斯（García & Hernández，2004）对西班牙的实证研究甚至发现了完全与奥斯瓦尔德相反的结论，他们发现对西班牙来说，住房自有率提高10%，会导致劳动力失业率降低2.2%。许多近期使用劳动力市场微观数据的实证研究也不支持奥斯瓦尔德假说。例如，芒奇等（Munch et al.，2006）使用丹麦的微观数据，将劳动岗位分为本地和外地，实证研究确认了奥斯瓦尔德所说的由于存在巨大的迁移成本，拥有住房的劳动力不愿意搜寻或接受外地的工作岗位，研究发现这些劳动力失业后有更大的机会在本地找到新的工作。最终的净效应显示住房自有的劳动者有更短的失业持续期。格林和亨德肖特（Green & Hendershott，2001）利用美国的数据没有发现二者之间存在显著关系，他们认为并没有什么能阻止美国家庭搬家到劳动力市场更繁荣的地区，只有父母亲都失业了，美国家庭才有可能留在当地等待劳动力市场复苏。总体上看来，使用宏观数据支持奥斯瓦尔德的多一些，而使用微观数据的则相反。

另外，住房还会通过生育行为的渠道影响劳动力市场。一般来说，父母亲总是希望给孩子稳定的高质量的生活环境，所以生育行为往往发生在购房以后。马尔德（H. Mulder，2006）指出，由于年轻的欧洲一代人很难买得起房，他们不得不与父母共同生活更长时间，这反过来耽搁了新家庭的形成，间接降低了生育率。台湾政治大学的罗光达（Lo，Kuang-Ta，2012）利用 1994~2007 年中国台湾地区 23 个县市的面板数据研究发现，住房自有率对出生率具有显著的负面影响。总体上而言，关于生育行为、生育时点与自有住房的关系的研究仍然相当少见。

第二节 住房制度和住房制度体系及其功能①

一、制度的基本内涵

从广义上来说，制度一词几乎涵盖了人类生活的方方面面，一切人与人之间构成的社会关系以及语言、思想和宗教等都可以被归入制度的集合中。但是，对于经济学研究而言，制度的内涵更为集中，它通常被定义为："是一个社会中的游戏规则，更规范地说，制度是为决定人们的相互作用而人为设定的一些制约"（道格拉斯·C·诺斯，1994，第 3 页）。从制度作为一种行为规则的特征出发，可以列举出一些重要而常见的具体制度，包括：（1）用于降低交易费用的制度（如货币、期货市场）。（2）用于影响生产要素的所有者之间配置风险的制度（如合约、分成制、合作社、公司、保险、公共社会安全计划）。（3）用于提供职能组织与个人收入流之间的联系的制度（如财产，包括遗产法、资历和劳动者的其他权利）。（4）用于确立公共品和服务的生产与分配的框架的制度（如高速公路、飞机场、学校和农业试验站）（T. W. 舒尔茨，1994，第 253 页）。在众多的制度中，产权毫无疑问是研究者最为关注并得到深入探讨的领域，这显然与产权制度对经济发展和人类福利所具有的重大影响有关。

大多数情况下，制度是联合而不是单个地发挥作用。在现实社会中，众多的制度共同构成了"制度之网"，人们只能在特定的"制度之网"中进行选择和行动。从纵向来看，"制度之网"包括国际规则、国家的宪法、政治制度、经济制度、产权制度、企业管理制度等，尽管个体行为并不能够意识到全部的制度，但

---

① 参见高波：《现代房地产经济学》，南京大学出版社 2010 年版，第 60~67 页。

他总是在这些制度的多重限制之下进行选择。例如，在全球化的条件下，中国的民营企业的竞争策略通常是在国际贸易规则和国家经济政策等多重制度框架内选择。从横向来看，围绕着某一市场或资源配置通常存在着多方面的制度，这些制度往往是相互补充的，但有时也会冲突。例如，房地产开发商的行为通常会考虑到土地制度、金融制度、税收制度及环保制度等的要求，这些制度的具体规则并不完全一致。

　　制度不仅是一种规则，也是经济发展中不可或缺的重要资源。同时，制度也具有公共产品的特性，制度的复制和学习比技术模仿更为困难，这就导致了制度稀缺性的普遍存在。从制度供给上看，存在着诸多约束条件，例如法律法规修改所必需的程序、一定的知识积累、文化传统的限制等；从制度需求上看，相对价格变化和社会问题很容易产生制度创新的压力。这一特殊的制度供求结构进一步强化了制度的稀缺性，在特定时期突出了制度变革的重要作用。

　　作为人类施加到自己身上的约束，制度包含了正规的和非正规的规则，以及实施的形式和有效性。"正规规则包括政治（及司法）规则、经济规则和合约。这些规则可以作如下排序：从宪法到成文法与普通法，再到明确的细则，最终到确定制约的单个合约；从一般规则到特定的说明书"（道格拉斯·C·诺斯，1994，第 64 页）。非正规规则主要表现为行为准则、习俗和惯例，它往往来源于历史上流传下来的文化遗产。深入来看，正规规则与非正规规则的差别只是一个程度上的问题，在任何经济中，正规的和非正规的规则都以不同的方式聚集在一起形成制度的约束，二者相互补充构成了人们的可选择机会。"正规规则能贯彻和增进非正规制约的有效性，它们可能会降低信息、监督和实施成本，因而使得非正规制约成为解决更为复杂交换的可能方式"（道格拉斯·C·诺斯，1994，第 63～64 页）。正规规则与非正规规则的并存意味着制度不是一个静态的概念，而是随着专业化水平的不断提高，人类相互依赖关系的强化，不断变化和扩展其所包含的范围。在传统社会，制度主要是非正规规则，如禁忌、习俗、传统道德、宗教信仰和行为准则等；少量的正规规则只是居于从属和次要的地位。在市场经济时代，制度中的正规规则，如宪法、法律和产权安排等，显得越来越重要，非人格化的成文法典成为规范人们合作与竞争关系的依据，非正式规则只起着次要和补充的作用。

　　在大多数社会中，现存的制度确定和创立了均衡，使得行为者的谈判力量及构成经济交换总体的一系列合约谈判给定，尽管可能有人对现有规则不满意，但由于改变该规则的成本太高，从而没有一个行为者会愿意将资源用于再建立新合约。然而，制度均衡只是事情的一个方面，制度变迁也贯穿于人类历史。制度变迁可以被描述为："相对价格的变化导致一方或双方去进行一项交易（不管这一交易是政治的还是经济的），设想一方或双方在一个改变了的协议或合约下境况可能会更好，因而将做出对合约进行重新谈判的努力"（道格拉斯·C·诺斯，1994，第115~116页）。通常而言，制度变迁会为有组织的企业家提高新的获利机会，这又会改变制度变迁的方向。例如，在美国19世纪的土地法变迁史上，"特定的存款规则组合的变化（规模、信用条款、价格及准备金要求），获利机会（导致运输、人口、技术和资源的变化）以及联邦政府用于实施的少量资源（尽管它变化很大），都导致个人、集体及组织企图从土地的利用中获利。通常在法律实施的逻辑下逃避法律是一种成功的策略。土地公司、非法占地者、权利俱乐部、木材公司、铁路公司、采矿公司及牧牛协会都会决定美国的土地处置及联邦政府所作出的反应"（道格拉斯·C·诺斯，1994，第118页）。

二、住房制度

制度理论同样适用于房地产经济分析中。当然，房地产制度既与其他制度具有共同之处，也有自己独特的专有制度规则。具体来说，房地产制度是指围绕着土地资源与房地产产品的供给、交易和分配而确立的关于人们相互作用方式的一系列规则。从根本上来说，房地产制度从属于整个国家和社会的经济体制，要受到一个国家基本经济制度、基本经济政策和经济体制的制约，构成了国家"制度网络"中的一个环节。从内容上来看，房地产制度主要包括了城市规划体制和管理制度、土地产权制度和土地管理制度、房地产开发投资制度、房地产供应制度、房地产分配制度、房地产经营制度、房地产财政税收制度、房地产金融制度、房地产管理制度和住房保障制度等多个方面。在房地产的系列制度中，土地产权制度和住房制度对于资源配置及人们的利益影响最大，通常是最需要深入研究的基本制度。由此可见，房地产制度是一个复杂的系统工程，它不仅反映国家、企业（事业）和个人之间以及人们相互之间在住房问题上的经济利益关系，而且还直接关系到城镇居民、农村居民基本住房需求的满足、社会安定等重大现实问题。可以说，房地产制度为房地产经济运行提供了一个最基本的准则和秩序，决定了房地产业和房地产市场的发展状况。

从制度的本质来看，房地产制度的确立和变迁是为了规范人们在房地产经济运行中的相互关系。事实上，围绕着土地和房地产产品的利用和配置，各个利益主体都有自己特定的目标和动机，当这些目标和动机发生冲突时，将演化或构建出一系列的房地产制度来加以约束和协调。

住房制度是一个国家或地区关于住房的开发、投资、分配、消费、交易、价格和管理等方面的法律、法规、政策及非正式规则等调整人与自然、人与人关系，并约束人们行为的规则集。西方国家的住房制度在城市和农村是统一的，一般实行城乡统一的住房制度。在中国农村农民的住房，大多靠自筹资金在宅基地上建设住房来解决，至今没有成文的住房制度。所以，研究中国的住房制度仍特指城市住房制度。①

城市住房制度是一个复杂的系统工程，它不仅反映国家、企业（事业）和个人之间以及人们相互之间在住房问题上的经济利益关系，而且还直接关系到城市居民基本住房需求的满足、社会的安定等重大社会问题。由此，各国都高度重视居民的住房问题，在住房的规划设计、投资建造、分配办法、经营管理以及住房社会保障等方面，都制定了相应的住房政策目标和解决住房问题的方式方法，形成一套完备的制度；并且制定了一系列住宅法规，如多种多样的《住宅法》和《物权法》等，以维护城乡居民的居住权，保护居民的房产权，规范住宅市场的运行秩序。

住房制度的内容通常要受到政治经济等多方面条件的制约，但国家特定时期的住房问题却是决定住房制度演变的主要因素。对特定住房问题的关注，直接导致了住房制度的变迁，这一点具体反映在各国不同时期的房地产法及房地产政策的内容变化上。

根据美国住房问题专家马克格亚的概括，西方发达国家住房政策的演变大致经历了四个阶段：

（1）住房数量绝对不足阶段。指工业化和城市化迅速发展的 19 世纪及在战争中大量失掉住房的第二次世界大战刚刚结束时期。这一阶段各国为实现住房政策目标而提出的口号是"一户一房"，不少国家的政府都规定了住房最低标准，以尽可能提供更多的住房。由于个人、企业解决住房困难的力量有限，因而这一阶段解决住房困难的主要任务是由中央政府承担的。

（2）增大住房面积阶段。在住房严重不足现象大体缓解之后，提供更大面积的住房成为各国政府的住房政策目标，这一阶段的口号是"一人一室"。

（3）提高住房质量阶段。这一阶段各国把住房政策重点转移到如何提高现有住房的质量和舒适度上来，各国政府对战后建造的大量低标准住房开始进行改建。

（4）提高住房总体水平阶段。从 20 世纪 70 年代开始，提高住房的总体水平成为中心课题。与此同时，由于财政状况恶化，提供新住房受到限制。因而，这一阶段各国纷纷削减住房补贴，并对自购住房进行奖励（严清华，1994，第 8 页）。

---

① 随着中国城镇化进程，传统的城乡分割的住房制度难以适应未来城乡一体化的发展，因此，建立城乡一体的住房制度将提上议事日程。

在 20 世纪 90 年代之前，部分原计划经济国家选择了计划配置、实物分配、行政性管理的住房制度。其基本特点是：采取国家（政府）和单位统包住房建设投资，对职工实行实物福利分房，低租金使用（近乎无偿使用），实施行政性住房管理。中国原有的住房制度，基本上是照搬了这种模式。随着苏联的解体、东欧的演变，计划经济国家的市场化改革，这种住房制度已失去了基础，逐步退出历史舞台。

当前，世界大多数国家选择的住房制度是市场化配置、货币化分配、社会化管理与公共住房相结合的住房制度。其基本特点是：主要通过市场机制调节住房的生产、分配、交换、消费，决定住房资源的配置、分配与使用。住房投资建设由开发商自主进行。住房消费包含在职工工资之中，其比重一般占工资的 25% ~ 30% 左右。住房分配通过市场交换进行，职工以其收入自由选择购买或租房入住。私人住宅一般占 60% 左右。住房管理与政府和单位分离，由物业公司进行社会化、专业化管理。政府的作用主要体现在调控住房市场和对低收入者提供基本的社会住房保障。在实践中，这一住房制度表现出有一定差异的多种具体形式。

三、住房制度体系

住房制度是由住房制度体系构成的。从住房制度运行来看，住房制度体系由城市规划体制、土地制度、住房的建设与管理制度、住房价格与住房交易制度、住房租赁制度、住房财税制度、住房金融制度、住房保障制度等各种制度合成。住房制度体系作为一个整体在经济运行中发挥作用，单一制度缺失或制度失灵会影响住房制度功能发挥，并影响住房市场的稳定持续发展。

从制度规则来看，住房制度体系由以下三个层面的内容构成。

第一，与住房相关的各种成文法规。一是综合法规，如《宪法》、《民法通则》、《物权法》等对住房立法具有指导性作用的法规。二是间接与住房相关的法规。如《税法》、《环境法》、《婚姻法》、《继承法》等。三是直接规范住房的建设、交易和管理的相关法规。如《土地管理法》、《城市房地产管理法》、《城市房地产开发经营管理条例》、《商品房销售管理办法》、《城市房屋租赁管理办法》、《国有土地上房屋征收与补偿条例》、《不动产登记暂行条例》等专门性法规，这些法规涉及范围较广、条文规定较细，形成了一套相互联系彼此配合的法律体系。

第二，住房政策。与法规的严肃性和缺乏弹性相比，住房政策相对比较灵活。一国的住房政策一般包括中央政府的住房政策和地方政府的住房政策两个层次。在学界，唐尼森和翁格松（Donnison & Uigerson，1982）认为，"住房政策是一切设计用于影响住房状况的持续的做法，它甚至不必是用来改善住房状况的。例如，政府不时为了经济中其他部门着想而故意限制住房投资。"克拉珀姆（1996）指出，"住房政策是对住房生产、分配或消费的任何形式的干预，这些干预会影响住房的区位、特征、可得性或与住房占有有关的权利，而不考虑物业的所有权形式、土地和生产的方法"。布莱克莫尔（Blackmore，1998）的定义是"政府行动的一大类。包括任何对住房有直接或间接影响的政府行动、立法或经济政策，只要它和住房供给、房价、影响购房的税收政策、住房标准或住房占有的形式有关系"。莫尔帕斯和缪里（Malpass & Murie，1999）在《住房政策与实践》中指出，"住房政策可以定义为设计用于改变住房质量、数量、价格、所有权和控制权的措施，实现这些措施的途径以及对这些措施进行的管理方法"。伦德（Lund，2006）认为，"住房政策是关于为什么国家介入了住房市场、所采取的介入形式以及它所产生的影响"。施瓦茨（Schwartz，2011，第6页）认为，住房政策其实并不只是针对住房的政策。他举例说，美国1937年通过第一个公共住房法案时，美国国会更希望以此来促进建筑行业的就业，而不单单是为了低收入者提供住房。

在具体的住房政策方面，雷诺（Renaud，2011）认为市场化的住房政策一般有七个维度，分别是产权结构（property right and tenure）、住房金融、税收和补贴、城市土地和基础设施的供给、土地利用和分区规则、房地产业的组织、中央和地方政府的表现。这些维度分别与住房需求、住房供给、政府责任等相关，又被称为"住房政策的七个支柱"。

我们有必要区分一下住房制度与住房政策。在大多数场合，二者很难区分并可以混用。二者的细微差异表现在三个方面。一是住房政策相对住房制度而言其稳定性不足，在现实中，不同的地区往往会呈现显著的住房政策差异，在房地产市场处于不同景气阶段住房政策也会出现显著差异而住房制度相对稳定。二是住房制度与住房政策的执行和实施机制不一样，住房制度尤其是非正式制度可以依赖于习俗，但住房政策的实施依赖于政府机构的强制力。三是住房制度和住房政策的产生方式不一样，住房制度的产生既可以内生也可以外生。从内生性上讲，住房制度的形成是人类长期经验的积累和演化，并非人为设计的结果。而住房政策更多地体现了人为的设计和干预。

第三，与住房相关的各种非正式规则。在住房经济活动中，除了住房法规和住房政策规定的事项以外，一些与住房相关的价值信念、风俗习惯、文化传统、道德伦理、意识形态等构成住房制度的非正式规则。这些非正式规则是在住房经济活动中得到社会认可的约定俗成、共同恪守的行为准则。例如，一些城市二手房交易中的税费承担问题、住房租赁交易中的支付方式以及物业管理费等在成文规则外由非正式规则规定，不同地区差异较大。

四、住房制度的功能

制度的功能不仅重要而且体现在经济、政治和社会生活的多个方面。从法和经济学视角来看，制度在经济运行过程中具有十分重要的功能，而住房制度深刻发挥了制度的重要功能。

第一，住房制度通过向人们提供一个日常生活的结构来减少不确定性。制度具备的一项独特功能是塑造人们的思维与行为方式，提供并在某种程度上创造和扩散信息，创造较稳定的社会秩序，从而可以有效降低不确定性和风险。在人类社会中，信息的不完全和风险的普遍存在迫使人们构建一系列的制度。由此，在经济发展过程中，个人的习惯性行为逐渐形成制度化的惯例，依靠这些制度的信息功能，人们能够有效地处理提供给当事人的信息，减少日常行为中所包含的计算量。正如奈特所说：一个人只有在所有其他人的行为是可预测的，并且他能够正确地预测的时候，才能在任何规模的集团中理性地选择或计划。

在房地产经济活动中，获得一个稳定的市场结构和可预期的发展趋势是重要的。只有在一个稳定的和可预测的房地产市场上，开发商才会提供合意的房地产产品，消费者和投资者才愿意从事回报期很长的房地产买卖，也才能够提高劳动效率和资金使用效率，进而提高宏观经济效益。一般来说，政府通过提供"住房制度产品"，有利于促进房地产市场的稳定，能够在不破坏市场机制效率的前提下实现房地产资源的有效利用和配置。

第二，住房制度决定了经济活动中交易费用的高低。交易费用包括一切不直接发生在物质生产过程中的费用，如信息费用、谈判费用、起草和实施合约的费用、界定和实施产权的费用、监督管理的费用和改变制度安排的费用等。"交易费用反映了构成一个经济的或在一个更大范围内的社会中整个制度（包括正规的和非正规的）的复杂性。这一完整结构最终勾勒了在个人合约水平上的交易费用"（道格拉斯·C·诺斯，1994，第91页）。需要指出的是，制度本身并不意味着交易费用的降低，不同的制度通常规定了不同水平的交易费用。正如诺斯所指出的，整个市场是一个制度的混合物，其中有些使效率增加，而有些则使效率降低。在房地产市场上，消费者和生产者两方面的交易费用都很高，而相关的房地产制度则能够减少这两方面的费用。例如，在美国住宅财产的转化过程中，"制度决定了交换的成本有多大。构成资源的成本必须既能衡量交换的法律与物质属性，而且还要能衡量检察与实施协议的成本，并反映对交换形式的衡量与实施不完全程度的一个不确定性贴现。不确定贴现的量将受关于住房条件的不对称信息（出售者是知道的）这类具体合约要素以及购买者的货币条件（购头者是知道的）的影响，它还受阻止犯罪的有效性这类共同体层次因素及价格水平的稳定性这类宏观因素的影响"（道格拉斯·C·诺斯，1994，第85页）。

第三，住房制度影响着资源的配置和利用状况。市场和政府通常被认为是配置资源的两大主导力量，这些认识往往忽视了制度在资源配置中的直接作用。人们在住房资源配置的决策中不仅需要权衡由经济条件所决定的生产费用，而且还需要考虑由住房制度规定的交易费用水平。当交易费用很高时，原来有利可图的生产决策或消费决策会受到影响，一些土地资源和房产资源的投向或投量也将由此而改变。同时，住房制度也影响着社会利用资源的态度和结果。在特定的制度条件下，制度能够促使人们节约，即让一个或更多的"经济人"在增进自身福利时而不使其他人的福利减少；或让"经济人"在他们的预算约束下达到更高的目标水平。但是，在相反的制度条件下，也会导致浪费现象的普遍出现。

第四，住房制度具有规定收入分配及再分配的功能。制度从方方面面影响了人们的收入分配，在计划经济的制度体系下或在市场经济的制度体系下，人们的收入分配决定方式截然不同。具体来说，劳动者与经济组织之间的合约通常是在国家的多个政治、经济制度影响之下形成的，合约的不同也就决定了收入分配的差异。在社会的再分配过程中，政府的各项财税制度取代企业内部合约发挥了重要作用，直接改变了人们的财产状况。事实上，收入分配制度、土地制度、金融制度和住房制度通常都会在一定程度上改变或调整人们的收入水平。例如，经济适用房和廉租住房的建设就充分体现了政府增加低收入家庭福利的意愿，同时，对房租和房价的管制也会影响到房主与租（购）者多方面的收入状况。

正如科斯所指出的，我们每个人都生活在一种经济制度当中。交易成本依赖于一国的制度，如法律制度、政治制度、社会制度以及教育文化等诸方面的制度。交易成本越低，制度的生产效率就越高，制度决定着经济绩效。这一洞见意味着，房地产制度创造了秩序，减少了人们生产和生活的不确定性；住房制度规定了交易费用的高低，从而影响资源配置和收入分配。正因为如此，人们都非常重视住房制度的构建和变迁，也力求实现有效率的住房制度安排。理论研究表明，有效率的房地产制度一般具有以下一些特征。一是生产要素的占有有利于劳动力的充分利用，有利于生产要素的有机结合。二是产权清晰，权利、责任和利益相统一，既提供一种有效的激励结构，也具有完善的约束规则。三是住房制度能够拓展人类选择的空间，而这种选择的前提是获得充分的信息和可持续利用的资源。四是住房产品的分配与个人的劳动及其他要素支出相适应。具备了上述特征，住房制度方能更好地实现其功能。

第五，住房制度作为一种契约对人们的行为具有规范和约束功能。如果将住房制度理解为一种契约，那么它显然是一种不完全契约（incomplete contract），即各个利益主体由于有限理性、信息的不完全性以及交易事项的不确定性，双方达成的契约必然是不完全的。这也意味着并不存在完美的住房制度或住房政策。对于契约的存在理由，弗鲁博顿和芮切特认为，在新古典经济学的完全竞争世界中，风险分配是完全的，合约的执行也是完全的，无须特殊的合约调控来解决签约前的"逆向选择"和签约后的"道德风险"问题，合约自然也就没有多少存在的意义（袁庆明，2014，第178～179页）。然而，现实世界并非如此。用哈特的话说："在一个不确定的现实世界中，要在签约时预测到所有可能出现的状态几乎是不可能的；即使预测到，要准确地描述每种状态也是很困难的；即使描述了，由于事后的信息不对称，当实际状态出现时，当事人也可能为实际状态争论不休；即使当事人之间的信息是对称的，法院也不可能证实；即使法院能证实，执行起来也可能成本太高"（哈特，1998，第28～29页）。也就是说，一项契约中总留有未指派的权利和未被列明的事项。为此，哈特（Hart，2008；2009；2013）主张将契约视为一个参照点，据此设计规范和约束人们行为的机制或制度，以应对契约制定和履行中的"逆向选择"、"道德风险"和"敲竹杠"问题，实现社会福利最大化。①

作为一种正式规则的住房制度或住房政策，对于界定和约束住房市场上各方当事人的权利、责任和义务，打击误导市场预期、恶意哄抬房价、阴阳合同等扰乱住房市场的行为，提高资源配置效率，增进社会福利等方面功不可没。作为一种不完全契约的住房制度，对于解决住房市场上的"逆向选择"、"道德风险"和"敲竹杠"问题具有独到功能。

第三节 文献回顾

各国的住房制度千差万别，但其宗旨都是为了提高本国居民的居住水平，解决住房的供给与需求问题，使住房市场达到供求基本平衡，并带动国民经济的发展。经过仔细梳理，我们将与本书相关的文献从以下三个方面进行述评。（1）城市住房制度改革的历程和总体评价。（2）学术界对住房制度存在问题的讨论。

---

① 如前所述，住房制度是由与住房相关的各种成文法规，住房政策和与住房相关的各种非正式规则构成。或者说，住房制度是由与住房相关的正式规则和非正式规则构成。

（3）住房制度的改革设想。通过文献回顾，发现某些领域还比较薄弱，这为我们更好地进行课题研究，留下了空间。

一、城市住房制度改革的历程和总体评价

对城市住房制度改革的历程或阶段划分，不同研究者观点并不一致。总体上看来，对 30 多年的城市住房制度改革，有六阶段说（张元瑞，2007），也有四阶段说（课题组，2010；李培，2008），还有三阶段说（包宗华，2010a；高波，2010）。但是，所有研究者都认为 1998 年停止住房实物分配、实施住房分配货币化改革是我国城市住房制度改革走向新阶段的分水岭。

张元瑞（2007）在《中国住房制度改革路线图》一文中将我国 30 多年的住房制度改革划分为六个阶段：第一阶段从 1980～1988 年为试点阶段，在这一阶段，住房制度改革主要探索三大改革：一是出售新旧公房；二是住房商品化；三是租金改革。第二阶段从 1988～1994 年，从分批分期到全国推进房改阶段。这一阶段，把向居民个人出售新旧公房作为推动住房商品化的基本措施之一，把合理调整公房租金作为住房制度改革的核心环节。第三阶段从 1994～1998 年，深化城镇住房制度改革阶段。主要是落实国务院颁发的《关于深化城镇住房制度改革的决定》。第四阶段从 1998～2003 年，停止住房实物分配，实行住房分配货币化阶段。标志性事件是 1998 年 7 月 3 日国务院颁发的《国务院关于进一步深化城镇住房制度改革加快住房建设的通知》。第五阶段从 2003～2007 年，调控房地产市场，建立住房保障试点阶段。第六阶段从 2007 年开始，进入强化住房保障阶段。

住房建设课题组（2010）在《回顾中国住房制度改革》一文中总结中国住房制度改革经历了从局部试点到全面推进，从单项突破到综合配套改革的渐进过程。大致上，可以分为四个阶段：探索和试点阶段（1979～1991 年），综合推进阶段（1992～1996 年），重大突破阶段（1997～2002 年）和完善政策阶段（2003 年至今）。

李培（2008）在《中国住房制度改革的政策评析》中，根据不同时期中国住房制度改革的背景和特征，将城市住房制度改革划分为四个阶段，即初步实践阶段（1980 年 6 月～1994 年 6 月）、综合配套阶段（1994 年 7 月～1998 年 6 月）、全面推进阶段（1998 年 7 月～2007 年 7 月）和结构调整阶段（2007 年 8 月至今）。

包宗华（2010a）在《中国房改 30 年》一文中，认为中国城市住房制度改革发端于 1980 年 4 月 2 日邓小平同志关于住房问题的谈话，作者将中国住房改

革历程划分为三个阶段：第一阶段从 1980～1988 年，这一阶段是房改的准备阶
段。这一阶段讲清楚了原有城市住房制度非改不可的道理；阐明了走住房商品化
道路的必要性和必然性；研讨了房改的难点并初步地提出了一些对策；初步取得
了土地有偿转让、公房提租补贴和出售公房的试点经验。第二阶段从 1988～1998
年，也称为全国展开摸索前进阶段。这一阶段先期以提租为主，由于公房提租进
展缓慢，后期转向公房出售。第三阶段从 1998 年至今，这一阶段被称为住房分
类供应的新制度阶段。

高波（2010，第 79～81 页）在《现代房地产经济学》一书中，将中国城市
住房制度改革划分为三个阶段。第一阶段从 1978～1991 年为住房制度改革试点
阶段。标志性事件是 1987 年下半年，深圳特区在全国率先进行土地使用权出让
的试点，分别采用协议、公开招标和拍卖方式出让土地使用权。土地制度的改革
试验推动了住房制度的改革，促进了房地产业的萌发。第二阶段从 1992～1997
年为住房制度改革的综合配套阶段。党的十四大明确提出建立社会主义市场经济
体制，为推进住房制度改革注入了动力。1994 年 7 月，国务院发布的《关于深
化城镇住房制度改革的决定》，是这个阶段的重要文件。第三阶段从 1998 年至今
是住房分配货币化改革及完善阶段。标志性事件是 1998 年，国务院召开了第四
次全国住房制度改革工作会议，会议决定停止住房实物分配，实行住房分配货币
化。而国务院下发的《关于进一步深化城镇住房制度改革加快住房建设的通知》
（国发［1998］23 号文），明确提出了城镇住房制度改革的目标。

对于我国城市住房制度改革的成效得到学界、业界和政府部门的广泛关注。
包宗华（2010a）认为，我国 30 年的住房制度改革尤其是 1998 年以后实施的住
房分类供应制度改革是成功的，主要表现是：（1）住房制度改革推进了住宅建设
与投资。（2）住宅建设的高速增长推动了经济增长。（3）城市面貌焕然一新。
（4）城市财政随之得到大幅改善。（5）带动了几十个相关产业的发展。（6）增
加了大量就业人口。（7）城镇人均住房建筑面积从 18 平方米增加到 28 平方米。
（8）以住房为主体的房地产业已经成为我国国民经济的支柱产业。

包宗华的观点得到了住房建设课题组（2010）的认同，课题组认为我国新的
住房制度已经基本确立，住房制度改革"确立了住房社会化、市场化改革方向，
形成了以居民自有产权为主、多种产权形式并存的产权格局。房地产市场从无到
有，住房二级市场和租赁市场逐步发育，中介服务加快发展，房地产金融不断创
新，专业化的物业管理基本建立，市场规则不断完善，市场体系逐步健全。针对
不同收入群体的住房需求，初步形成了以商品性住房供应为主、对低收入家庭给
予保障和对中低收入家庭给予支持的住房供应体系。"

住房和城乡建设部时任部长姜伟新（2009）认为，城镇住房制度改革，对于

居民生活水平、居民消费结构、经济发展等产生了深远的影响。一是确立了市场机制配置住房资源的基础性地位，普通商品住房市场成为居民解决住房问题的主渠道，住房成为城镇居民消费结构中的主导消费品。二是培育和发展了以住宅为主的房地产业，房地产业的健康发展成为拉动国民经济增长的重要力量。三是在促进居民居住条件明显改善的同时，住房建设带动了城市公共设施和基础设施建设、环境建设，使得城市建设飞速发展。四是帮助越来越多的群众拥有了自己的财产。我国广大城镇居民通过购买原承租公房或在市场上购买商品住房，住房成为家庭财产结构中比重最大的财产。

二、学术界对住房制度存在问题的讨论

对于住房市场和住房制度存在的问题，张恩逸（2007）认为主要存在三个问题：（1）政府控制不了普通商品住房的价格和利润率。（2）没有支持面向中低收入居民住房建设的政策性金融制度。（3）经济适用住房没有成为住房供应的主渠道。

包宗华（2010b）认为当前存在五个问题：（1）房价上涨过快。（2）大套型住房占比过大。（3）住房投资增长过快和建设规模过大。（4）保障房建设进展缓慢。（5）放松了调控管理。黄小虎（2010）认为，住房市场存在的诸多问题，根子在住房制度或者住房供应模式存在问题。

曾国安和满一兴（2014）认为，当前我国住房制度存在的问题包括：商品住房开发和供应高度垄断，商品住房预售制度不完善，住房二级市场供应体制不合理，租赁市场体制不规范，住房税收体制不健全、不合理，住房金融体制不完善，住房市场管制和宏观调控体制不健全。倪鹏飞（2015）认为中国城镇住房制度的失序，包括核心制度的缺失与支撑制度和制度环境的失配，也决定了住房发展目标定位的偏颇。由于住房在1998年被确定为"新经济增长点"，更在2003年被定位为国民经济支柱产业，这种特殊的定位影响了住房制度体系的正确形成和变化。在现行住房制度缺陷方面，倪鹏飞认为，主要包括住房保障机制不健全；税收制度体系不健全；土地产权制度不合理；房地产开发制度不合理；住房金融制度不完善；另外，收入分配制度、城乡户籍制度、社会保障制度、公共服务制度等存在诸多问题。黄海洲等（2015）认为中国住房市场存在两个主要问题：一是住房市场自身的问题，包括商品房价高企、住房保障效率低下、住房分配不平衡、住房福利化倒退以及住房消费过于超前等。二是住房市场与社会发展之间的矛盾，包括地方政府房价调控目标与社会预期存在较大误差，调控对自住型住房需求存在一定的积压效应，保障性住房融资和管理机制不健全等。基于这

些问题，黄海洲等认为，中国住房制度和政策变化基本上都是反应式的，是对危机环境下的条件反射，而不是基于顶层设计。

三、住房制度的改革设想

邓宏乾（2007）认为应当反思我国住房制度改革，重构住房体系，从以"居者拥有其屋"目标调整到"住有所居"的目标上来，具体改革框架包括：（1）制定中长期房地产业发展规划和住房保障规划，以引导房地产业持续健康发展；（2）调整住宅产品结构，重点加大普通商品住房的供给；（3）构建符合国情的住房保障体系。改革现行的经济适用住房制度，大力发展住房合作社，以解决"夹心层"的住房问题，还有就是完善廉租房制度。

魏杰和王韧（2007）指出只有通过以下六个方面的针对性改革，才能最终实现我国住房制度改革公平与效率的兼顾：一是通过保障方式创新实现住房存量改革与增量改革的互动；二是通过政府角色转变加速住房交易主体与产权形式的配套；三是通过供给结构调整促进住房市场竞争与保障提供的统一；四是通过财税制度改革保证住房消费性与投资性之间的协调；五是通过强化金融支持推动住房实物供给和货币支付的平衡；六是通过进入退出机制设计达成住房静态交易和动态收入的一致。

倪鹏飞（2012）在《深化城镇住房制度综合配套改革的总体构想》一文中建议将住房定位为关系国计民生的支柱产业，并详述了其在城镇住房制度改革方面的设想。新的住房制度体系框架包括：（1）实行"自有为主、形式多样"的产权制度。（2）建立"基金主导、多元开发"的开发制度。（3）实行"租售并举、先租后买"的交换制度。（4）实行"货币分配为主、实物分配为辅"的分配制度。（5）实行"一户一房、抑制投机"的消费制度。

曾国安和满一兴（2014）认为解决当前住房市场的问题，出路在于推进住房制度改革，住房制度改革的目的是为了实现住有所居，增进居民的住房福祉。改革必须立足于社会主义初级阶段和市场经济，必须处理好市场与政府的关系，要坚持以政府为主、系统改革的基本原则推动城镇住房保障制度的改革，要适应城镇化推进进城农业转移人口住房保障制度建设。

黄海洲等（2015）认为，住房制度所涉及的方方面面抽丝剥茧后，剩下的其实就是三个最核心的要素：地权、房权和税收，他们以此三维模型作为分析和设计中国住房制度的理论框架，提出了针对自住商品房、租赁房、具有保障性质的商品房、廉租房的不同的地权、房权和税收组合。他们认为，除了地权、房权和税收三个核心变量外，住房制度设计还应包括住房结构、土地供应、货币政策、

23

信贷政策和房地产调控等方方面面的各种经济结构变量。

包宗华（2015）认为，中国住房制度改革的总目标应该确定为"为实现'人人享有适当住房'的总目标而奋勇前行"。而住房分类供应制度是实现该目标的唯一正确选择。既然要推行分类住房供应制度，鉴于我国中低收入者比重较高，包宗华认为大量开发建设供应保障房，是深化房改、实现总目标的关键。

第四节　研究方法和逻辑结构

一、理论基础和研究方法

鉴于住房问题的复杂性和本课题的研究目标，研究住房问题无疑需要多学科的研究方法。本研究强调规范分析与实证分析并重，理论推理和经验验证相结合，科学使用统计数据，采用经济统计分析方法、现代计量经济学分析方法、比较分析方法和案例分析，并重点采用了马克思主义经济学、新制度经济学、博弈论和治理理论等理论基础和研究方法。

（一）马克思主义经济学研究方法

恩格斯（2009，第691页）曾总结说，"马克思的整个世界观不是教义，而是方法。它提供的不是现成的教条，而是进一步研究的出发点和供这种研究使用的方法。"所以，"马克思主义从根本上来说是一种认识世界的方法论。坚持马克思主义经济学，从根本上来说就是坚持马克思主义经济学的方法论，特别是《资本论》的方法"（林岗、张宇，2001，第4页）。《资本论》的研究方法包括了继承与批评的研究方法、研究和叙述的抽象法、静态与动态的研究方法、历史与逻辑辩证统一的研究方法等（洪银兴，2011，第44～54页）。对于我国城市住房制度改革研究来说，不仅在总体上以马克思主义为指导，而且在一些具体问题研究上也可以应用马克思主义经济学方法特别是科学的抽象法。"马克思的抽象法包含相互联系的两个思维过程：一条是从具体到抽象的研究过程，其任务是从纷繁的经济现象中分析出最基本的和最简单的经济范畴；另一条是从抽象到具体的说明过程，也就是依据前一过程的结果，从最简单的最基本的范畴开始，循着由简单上升到复杂的思维过程建立逻辑体系"（洪银兴，2000，第8～9页）。马克思在《资本论》中对叙述方法与研究方法的使用同样对于我国城市住房制度改革研究具有指导意义，即在城市住房制度改革研究过程中必须充分地占有材料，分析它的各种发展形式，探寻这些形式的内在联系。只有这项工作完成以后，现实的运动才能恰当地叙述出来。①

（二）新制度经济学的研究方法

采用制度经济学的研究方法研究中国城市的住房问题，主要涉及三个层面的问题。

一是住房制度对住房市场的影响。本书的部分章节中，借鉴了新制度经济学分析常采用的"制度—行为—绩效"研究范式，讨论住房制度的不同层面如土地制度、财税制度、金融制度、住房保障制度等对住房市场主体行为的影响。

二是讨论了住房制度的变迁轨迹，探讨这种变迁背后的经济逻辑。中国城市住房制度变革实际上是一种强制性制度变迁和诱致性制度变迁相结合的过程，并具有鲜明的政府主导型和路径依赖的特征。当然，我们并不是把住房制度仅看作博弈规则，而且也视为博弈结果。如果视为博弈结果，能更容易理解住房制度变迁的轨迹并对未来的住房制度创新做出理性的设计。

三是最优住房制度的构建问题。住房制度的"理想国"可能并不存在。实践证明，制度的自然演化往往最具有生命力，而通过理性构建的制度很难避免"致命的自负"。制度不是外生设计的产物，而是内生变迁的结果。住房制度具有内生性和积淀性，从而决定了不同国家或地区的住房制度之间很难相互替代或简单移植。这就要求我们在探讨住房制度的构建过程中，尊重地区经验并总结其得失。在本书探讨住房保障制度构建的相关章节中，总结了各地在住房保障方面的经验，并作为全国住房保障层面的制度借鉴。

（三）博弈论的研究方法

对住房制度来说，人们为什么要遵守相应的约束，传统的将制度视为博弈规则的理论并没有就此进行具体分析，而是简单地将这种约束归结为外部执行的假定。而由格雷夫和青木昌彦等人开创和发展的历史和比较制度分析更新了制度的概念，将制度定义为"由技术以外的因素决定的自我实施行为的制约"，即经济主体有遵守这种约束的激励。在理论上，这种约束表现为参与主体的纳什均衡。

---

① 参见高波：《现代房地产经济学》，南京大学出版社 2010 年版，第 7 ~ 8 页。

中国住房市场的参与主体众多，中央政府、地方政府、银行、开发商和普通消费者构成了一个极为复杂的博弈。这些主体不仅两两之间存在着复杂的博弈过程，而且在参与主体内部如地方政府之间也存在复杂的博弈过程。而要理解住房制度的变迁尤其是房地产宏观调控措施的出台或后果，采用博弈论的逻辑思维分析问题是一种较为合适的方法。

（四） 治理理论的逻辑分析方法

中共中央明确提出了实现国家治理体系和治理能力现代化的目标。治理（governance）理论是分析城市住房问题的一个有力工具。以 2009 年诺贝尔经济学奖获得者奥斯特罗姆为代表的制度分析学派提出了多中心治理理论。单中心意味着政府作为唯一的主体对社会公共事务进行排他性管理，多中心则意味着在社会公共事务的管理过程中，并非只有政府一个主体，而是存在着包括中央政府单位、地方政府单位、政府派生实体、非政府组织、私人机构以及公民个人在内的许多决策中心，它们在一定的规则约束下，以多种形式共同行使主体性权力。治理理论本质特征是主张政府与公民对公共生活的合作管理。它强调政府与公民的良好合作以及公民的积极参与，实现管理的民主化。

二、 本研究的逻辑结构

本书的逻辑思路，主要采用了"提出问题—理论分析—经验验证—政策建议"的技术路线。如图 1-2 所示，我们从三个维度来探讨城市住房制度演变问题。从住房本身的特性上来看，作为消费品的住房、作为投资品的住房和作为社会文化符号的住房所要求的制度或政策并不一致。而在制度安排或政策制定的角色层面上，市场、政府以及长期被忽视的第三部门各司其职，各自具备不同的机制和路径，发挥各自的作用。从时间维度上来看，住房制度的历史变迁影响了当前的住房制度、现实的住房制度存在问题和未来城市住房制度创新等。在住房制度体系中，侧重从住房价格形成机制和住房市场、土地制度、住房财税制度、住房金融制度和住房保障制度等五个维度系统归纳了中国城市住房制度改革的历程和得失，探讨了住房制度改革背后的经济逻辑，分析了住房制度和住房市场存在的问题，提出了深化城市住房制度改革的目标、总体制度设计及改革设想。

全书共分十二章，由七个部分组成。

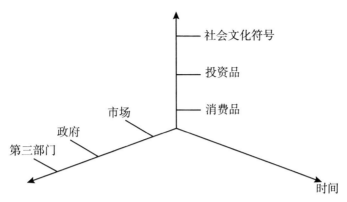

图 1 - 2　城市住房制度演变的三个维度

　　本书的第一章、第二章和第三章是总论。前两章讨论了住房问题的复杂性，对制度和住房制度做了概念界定，探讨了住房制度的功能，提出了城市住房制度改革的目标和遵循的原则，系统梳理了城市住房问题和住房制度的历史和现实，阐述了住房市场存在的问题，深入分析了改革开放以来中国城市住房制度的变迁。第三章总结归纳了典型国家的住房制度改革过程、住房制度特征及经验借鉴。

　　第四章和第五章聚焦于住房市场，探讨了住房价格的制度环境和动力机制，对居民的住房支付能力进行评估。第四章揭示了中国城市房价的典型特征，讨论了城市房价生成的制度环境，并从基本面和非基本面分析了中国城市房价上涨的动力机制。第五章从收入分配视角讨论了中国城市居民的住房支付能力的变化和地区差异，并利用经验数据分析了城市房价收入比的决定因素。

　　第六章和第七章，侧重于研究土地制度、土地市场及土地财政。第六章讨论了从分割到统一的城乡建设用地市场、农业转移人口"交换权利"不足与住房贫困以及工业建设用地和住宅用地交叉补贴带来的效率问题。第七章分析了土地财政的历史与现实及其形成机制，并提出了土地财政的突破路径。

　　第八章讨论住房财税体制改革和公共服务均等化。这一章分析了中国房地产税制存在的主要问题，从收支两方面探讨了住房财税体制改革的逻辑，并从公共服务均等化的角度探讨了居住融合问题。

　　第九章和第十章，探讨城市住房金融体系和住房金融制度问题。第九章介绍了政策性住房金融的国际经验，分析了住房公积金制度的历史作用、存在问题和改革方向，提出了构建政策性住房金融体系的设想。第十章分析了商业性住房金融存在的问题，并探讨了商业性住房金融的工具创新与商业性住房金融风险防范问题。

　　第十一章是关于多层次住房保障体系的探索与重构。本章系统分析了中国公共住房体系的变迁历程，总结了住房保障的地方实践经验，揭示了我国住房保障的存在问题。在此基础上，深刻剖析了我国公共住房体系演变的逻辑，并从包容性发展的视角探讨了重构住房保障体系的途径以及若干问题的解决方案。

第十二章是全书的总结和展望。在上述对城市住房制度改革的系统研究的基础上，阐述了深化我国城市住房制度改革的原则与目标。根据中国的现实情景和城市住房制度改革目标，从住房市场、土地制度、住房财税制度、住房金融制度和住房保障制度等五个维度展开城市住房制度总体设计，并分析了城市住房制度改革的路径及改革策略。

第二章

城市住房制度与住房市场
存在的问题：历史和现实

在第二次世界大战后，大多数研究者都将住房建设活动看作一种社会支出（非生产性支出），是经济增长的负担和拖累（Weissmann，1955；Harris & Gillies，1963）。尤其是在一些发展中国家，政府往往将住宅投资活动看作是低回报率的产业，因此不鼓励住房建设。到了20世纪70年代，经济学家逐渐意识到住房建设和投资对经济增长的贡献，不仅仅因为住房投资和建设具有较高的乘数效应，而且住房投资和建设具有广泛的外部社会效益和经济效益。

我国在住房问题上也曾经受传统的"先生产，后生活"观念指导，在住房的分配上采取福利分配的方式，再加上传统计划经济体制下资源配置的低效率以及激励机制的缺失，城市住房的短缺一直格外严重。我国在20世纪70年代末80年代初推进城市住房制度改革，并在21世纪初基本停止了住房福利分配制度。其后，我国住房建设开始真正意义上的飞速发展，城市住房市场发育（住房分配货币化）和加入WTO成为21世纪初叶推动中国经济增长的两大引擎。

尽管城市住房建设及房地产业发展取得了巨大的成绩，但近年来也出现了严重的问题。对城镇居民的安居乐业和国家经济社会发展产生了一些不利影响。从2003年开始，中央为解决住房市场的诸多问题，连续采取多种有力调控措施，但收效并不十分显著。2008年为应对全球金融危机，通过刺激房地产市场来提振经济，房地产景气度呈V型走势。2010年以来，以"限购、限贷、限价"为表征的房地产市场调控达到历史上最严厉的程度。2014年下半年开始，随着中国经济进入新常态，住房供不应求矛盾已不突出，除少数一线城市外，行政性限购措施基本取消。2016 年在"三去一降一补"政策的推动下，部分热点城市住房交易量和房价暴涨，住房市场一房难求，土地价格飞涨，"地王"频现，楼面地价不断刷新，引发了中央政府和国际社会的高度关注。地方政府迫于中央政府坚决防范系统性、区域性金融风险的表态和媒体舆论的压力，再次实施"三限"政策组合。可见，这几次重大的住房政策调整基本上都是反应式的，是对危机环境下的"条件反射"而非深思熟虑的顶层设计。其实，1998 年停止住房福利分配，实施货币化分配和市场化配置，通过扩大内需以培育新经济增长点，也是对 1997 年亚洲金融危机的反应。

党的十八届三中全会提出的《中共中央关于全面深化改革若干重大问题的决定》，针对当前许多根本性问题，从战略高度提出了全面深化改革的顶层设计，其中以土地制度改革和新型城镇化为核心推进城乡一体化发展是我国经济持续增长的一条主线，而城镇化的稳步推进离不开住房制度改革的顶层设计。本章梳理了中国城市住房制度的历史，在回顾新中国城市住房制度变迁，尤其是改革开放以来城市住房制度改革历程的基础上，分析了当前中国城镇住房市场的现状和存在问题。

第一节　中国城市住房制度变迁

"以史为鉴，可以知兴替"。中国住房制度变迁是一个演化的过程，也是一个历史情境渐次展开的过程。中国住房制度经历了古代、近代以及现代的变迁，特别是改革开放以来城市住房制度的改革深化，奠定了与社会主义市场经济体制相适应的住房制度。

一、旧中国城市住房制度变迁历程

从先秦到唐代的井田制（五亩之宅）、名田宅和均田制等土地制度中，均有专门的宅地制度，宅地比耕地更早获得永久使用、自由买卖的法律保障权利。唐代中期以后，宅地和其他土地均进入市场，国家无力保障每个人均能占有一定数量的宅地，促使国家建立弱势群体住房保障制度。宋代法律承认了政府的住宅保障责任，并开始引入司法保障机制，要追究失职官员的刑事责任，成为一个转折点。清代形成了比较成熟的流民留养—遣送制度、水冲民房修费银制度等。总体而言，在中国古代社会，国家的住宅保障行为还属于恩赐性质，个人没有主张的权利，但一些具体的制度及其变迁如宅地制度、灾民住宅保障制度、旗人住房福利制度对当前的住房权保障有一定的借鉴价值。

清末民初，中国城市人口激增，抗战前各大城市的人口均超过了百万，但住房供给远赶不上人口增加，造成严重的住房问题。抗战期间，由于战争破坏、人口迁徙，"后方屋少人多，不独重庆市及各省省会所在地大闹房荒，各商埠及一二等县城亦甚拥挤。……有'找职容易找屋难'之谚"（吴学义，1946）。抗战胜利后，房荒进一步加剧，"无论任何城市，皆有房屋恐慌之现象存在"（卢祖清，1949）。

为应对严重房荒，国民政府先后颁布《土地法》、《内战房荒救济办法》、《战时房屋租赁特别法》、《社会救济法》、《战时房屋租赁条例》、《房屋租赁条例》等，作为政府制定和实施住房政策的依据，由此催生了近代中国的住房权保障制度。1930年公布的《土地法》规定"准备房屋额，继续六个月不及房屋总数百分之一时，应依下列规定，为房屋之救济：（1）规定房屋标准租金；（2）减免新建筑房屋之税款；（3）建筑市民住宅。"还规定了租金、不得收回房屋、减免地价税等事项。1943年《社会救济法》提出"住宅之廉价或免费供给"规定"在人口稠密之地区，住宅不敷居住时，县市政府得修建平民住宅，廉价出租，或修建宿舍，免费或廉价供平民暂时住宿"。1944年《社会救济法施行细则》明确规定"平民住宅由当地政府建筑，廉价或免费供给受救济人居住"。

国民政府应对房荒的具体措施包括：一是修建、经营各种公共住宅，低价租赁或免费提供以缓解贫困居民、职工的住房问题。如1946年《土地法》经修正，增列"城市地方应由政府建筑相当数量之准备房屋，供人民承租自住之用"，并规定"租金不得超过土地及其建筑物价额年息百分之八"。二是奖励民营住宅。在《内地房荒救济办法》中设奖励修建住宅、增加住宅供应的贷款担保、减税、奖励条款，还出台了《鼓励人民兴建房屋实施方案》、《奖助民营住宅建筑条例草案》等。三是实行房租管制。1947年《房屋租赁条例》规定"租金按月给付，其最高额得由该管政府经民意机关之同意，按当地经济状况，予以限制"。为防止出租人收取变相租金，规定"出租人于租金担保金外，不得收取小费或其他任何名义之费用"。

二、新中国城市住房制度变迁历程

（一）改革开放前城市住房制度变迁

新中国成立之初，我国实施"统一管理，统一分配，以租养房"的公有住房实物分配制度。城镇居民的住房主要由所在单位解决，各级政府和单位统一按照国家的基本建设投资计划进行住房建设，住房建设资金的来源 90% 主要靠政府拨款，少量靠单位自筹。住房建好后，单位以低租金分配给职工居住，住房成为一种福利。应该说，这种制度模式在当时较低水平的消费层次上，较好地满足了职工的基本住房需求。1958 年到 1977 年的 20 年里，我国一直实行这一住房制度，但是在这段时间，我国政府坚持以发展生产为先，住房基本建设投资规模逐年削减，因此，住房供给不足而不断显现成为严重的社会问题。

中国原有的城市住房制度是计划经济体制的产物。这种住房实物福利分配制度的基本特征可以概括为：住房投资建设的公共性、住房分配的实物福利性、住房经营的非营利性、住房管理的纯行政性。即城市住房主要由国家投资建设；建好的住房主要是通过职工所在单位，按照工龄、职务、学历等打分排队进行分配；对于分配后的住房，只收取象征性的、近乎无偿使用的低租金。在这样的体制之下，住房成为单位制下的重大福利，由于住房属性的福利性，住房供给的计划性，造成房屋供给缺乏激励，住房严重短缺。住房建设投资"有去无回"，不能循环和周转，收取的低租金不够支付住房的日常维修和管理费用，住房建设以及维修和管理成为国家的沉重包袱，职工对住房形成"等、靠、要"的观念，抑制了个人对住房的投入，城镇住房紧张问题日益突出。到 1978 年，城镇人均居住面积由 1949 年的 4.5 平方米下降到了 3.6 平方米，缺房户 869 万户，占当时城镇总户数的 47.5%。可见，"住房难"成为改革开放前的一种普遍现象。与此同时，住房由行政单位进行分配的方式也十分容易滋生不正之风。随着我国城市化进程的加快，城镇人口迅速增加，这种住房制度既缺乏效率，也不具有公平性，改革以实物分配和低租金为主要特征的福利分房住房制度迫在眉睫。

（二）改革开放以来城市住房制度改革历程

我国城市住房制度改革的目标是，根据社会主义市场经济体制的要求，取消住房实物分配制度，建立住房开发企业化、住房分配货币化、住房配置市场化、住房管理社会化和政府主导公共住房保障的新型住房制度。改革开放以来，我国城市住房制度改革，大体上可以划分为三个阶段。

1. 住房制度改革试点阶段

随着经济体制改革的深化，中央政府和地方政府先后出台了一系列房地产政策法规，不断推进住房制度改革。1978 年 9 月 5 日，国务院发布了《关于自筹资金建设住房的通知》，陆续在多个城市进行住房制度改革试点，准许私人拥有自己的住宅。1980 年 4 月，邓小平同志在讨论中国经济长期规划时，对建筑业发展和住房制度改革提出了许多开创性的设想，包括"打破单一单位建房模式，采取公私合营、民建公助或个人自建等多种方式，通过提高公房租金增强个人购房欲望；个人购房可以分期付款，对于低收入者予以补贴等"。1980 年 6 月中共中央、国务院批转国家建委党组《全国基本建设工作会议汇报提纲》，该提纲第七部分"加快城市住房建设"，从操作层面做出了部署。房改的目标确立为"实现住房商品化社会化"。此后，我国城市住房制度改革开始起步。1980 年 7 月 19 日，建设部印发《关于加强城市公房管理工作的意见》。1983 年 5 月，发布《城镇个人建造住宅管理办法》，赋予城镇个人建造住宅的权利。1983 年 2 月 25 日，出台了《关于全国城镇落实私房政策问题的报告》，提出落实私房政策的范围和原则。1983 年 12 月 7 日，国务院发布了新中国第一部保护城市私有房屋所有权、规范私房交易的法规《城市私有房屋管理条例》，同时发布了规范城市建设规划事项的《城市规划条例》（1990 年发布《中华人民共和国城市规划法》）等行政法规。为落实华侨私房问题，1984 年 12 月 24 日，发布了《关于加快落实华侨私房政策的意见》。1985 年 2 月 16 日，颁布了《关于城市私有出租房屋社会主义改造遗留问题的处理意见》。

这期间的改革措施有：一是实施"提租补贴"。1986 年，在公房出售补贴试点受阻后，一些城市开展了租金改革试点。1988 年 1 月 25 日，国务院印发了《关于在全国城镇分期分批推行住房制度改革实施方案》的通知，确定了住房制度改革的目标、任务和具体政策，开始全面进行住房制度改革。1988 年，在全国范围内实行了"提高租金，逐步达到成本租金"的政策举措，标志着住房制度改革的全面推开。这一政策作为向住房商品化的过渡性目标，旨在通过推进实物租金向货币租金的复位，基本上实现公房的"以租养房"，并通过提租达到租售结合和以租促售的目的。二是在住房投资体制上，转换成国家、集体和个人三方面共同承担的体制。三是确立了土地有偿使用制度，明确土地使用权可以依法转让。1982 年，深圳市率先开征城市土地使用费。1984 年 9 月，国务院决定对土地实行有偿转让和出售。1987 年 12 月，深圳首次举行土地拍卖活动。四是开展住房公积金制度试点。1991 年，国家引入新加坡的强制公积金制度，并在上海进行住房公积金试点。

提租改革迈出了住房商品化的第一步，有助于甩掉长期背负在国家和企业身上的住房建设、维修和更新的负担。住房提租补贴的成效比较显著，形成了最早的住房消费资金。然而，提租改革并不是没有困难的，它面临着一些现实的障碍。主要体现为：（1）为了保障提租的顺利进行和不降低居民的实际可支配收入，采取了将原建房资金、维修资金转化为住房补贴并转入工资的做法，将"暗补"转为"明贴"。随着部分试点城市提租改革的正式启动，补贴也随着转入工资而纳入了企业的成本和财政预算。（2）从改革的对象来看，它倾向于住房存量的改革，覆盖面小，对于那些无房的家庭来说有欠公平。（3）改革遇到既得利益者的抵制而难以深化。

与提租相比，旧公房出售无疑是现有存量住房分配由实物转向货币化的更为直接的途径。发达的市场经济国家和转轨经济国家，也存在类似的出售公共住宅的做法。对于中国而言，出售旧公房有利于提高住房自有化率、树立起居民的住房消费观念、盘活住房存量和确立和完善住房产权制度。1988 年中国出现了出售旧公房的浪潮，这次旧公房出售发生在通货膨胀给提租补贴带来困难的背景之下，带有强烈的贱价出售色彩。低价出售公房未能解决住房制度改革的一些根本性问题。实践表明，公房出售不失为一种存量住房商品化的简捷途径，关键在于确立合理的租售比价（胡彬，2002，第 104 ~ 118 页）。

2. 住房制度改革的综合配套阶段

1992 年之后，我国住房制度改革步入全面推进阶段。1993 年 3 月 8 日，国务院批转国家体改委《关于 1993 年经济体制改革要点》将"健全住房、土地使用制度改革"作为 1993 年经济体制改革工作的主要任务之一。1993 年，中共十四届三中全会提出了社会主义市场经济体制改革的方向和目标，为住房制度改革指明了市场化的改革方向。这期间的改革措施包括：一是开始探索建立多层次的住房供应体系。国务院 1994 年第 43 号文件《关于深化城镇住房制度改革的决定》明确提出经济适用房和商品房针对不同的供应对象。二是建立商品房预售制度。为缓解房地产开发企业资金的紧张局面，借鉴香港经验，首先在深圳试点商品房预售并随后在《中华人民共和国城市房地产管理法》中明确。三是全国城市普遍推行住房公积金制度。1994 年 43 号文件规定房改以建立住房公积金制为主，提租和售房为辅。这一制度的推行旨在建立起全国统一的住房建设和消费基金，将改革的重点从现有存量住房转移到存量和增量住房并举上。

住房公积金制度的最显著作用是转变了传统的由国家或集体一手包揽住房生产、建设的局面。在全面推行住房公积金制度的同时，多数地区和城市都实施了侧重点各异的改革措施，主要表现在如下几个方面：（1）加大公有住房租金调整的幅度，要求做到租售并举。（2）启动城镇住房市场，包括加快公房出售步伐、允许已购公房提前上市流通（转租或转售）、打破户籍限制给予购房入户等优惠条件、转化空置商品房为安居房源等措施。吸取了过去贱价出售公房和单纯提租的教训，对公房实行租售并举，同时对出售后的流通问题采取了一些制约措施。（3）以商业性金融来弥补住房政策性金融的不足，主要表现为使用多种个人消费信贷工具。（4）调整有关税费，进一步扩大降价空间、以刺激有效需求。通过现有公房改革的稳步推进，城镇住房的商品化程度明显得到提高，以居民自有产权为主、多种产权形式并存的城镇住房制度已经形成。初步构建起了住房新体制的基本框架，打破了单一的公有制住房产权形式。

3. 住房制度市场化改革及完善阶段

在 1997 年的十五大报告中，明确指出按照建立社会主义市场经济体制的要求，大力推进住房体制改革。1998 年开始，我国城市住房制度改革进入全面推进阶段。1998 年，国务院召开了第四次全国住房制度改革工作会议，会议决定停止住房实物分配，实行住房分配货币化。1998 年 7 月 3 日，国务院下发的国发〔1998〕23 号文，要求 1998 年下半年开始停止住房实物分配，逐步实行住房分配货币化。国发〔1998〕23 号文被人们称为中国住房制度改革的里程碑，它宣告了福利分房制度的终结和新的住房制度的开始。

这期间的改革措施包括：一是正式停止全国性的住房实物分配制度，逐步实行住房货币化分配。1999 年底，基本取消住房福利分配制度，开始形成了以市场化为主导的住房制度。在停止福利分房后，一些地区先后进行了住房货币化分配。在 35 个大中城市的住房货币化分配方案中，形成了六种最主要的货币化分配方案。在 35 个大中城市房改的带头示范作用下，全国地、县级城市也加快了住房货币化分配方案的出台和实施，在房改整体步伐加快的同时，全国城镇住房市场也日益活跃。初步建立了住房分配货币化、配置市场化、管理社会化的住房制度。二是建立和完善以经济适用住房为主的住房供应体系，对中低收入阶层建立住房保障制度。国务院 1998 年第 23 号文首次提出了廉租房概念。三是完善土地有偿使用制度。2002 年国土部发布《招标拍卖挂牌出让国有土地使用权规定》，明确要求商品住房等经营性土地必须通过招拍挂等方式出让。四是构建住房金融体系。1998 年 4 月 7 日，中国人民银行出台了《关于加大住房信贷投入，支持住房建设与消费的通知》（169 号），1998 年 5 月 15 日，中国人民银行颁布施行《个人住房贷款管理办法》，实行积极的住房信贷政策。1999 年，中国人民银行下发《关于鼓励消费贷款的若干意见》，将住房贷款与房价款比例从 70% 提高到 80%，鼓励商业银行提供全方位优质金融服务。1999 年 9 月，中国人民银行调整个人住房贷款的期限和利率，将个人住房贷款最长期限从 20 年延长到 30 年，将按法定利率减档执行的个人住房贷款利率进一步下调 10%，要求进一步放松信贷管制，支持个人住房消费和商品房投资开发。这些政策措施的实施，促进了商业银行个人购房融资业务的开展和住房金融市场的成长。

2003 年以来，由于房地产市场出现了投资增幅过大、供给结构不合理、价格上涨过快等现象，国家有关部门密集出台了一系列调控政策措施，加强房地产市场宏观调控。中国人民银行 2003 年发布 121 号文件，加强房地产信贷业务管理。国务院 2003 年发布 18 号文件《国务院关于促进房地产市场持续健康发展的通知》，明确了房地产业在国民经济中支柱产业的定位，系统地提出了住房制度改革的目标，进一步明确了完善房地产市场宏观调控的政策措施。国土资源部2004年发布71号文件，强调2004年8月31日之后不得再以历史遗留问题采用协议方式出让经营性土地使用权，即"8.31大限"。在信贷方面，央行时隔9年首次上调存贷款基准利率。2005年，面对房价继续攀升，国家出台了"国八条"、"新国八条"、"七部委八条"等一系列调控政策。主要内容包括：调整供应结构，增加普通商品房、经济适用房和廉租房的供给；增强房地产交易环节的税收力度，对个人购房不足两年转让的全额征收营业税；调整个人住房贷款政策；加大对闲置土地的清理力度；减缓房屋拆迁力度；严肃查处违规销售遏制投机炒作。上述措施成为后续频繁出台的各种调控的政策模板。2006年5月17日国务院常务会议提出"国六条"再次强调房地产市场健康发展问题。随后九部委出台了"国十五条"。2007年，国务院发布24号文件《关于解决城市低收入家庭住房困难的若干意见》，进一步明确了我国住房保障体系建设。

在2007年全球金融危机冲击下，紧缩性调控在2008年出现放松。2008年底国务院发布了《关于促进房地产市场健康发展的若干意见》，提出加大对自住型和改善性住房消费的信贷支持力度。

2009年全国房价[①]大幅反弹，房地产宏观调控再度从紧。2010年国务院办公厅发布4号和10号文件开启了新一轮的紧缩性调控。这一轮调控的标志性做法是以"三限"（限购、限贷、限价）为主的行政性强制措施，实行严格的地方政府房价目标考核制，十分重视完善住房保障制度。"十二五"规划提出了建设3 600万套保障房的任务。

近年来，我国房地产"限购"政策的实施和调整，是住房市场波动和政府干预市场的一个缩影。2010年4月17日国务院出台《关于坚决遏制部分城市房价过快上涨的通知》（国发〔2010〕10号，亦称"国十条"）提出"地方人民政府可根据实际情况，采取临时性措施，在一定时期内限定购房套数"，首次正式提出住房"限购"政策。同年4月30日，北京发布"京十二条"，规定"从5月1日起，北京家庭只能新购一套商品房"，三套房和不合规的外地人购房贷款被叫停，住房"限购"政策率先在北京落地。同年9月29日面对狂热的楼市，中央多部门再次出台调控措施，北京"限购令"开始被热点城市效仿。截止2011年1月25日，中国出台"限购令"的城市达到24个。在严厉的调控政策之下，2010年全国部分热点城市房地产市场呈现出量缩价涨的格局，房地产市场走势不容乐观。2011年1月26日国务院办公厅发布《关于进一步做好房地产市场调

---

① 本书除有特别说明外，全国类数据均不包括港澳台地区的数据。

控工作有关问题的通知》，住房"限购"政策再次全面升级，基本上所有的一、二线城市，部分三、四线城市都被纳入"限购"范围。截至 2011 年 10 月 31 日，全国共有 46 个城市出台了"限购令"，达历史新高。2013 年初，住房市场从低迷中出现复苏，2 月 26 日国务院办公厅发布《关于继续做好房地产市场调控工作的通知》，再次重申继续执行"限购、限贷"政策，坚决打击投机性购房。2014 年以来，房地产市场出现了"量价齐跌"、"库存积压"现象，6 月 27 日，呼和浩特市正式发文取消"限购令"。随后，其他城市陆续跟进，取消或部分放松"限购"政策。同年 10 月 17 日在天津取消住房"限购"政策之后，46 个住房限购城市中仅剩北上广深 4 个一线城市和三亚等 5 个城市继续执行住房"限购"政策。2016 年一季度在"三去一降一补"政策措施推动下，房地产市场迅速回升，部分热点城市量价齐升，甚至出现"一房难求、房价暴涨"的局面。8 月中旬，苏州、厦门、武汉相继宣布重新执行住房"限购"政策。截止 2016 年末，已经扩大到 22 个城市实行住房"限购"政策。

随着住房市场短缺时代的结束，房地产市场宏观调控的思路和手段亦在发生深刻的变化。一是从以前紧盯着房价的宏观调控转变到实现房地产市场的稳定发展和从宏观经济的全局出发，突出加强房地产基础性制度安排和构建长效机制。二是从行政性调控转变到更依赖于法制和经济手段，强调政府干预符合房地产市场运行规律。政府根据房地产市场运行状况的变化，不断对"三限"政策进行调整。而关于我国房地产税制改革，更是强调立法先行，并依法推进。三是从过去中央政府主导房地产市场宏观调控转变为由地方政府主导房地产市场调控，地方政府的房地产市场调控自主权在扩大，因城施策成为共识。

三、改革开放以来城市住房制度改革的缺失

总体上看来，我国城市住房制度改革，仍存在一定的缺失，大致上表现为以下三点。

第一，住房政策左右摇摆，不断出台应急性政策措施，长效机制构建明显不足。我国城市住房制度改革的措施在很大程度上都是应急性的，欠缺顶层设计。当然，顶层设计的欠缺又与中国"摸着石头过河"的渐进式改革特征有关。在有限理性的制约下，人们没有看清随着住房实物分配制度的终结和城镇化的深入，究竟适合市场经济和城镇化需要的住房制度是什么。

第二，住房制度体系不协调，某些制度改革滞后。住房制度涉及土地和住房的供应、销售、住房财税、住房金融以及住房保障制度等。土地制度改革明显滞后于城市化进程，住房保障制度的建设迟至 2007 年才开始得到中央政府和地方

政府的重视，以住房公积金为主体的政策性住房金融在效率和公平上都存在缺陷，房地产税制改革明显滞后导致住房投资需求膨胀长期无法遏制。而这些问题，是不能以有限理性或"摸着石头过河"来开脱的，实际上与政府部门的懒政有很大干系，改革的动力不足是一个根本性的问题。

第三，我国住房制度的制度环境不完善，住房制度的配套性措施明显不足。中国住房问题的根源并非仅仅来自于住房市场本身，单靠住房制度改革无法实现住有所居的目标，必须完善一系列配套性的改革措施和具有系统改革的思维。缺乏全国城市住房信息普查，住房数据统计不完善，收入分配制度存在不足等，这些住房制度运行的制度环境不改善，仅靠住房制度改革，住房市场的问题仍会故态复萌，迁延不愈。

第二节　中国城市住房市场现状分析

住房数据的可获得性一直是让房地产研究人士头疼的一个问题，[①] 自1984年之后，我国再也没有进行全国性的住房普查，因而城镇居民居住现状一直难以获得准确的信息。现有依赖各城市统计局进行的调查往往局限于城镇户籍人口而不是常住人口。建设部发布的《2005年城镇房屋概况统计公报》明确指出人均住房建筑面积是按户籍人口计算的。2010年，我国进行了第六次人口普查。在这次人口普查过程中，我国抽取了10%的居民进行住房调查，其中可以获得一些当前我国城镇居民的居住信息。

一、我国城镇居民住房现状

根据第六次人口普查结果[②]，截至2010年底，我国城市现有建筑面积101.57亿平方米，城镇现有住房建筑面积77.4亿平方米，合计179亿平方米。相比2000年，按照常住人口计算的人均建筑面积由22.36平方米增加到26.7平方米。虽然人均居住空间十年中快速扩大，但家庭之间住房空间存在巨大差异。例如全国城市家庭户和城镇家庭户中分别有16.5%和12.1%的家庭人均住房建

---

① 即使是国家统计局公布的数据有时也会相互冲突。

② 不包括中国香港、中国澳门、中国台湾地区的人口数据，但包括居住在中国大陆的港澳台居民和外籍人员。

筑面积低于 12 平方米，甚至有 9.4% 和 6.8% 的家庭人均建筑面积在 8 平方米以下，而人均住房建筑面积在 50 平方米及以上的家庭数超过 17% 和 22%。这种居住空间的不平等在发达省份和大城市尤为突出。如北京有 24.6% 的城市家庭户人均住房建筑面积在 12 平方米及以下，有 18.5% 的城市家庭户人均住房建筑面积在 50 平方米以上。再如浙江城市家庭户人均住房建筑面积低于 12 平方米的比例为 24.09%，人均住房建筑面积超过 50 平方米的城市家庭户比例高达 19.37%。

从产权结构来看，第六次人口普查资料中住房来源分为自建住房、购买商品房、购买二手房、租赁其他住房、租赁廉租房、购买经济适用房、购买原公有住房、其他等。上述分类可以合并为三类：自有、租赁、其他，其中自有产权为自建住房、购商品房、购经济适用房、购原公房之和，租赁产权为租原公房、租商品房之和。如表 2-1 所示，从 2000~2010 年，我国城镇家庭住房来源最大的变化是来自商品住房大幅提升。而住房自有率保持了相对稳定，租赁率略有提高。需要说明的是，"六普"中查明的中国城镇住房自有率是目前公布的各种住房自有率中数字最低的一个。例如，由《小康》杂志和浙江大学不动产投资研究中心发布的"中国居住小康指数（2012）"对 40 个城市的调查显示中国城市人口住房自有率为 78.6%。西南财经大学发布的中国家庭金融调查报告（2012）在全国 25 个省的部分城市对 3 412 个家庭的调查显示，中国城市家庭住房自有率为 85.39%。而国家统计局住户调查办公室 2011 年公布的城镇住房自有率为 89.3%[1]。这些报告都在一定程度高估了我国当前城镇住房自有率。

表 2-1　　　　　　　中国城镇家庭住房来源和产权构成　　　　单位：%

来源	自建	购商	购经	购公	租公	租商	其他	自有	租赁
2000 年	35.71	8.92	5.96	23.51	14.42	6.13	5.36	74.1	20.55
2010 年	31.47	26.38	4.07	12.94	2.45	18.6	4.1	74.86	21.05

注：根据 2000 年、2010 年人口普查汇总资料计算。其中 2000 年为租赁公房，2010 年为租赁廉租房。2010 年购买商品房与购买二手房合并为购买商品房，租赁其他住房与 2000 年的租赁商品房对应，表中自有住房为自建房、购买商品房、购买经济适用房、购买公有住房之和；租赁住房为租赁公有住房、租赁商品房之和。

根据"六普"结果，城镇居民住房居住设施，如表 2-2 和表 2-3 所示。截至 2010 年，我国城镇家庭户大约有 80% 的居住设施建设集中于 1990 年以后。从住房内部设施来看，城市住房成套率为 81.13%。

---

① 居民家庭自有住房率 89.3%，居住面积改善很大，http://news.cntv.cn/20110308/103353.shtml。

表 2 - 2　　　　　我国城镇住房建成年代的分布比例　　　单位：%

年份		1949 年前	1949 ~ 1959 年	1960 ~ 1969 年	1970 ~ 1979 年	1980 ~ 1989 年	1990 ~ 1999 年	2000 ~
城市	户数	1	0.9	1.3	4.7	18.5	34.4	39.2
	建筑面积	0.5	0.5	0.8	3.2	15.3	34.7	45
城镇	户数	1.2	0.7	1.9	6.4	19.9	34.2	35.7
	建筑面积	0.8	0.5	1.3	4.4	16.7	35.5	40.9

表 2 - 3　　　　　　　我国城镇住房内部设施　　　　　单位：%

	无独立的厨房	无燃气、电炊事设施	无管道自来水	无洗澡设施	室内无厕所
城市比例	8.2	9.7	6.8	2.25	14.2
城镇比例	12.9	3.73	2.41	3.77	28.3

资料来源：中华人民共和国国家统计局，中国 2010 年人口普查汇总资料。

二、住房存量与增量

根据第六次人口普查数据，我国城镇住房建筑总面积为 179 亿平方米。如果根据国家统计局提供的数据，截至 2010 年底，我国城镇居民人均住房建筑面积为 31.6 平方米，当年城镇人口总数为 6.6978 亿人。按此数据计算 2010 年我国城镇住房建筑总面积为 211.72 亿平方米。如此大的数据差距很难用统计误差来解释。一种可能性是统计部门公布的城镇人均住房建筑面积实际是根据城镇户籍人口统计的。对于住房存量面积，我们采用最新的"六普"数据，即认定 2010 年我国城镇住房建筑总面积为 179 亿平方米。

从增量来看，城镇住房建筑面积的变动要考虑三种因素，一是每年新增竣工面积，二是要考虑折旧即拆迁量，三是要考虑由于城镇范围扩大，一些城市近郊的原属于农民的房子会列入到城镇住房建筑面积中。需要说明的是，在《统计年鉴》公布的数据中，归属于住房投资的数据会列入到固定资产投资统计范畴中，而房地产开发企业的住房投资与城镇住房投资数据并不等同。一些学者往往直接根据房地产开发企业的住房竣工数据来推测我国城镇住房增量，这是有问题的。例如，根据《中国统计年鉴》（2015）的数据，2014 年我国固定资产投资中非农户的住房竣工面积大约是 10.88 亿平方米，而房地产开发企业销售面积为 10.52 亿平方米，而包含非住房在内的整体竣工面积大约为 10.75 亿平方米。表 2 - 4 是 2000 年以来我国城镇住房建筑和竣工面积。从表 2 - 4 中我们看到我国城镇从

2000 年来，住房施工面积增长了 447%，但每年竣工面积只增长了 96%。2011 年以来每年竣工面积已经超过 10 亿平方米。这个面积应该是已经包含了城区范围扩大后的农户住房竣工面积，但是不包含每年的拆迁面积。实际上，如果考虑到拆迁或折旧，城镇新增住房面积就要少得多了。但是我们很难获得全国城镇每年拆迁面积的确切数据。

表 2 - 4 **2010 ~ 2014 年我国城镇住房建筑和竣工面积** 单位：万平方米

年份	住房施工面积	住房竣工面积
2000	94 441.6	54 859.9
2001	103 643.6	57 476.5
2002	113 848.5	59 793.6
2003	124 386.5	54 971.5
2004	142 936.6	56 897.3
2005	166 143.4	66 141.9
2006	187 898.4	63 046.9
2007	226 159.7	68 820.8
2008	269 918.4	75 969.1
2009	312 039.7	82 101.5
2010	376 588.5	86 879.8
2011	465 729.7	102 513.2
2012	516 797.0	107 327.0
2013	573 119.9	107 375.0
2014	594 324.9	108 775.5

资料来源：中华人民共和国国家统计局，《中国统计年鉴 2015》，中国统计出版社 2015 年版。

三、住房需求分析与预测

一些学者如李昕和徐滇庆（2014）等人认为中国目前的住房存量远远不能满足需求。陈彦斌和陈小亮（2013）以历史经验和国际经验设计了中国城镇住房需求的估算方案，发现中短期内人口老龄化不会导致中国城镇住房大量过剩，城镇化和家庭规模小型化将在未来二三十年助推中国城镇住房需求持续增加，这将使得人口老龄化对城镇住房需求的负面冲击直到 2045 年以后才能逐渐显现出来。陈斌开等（2012）利用人口普查数据对人口结构转变和中国住房需求的关系进行实证研究，结果显示中国居民住房需求与年龄高度相关，个人在 20 岁以后住房需求快速上升，直到 50 岁以后开始逐步下降；进一步研究表明，"组群效应"是 50 岁以后个体住房需求下降的主要原因。以人口结构转变为基础，陈斌开等估算了 1999 ~ 2025 年中国的住房需求，发现住房需求增长率很好地拟合了 2004 年以来住房价格的变化；同时，人口老龄化将导致中国住房需求增长率在 2012 年以后大幅下降。甘犁等（2013）的研究结论刚好相反，根据中国家庭金融调查的微观数据推算，现有城镇家庭住房的刚性需求为 6 459 万套，城镇地区的房屋供给约为 4 046 万套，缺口为 2 413 万套。以目前的产能不到两年时间就能满足现有家庭的刚性需求。就长期而言，房地产业主要满足新增的住房需求，每年新增需求约为 579 万套，只相当于现在房地产产能的 1/3。

准确预测中国未来的住房需求，前提是对中国未来的人口尤其是城镇人口有一个合理的推断。2004 年，由建设部政策研究中心课题组发布的《全面建设小康社会居住目标研究》认定，2010 年城市人均住房建筑面积目标为 30 平方米，2020 年目标为 35 平方米，平均每套住房标准在 120 平方米左右，达到户均一套人均一间的总体目标。从"六普"数据来看，2010 年的住房目标并没有实现。要达到 2020 年人均 35 平方米的住房目标，困难是相当大的。

根据人口学家曾毅（2013）的计算，我国目前的总和生育率已经降低到相当低的水平，近 20 年来几乎所有的全国人口调查均反映我国总和生育率在 1.3 ~ 1.5，如果按照十八届三中全会的要求做出生育政策调整，总和生育率调整到 1.8 左右。我国总人口将会在 2027 年达到峰值 14.22 亿。另一位人口学家郭志刚（2012）的计算稍微乐观，但预测峰值也不过是 14.54 亿。这种人口总规模预测比以前任何一种对中国人口总规模的预测要少得多。

从过去的数据来看，如表 2 - 5 所示，截至 2014 年，我国按照常住人口计算的城镇化水平为 54.77%。在过去的 5 年中，我国城镇化水平大约每年提升 1.3 个百分点。在可以预期的未来，城镇化大提速并不现实。有专家预测我国 2030 年能达到 80% 的城镇化率（万广华、蔡昉等，2012，第 11 ~ 13 页），2016 年我国城镇化率达到 57.35%，2020 年为 63% 左右，则估计 2020 年我国会有 8.82 亿城镇人口，如果人均住房建筑面积达到按照常住人口计算的 30 平方米，则城镇住房建筑总面积为 265 亿平方米，比 2010 年多 86 亿平方米。而如果要实现建设部 2004 年提出的目标，则城镇住房建筑总面积应为 308.7 亿平方米，比 2010 年多 129.7 亿平方米。这几乎是不可能实现的。因此，比较现实的考虑是仍然假设维持当前的人均建筑面积。对于折旧，按照 2% 的折旧率来计算。以 2011 年为例，2011 年的折旧或拆迁面积为 2010 年城镇总建筑面积的 2% 即 3.58 亿平方米。这种拆迁量应该并没有高估。2014 年以后按照增长率 5% 计算。如表 2 - 6 所示，到 2020 年我国城镇住房建筑面积恰好达到约 265 亿平方米。由于我们的预测增速为 5%，这已经远低于我国 2006~2012 年竣工面积每年平均 9.3% 的增速。

表 2-5 　　　　　　　　　我国城市化水平变动

年份	总人口（亿）	城市人口（亿）	每年新增城镇人口（万）	城镇化比率（%）
2000	12.6743	4.5906	2 158	36.22
2001	12.7627	4.8064	2 158	37.66
2002	12.8453	5.0212	2 148	39.09
2003	12.9227	5.2376	2 164	40.53
2004	12.9988	5.4283	1 907	41.76
2005	13.0756	5.6212	1 929	42.99
2006	13.1448	5.8288	2 076	44.34
2007	13.2129	6.0633	2 345	45.89
2008	13.2802	6.2403	1 770	46.99
2009	13.3450	6.4512	2 109	48.34
2010	13.4091	6.6978	2 466	49.95
2011	13.4735	6.9079	2 101	51.27
2012	13.5404	7.1182	2 103	52.57
2013	13.6072	7.3111	1 929	53.73
2014	13.6782	7.4916	1 805	54.77

资料来源：中华人民共和国国家统计局，《中国统计年鉴 2015》，中国统计出版社 2015 年版。

表 2-6 　　　　　2010~2020 年我国新建住房预测（折旧率 2%）

年份	城镇住房总面积（亿平方米）	新竣工住房面积（亿平方米）	折旧（亿平方米）	城镇总人口（亿）
2010	179.67	8.69	—	6.7
2011	185.67	10.25	3.58	6.9
2012	192.69	10.73	3.71	7.12
2013	200.11	10.74	3.85	7.33
2014	207.94	10.88	4	7.55
2015	216.20	12.42	4.16	7.77
2016	224.92	13.04	4.32	7.98

年份	城镇住房总面积 （亿平方米）	新竣工住房面积 （亿平方米）	折旧 （亿平方米）	城镇总人口 （亿）
2017	234.12	13.7	4.5	8.2
2018	243.82	14.38	4.68	8.4
2019	254.04	15.1	4.88	8.61
2020	264.81	15.85	5.08	8.82

注：当年城镇住房总面积＝上一年城镇住房总面积＋当年新竣工住房面积－折旧。其中当年的折旧按照上一年的城镇住房总面积计算。2015 年以后为预测数。

总体上来看，如果按照 2% 的折旧率，即使是保持 5% 的总竣工建筑面积增速，我国城镇人均居住面积也仅仅是达到 30 平方米而已。住房从总体上存量仍然远远不够。如果考虑到城镇人口结构的变动，如家庭规模小型化的因素，即使是保持 5% 的增速也相当紧张。大概会到 2020 年住房存量才能保持基本平衡。根据"六普"的资料，我国家庭户规模逐年递减，已经从 1990 的 3.96 人降低到 2000 的 3.44 人再降到 2010 年的 3.1 人。北京和上海的户均家庭规模更是降为 2.45 人和 2.49 人，分列全国倒数第一和第二位。这种家庭规模小型化的因素对住房市场也会产生不小的影响。如果按照 1% 的折旧率，竣工建筑面积就不需要保持 5% 的增速，如表 2 - 7 所示。即使 2013 年以后住房每年竣工面积保持在 11.27 亿平方米，整体住房存量也会在 2018 年实现基本供求平衡。这意味着我们可能已经不知不觉中达到了住房竣工的峰值。实际上，一些城市的拆迁已经过了峰值，例如上海"六普"的结果表明目前上海住房存量已经达到 6.27 亿平方米，但 2012 年拆迁量只有 127 万平方米，2013 年为 123 万平方米。最高峰期为 2005 年和 2006 年，每年拆迁量超过 800 万平方米。随着大规模旧城改造的结束以及各种拆迁成本的增加，拆迁需求确实在迅速降低。

表 2 - 7　　2010 ～ 2020 年我国新建住房预测（折旧率 1%）

年份	城镇住房总面积 （亿平方米）	新竣工住房面积 （亿平方米）	折旧 （亿平方米）	城镇总人口 （亿）
2010	179.00	8.69	—	6.70
2011	187.46	10.25	1.79	6.90
2012	196.32	10.73	1.87	7.12
2013	205.62	11.27	1.96	7.33
2014	214.84	11.27	2.06	7.55

年份	城镇住房总面积 （亿平方米）	新竣工住房面积 （亿平方米）	折旧 （亿平方米）	城镇总人口 （亿）
2015	223.96	11.27	2.15	7.77
2016	232.99	11.27	2.24	7.98
2017	241.93	11.27	2.33	8.20
2018	250.78	11.27	2.42	8.40
2019	259.54	11.27	2.51	8.61
2020	268.22	11.27	2.60	8.82

注：2013 年以后为预测数。

当然，严格来说，从人口规模和结构的视角来分析住房需求并非经济学意义上的需求，充其量只是一种需要而已。离开住房价格和消费者的可支配收入来预测住房需求是没有意义的。一旦结合住房价格，问题就显得复杂化。完全有可能存在这样一种场景，即在消费者的收入和房价制约下，住房的实际需求要远低于按照上述计算方法测得的新竣工住房面积，致使为数不少的消费者只能蜗居或合租或住在其他非正式住房中。举例来说，如果城镇化每年增加 2 000 万人，仅仅这些新增人口就要求住房新竣工面积为 6 亿平方米，但由于种种因素，他们无法购置各种正式住房，不考虑其他拆迁或改善性需求，如果城镇住房新竣工面积达到 6 亿平方米其实就是过剩。这意味着存量的远远不足和流量的实际过剩完全有可能并存。尽管从经济学的基本原理出发，过剩的商品价格会在供方之间的竞争下降低以扩大需求最终消除过剩，但房地产商品并非普通商品。投资需求因素的存在、供给的滞后性都会使得过剩并不容易消除。

上述分析仅仅是一种全国性的分析，并没有考虑到地区差异。实际上，一些一线城市或国家及区域中心城市住房的供求不平衡非常严重。比方说北京、上海以及一些省会和经济中心城市，常住人口迅速增加，供求形势仍然非常紧张，这种紧张的供求形势必然反映在房价上。以上海为例，从 1978～2012 年，上海住房竣工面积为 5.83 亿平方米，其中 74% 为 1990 年后建造。从 1995～2012 年，住房竣工面积为 3.676 亿平方米，这期间上海拆迁面积为 7 792 万平方米，则剩下的增量面积为 2.90 亿平方米，而常住人口增加了 966 万人。假设这 966 万人人均居住面积达到 30 平方米，则刚好需要 2.90 亿平方米，余下的 1 300 万人改善住房消费的供给在哪里呢？可见，特大城市的住房供求形势并不乐观。

四、关于住房空置率的讨论

分析当前中国城镇住房市场的现状，不可避免地要讨论住房空置率问题。但可惜的是，在这方面一直没有翔实的数据。

长期以来，关于我国城市住房空置率的相关统计数据一直如雾里看花。早在2005年，在第一次关于空置率的大讨论之中，学术界就对当时以新建商品房中未售出面积作为统计对象的住房空置率统计提出了强烈的批评。2010年，国家统计局新闻发言人盛来运曾说，住房空置率是一个在当前国情和统计制度下无法统计的指标，只有寄希望于住房普查才能获得翔实的数据。另一方面，学术界和社会大众依然对住房空置率相当关注。一些大学例如北京联合大学、河南财经政法大学等师生纷纷自发调查所在城市的住房空置率，甚至有出租车司机通过计算"黑灯率"来估算住房空置率。西南财经大学中国家庭金融调查中心2014年6月10日发布的《城镇住房空置率与住房市场发展趋势》报告（以下简称《报告》）估计我国城镇住房空置率达到22.4%。

住房空置率究竟如何计算出来呢？从国际经验来看，美国的住房空置调查是由美国住房和城市发展部资助并由美国统计局实施的美国住房调查，每个月实施，样本量大约为72 000套住房，数据采集方式是通过电话和人工上门调查结合，如果电话调查得不到信息，调查员必须亲自上门拜访获取有效信息。最终得到的住房空置率数据不仅包括全国，而且包括州和75个大都市区的住房空置率。例如，2013年美国住房的空置率为13.6%。[①] 在中国台湾，住房空置率也相当高。台湾的住房空置率调查方式主要采用的是住房普查，从1980年开始，每10年进行一次。2000年台湾第三次住房普查的资料表明，大约有123万户空置，空置率大约为17.6%。除住房普查外，还可以通过台湾电力公司提供的用电不足底度的家庭数目，推算具体某一年内的住房空置情况。所谓台湾用电不足底度户数资料是指，非营业用的一般单相低压电表用电度数不超过20度者。根据台湾的资料，通常一般家庭在正常居住的情况下，大约4天用电量就会超过底度。根据1980年、1990年、2000年三次住宅普查时，空房数分别为479 839户、674 317户、1 228 798户，而同时期用电不足底度户数资料分别为470 670户、606 858户、1 243 744户，两者差距1980年、2000年时约为2%，1990年约为10%。故通过用电不足底度户数资料来推断台湾住房空置情况具有相当高的可信度。所以，前两年媒体说可以通过查水表或电表来估计住房空置率是有根据的，而盛来

---

① 《报告》发布者声称美国住房空置率只有2.5%，这是一个明显的错误。

运所说的只有依靠住房普查才能了解详情并非如此。

理论上，住房市场存在着一个自然空置率（natural vacancy rate）问题，尤其是对出租用房来说，由于租赁双方之间存在严重的信息不对称，即使以市价挂牌也很难即时交易。所以，在任何一个时点上，市场上总存在一定空置的可出租住房。这种空置率就叫作自然空置率。这是住房市场的正常现象。如果实际空置率高于自然空置率，则市场租金就有下降的压力。反之，租赁价格就会上升。对出售住房来说更是如此，市场上待出售的住房（新房和二手房）交易的时间更长，搜寻成本更高，以至于可以养活一个庞大的房地产中介行业。前面所说的美国除了公布总体空置率外，还公布了出租住房中的空置率和出售住房中的空置率。例如，2013 年美国出租住房中的空置率为 8.3%，出售住房中的空置率为 2%。除了这两种空置率外，还有就是那种既不出租也不出售的空置房，比如度假用房或偶尔居住的住房。

西南财经大学中国家庭金融调查中心的《报告》公布我国 2013 年城镇住房空置率高达 22.4%。此空置率数据一经公布，即引发了全国关注。《报告》认为，一套房家庭因外出务工等原因而无人居住的住房和多套房家庭既未自住也无他人居住的住房都为空置房。调查数据显示，人房分离的空置率为 5.1%，多套房空置率在 17.3%。很多人可能认为前者不应该计入在内。例如，有人就认为这些房子是他们的根，不应该计入空置范畴。但这种理解是有问题的。比如说张三从小城镇到大城市工作，小城镇的住房因而空置，但他回到小城镇后，大城市租住的房子也会空置，这种空间不匹配是住房空置的常见原因。中国地区经济差距大，大中小城镇和农村在就业机会和公共服务上差距非常明显，大量的劳动力往大城市聚集，由此造成农村和小城镇住房大量空置，这并非住房市场本身的问题。那究竟中国城镇的自然空置率是多少，这个问题目前还没有令人信服的解答，但至少我们要有一个基本的认识，即认识到住房市场存在着一个自然空置率，不要一谈到空置就色变。

另外，在讨论中国城镇住房空置率时必须考虑到我国住房市场的一些特殊性。我国的住房市场交易增量房占比较高。增量房占比较高的市场，住房空置率高一点是可以理解的。即使是像中国香港这样寸土寸金的国际大都市，根据《香港物业报告 2011》的数据，2010 年整体的住房空置率尽管只有 4.7%，但年内落成的楼宇空置率高达 88%。更严重的是，我国的增量房大多为毛坯房，加上小区的交通与教育等公共配套往往滞后住房交付等原因，大量居民购置新商品住房后由于装修、配套的原因仍不得不暂居住在原来的老住房，从原有住房搬迁到新购房的转移过程可能较长，需要一段时间。

那么对于这个 22.4% 的住房空置率，究竟有多大的可信度呢？坦率地说，对于大样本的抽样调查只要抽样科学，抽样获得的空置率与总体真值之间差距轻微。但如果抽样过程不合理，抽样误差就可能很大，因而这种大样本的住房市场调查数据需要其他类似的调查予以佐证，正像前文所述的中国台湾通过电表数据来佐证住房市场普查所得数据一样。我国在 1984 年曾经进行过第一次全国城镇住房普查，其后再没有进行类似调查，即使被寄予厚望的 2010 年第六次人口普查数据也只是抽取了 10% 的人口调查住房信息，仍然没有涉及住房空置率数据。如何尽快建立我国的住房空置率调查统计制度，是社会各界值得关注的难题。

第三节 中国城市住房市场存在问题的分析

一、部分城市房价远超居民支付能力

毫无疑问，当前中国城镇房价过高是城镇住房市场存在的首要问题，也是新型城镇化的关键障碍。尽管以房价收入比为指标的居民住房支付能力来看，全国似乎并没有恶化的趋势，但这掩盖了区域差异。对于一些一线城市或明星城市（super star cities），房价收入比远远超出全国平均水平。如表 2 - 8 所示，以北京、上海、广州、深圳这四个一线城市为例，按照 90 平方米计算，2014 年这四个一线城市除广州低于 10 倍外，其他三个城市都要远高于全国平均水平，最高的北京和深圳超过 13 倍。

表 2 - 8　　　　2000 ~ 2014 年一线城市住房支付能力的变动

	上海		北京		广州		深圳	
	2000 年	2014 年	2000 年	2014 年	2000 年	2014 年	2000 年	2014 年
房价（元/平方米）	3 326	16 415	4 557	18 499	4 294	14 739	5 275	24 040
收入（元/人）	11 718	45 966	10 349	44 489	13 966	42 955	21 626	48 672
家庭人口数（人）	3.04	2.90	—	2.79	3.13	3.17	3.21	3.22
房价收入比（倍）	8.4	11.1	13.21	13.4	8.8	9.7	6.84	13.8

资料来源：各城市相关年份统计年鉴。

这里的计算方法采用的是平均收入和平均房价，这意味着那些收入无法达到平均收入的阶层将面临着更高的相对房价。尤其是对刚进城的新城市居民而言，由于其无法享受原有城市居民当年通过低价购买公房的优惠，且收入较低，则通过住房市场来购买完全产权的住房是非常困难的。

中国人民银行公布的《城镇储户问卷调查报告》2015 年第三季度数据显示[①]，有 49.7% 的城镇居民认为目前房价"高，难以接受"，这个比例是有此项调查以来最低的数据（见图 2－1）。

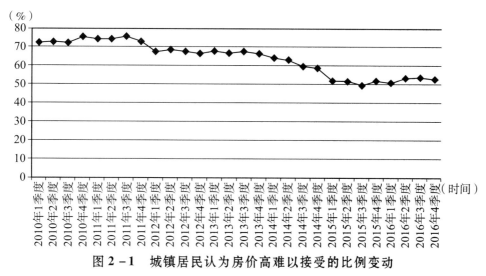

图 2－1　城镇居民认为房价高难以接受的比例变动

资料来源：中国人民银行调查统计司，http：//www.pbc.gov.cn。

二、投资性住房需求不能有效遏制，挤出效应明显

住房具有双重属性，既是投资品又是消费品。特别是其能获得相对稳定的租金收益并能在长期抵御通胀侵蚀的特点一直受到风险规避性投资者的青睐。再加之收入分配失衡，有产阶层将大量的资本投资于住房市场成为一种普遍的现象。尽管住房不可移动，但高收入者本身的流动性却是比较高的，一些明星城市逐渐成为高收入者的聚居区。因此，低收入者面临的挤压是双重的，他们不仅面临城市原有高收入者的挤压，还面临着流动的高收入者的挤压。当然，投资性需求的存在并不是一无是处，如果没有投资性需求，城市租赁市场不可能存在。当这种投资性需求成为一种羊群行为并带有恐慌性购买的时候，将阻碍住房市场的稳定健康发展，实际上损害了大多数人的福利。

---

① 城镇储户问卷调查是中国人民银行 1999 年起建立的一项季度调查制度。每季在全国 50 个（大、中、小）调查城市、400 个银行网点各随机抽取 50 名储户，全国共 20 000 名储户作为调查对象。从 2009 年开始，该调查增加了居民对房价看法和预期的调查项目。

我们以图 2 - 2 和图 2 - 3 来表述这种影响。假设经济中有低收入者和高收入者两个群体,并且共同面对一种并非完全弹性的商品住房,当收入差距扩大时,由于高收入者有更大的支付能力推高商品价格,低收入群体的支付能力会恶化从而其消费将会被挤出。

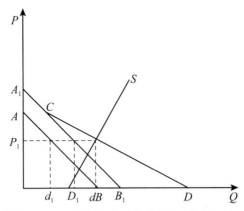

图 2 - 2 初始相对收入的住房市场均衡

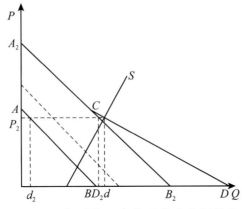

图 2 - 3 相对收入变化后住房市场均衡

图 2 - 2 中,AB 和 A_1B_1 分别表示低收入者和高收入者的需求曲线,A_1CD 代表加总的市场需求曲线,S 表示总供给曲线。均衡价格为 P_1。此时,D_1 是高收入者的消费量,d_1 是低收入者的消费量。图 2 - 3 中,低收入者的收入不变,而高收入者收入的增加使其需求曲线向右上方移动到 A_2B_2,总需求曲线变为 A_2CD。新的市场均衡价格为 P_2,此时高收入者的消费量为 D_2,低收入群体的消费量为 d_2。很明显,高收入者收入的更快增加导致了商品住房的价格上升,同时导致低收入群体的支付能力降低住房消费量减少到 d_2。从图 2 - 2 和 2 - 3 可以看出,首先,"挤出效应"只和相对收入有关,与绝对收入无关,即使低收入者

的收入提高，只要高收入者的支付能力增长的速度更快，住房消费的挤出效应就可能发生。其次，即使住房供给增加，只要增长的幅度不够大，不足以保持住房价格不变，低收入者的住房消费仍然会下降。另外，如果考虑到高收入者在房价上涨后的财富效应或财产性收入的增加，其在下一期住房市场上的购买力会更强。

在遏制住房投资性需求膨胀方面，中央政府在多年的房地产调控中出台了不少政策，包括个人住房交易营业税、个人所得税或资本增值税。2011 年 10 月 30 日至 2014 年 6 月 27 日，全国共有 46 个城市曾经推行住房限购政策。在我国如何面对住房投资、投机需求，仍然是一个悬而未决的难题。

三、住房预售制度引发住房市场交易秩序混乱

住房预售制度是当前极富中国特色的一项住房交易制度。当初为了解决国内住房供给资金不足问题，引入了香港的房地产预售制度，目前已经成为非常棘手的难题。这种独一无二的消费者预付全款的预售房制度导致消费者承担了住房市场的大部分风险，而开发商在交房过程中各种货不对板的售后纠纷频发，而住房市场周期性波动时发生的非理性事件，房价下跌过程中购房者与开发商的各种冲突此起彼伏，一直得不到纠正。这个问题是当前住房销售领域中的突出问题。

四、住房租赁市场不成熟

居住需求的实现既可以通过购买，也可以通过租赁。住房租赁市场对满足居民住房需求事关重大。长期以来，我国存在居民对住房所有权的过度偏好，投资者购房出租的意愿不强，住房租赁市场存在严重缺陷和功能性失调，阻碍了消费者自由的住房买租选择，租赁住房在住房消费中的比例偏低。一是住房租赁市场多以私人和分散的房产资源为主，租赁交易处于不正规状态（国务院发展研究中心课题组，2007），住房租赁市场企业组织严重缺位。私人住房租赁市场缺乏第三方对租赁行为进行监管，住房出租者享有不对称的权利。很多租赁行为的发生并没有受到合适的监管，承租的住房在质量上也难以保证，并且住房出租者在租赁合同制定上有很大的权限，住房出租者可以随意涨价或者解除租赁合同（许德风，2009），而一旦租赁合同签订，出租者又缺乏对出租住房以及承租者监管的激励，导致出租住房不能得到及时的维护、承租人随意改变住房的用途或者转租等现象的发生。二是公共租赁房严重不足且存在各种准入障碍，租赁住房供应不

稳定，区位、套型、租金错配。三是消费者租赁住房难以享受教育等基本公共服务，不能解决子女就地入学问题，租房人的公共产品消费权益得不到有效保障。四是住房租赁市场的政策设计和制度安排不完善，缺乏完善的住房租赁市场的统计数据，没有定期公开发布住房租金、租赁房源等信息（高波、王文莉、李祥，2013）。五是住房租赁市场税收负担过重。住房租赁市场不完善，提高了住房租赁市场的交易成本，促使消费者更倾向于购房而不是租房消费。

五、农业转移人口的住房问题突出

根据国家统计局《中华人民共和国 2016 年国民经济和社会发展统计公报》，2016 年我国有 2.8171 亿进城农业转移人口，其中外出农民工达 1.6934 亿人，本地农民工 1.1237 亿人。由于二元土地制度的存在与改革的滞后，这些所谓的"新市民"并未完成彻底的"无产阶级化"。绝大部分农业转移人口在城市的居住条件很差，合伙借住或租住于设施简陋、环境恶劣、空间狭窄、房租便宜的临时住房，聚居在城乡接合地带或"城中村"。由于没有相对稳定的、适于家居生活的住所，数以亿计的农业转移人口不断地在城乡之间流动，过着候鸟式的生活，农业转移人口的身心健康、生存发展、心理归宿、子女教育等权益难以得到保障，城乡经济社会的协调可持续发展也受到很大制约。根据郑思齐等（2008）对北京城中村的调查，人均使用面积在 5 平方米以下的住户占到 40%，九成以上的住房缺乏独立厕所和厨房，在过去半年里所住社区发生案件比重达到 81%，其中 1/4 的案件涉及人身伤害和死亡。同时，这些群体无法享受城市中的教育、医疗等公共服务，缺乏就业信息和培训机会，无法融入城市的社会关系网络，社会信任感淡漠，42% 的居民感觉被城里人看不起，对社会上的人不信任的比重占到 63%。一些机构进行的针对农业转移人口的调查结果也证实了这点。例如，国务院发展研究中心课题组（2011）所作的一项大型调查结果表明，有 8.4% 的农业转移人口居住在自购的商品房，4.8% 居住自购的经济适用房或两限房，0.4% 居住政府提供的廉租房，34% 居住自己租赁的房屋，35.5% 居住单位提供的集体宿舍，18.9% 居住在其他形式的房屋中。在所有居住房屋中，房屋的成套率（有厨房和卫生间）的比重只有 22.7%。如表 2-9 所示，国家统计局关于《中国农民工监测调查报告》显示，中国农业转移人口的住房状况堪忧。显而易见，这种居住状态使得这些所谓的新市民并没有真正融入城市，他们只是工作在城市，而消费不在城市。这种半截子城镇化亟须解决。

表 2 - 9　　　　　外出农民工的住房情况（2008 ~ 2015 年）　　　　单位：%

分类	2008 年	2009 年	2010 年	2011 年	2012 年	2013 年	2014 年	2015 年
单位宿舍	35.1	33.9	33.8	32.4	32.3	28.6	28.3	28.7
工地工棚	10.0	10.3	10.7	10.2	10.4	11.9	11.7	11.1
生产经营场所	6.8	7.6	7.5	5.9	6.1	5.8	5.5	4.8
与他人合租住房	16.7	17.5	18.0	19.3	19.7	18.5	18.4	18.1
独立租赁住房	18.8	17.1	16.0	14.3	13.5	18.2	18.5	18.9
务工地自购房	0.9	0.8	0.9	0.7	0.6	0.9	1	1.3
乡外从业回家居住	8.5	9.3	9.6	13.2	13.8	13	13.3	14
其他	3.2	3.5	3.5	4.0	3.6	3.1	3.3	3.1

资料来源：中华人民共和国国家统计局，《中国农民工监测调查报告》（2008 ~ 2015）。

2005 ~ 2007 年，农业转移人口住房政策的主要关注点在农业转移人口的购房和住房公积金方面。2005 年建设部、财政部和中国人民银行联合出台《关于住房公积金管理若干具体问题的指导意见》和 2006 年国务院《关于解决农民工问题的若干意见》都提出：有条件的地方，用人单位和个人可缴存住房公积金，用于农业转移人口购买自住住房。建设部 2007 年提出，要将公积金覆盖范围逐步扩大到包括在城市中有固定工作的农业转移人口在内的城镇各类就业群体；同年，建设部联合其他部委发布《关于改善农民工居住条件的指导意见》，提出改善农业转移人口居住条件的基本原则：一要因地制宜，满足基本居住需要；二要循序渐进，逐步解决；三要政策扶持，用工单位负责。2007 年，国务院出台了《关于解决城市低收入家庭住房困难的若干意见》，再次强调要多渠道改善农业转移人口居住条件，但与 2006 年不同的是，明确提出开发区和工业园区建设的农业转移人口集体宿舍只能向农业转移人口出租，不得按商品住房出售；强调有条件的地方，应建设符合农业转移人口特点的住房向农业转移人口出租，没有再提缴存住房公积金用于农业转移人口购买或租赁自住住房。2010 年，建设部等七部门发布《关于加快发展公共租赁住房的指导意见》，提出有条件的地区可以将有稳定职业并在城市居住一定年限的外来务工人员纳入公共租赁住房供应范围；在外来务工人员集中的开发区和工业园区，应建设公共租赁住房，面向用工单位或园区就业人员出租。2011 年，国务院办公厅出台《关于保障性安居工程建设和管理的指导意见》，提出保障性安居工程建设重点是发展公共租赁住房，其供应对象包括"在城镇稳定就业的外来务工人员"。2013 年 2 月 20 日，国务院再次要求地级以上城市要把符合条件的外来务工人员纳入当地住房保障范围。而地方政府由于力不从心，或者存在认识误区，真正对农业转移人口的住房保障全覆盖的城市寥寥无几。

六、城市住房用地比例偏低

我国城市建设用地中分配到住房用地的比例长期偏低,城市的工业用地面积占比过高,一般在 25% 以上,有些甚至超过 35%,远高于国外 15% 的水平。而工业用地的价格往往又有意识的压低。根据中金公司的报告列出的数据,日本城市用地中,76% 是居住用地;纽约居住用地占建设用地的比重为 42.2%,首尔为 62.5%,伦敦为 46.7%,而在我国城市中,这个指标为 30%。有数据表明,从 2006~2012 年,住宅用地和商业服务用地只占我国建设用地的 32.5%,如果只算住宅用地,则仅占建设用地的 22%(邵挺,2013,第 29~32 页)。城市住房用地比例长期偏低造成住房用地供给长期紧张导致地价居高不下,并助长了住房市场的恐慌情绪。

七、保障房的规模、结构和退出机制不合理

1994 年 12 月,建设部、财政部、国务院住房制度改革领导小组发布《城镇经济适用住房建设管理办法》,提出要建设以城镇中低收入家庭为保障对象的保障性住房。建设部于 1999 年 4 月发布了旨在解决城市最低收入家庭住房问题的城镇廉租住房管理办法。但在商品房市场快速发展的背景下,保障性住房的建设没有得到足够的重视,而且逐渐被边缘化。无论政府还是开发商,都没有建设保障性住房的热情。即使在房价快速上涨、居民购房压力普遍加大的情况下,政策焦点也只是在抑制房价上,主要思路集中在货币供应、土地供应、贷款条件、利率调节等方面。直到 2007 年 8 月《国务院关于解决城市低收入家庭住房困难的若干意见》发布,才再次把住房保障问题提升到政策的核心位置上。

图 2-4 是我国 10 余年来经济适用房投资总额的变动与经济适用房占住房投资的比例变动图。其中,柱状图代表住房投资额,线状图代表比例变动。从图中可以看出,1998~2010 年,尽管经济适用房投资总额从 270 亿元增加到 1 067 亿元,增长了 295%,但是占城市住房投资的比例却从 13% 下降到 3%。期间经济适用房投资比例最高的是 1999 年,超过 16%,其后一路下滑。经济适用房如此,其他廉租房和公共租赁房建设同样是如此。实际上直到 2009 年,公共租赁房概念才出现在政府的视野中,当年温家宝总理的政府工作报告中首次提到了公共租赁房,随后时任住房和城乡建设部副部长齐骥在十一届全国人大二次会议的答记者问中对公共租赁房专门做了解释。

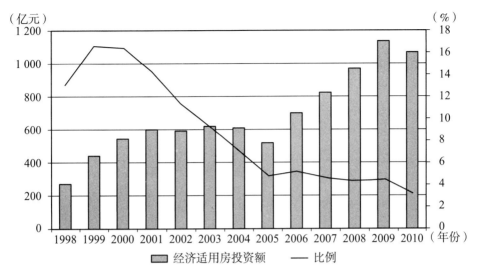

图 2-4 1998~2010 年经济适用房投资额变动与其占住房投资比例

资料来源：中经网统计数据库。

目前看来，公共租赁房成为保障房的主体已经成为学界的共识。一些地方政府基本上已经停止了经济适用房的建设与销售。但由于过去住房保障欠账较多，中央政府在"十二五"规划期间提出了 3 600 万套保障房建设计划。如此体量的保障房建设规模在资金、土地、分配和退出机制方面都遇到了一些问题。

八、二元土地制度下的小产权住房问题严峻

小产权房是一个极富中国特色的住房问题。农民在未经规划的农村集体用地上新建住房并对外出售明显违背了规划和土地用途管制，但规划本身的缺失及其合理性一直存在争议。例如，华生（2013）和周其仁（2013）在此问题上尖锐对立。从客观效果来看，小产权房的出现是对地方政府垄断征收农地的一个创新，使得农民能够更大程度上分享城镇化带来的土地收益，也在很大程度上帮助了那些无法承受城市高房价的农业转移人口和城市低收入群体。如果放任不管，政府一是担心会影响到耕地保护的大目标，二是担心会冲击到现有的土地财政格局，但究竟如何管理现在争议很大。

九、政策性住房金融体系不健全

从新加坡引入的住房公积金制度由于覆盖面小以及地区间分割严重，未能承

55

担中国的政策性住房金融的大任。从世界各国的情况来看，商业性住房金融政策对房地产市场既助涨又助跌，容易产生金融动荡，甚至金融危机。2010 年以来这种迹象已经非常明显，尤其是近年来互联网金融的发展正倒逼着利率市场化，商业银行无力承担政策性住房金融的重任。2014 年 5 月 12 日央行要求商业银行从"讲政治"的高度重视居民的合理住房信贷需求。党的十八届三中全会提出要"建立住宅政策性金融机构"，但尚未破题。2014 年 6 月 26 日，银监会批复同意国家开发银行筹建住宅金融事业部，7 月 29 日，银监会正式批准国家开发银行成立住宅金融事业部。尽管如此，这与真正担当我国政策性住房金融功能的要求仍相距甚远。

十、住房市场信息不充分不完全

准确、透明、及时的信息发布是消费者、企业和政府科学决策的重要依据。现阶段全国在住房空置规模上众说纷纭莫衷一是，而住房管理部门往往任由一些毫无根据的统计数据在市场上流传发酵，实与我国住房市场信息不充分不完全紧密相关。我国现行的统计指标体系中只包括房地产开发企业的不同类型的房地产投资、开工、竣工、销售面积数据，但没有住房存量、拆迁量、空置量、建筑年限等的数据（个别城市如上海统计局公布了相关数据，但上海公布的是有产权登记的住房数据）。信息不公开、不充分、不对称，只有少数政府部门知道，普通百姓不知晓。信息只向付费者开放，不向公众开放，公共资源不让全社会共享，这就为政府或企业人为的操控住房市场提供了空间，也加剧了市场非理性预期、投机泛滥和供需失衡。

除了上述 10 个问题外，当前我国住房市场还存在一些其他问题，例如毛坯房交易带来的装修问题、开发商囤地问题、首套房政策支持不稳定，以及二手房交易中介的规范问题、房地产宏观调控体系不完善带来行政主导调控等等亟待解决的问题。

第三章

典型国家的住房制度变迁、特征及经验借鉴

随着世界各国工业化、城市化的推进，以及历次世界住房危机的爆发，为解决各种住房问题，各国政府制定和出台了一系列应对之策，推进住房制度改革和完善，留下了极具价值的制度遗产。第一次世界大战（1914～1918年）和第二次世界大战（1939～1945年），无情地摧毁了人类的家园。1918～1947年发生了严重的第一次住房危机。在第一次住房危机期间爆发的第二次世界大战破坏了欧洲约22%的住宅，这一比例在德国高达75%，日本也有约280万套住宅遭受损失。在战后重建的大规模住房需求刺激下，世界各国实行住房制度改革，成立了一些专业性的住房金融机构，促进了住房金融体系的发展。20世纪70年代，出现了第二次世界性住房危机。这次住房危机发生后，再次推动了各国住房制度的演变。20世纪80年代后期，发生了第三次住房危机，以发展中国家最为突出。这一时期内，经济发展水平较低的发展中国家普遍面临着城市化和人口增长压力导致的住房短缺。相关统计资料显示，20世纪80年代初拉美地区住房短缺3 000万套左右，印度住房短缺2 100万套左右。在发展中国家住房矛盾突出的背景下，1978年联合国正式成立了联合国人类居住中心（UNCHS），旨在通过实施公正、平等、可持续性的政策咨询和技术支持来减少发展中国家的城市贫困现象，推动各国解决中低收入群体的住房困难问题（高波，2015，第1～2页）。

由于各国政治、经济和社会环境迥异，世界各国在不同时期的住房制度和住房政策亦不尽一致。这种不同，纵向上表现为不同阶段对住房问题关注焦点的变化：住房数量绝对不足→增大住房面积→提高住房质量→提高住房总体水平；横向上体现在同一时期各国住房制度变迁阶段、特征及经验存在差异。本章分析了

美国、德国、英国、日本、智利和巴西等国家住房制度的变迁、特征和绩效，以期对我国住房制度改革和住房政策完善起到借鉴作用。

第一节　美国住房制度的变迁、绩效与特征

美国是发达国家中住房制度较为完善的国家，属于自由市场型住房制度的典型代表。通过对美国住房制度变迁史的考察，可以发现美国住房制度是在充分借鉴他国住房制度经验的基础上，结合本国国情不断改革和完善的动态演进过程，"稳中有变"是美国住房制度的最大特点。

一、美国住房制度的变迁与绩效

20 世纪 30 年代以前，受自由市场经济理念的支配，美国政府认为市场配置资源的效率最高，强调减少国家干预，主要依靠市场手段解决住房问题。随着 1865 年内战的结束及经济迅速转入发展快车道，工业化、城市化相伴而行，短期内大量人口从农村涌向城镇，各种住房投机行为盛行。据统计，1890 年美国平均每套住宅居住 5.45 人，其中辛辛那提 8.87 人，芝加哥 8.60 人，波士顿 8.52 人，哈特福特 8.12 人，蒙大拿 4.9 人，每套住宅居住人口最多的纽约，达到 18.52 人（卫欢，2016）。为缓解住房短缺问题，以纽约为代表的部分州率先对房地产市场进行干预，先后出台了《1879 年纽约住房法》、《1890 年纽约经济公寓住房法》等法案，坚决打击各种投机行为，虽然这种浅尝辄止的立法最终收效甚微，但地方政府先于联邦政府干预房地产市场的尝试，为日后美国住房制度的发展积累了经验。

1929 年经济危机爆发，住房问题再次成为美国政府关注的焦点，解决房屋市场混乱和低收入居民的住房问题成为这一时期政府的主要目标。为复苏经济和解决住房问题，美国政府决定全面介入住房市场，把住宅建设作为拉动国民经济发展的增长点。1931 年，在胡佛总统亲自主持下，召开了美国第一次住房会议，决定政府开始有计划地介入住房领域。胡佛政府及随后的罗斯福政府陆续制定和出台了《联邦住房借贷银行法案》（1932 年）、《有房户借贷法案》（1933 年）、《全国住房法案》（1934 年）、《国民住宅法》（1937 年）、《公共住房法》（1937 年）等法律法规，并先后成立了联邦住房贷款银行系统（1932 年）、有房户借贷公司（1933 年）、联邦住房管理局（1934 年）、美国住宅局（1937 年）、联邦国

民抵押贷款协会（简称"房利美"，1938 年）、退伍军人管理局（1944 年）等机构促进住房建设、管理和解决中低收入者住房问题，初步形成了美国住房制度的基本格局。虽然大萧条之后，美国政府先后制定和出台了系列振兴经济和解决住房问题的法律法规，但由于实施过程中的种种缺陷和失误，以及两次世界大战的影响，住房问题最终未能得到彻底解决。第二次世界大战结束时，住房短缺情况十分严重。据费城住房协会统计，1945 年该市约 55 万套房产中有 8 万套"不合标准"。截至 1947 年，全美仍有 500 多万户家庭居住在拥挤的贫民窟，50 多万户住在活动房及野营帐篷里。此外，还有约 260 万户家庭不得不与其他家庭"合住房屋"，这其中至少有一半家庭有能力负担独立住房（Landis，J. D.，McClure，K.，2010）。

第二次世界大战结束后，由于战争等原因造成严重的住房短缺，美国联邦政府奉行"私人力量为主，政府努力为辅"的政策，采用各种优惠政策大力扶持住房业发展，增加住房供给。1949 年，《住房法》正式颁布实施，旨在"为每个美国家庭提供合适的住房和舒适的居住环境"，之后又陆续出台了《1954 年住房法》、《1959 年住房法》、《1961 年住房法案》；1965 年，通过了《住房与城市化发展法案》；1968 年，通过了《公平住房法案》。同年，又将房利美拆分为私人持有的新房利美和联邦政府所有的吉利美两部分，分别针对私人机构普通抵押贷款和政府机构担保贷款开展业务；1968 年和 1970 年又分别建立了全国抵押贷款协会和联邦住宅借贷抵押公司，开展政策性与商业性相结合的购房抵押贷款。战后美国一系列行之有效的住房制度改革，极大缓解了美国严重的住房短缺问题。而且使建筑业迅速得以恢复和发展，并一跃成为美国支柱性产业。据统计，1945 ~ 1960 年，新建住房总共达到 2 125.5 万单位，住房私有率 1960 年达到 62%（黄波，2001）。但是，这期间也存在诸如住房种族歧视、贷款买房的工薪家庭债台高筑、公共住房建设偷工减料、维修不及时、管理系统混乱等问题，影响和削弱了美国住房政策的效果。

20 世纪 70 年代初，美国遭遇了严重的经济停滞与通货膨胀两症并发现象。在此背景下，1974 年美国通过了《住房和社区发展法案》，标志着美国政府直接参与兴建公共住房的计划告一段落，取而代之的是财税、住房金融领域的系列改革，美国住房制度正式进入证券化时代。1986 年，通过《税制改革法案》，设立了低收入住房税收补贴项目；1990 年，颁布《国民可承受住宅法》，通过担保和信用证明的方式为租房人提供帮助，加强对现存住宅的有效利用；1994 年，通过了《自有房和资产保护法》；2003 年颁布《"美国梦"首期付款计划》；2008 年，通过了《希望六号计划改革与重新授权法案》，并将房利美和房地美退市，转为政府全面接管；2008 年，建立了国家住房信托基金，加强对房地产信托基金的管理。20 世纪 70 年代以来，美国政府在房地产财税及金融领域的系列探索和改革，促进了美国住房自有率的缓慢持续上升。据美国人口普查局数据显示，1984 年美国住房自有率为 64.5%，2004 年达到 69%。但是，20 世纪 90 年代中期以后，由于美国房地产市场快速升温，加之政府持续鼓励住房自有，次贷业务迅速受到金融机构竞相追捧，终因政府监管缺位而演化为一场席卷全球的金融危机，导致美国经济元气大伤。自此之后，美国的住房自有率开始逐年小幅回落，但整体仍维持在 60% 以上（2015 年为 63.7%）。

二、美国住房制度的特征

纵观美国住房制度的改革及发展历程发现，提高住房自有化率，实现居者有其屋的"美国梦"，是美国政府长期坚持的政策取向。为此，美国政府重视发挥政府和市场的协调配合作用，通过住房交易制度、住房宅地制度、住房财税制度、住房金融制度及住房保障制度领域的改革，不断取得突破。

（一）严格的住房交易预售制度和资本利得税制度

第一，实行住房交易预售制度。在美国房屋无论是否开工都允许预售，在住房预售的各个环节，美国政府实行严格的监管，如预售资金专款专用等，详尽披露预售房信息，各环节的风险分担使得预售的风险大大地降低。而且，美国所有的开发商在销售房屋之前均需要向州有关部门递交企划书，只有在企划书获得批准以后开发商才能正式开始房屋销售，企划书具有严格法律效果，约定的内容不能随意变更。据统计，1963～2007 年美国新房销售预售比例（包括开工前售出和建造期售出）一直保持在 50%～75% 左右的水平。此后，由于次贷危机的爆发导致美国住房预售比例有所下降，近年来又呈稳步回升态势。

第二，为打击投机性住房投资，稳定住房价格，美国对住房出售获利者要征收资本利得税，特别是对不超过 1 年的短期投资利得要计入当年应税所得。对于个人来说，短期投资的资本利得税率适用于一般所得税累进税率；长期投资的资本利得税率（超过 1 年的投资）通常为 20%。2003 年长期投资的资本利得税被调降到 15%，对于归入最低和次低所得税缴纳的人群资本利得税为 5%，2011 年所有被调降的资本利得税率重新恢复到 2003 年以前的水平。

第三，住房价格长期保持相对稳定。由于美国住房交易及持有税收体系十分完备，外加房贷利率的限制，导致美国的投机性住房投资难以获得超额回报，住房价格长期保持相对稳定。如图 3-1 所示，1890 年至 2015 年间，美国房价呈缓慢变动趋势，房价涨跌幅较低。

住房价格指数（%）

图 3-1　美国住宅价格指数

注：取 1890 年为基数 100。

资料来源：Robert J. Shiller, 2015, *Irrational Exuberance*, 3rd. Edition, *Princeton University Press*, as updated by author. http：//www. irrationalexuberance. com/.

（二）分区制管理和自由、规范的土地交易市场

第一，土地国家所有和私有制并存。美国是一个以土地私有制为主体的国家，其中约 42% 的土地归国家所有，其余 58% 的土地均归私人所有（许迎春、文贯中，2011）。进入 20 世纪后，美国的土地私有产权保护得到进一步强化，私有产权者拥有对土地的控制权、使用权、销售权、租赁权、赠与权和继承权等。

第二，对土地实行严格的分区制管理。分区制是美国政府为了社区的利益而实施的严格的土地使用管理制度，即按照土地的特征、结构及特殊用途对区域加以分类，将土地划分为不同的区（块），在各区（块）内实施不同的土地使用规划。分区制管理大致包括以下几个方面的内容：一是对土地的使用用途进行规划，如进行居住区、商办区、商务区、制造业区等规划；二是对建筑物的高度、规模、面积及容积率等进行限制；三是对建筑物的设计风格、外观等方面进行限制。尽管美国严格遵守土地私有制度，但任何土地开发和用途转换都必须经过土地分区制规划体系的认可。

第三，土地交易市场自由、开放、活跃。在美国，所有土地的产权流转都必须通过土地交易市场完成。在交易的过程中，无论是自然人还是政府都必须遵循自由、开放、公开、公平、公正的原则。除公益性、国家战略性建设项目用地外，在其他所有土地交易活动中，政府没有优先购买权，而是与其他竞买者一起平等地参与竞买活动。即使在政府有优先购买权交易活动中，政府有关部门也只能进行政策性引导，且必须履行公开竞买的所有程序，而不能直接干预和操纵交易活动的任何环节。

第四，没有合理的补偿，土地不能被随意征收。1791 年，《美国权利法案》第五次修正案明确规定："没有合理的补偿，私有财产不能被征收作为公

61

共用途。"从法律层面明确美国的征地工作是一种政府行为，且征地的用途必须是公共用途，征收土地必须给予土地所有权人合理的补偿。在具体征收工作中，必须严格遵循论证、公告、听证、补偿、安置、联合审核确定等一系列程序。

（三） 实行住房保有环节征税和税收普惠制

第一，在住房保有环节征税。美国主要在住房保有环节征税，因此在美国投资住宅项目的企业，只需交纳企业所得税，在房屋的交易环节政府课征交易税，税率约为2%。在住房保有环节，房主每年都需要交纳房地产税，但各州税率不一，一般为房地产市值的 0.6% ~3% 不等。

第二，以房地产核定价值作为计税依据。美国房产税是以房地产核定价值作为计税依据，属于沽定价值税种。具体的沽定价值分为两部分：一是房屋本身的价值，主要依据购买时的价值、装修增加值、市场增值等构成；二是土地的价值。各地方政府通常将房地产沽定价值的一定比例作为征税值（一般为20% ~100%），然后确定房地产税税率（一般为1% ~3%），实际缴纳的房地产税金额为房地产征税值乘以房地产税税率。

第三，普惠制税收政策鼓励居民自建或购买住房。美国完善的住房税收体系和普惠制税收政策，一是为鼓励居民购房，通常对第一套和第二套住房给予一定额度的抵押贷款利息免税，第一套住房免交不动产税，出售住房的部分收益免交联邦资本所得税；二是对拥有自己住房的家庭，还可以减免所得税和财产税；三是对出租屋的家庭实行税收减免政策。

（四） 高度分散化、多极化、市场化的住房金融体系

第一，住房金融体系分散化、多极化。经过70余年的发展，美国已基本形成了以住房抵押贷款证券化为主的住房金融体系，呈现出高度分散化和多极化的特征。具体而言，美国的住房金融体系主要包括住房金融一级市场及二级市场。其中，住房金融一级市场的行为主体，包括贷款购房人、抵押贷款发放机构和一级市场保险机构，主要负责商业银行、储贷协会、互助储蓄银行等金融机构与购房人签订抵押贷款借款合同，金融机构发放住房抵押贷款，购房人按约定逐期还本付息。二级市场的行为主体，主要包括抵押贷款发放机构、政府支持企业（房利美、房地美、吉利美等）、担保机构和投资者，其运作机制实际上就是住房押贷款证券化的过程，并通过住房抵押贷款证券化分散贷款发放机构的信用风险和市场风险，提高住房金融一级市场的流动性。

第二，住房金融市场发展多样化。一是住房金融机构的种类多样化，商业

银行、储贷协会、户主银行、抵押银行、政府支持机构等迅速发展起来，形成了一个金融主体多元化的市场体系；二是金融创新的多样化，随着住房金融二级市场的建立以及住房抵押贷款证券化的发展，住房抵押贷款市场与资本市场的联系日趋紧密，逐渐形成了一个能够满足不同层次投资者需求的住房金融体系。

第三，住房金融市场监管体制完备。在住房金融体系高度市场化的同时，美国政府十分重视住房金融市场风险的监管，为此，美国政府专门设立了联邦住房金融委员会和联邦住房企业监管办公室，分别独立的负责对一级市场和二级市场进行监管。分级独立设置监管机构，有助于明确监管目标和职责范围，执行独立的住房金融政策，降低住房金融市场运行风险。

第四，住房金融制度具有强烈的公共政策目标。美国住房金融制度从诞生之日起，就具有强烈的公共政策目标。经过多年的发展，其促进住房自有化率提高，帮助美国人民实现"居者有其屋"的住房梦的责任始终未发生改变。具体而言，美国住房金融制度在首付款比例和贷款利率两个方面，均面向中低收入家庭实施政策优惠；在利息补贴优惠政策方面，主要通过利息率津贴支持中低收入家庭购房；在抵押贷款担保和保险方面，联邦住房管理局和退伍军人管理局等承担着为中低收入家庭购房贷款提供保险和担保的责任。此外，在联邦住房金融委员会对一级市场监管方面，主要是监督其执行可支付住房计划和社区投资计划的情况。可支付住房计划是美国政府解决中低收入家庭住房问题的主要政策之一。由此可见，美国住房金融制度具有强烈的住房公共政策目标。

（五）以补贴需求者为核心的住房保障制度

第一，由保障房建设转向住房补贴。20 世纪 70 年代以前，美国的保障房供给十分有限，政府的主要目标是通过政策引导和资金扶助，增加保障房的建设和供给。随着保障房短缺问题的逐步解决，特别是 1974 年《住房与社区发展法案》后，政府直接参与保障房建设的数量开始下降，更多的资源被用于保障房的保护、再开发及运营方面，相应的住房保障制度也随即转变为住房补贴计划。

第二，由补贴住房供应者转向补贴住房需求者。为增加保障房供给，20 世纪 70 年代以前，美国政府主要通过补贴住房供应者，以期达到增加住房供给，缓解住房紧张的局面。如美国 20 世纪 60 年代推出的"补贴住房建设计划"，即是对住房供应者进行补贴的典范。然而，20 世纪 60 年代末美国大规模的公共住房建设受挫，使当局意识到单纯增加公共住房建设力度，既不符合美国联邦财政的实际，也不可能从根本上解决低收入家庭的住房问题。为此，20 世纪 70 年代中期，美国暂停了公共住房建设，随之住房保障政策也发生战略性调整，即由补贴住房供应者转变为向住房需求者提供补贴，这些补贴主要包括房租优惠券、房租援助计划、税收返还、减免政策等。

第三，由惠及低收入阶层转向惠及全民。进入21世纪之后，美国政府扩大了住房保障的范围，对住房的补贴不再仅关注低收入阶层，而是逐步扩展到中高收入阶层，提出了惠及全民的"美国梦首期付款计划"，并通过政策性抵押贷款担保、住房选择优惠券、住房税收减免及"美国梦首期付款计划"等政策鼓励高收入者购买自己的住房，进一步提高和改善居民住房质量。

第二节　德国住房制度的改革历程及住房制度特征

德国是世界上最早建立完善的社会保障制度的国家之一。在德国，住房与医疗、教育同等被视为社会福利机制的重要一环，保障居民住房是德国历届政府的首要政策目标之一。经过近200年的探索和完善，德国已经形成了以"高福利"著称的住房制度。

一、德国住房制度的改革历程

从1815年德意志联邦成立以来，历届德国政府为解决住房短缺问题上下而求索，先后历经了专制规制时代、住房公共政策时代、住房社会政策时代、社会住房体制时代及东西德大一统后的新时代几个阶段，各阶段既相互联系又相对独立，谱写了一部辉煌的德国住房制度改革史。

第一阶段（1815~1850年），专制规制时代。1815年，根据维也纳会议德意志邦联正式成立。1850年以前，德国经济处于小手工艺人阶段，工业化和城市化水平较低。随着德国工商业的不断发展，大量农民开始涌入城市，城市住房需求激增，供需矛盾凸显。为解决住房短缺问题，德国政府进行了一些有益的探索：一是动用战时军队空置的营房来满足农村移民的短期住房需求；二是积极鼓励和支持房地产业发展，特别是公司住房项目的发展。总体而言，这一时期的德国住房建设政策表现出较强的专制规制特征，军队的空置营房和激增的公司住房缓解了住房短缺问题，对促进德国工矿业及商业发展意义重大。

第二阶段（1851~1913年），住房公共政策时代。19世纪中叶以后，随着城市化进程的加速，德国城市化早期住房面积狭小、楼梯狭窄、光线暗弱、基础设施缺乏等问题凸显，房租持续上涨，使得居住状况持续恶化。面对日趋严重的住房短缺及质量问题，这一时期的德国政府十分重视住房的公共政策导向性，强调解决居住权利保障、住房用地保障及公共卫生规制：一是通过颁布并向全国推广《穷人权利法》（1855 年），从立法上确保公民的基本居住权利；二是推行公共卫生政策和改善基础设施服务，防止霍乱、斑疹等流行病扩散；三是建立健全建筑规制和城市规划；四是发展住房金融，探索用社会保险金及互助合作融资的形式，来资助面向工人的第三部门住房建设贷款及进行住房建设筹资，开启了德国住房金融体系探索之路。上述措施，有效缓解了德国住房短缺问题，甚至在一些城市还出现了 2% ~ 3% 的住房空置率，但住房质量低劣、价格过高和居住拥挤等问题未得到根本解决。

第三阶段（1914 ~ 1945 年），住房社会政策时代。第一次世界大战爆发后，由于战争的卷入，德国住房问题急剧恶化——住房供给短缺、房屋破旧、需求激增、房租猛涨等，最终演化为一场严重的社会危机。面对这场住房危机，德国政府将政策重点转向满足特定人群的住房服务需要上，开启了德国住房社会政策时代。

第一次世界大战时，德国政府颁布了《保护服役者法》等紧急法令，用于保护军人及其家属利益，稳定战争后方。同时，由政府出资支持建造部分新房，用于缓解国内严重的住房危机。1918 年 11 月魏玛政府开始执政，除继承上述做法外，还进行了诸多有益的改革：一是颁布《魏玛宪法》（1919 年），首次以宪法的形式承诺"提高人民健康水平，改善住房条件"是国家在住房建设和保障方面的职责；二是设立经济复员部，处理因复员而引起的住房危机问题；三是出台《抵制住房紧缺法》（1920 年）、《国家租借法》（1922 年）、《房客保护及房租控制法》（1923 年）等系列法律，加强房租管制和租户权益保护；四是通过资助公益性的建筑合作社或直接入股的方式参与住房建设；五是进一步推进住房金融制度改革。1924 年在科隆成立了德国第一家住房储蓄银行，并于 1931 年将住房储蓄制度正式纳入国家监管之下。此外，还通过控制居民迁徙的方式，减少流动人口，缓解住房市场压力。战后，魏玛政府通过一系列卓有成效的改革，使德国住房建设得以恢复，房租始终控制在低水平，有效缓解了住房危机。但也存在诸如业主因租金低而不愿加强住房投资；政策性住房供应存在资本市场约束、位置偏远和基础设施不足等问题。

1934 年纳粹政府上台，提出了"让人人拥有住房"的宏伟目标，主张通过政府、银行及个人三方共同努力解决住房短缺问题。随着第二次世界大战的爆发，很多住房建造计划一再修订和缩减，最终以"虎头蛇尾"收场。据统计，第二次世界大战结束后，没有住房的难民、被驱逐者和迁居者约 1 180 万人，此外，还有约 900 万从农村涌入城市的无房人员（比约恩·埃格纳，2011）。因此，住房问题成为战后德国仅次于食品的又一紧急事项。

第四阶段（1946～1989 年），社会住房体制时代。第二次世界大战后，联邦德国与民主德国分治，面对再次出现的住房危机，奉行社会市场经济原则的联邦德国政府制定了《第一住房法》（1950 年，1956 年），确立了"社会住房体制"。战后的联邦德国政府多措并举，最终历史性的解决了住房短缺问题。一是政府直接投资兴建了大批福利性社会公共住房；二是鼓励社会团体及大型企业自筹资金解决职工住房；三是出台诸多优惠政策鼓励私人建房或购房；四是先后颁布实施了《住房补助金法》（1965、1970）、《住房租赁法》（1971 年、1974 年）和《住房解约法》（1971 年、1975 年），实施严格的房租管制和租户权益保护；五是进一步完善住房储蓄制度，着力打造混合性住房储蓄制度。据统计，1949～1979 年，联邦德国共建造公共福利性住宅 780 万套，占同期新建住宅总数的 49%；1972 年联邦德国人均住房面积达到 30 平方米，其中私人住房数占比达到 38%（郑云峰，2016）。这实际上宣告了德国住房短缺时代的终结。

第五阶段（1990 年至今），大一统后的新时代。1990 年，原联邦德国与原民主德国正式统一，成立新的联邦德国。大一统后，联邦德国政府把原联邦德国的住房制度移植到原民主德国地区，鼓励住房私有化：一是通过补助或税收优惠政策鼓励原国有住房向地方政府、私人或私营机构转让，即出售和归还；二是向原来的房产主"归还"房产；三是在东部地区推行住房储蓄制度。尽管联邦德国在东部地区采取了系列促使住房私有化的措施，但在全球化背景下，随着德国经济的持续疲软、财政赤字居高不下，最终收效甚微。

进入 21 世纪后，德国政府在住房领域推进了系列改革：一是取消《住房建设法》（1956），停止由财政直接补贴住房的供应，实施《房屋促进法》（2002），将住房调控对象从"广大居民"变为"少数群体"，即那些在住房市场上以自己的能力无法获得住房的人群——低收入家庭、多子女家庭、单亲家庭、老人、残疾人等；二是通过放松对公有住房私有化的限制、简化租房法等措施，减少对住房市场的限制和干预，使之更加自由化和规范化；三是鼓励地方政府在住房政策中发挥更大的作用；四是在继续实施社会福利房政策的基础上，运用金融、财税杠杆促进适应老年化、混合型、节能环保型住宅的建设。

1990 年以来，德国政府在住房领域的诸多有益探索，促进了家庭住房负担的降低和住房自有率的稳定。如图 3-2 所示，2008 年以来，住房成本占净家庭可支配收入的比例在逐步降低，从 2008 年的 31.8% 降到 2015 年的 27.3%。从图 3-3 可以看出，2003 年德国住房自有率达到 48.8%，2008 年为 48.0%，2013

年为 47.5%，虽然近年来略有下降，但仍高于 20 世纪德国历史最高时期。同时，也应注意无论是 2003 年还是 2008 年、2013 年，德国东部地区的住房自有率均显著低于德国平均水平及西部地区，地区住房不平衡问题明显，未来有待进一步促进东西部地区住房协调发展。

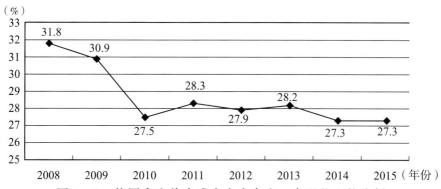

图 3 - 2　德国家庭住房成本占净家庭可支配收入的比例

资料来源：德国联邦统计局。

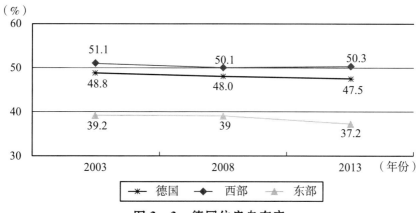

图 3 - 3　德国住房自有率

资料来源：德国联邦统计局。

二、德国住房制度的特征

经过近两个世纪的不断探索和发展，德国已形成以"高福利"著称的福利性住房制度，广为世界各国所借鉴和参考。德国住房制度的特征如下：

（一）住房"指导价"与差异化的交易税率

第一，对房价、房租实行"指导价"。按照德国《联邦建设法》的规定，房地产估价由各地独立设立的房地产公共评估委员会组织开展，住房交易和租赁的标准价格由当地评估委员会做出。评估委员会提供的指导价有较强的法律效力，所有的房地产交易均有义务参照执行，维持房价在合理的范围内波动，拒不执行者要受到处罚，甚至承担刑事责任。此外，《联邦建设法》还对地产估价的具体方法、工作开展形式和成果形式等作了具体的规定。

第二，住房交易时需缴纳不动产交易税、公证费和土地注册登记费。依据德国《不动产交易税法》规定，双方在进行不动产交易时，须以成交价为征税基础，按3.5%~6.5%的税率征缴不动产交易税，各联邦州略有不同。此外，还需按照成交价的0.8%~1%和0.3%~0.5%分别缴纳公证费（含律师费）和土地注册登记费（见表3-1）。

表3-1　　　　　　　　德国、荷兰、英国购房交易成本比较

国家	德国	荷兰	英国
不动产交易税税率	3.5%~6.5%	2.0%	0.8%
公证费	0.8%~1.0%	0.3%~0.4%	—
土地注册登记费	0.3%~0.5%	0.4%~0.5%	0.2%
合计	4.6%~8.0%	2.5%~2.6%	1.2%~1.3%

资料来源：德国科隆经济研究所，www.iwkoeln.de/en.

与荷兰、英国相比，无论是德国的不动产交易税率，还是公证费率和土地注册登记费率均显著高于荷兰和英国，交易成本达到成交价的4.6%~8.0%（Michael Voigtländer，2016）。

第三，房价涨幅平稳，且远低于居民平均收入水平增长幅度。长期以来，德国政府对房地产业实施科学调控与严格管理，使房价涨幅保持平稳，而且远低于居民平均收入水平的增长幅度。据统计，1975~2011年，德国新建住房名义价格指数累计上涨90%，若扣除通胀因素影响，实际价格下跌10.2%，实际房价收入比指数下跌了53%（陈洪波、蔡喜洋，2013）（见图3-4）。

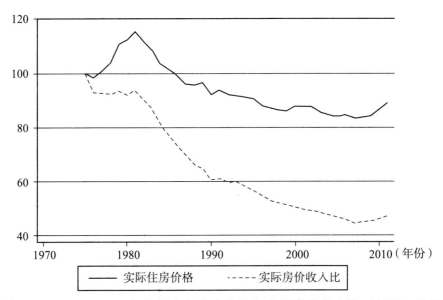

图 3 - 4　1975 ~ 2011 年德国实际住房价格与实际房价收入比（1975 = 100）

资料来源：陈洪波、蔡喜洋：《德国住房价格影响因素研究》，载于《金融评论》2013 年第 1 期。

（二）自由化、多样性、规范化的土地交易市场

第一，土地交易的自由性、多样性和规范性。按照联邦《基本法》、《民法大典》、《土地交易法》等法律的规定，在德国土地买卖是自由的，不管是国家还是个人（含外国人）均可按各自的意愿进行土地买卖，但不能影响公共利益。如影响公共利益，地方政府有权行使优先购买权，甚至强行征购。其次，《基本法》、《民法大典》还规定了土地交易的多样性，即宪法保护居民的土地私有权（含建筑物所有权）。因此，私人土地所有者在进行交易时，不仅可进行土地产权交易，还可以就附属在地产上的一些特殊权利（如建筑物等）进行交易。最后，《联邦建设法》、《土地登记条例》就交易程序、估价方法，户籍登记程序做出了详细的规定，确保交易的规范性，不按此规定执行，将得不到法律的保护。

第二，建设用地交易必须服从规划规定。在德国，建设规划中的地产买卖，必须服从规划的具体规定，如不能满足这一点，政府可行使优先购买权回购建设用地。在回购过程中，若地产所有权持有者要价远高于市场价或者不愿卖给政府时，政府可依法按市场价格予以强行征购。其中，市场价格的确定由地产估价委员会定出。

第三，实行差异化的土地税收政策。按照《联邦土地税法》和《德国资产评估法》的规定，德国对不同类型的土地占有者实行差异化的税收政策。具体而

言，对农林生产用地占有者征收土地税率 A，计税价值为农林生产用地的产出价值；对非农林用地征收土地税率 B，计税价值为非农林用地的市场价值。此外，法律还规定，公园、公共墓地、当局公共土地及建筑物、联邦铁路、教堂、医院、科研和教育机构及军用设施和市政公司等享受土地税收豁免权。

（三）完备的住房税收体系与税收优惠政策

第一，在房地产保有环节和流转环节均征税。根据《房产税法》和《不动产交易税法》的规定，德国不仅在住房保有环节征税，而且亦在流转环节课税。具体而言，在住房保有环节征收房地产税（比例税），征税比例约为住房市场价值或年租值的 0.98% ~ 2.84%，平均税率为 1.90%；在住房流转环节，须以成交价为征税基础征缴，按 3.5% ~ 6.5% 的税率征缴房地产交易税，但各地区会略有不同。

第二，通过税收减免和优惠鼓励私人购买或自建住房。德国政府将房地产视为重要的刚性需求与民生需求，鼓励居民自建和购买住宅：一是对居民自有的第一套住宅不征收房产税，只对房基地征收土地税；二是建房费用可在最初使用住宅的 12 年内折旧 50%，后来又改为在最初 8 年内折旧 40%，降低了房主的应纳税收入；三是申请建房的贷款可从应纳税的收入中扣除；四是免征 10 年地产税，并在购买房地产时免征地产转移税；五是在税收优惠方面，除了对购买和自建住宅的居民予以所得税特别扣除外，自 1990 年起德国对居民购建的自有自用住宅，推行新的土地税优惠政策，即对于标准的四口之家，税收优惠的面积为独户住宅在 156 平方米、双户住宅 240 平方米以下。

第三，对房地产遗产或馈赠征收高额的遗产税或赠予税。在德国，当发生房地产遗产或馈赠时，政府将以继承人或受赠人所得财产价额扣除与之直接相关的项目费用（债务、丧葬费用等）后的净额为课税对象，依据遗产继承人与被继承人或赠与人与被赠与人之间关系的亲疏程度，采取不同的全额累进税率予以征收，最高税率达 70%。

（四）以住房储蓄银行为特色的混合型住房金融体系

第一，实行混合型住房金融制度。德国的住房金融体系主要由综合性银行、抵押贷款银行和住房储蓄银行组成。综合性银行提供住房抵押贷款和以浮动利率为主，抵押贷款银行提供固定利率的中期和长期抵押贷款，专门的住房储蓄银行实行地区化运营、封闭式管理、先存后贷、固定的低利率供应、政府对参与者实行奖励政策。这种混合型住房金融制度增强了社会住房资金来源的稳定性和灵活性，对战后德国家园重建和经济繁荣起到决定性作用。

第二，住房储蓄银行实行封闭式运营。与其他国家的住房金融制度不同，德国的住房储蓄银行体系实行封闭式运营。1972 年，《住房储蓄银行法》对住房储蓄银行的封闭式运营做出明确规定：一是住房储蓄银行专营住房储蓄业务，其他银行不能承办此类业务；二是住房储蓄银行无须缴纳存款准备金，只需在同业系统保有 3% 的风险基金，但是缴存的住房储蓄只能用于购房或建住房贷款；三是储户必须先储蓄，当达到一定的储蓄额时才能获得贷款的资格；四是运行独立于资本市场，实行低息政策。住房储蓄独立于德国资本市场，其存款利率和贷款利率固定，不受通货膨胀以及市场资金供需状况的影响，维持 2% 的差价；五是政府通过税收减免、补助和储蓄奖励等措施鼓励居民参加住宅储蓄。

第三，住房储蓄银行兼具商业性和政策性。与其他商业性银行不同，德国的住房储蓄银行从诞生之日起就兼具商业性和政策性双重性质：一方面，根据政府政策规定，为中低收入阶层解决住房问题进行融资；另一方面，严格按照国家法律规定，实行专业经营，并在政府的监控下承担国家部分宏观调控功能，避免政府直接包揽住房问题而背负沉重包袱。

（五）以租户保护及房租管制为特色的低收入阶层住房保障制度

第一，推进公共福利住房建设，保障低收入居民住房问题。在德国，政府主要通过联邦政府、州、行政区政府的住房建设基金直接出资建造公共福利住房，或由联邦政府通过税收减免和优惠政策，鼓励房屋投资商或私人参与公共福利住房的建设和出租两种途径增加公共福利住房供给。当公共福利住房建成后，政府以成本租金租给低收入家庭居住，房租标准由政府核定，一般为市场平均租金的 50% ~ 60%。而公共福利住房的申请实行轮候制，申请者必须满足家庭收入在国家规定的低收入线以下，没有自有产权住房，且在所在城市工作或居住达到一定年限。据统计，20 世纪 50 ~ 70 年代，联邦德国公共福利住房占同期兴建住房总量的 48.7%；战后至今，德国先后建造了近 1 000 万套公共福利住房，在保障低收入居民的住房需求方面发挥了举足轻重的作用（刘中起，2014）。

第二，实施严格的房租管制和租户权益保护。房租补贴和租户权益保护制度是德国针对低收入家庭住房保障的又一主要方式。第二次世界大战以后，德国政府先后颁布实施了《住房租赁法》、《住房解约法》，就房屋租赁人和业主之间的合同签订确立了法律框架，这些法律具有强烈的租赁人权益导向，更多地强调对承租人的解约保护。2013 年，德国颁布实施了新《租房法》，新法要求：3 年内租金涨幅不得超过 15%；房租应严格按照各地政府的"指导价格"实行，超过这一价格的 20% 算违法行为，房客有权将房东告上法庭，超过 50% 的，房东被认为赚取暴利，可入狱三年。此外，德国还成立了租客协会，负责住房承租者权益的保护。

第三，实行房租补贴制度，确保人人"住有所居"。早在 1956 年，联邦德国即开始在部分地区推行房租补贴政策——即向"社会竞争力较弱的家庭"提供货币补贴，1970 年通过《住房补助金法》正式在全国范围推广。按照住宅补贴法的规定，居民实际交纳租金要与家庭住房需要结合，可以承受租金一般按照家庭收入的 25% 确定，超出 25% 的部分由联邦政府和州政府各承担 50%。2001 年，德国政府颁布了新的《住房补贴法》：一是考虑到房租和收入的变化，适当提高住房补贴标准，使之更符合家庭需求；二是在核准住房补贴金额时，将家庭人口规模和结构变化纳入其中予以考虑。通过不断的探索和改革，德国已形成较为完善的房租补贴制度。

第四，通过住房储蓄制度帮助中低收入阶层解决住房问题。在德国，住房储蓄银行实行专业经营，是存贷相结合的封闭长期住房融资体系，只有参加住房储蓄的居民才能申请到购建、维修住房的低息贷款，享受到国家的储蓄奖励，是德国主要的住房融资体系。据统计，在德国近 4 000 万套住房中，有约 1 700 万套是通过住房储蓄体系的融资实现。几乎每 3 个德国人中就有 1 个与住房储蓄银行签有住房储蓄合同；在每 3 个住房融资项目中，就有 2 个采用住房储蓄，且近年来呈上升趋势（刘中起，2014）。德国住房储蓄银行的发展，对解决中低收入阶层的住房问题起到了决定性作用。

第三节　英国住房制度的演变与特征

英国是资本主义国家中福利制度发展最早的一个国家，是住房问题产生最早，也是政府干预最早的国家。从 20 世纪 80 年代开始，英国政府对住房政策进行了一系列的改革，作为一个自由市场经济的国家，英国的住房发展经历和住房制度更值得反思。

一、英国住房制度的演变

第一阶段（1919 年以前），实施住房租金管制。1919 年以前，英国居民完全依赖市场解决住房问题，大多数居民租用私房。据统计，1914 年英国城市私房出租率高达 90%。这一阶段由于城市公共卫生环境（包括住房环境）的恶劣，政府不得不被动介入城市公共卫生环境，也介入住房领域。1848 年，政府通过了《公共健康法案》（The Public Health Act），从国家的长远利益出发限制土地所有者的权利，制定住房发展在布局、设计和建筑等方面的最低标准，并要求住房供应者们遵守这些标准。在19世纪后期，政府的管制提高了新建住房的标准，也提高了建设成本，质量好、密度低的住房意味着供应商们需要收费更多以实现收支平衡。随着工资水平的提高，人们逐渐能够支付房东所要求的租金。

20世纪初，经济衰退导致工资水平下降，很少有家庭能够支付得起新住房的租金。对新房的需求下降，资金被直接投入到能够产生较好资本回报的投资机会当中，住房供应相应下降，引发了住房租金大幅上涨。为此，政府在1915年通过了《出租和贷款限制法案》，打破了一直以来由财产所有者决定租金水平的局面，政府开始实施租金管制。尽管这项法案多次修改，政府对住房租金管制一直延续到今天。不过，现在的租金管制仅仅是针对福利系统内少部分的长期租户。

第二阶段（1919～1979年），大力推进公共住房建设。1919年英国政府开始积极鼓励地方当局建设供出租的廉价住房来解决当地的住房问题，投资的成本由租户、中央政府和地方政府共同承担。1919年《住房与城镇规划法》（Housing & Town Planning Act）是英国政府全面干预住房领域的标志，该法规定了出租房屋价格由政府或议会来确定，房主无权自行定房价；不能随意买卖二手房，多余的房屋只能卖给政府或租住该房的居民，房屋卖给政府后成为公房；由政府投资建设公房，然后以合理的价格出租给居民；对于符合建设标准的新住房的私有建筑商们，可以一次性索取约每套130～160英镑的补贴金。后来的法规还规定，可以按照对地方当局的补贴标准对私有建设者们提供财政补贴以鼓励他们建造自己的住房。根据1923年的住房法案，地方市政部门可以得到每套住宅每年6英镑共补20年的补贴金，并考虑给私有建设者们一次性75英镑的补贴金。

1945年后英国面临严重的全国性住房短缺。第二次世界大战后上台的工党政府将解决住房问题视为福利国家建设的主要目标之一，全面介入住房领域，实行由国家直接供应的公共住房制度。通过土地配额和建筑许可证政策，限制私有建筑商的发展，保证公共住房建设。1951年继工党后上台的保守党继承了这一制度，公共住房建设继续得到发展。在20世纪40年代后期以及整个20世纪50年代，主要由地方政府负责建设住房，并完成同期住房建设总量的77.6%和64.3%。另外一个影响住房供应的政策是强制购买权，该政策使政府能够实施大规模的贫民窟清洗计划或城市更新项目。政府早期的住房干预仅仅是制定住房建设的适用标准。到1930年，制订贫民窟清洗计划，保证贫民窟被拆除的同时获得安置住房。1946年通过了《新城镇法》，成立新城委员会，建立和资助28个发展公司，在全国各地获得土地建设新社区，以疏散大城市人口过分拥挤的状况，这一方案一直延续到20世纪80年代。

1919 年的《住宅与城镇规划法》，1924 年、1946 年、1949 年的《住宅法》，以及 1975 年的《住宅出租与补贴法》都体现了满足居民一般需要而建造、提供公共住房是政府的责任的意图。应该说，政府在战后相当长时间内承担了住房建设的主要任务，是住房供应的主体。虽然从 60 年代开始，私有企业逐步取代了地方政府，但在 20 世纪 60 年代和 20 世纪 70 年代，由政府负责和政府补贴的住房建设量仍占到总量的约一半。到 1979 年，地方政府建设了约 650 万套住房，约占当时国家所有住房的 1/3，以低廉的租金向国民出租，基本解决了英国的住房短缺及低收入家庭的住房支付问题。

第三阶段（1980~2003 年），推行住房私有化。1979 年撒切尔政府上台后，以强势反对国家干预的自由主义思想，全面挑战第二次世界大战后英国的福利国家体制，对公共住房制度进行了大刀阔斧的改革。一方面，政府全面退出住房供应，大力削减住房领域的财政开支，严格限制各级政府修建和供应公共住房，把大量的住房保障建设与管理任务移交给住房协会（虞晓芬等，2017）。另一方面，通过颁布 1980 年《购买权法》、1984 年《住房与控制权法》、1986 年和 1988 年《住房法》等法案，并以贷款利益税减免等优惠政策大力推行公房私有化，鼓励租房者、私有企业和住房协会购买政府公房，并推动后两者在住房领域发挥更大作用。通过立法，明确居民购房的资格和权利、购房优惠措施，而且还提供住房信贷支持。1980 年英国政府撤销了对金融市场（抵押贷款）的管制，实施"购买权"、"低成本住房自有"计划，大大刺激了居民购房的热情，住房自有率快速提高，从 1979 年的 55.3% 提高到 1998 年的 67%，2003 年提高到 70.9%。

通过改革，英国政府将公共部门转变为住房政策的制定者和监督者而非实施者，同时依托市场机制，将非营利组织作为住房保障的实施主体。撒切尔政府的住房改革转移了政府对住房保障所承担的直接责任，减轻了政府的财政与行政压力。在市场机制的作用下，有条件的中高收入阶层在改善居住环境的同时，还可通过投资住房获利；而低收入群体则因房价上涨陷入生活困难甚至面临无处栖身的窘境。前 30 年建立的公共住房制度在这一阶段几近消失，而住房市场因缺乏公共住房保障机制的缓冲作用呈现两极分化局面。

第四阶段（2003 年至今），政府干预和市场调节兼顾，建设可支付住房。进入 21 世纪以来，英国住房市场出现价格持续上涨、住房供给不足，政府面临的住房困境日趋严峻。英国政府除延续以往的一些住房制度外，陆续出台、修订了一系列住房政策、法规，2000 年发布了《住房绿皮书》，2004 年出台新的《住房法》（Housing Act of 2004），2005 年发布了住房 5 年规划（Sustainable Communities：Homes for All），2006 年发布了涉及住房的《福利改革绿皮书》（A new deal for welfare：Empowering people to work），2007 年发布了《住房绿皮书》，

2011 年发布关于住房的规划政策宣言（PPS3）。上述法规、发展规划、住房政策为政府的住房目标作出了详细的安排，并制定了保障实施的政策措施，旨在通过增加新建住房和改善既有住房，达到解决居民住房问题的目的。

在住房制度转型中，英国政府将注意力集中于低收入群体可支付住房的建设与需求的相关政策支持，在 2004 年《住房法》提出"可持续社区：所有人的家园"计划目标，尤其在 2005 年提出一项新的"分享式产权购房计划"（The New Home Buy Scheme），该计划提供了三种分享式产权购房产品供居民选择。一是公房出售，现有公房的租户以折扣价格购买其承租公房的部分产权；二是新房出售，购买住房协会新建公房的部分产权；三是公开市场购房，在产权贷款的帮助下购买商品房。该计划力图使得政府与开发商协商来提供一定比例的可支付住房，为低收入群体提供住房，促进不同人群的混合居住，试图消除原有公共住房的负外部效应。

二、英国住房制度的特征

虽然在不同阶段，英国住房制度的重点有所不同，但是从总体上来看，英国住房制度的特征体现为以下四个方面。

（一）"规划导向"（Planning-lead）式的土地政策

英国土地市场实行永久物权制度（Free hold Property Right System），土地名义上为英皇室所有，但是实质上为私有，因此不存在土地使用权分配的"一级市场"，土地市场以"二级市场"的自由交易为主。交易方式主要是通过房地产中介协调买卖双方的价格以促成成交，地方政府不直接干预，也没有对土地市场交易的直接控制权。

1974 年通过的《城乡规划法》（Town and Country Planning Act）赋予了政府规划许可权。土地虽为私人所有，但能够在土地上开发何种项目则由政府来决定，即政府实质上拥有土地开发权，英国地方政府通过规划许可证（Planning Permission）的签发对房屋供给实行间接调控。换言之，英国政府虽然不拥有土地，无法对土地供应进行直接干预，但是土地的开发权实质上是由政府控制，政府可以通过批准或者拒绝某一规划用途的申请来增加或者减少供给。在手中无地、不能在土地交易中取得收益的情况下，政府通过规划许可证，要求开发商将项目按一定比例以成本价出售给保障性住房管理机构，实际上是通过土地规划、以实物收费的形式来提供保障性住房的供给。

（二）"融资换贷款计划"扩大银行对住房抵押贷款的供给能力

2012 年 8 月，英国财政部和央行开始实施融资换贷款计划，商业银行和建筑商协会可利用贷款和按揭贷款等资产做抵押，从英格兰银行借入其实体经济贷款余额 5% 的英国国债，再以换来的国债做抵押获得回购贷款（回购贷款的利率水平接近中央银行利率，处于较低水平），从而扩大信贷市场的供给，并进而压低按揭贷款等利率，激活国内信贷需求。按照英国财政部和央行官员已敲定的计划，融资换贷款计划延长一年至 2015 年 1 月，以进一步支持中小企业融资。同时，英格兰银行和英国财政部于 2013 年 8 月宣布，从 2014 年 1 月起，该计划将聚焦于商业信贷，不再支持房屋抵押贷款。

此外，英国政府积极探索建立新的债券制度，协助抵押贷款公司提供更多的长期固定利率贷款；增加基金比例，允许建筑协会更灵活地提供抵押贷款；消除障碍，公开信息，提供指导，提高住房抵押市场效率。

（三）以需求方为主的住房补贴政策

英国现行住房制度中针对住房支出的补贴由两部分组成：一是资产方面的补贴，即供给方的补贴，由地方政府、住房协会等提供；二是收入方面的补贴，即需求方的补贴，由地方政府向承租社会住房、私人租赁房的住户按其收入标准给予住房补贴。住房补贴的形式主要是租金折扣和租金补贴，其中，租金折扣受惠对象主要是承租地方政府所属社会住房的承租人，租金补贴则为住房协会、私人房东所属住房的承租人。自 20 世纪 80 年代初期，英国住房补贴政策从供给方补贴为主向需求方补贴为主转变，中央的住房职责也开始向地方转移。2008 年 8 月，英国住房补贴政策发生了重大变革，地方住房津贴（LHA）自 2003 年试点后开始正式实施。地方住房津贴主要是针对租赁私人住房的承租户，促使承租人以当地租金的水平找到更加经济的住房，是现有补贴体系下计算住房补助的另外一种方式，同时也是为了强化地方政府的住房职责，完善住房补贴管理以及减少工作障碍。

（四）提供基于选择的出租模式并以低于市场租金提供社会住房

长期以来，基于需求的分配制度强化了社会住房的残余化、社会排斥，英国政府不得不开始重新审视并弥补现有的租赁制度。为了使社会住房申请人在更大程度上参与住房申请过程，赋予其更大的选择权，2000 年环境、交通与区域部（DETR）将基于选择的出租模式写入了住房绿皮书，同年 10 月推出试点，并在

2001 年 3 月首次实现了该模式的成功招标。具体步骤是：先由注册的社会住房申请人查看住房部门发布的住房广告，如果对广告中的住房感兴趣即可投标，住房部门依据投标人的资格和住房分数确定入围名单后，邀请入围者现场看房，最后将住房租给想居住在那里同时拥有最高分数的人。到 2010 年，要求全部地方政府的社会住房采用该出租模式。目前，基于选择的出租模式正被许多地方政府成功运用。

以低于市场租金提供社会住房是英国政府提供的一项重要住房保障政策，社会住房租金与市场租金的差值即可视为政府提供的经济补贴。在租金水平上，社会住房租金为市场租金水平的 40% 左右，对租户具有很大的吸引力。至 2007 年末，租赁社会住房的家庭达到 482.3 万户。但从近几年来看，社会住房保有量呈下降趋势，使大量社会住房申请者的需要得不到满足。近几年，私人租赁住房比重有所上升，2011 年占全社会住房存量的 16.5%。

第四节　日本住房制度的变迁及特征

日本属于人口和经济大国，国民对于住房消费的重视程度以及储蓄与投资在经济增长中的作用明显高于欧美国家，日本采用出口导向型的经济赶超战略，且遇到了由汇率升值导致的资产价格泡沫。日本住房制度变革过程和经验对中国具有十分重要的借鉴意义。

一、日本住房制度变迁与绩效

第一阶段（1868～1920 年），住房卫生政策时代。现代日本城市出现于明治维新之后。明治维新后随着工业化的发展，日本城市化迅速推进，城市化率从 1889 年的 10% 增长到 1920 年的 18.04%，城市数量从 1888 年的 37 个增长到 1920 年的 83 个，还出现了东京和大阪两个百万人口大都市。随着人口的大量涌入，日本城市住房问题迅速产生，由于租赁住房市场和公司住房是住房供应的主要手段，出租市场更是便利住房供应的一种主要方式，导致房租负担沉重，住房高度拥挤，出现贫民区，木造建筑安全等突出问题。此外，随着城市人口的高度聚集和居住拥挤的加剧，再加上饥荒和卫生条件缺乏，健康问题严重。

面对城市住房问题，日本积极向欧美国家学习，并结合本国国情采取了有针对性的住房政策行动。首先，关于住房卫生问题的公共卫生和公共教育行动。积极摒弃中医、引入西医，加强疾病控制，加强教育对医学知识普及的支持作用。

其次，对西方城市规划理念的选择性利用。一方面，在部分借鉴"花园城市"理念和法国巴黎改造经验基础上，日本开始制定主要适用于首都的城市规划。1888年日本通过《东京改良法》，力图在东京建成区建设主干道网络，并提供自来水管网。到20世纪初期，东京、大阪、名古屋、神户、京都和横滨这六个大都市都已打上鲜明的国际印记。另一方面，日本城市改造并未抛弃传统，而是将之整合进来。当然，这使日本城市建设带有局部修补的形式。再次，住房社会政策的初步尝试。1919年前日本政府在住房供应上没有任何实际参与。1917年内务省救济工程研究委员会提交的《构建私人住房协会报告》建议，政府要提供贷款来推动住房建设。在报告推动下，东京市政府向职业人士或公务员群体直接资助了344套成排住房和52套独立与半独立住房建设，当然，这些政策都是尝试性的，而不可能大规模铺开。最后，住房协会的成立。面对住房压力，日本白领和蓝领纷纷成立租户联盟，并且在此基础上进一步创建了住房协会。日本住房协会受到了政府支持，1922年前各住房协会共有5 739个会员。根据1921年《住房协会法》，日本政府向拥有7个或更多会员的住房协会提供低利率贷款，以购买或租赁土地与住房。

总之，随着人口的涌入，日本现代城市住房问题开始浮出水面，与住房相关的卫生问题尤其严重。面对这些问题，日本开始初步尝试城市规划乃至直接对住房社会政策进行干预，在住房卫生政策上更是取得明显进步。从这个意义上讲，这一时期是日本"住房卫生政策时代"。

第二阶段（1921～1945年），住房公共政策时代。这一时期，日本经历了1920～1930年的"萧条年代"和1931～1945年的"战争年代"，住房问题及其政策干预呈现出新的阶段性特征。

萧条年代日本多数市民仍住在长屋中，住房面积则似乎有了微弱增加。平良（Taira，1969）的数据计算表明，东京穷人家户住房面积从1921年的4.5个榻榻米，上升到1929年的7.7个榻榻米。不过，由于家户规模还维持在4个左右，住房拥挤仍较严重。在1923年关东大地震期间，由于城内密集的木造住房，许多城市大火蔓延。大地震虽然带来严重危害，但也是城市重建的难得机会。大地震后日本政府建立重建委员会，对城市开发实施了严格规划，具体内容包括功能分区、街道拓宽、保存公园和绿地、大量公共卫生措施和严厉的建筑规制等方面。灾后重建取得积极效果，如新城区、新地段和新住房的出现。1920～1930年间政府通过建筑协会等援助了约10万套住房，占大地震损坏房屋的20%。不过，以城市规划为主的住房政策难以让普通人受益。为应对1920年末经济和政治双重危机，日本右翼1931年掀开了15年战争年代的序幕。由于战争扩张了有效需求、推动了工业化，日本城市化并未延缓，战争对日本住房政策有某种推动作用。如面向农村居民的《国民健康保险法》到 1944 年得到普及；在住房社会政策上，1939 年《房租管制法和劳动者住房三年计划》、1940 年《厚生省住房课住房政策要纲》以及 1941 年《住房营团法》和《贷家组合法》，虽然在战时难以实施，但毕竟为战后住房社会政策实施奠定了经验基础。

1921～1945 年，日本虽然存在城市住房问题，但基础设施和卫生条件改进较大；住房政策干预以城市规划等公共政策为主导，住房社会政策则还处于设计与制定阶段，尚难以真正实施。因此，属于"住房公共政策时代"。

第三阶段（1946～1980 年），住房社会政策时代。日本经历了战后恢复时期（1945～1950）和高速发展时期（1951～1980）。由于强有力的住房社会政策干预，日本最终基本上解决了其现代化进程中的城市住房问题。

1944～1945 年，超过 200 万套房子被炸毁，超过全国住房总量的 1/6。战后回国公民和军人以及城市人口自然增长，又推动了城市住房需要的上升。面对住房危机，日本政府采取了应急为主、标本兼治的干预措施。1945 年日本政府制定了《灾区城市应急简易住房 30 万户建设纲要》和《住房紧急措置令》；1946年制定了《余裕住房解放措施法》、《灾区城市借地借家临时处理法》、《地代家凭统制令》和《特别都市计划法》，开启了战灾复兴土地区划整理事业；1949 年设置了"设施住房对策审议会"；1950 年推出了《建筑基准法》和《住房金融公库法》。上述措施在一定程度上促进了城市住房危机的缓解。1952 年东京甚至一半房子都为战后新建。不过，由于战后初期的混乱和政策的失灵，效果也相对有限。即使是应急性的住房供应，也仅达到最低需要水平的 76%。

朝鲜战争推动日本摆脱了战后"稳定危机"，基本告别经济恢复期，工业化和城市化迈进高速发展阶段。作为东亚福利国家模式的典型，日本住房社会政策也体现了国家主导、经济政策与社会政策相综合、重视家庭的作用、去商品化和去家庭化程度不高等"发展型社会政策"特征，这表现在：第一，理念上，政府认为建设公共住房不仅是解决住房短缺的手段，而且是重建新社会和再造产业与经济的手段。第二，日本的住房制度建立在"三支柱"之上：《住房金融公库法》、《公营住房法》和《日本住房公团法》。1950 年日本制定并颁布《住房金融公库法》，主要对难以从民间金融企业融资的个人和企业购买或建设用于自己居住的住房提供优惠贷款。住房金融公库由国家财政出资，亏损则由国家财政予以资助。其贷款利率低于银行，贷款条件优惠。1951 年日本颁布了《公营住房法》，规定由中央政府向地方政府提供补助，用于修建出租房，其出租对象为所有阶层，后来演变为仅向低收入阶层提供廉租房。1955 年日本制定颁布《日本住房公团法》，由国家出资成立特殊法人日本住房公团，在住房严重不足的大城市及其周边修建公寓式住房，面向大城市工薪阶层提供住房租赁、商品房、住房土地。公共住房由中央政府补贴，地方政府建造、拥有和管理，并为低收入家庭提供廉租房。第三，供应上，强调国家、市场和社会间有计划的协作。日本政府采用自上而下的和有计划的方式实施住房社会政策，以期在尽可能短的时间内建设一个新社会。国家通过"三支柱"和地方住房供应公社等向中低收入群体提供资金、土地、购买等住房服务，并且任何提供保障性出租房的私人或合作社，都可获得国家资助或税收优惠。日本由于战后强有力的住房社会政策干预，在城市化完成之后不久即基本上解决了这一问题。从 1952 年起日本开始实施公营住房建设计划，共实施了 5 个三年计划。从 1966 年起又实施了 8 期"住房建设五年计划"。70 年代初，住房日益面向核心家庭，个人隐私日益受到重视，1973 年日本各个州道府县都达到 1 人 1 室目标，从而基本上告别了城市住房数量短缺时代。与此同时，污染、下水道不充分、交通拥挤等"城市病"日益严重。为解决这些问题，日本进行了大规模的城市基础设施建设。全国遍布的高速公路网络、新干线、新城镇和高尔夫球场等，给日本人带来了物质上的繁荣和舒适。最后，日本也基本上解决了乡城移民和工人阶级的住房问题。由于长期雇佣政策、公司住房金融支持、公司住房租赁以及支持性的住房合作社和住房金融公库等政策的实施，日本移民—工人实现了住房向上流动，与中产阶级的差距不断缩小。

第四阶段（1981 年至今），住房政策完善时代。经过几十年的不断实践和发展完善，日本逐步形成了符合人多地少的基本国情，重视中低收入家庭的住房改善和保障，稳步提高居民居住水平和品质的住房制度和相对完善的住房发展规划。日本政府高度重视制定住房发展规划。在日本每个五年住房发展规划中，注重因地制宜，引导目标区分为都市型标准和一般型标准（都市型指大城市中心区及周边地区住宅和公寓住宅，一般型指大城市郊区及中小城镇的独立住宅）。同时，按不同收入阶层分别确定对应的发展目标，分为基本保障性目标和引导性标准，基本保障性目标指同地区最低住房保障目标，引导性目标指政府提倡和预期计划将达到的目标。如第六个、第七个五年规划和新的《住生活基本法》中，4人户基本保障型住房使用面积标准都是 50 平方米。《住生活基本法》确定的都市居住型和一般型目标分别为 95 平方米和 125 平方米，并根据每年规划的建设量确定每五年能达到基本保障型和引导型标准的比例。2007 年 4 月 1 日，住宅金融公库改制为日本住宅金融支持机构（Japan Housing Finance Agency，JHFA）。原因在于：（1）为商业性住房金融提供发展空间，后者已逐渐走出房地产泡沫破灭的阴影。（2）2005 年后，日本国内行政机构精简计划日益迫切，改组为专门从事住房抵押贷款证券化的公司成为住宅金融公库的新定位。（3）2003 年后，日本邮政集团的成立使得邮储资金逐渐开始市场化运作，削弱了政府财政投融资的资金来源。改制后，JHFA 目标已从"信贷支持"转变为"以证券化方式提供金融支持"，业务范围也相应从住宅抵押一级市场信贷转变为抵押二级市场。主要从事从金融机构购买合格的固定利率抵押贷款、发行抵押贷款证券（房地美、房利美模式）、为住房贷款证券化提供担保保证和及时偿付（吉利美模式）、提供住房贷款担保、提供直接贷款、提供信息咨询服务等。住宅金融支持机构主要通过间接手段，为金融机构的住宅信贷业务提供支持。（1）证券化支援业务，支持民间金融机构为广大民众提供长期的住宅贷款。如"公寓35"购买计划，即通过购买金融机构贷款，将资金注入实体银行。其采取固定利率的形式，不同的金融机构设置不同的利率，在支付款时还本付息。（2）住房融资保险业务，为民间金融机构的住房贷款提供支持。如"公寓35"担保计划，为私人金融机构发行的长期固定利率的房屋贷款提供担保，保障投资者及时得到利率收益和房屋贷款证券资金及时到位。不同的金融机构具有不同利率，但也有金融机构不论贷款期限长短，提供同样的利率。（3）灾后重建融资业务。向受灾地区的民众提供长期的、固定利率的低息贷款。

JHFA 的资金来源相应发生了变化。证券化业务的资金主要来自资本市场、担保和抵押贷款证券发行收益；租赁房和城市重建贷款的资金来源于债券融资；灾后重建贷款资金来自政府财政投融资体制。这次改制，使得其机制定位从以往的直接向房地产企业和个人提供住房信贷转变为向住宅金融机构提供流动性支持，从而将更多的资本市场低成本资金引入住宅领域，促进日本住宅抵押证券化市场和抵押保险市场发展，为日本房地产市场发展注入了新活力。2012 年，住宅金融支持机构资金总额为 26 584 亿日元，其中来自资产抵押证券（MBS）和一般证券（SB）的资金分别为 17 717 亿日元和 5 230 亿日元，来自住房财产累积储蓄债券、财政投资和贷款计划的借贷、私人金融机构的借贷资金分别为 868 亿日元、702 亿日元和 1 102 亿日元。截至 2013 年，住宅金融支持机构在日本全国主要城市拥有 11 家分支机构，自有资本金达 7 006.86 亿日元，在职领导及职工 921 人。2013 年 3 月底，证券投资组合贷款规模达 28.1594 万亿日元，其中 9.9827 万亿日元是通过二级市场贷款融资，18.714 万亿日元是由政府金融公库和住宅金融支持机构直接贷款。

大都市面积较小的高层出租公寓成为发展趋势。随着大都市房价的快速上涨，传统的独栋、连排住宅因占地较多、价格昂贵，超过了大多数居民家庭的购房支付能力，在建设总量中所占比例逐步减少。近十几年来，大都市的高层公寓发展迅速，特别是政府兴建的保障性租赁住房，因面积较小，不论是房价还是租金都相对较低，主要面向单身者，包括未婚青年、离婚、丧偶等居民，受到市场欢迎。日本目前全国自有住房比例为 60%，租赁住宅比例接近 40%。而东京与全国其他地区相比形成相反态势，租赁占到 57% 以上，自有产权占 40% 左右。

东京的居民以居住在公寓为主，占67%。这一比例远高于全国平均水平，经过长期的供需关系平衡，不论是住宅总量还是人均水平，面积较小的租赁住房已成为东京住房市场的主流。

二、日本住房制度的特征

日本住房制度的显著特点体现在住房交易制度、住房价格、土地制度、财税政策、金融制度、保障体系等方面，下面进行具体分析。

（一）控制公共住房供给等抑制地价、房价过快上涨

为了遏制住房投资投机性需求扩张和地价、房价过快上涨，日本政府出台了一系列措施，主要的政策及措施有以下几点：第一，灵活掌控公共供给，保持市场房源的相对充足。在公共供给和民间供给两大住房来源中，政府可以直接控制公共供给，当市场住房相对紧张、房价出现明显上涨倾向时，政府会适度增加公共供给数量，当住房市场相对萧条时，政府会放慢公共供给的步伐，改由民间供给主导市场，以充分发挥市场功能。第二，税收调节。日本住房转让时买方应纳税为固定资产取得税，税率为3%。出卖方纳税税种为利润所得税，税率在扣除项目后按20%~30%缴纳。在住房持有环节征税主要是不动产税，税基按评估值的80%计征，税率为1%。第三，大力发展交通基础设施，扩大普通居民便捷活动范围，间接增加了土地供应和住房供应，一定程度上有助于抑制地价和房价过快上涨。第四，住宅用途严格限转。所有物业都须按原土地使用用途使用，不得随意更改，防止住宅用地挪作他用导致住宅地减少，出现地价乃至房价飞涨现象。第五，重视住宅的维修养护和管理，投入资金较大。在每个住房发展规划中，都明确旧区再更新以及旧房的维修养护数量和保障措施，并明确规定拆除旧建筑的数量目标。同时，通过优惠政策鼓励私营企业投资旧区或旧住宅更新改造。第六，严格控制外籍人士购房。对于外籍人士购房，通过金融手段进行调节，控制金融风险。即对自有资金不限制，对贷款购房，则在利率、贷款比例方面有更严格的要求。

（二）市场化运作取得国民住房用地

日本全国土地都属私有，解决住房问题首先要取得土地，因而住房问题等于土地问题。住宅用地来源主要有前文所述的公共供给和民间供给两种，但取得土地的方式则是灵活多样的，如地方政府实行类似土地银行的做法购置大片住房建

设用地，又如住房都市整备公团通过等价交换制度、特借制度、借受制度、民赁制度等四种制度妥善处理国家与地主的关系，使土地转化为国民住房用地。这种市场化的运作机制运转起来效率较高。

（三）以政府财政拨款和投资性贷款方式施行财政补贴，并运用税收手段鼓励住宅建设

日本政府的财政补贴分为两种，一种是政府财政拨款，另一种是政府的财政投资性贷款。财政拨款一方面用于低收入家庭的租房、购房补贴，另一方面用于资助公营住宅建设。政府的财政投资性贷款，一方面是对住宅都市整备公团住房建设的投资贷款，另一方面是将资金贷给住宅金融公库（对住宅金融支援机构仅起补充的作用），再由后者用于建设公共住房和向低收入者发放住房贷款。

税收政策除了用于建立有效的社会保障性住宅供给体系外，日本政府还运用税收手段鼓励住宅建设。《住宅取得促进税制》中规定，利用住宅贷款自购、自建住宅的居民，在 5 年内可以从每年的所得税中扣除当年年底的住宅贷款剩余额的 1% 。另外，日本政府对财产登记税、不动产所得税、城市建设税实行了减免，并且规定，住房资金中的赠款部分可以免交赠与税。

（四）实行官民结合的混合型金融政策模式

日本采用混合型住房金融政策模式，这种模式的特点是，以央行为领导，民间金融机构为主体，政策性金融机构为补充，官民结合。政府住房金融机构有住宅金融支持机构、住房公团、住宅融资保证协会等。民间的住房金融机构包括住宅金融专业公司、劳动金库、住房社团等。大藏省（现财务省）还通过邮政储蓄、保健年金和国民年金筹集资金，投向公团、公库住房，给予 1% ~2% 的贴息。住房公团和住房金融支持机构还在政府的担保下发行住房债券。

（五）建立有效的社会保障性住宅供给体系

日本中等以上收入家庭住房的取得主要是在市场上实现的，民间的房地产公司是供应主体，中等偏下以及低收入家庭则由政府分别提供不同的资助获取住房。总体上看，由中央和地方政府组织的各种住宅建设公团，提供了占全国居民户数约 10% 的住宅。

城市廉租房制度，主要有公营住宅、特定优良租赁住宅、老年人优良租赁住宅等几种方式。公营住宅主要为日本地方公共团体通过自主建房、收购租赁民间住宅而向低收入人群提供的廉租房。特定优良租赁住宅由民间建设、地方公共团

83

体购买后租赁给中等收入者，地方公共团体负责管理。老年人优良租赁住宅由地方住宅公团直接建设或由民间建设，地方住宅公社或社会福利法人购买后租给老年人，由地方住宅公团、住宅公社或福利法人负责管理。

城市低价出售住房制度。为进一步改善居民居住环境，1955 年日本在《公营住宅法》的基础上制定颁布了《住宅公团法》，由国家出资成立住宅公团，在大城市及其周边修建住宅，进行城区改造，公团住房不同于公营住宅以地方公共机构为主体面向低收入人群，其实质是国家出资建房或平整土地，面向中等收入群体进行出售或租赁。入住公团住宅的家庭收入一般应在中档范围内（目前为家庭月收入不超过 33 万日元）。入住同样采取申请抽签制。

提供住宅金融贷款和建立健全公营住宅体系。1950 年日本制定并颁布的《住宅金融公库法》，主要对难以从银行等一般金融机构借款以购房、建房的个人与单位提供贷款。此后又根据 1955 年颁布的《住宅融资保险法》，对金融机构发放的住房贷款提供保险服务。2007 年成立的住宅金融支持机构向民间住宅金融机构发放贷款，由民间住宅金融机构及银行共同为有需求的消费者提供住宅消费贷款。日本公营住宅体系在解决低收入家庭住房问题上发挥了重要作用，其运作的核心在于一切建立在公营住宅法的基础上，合理界定受益对象的收入标准、制定多档次房租水平，以及国家对公营住宅保持相对稳定的资金投入。

第五节　智利住房制度的改革历程和成效

与发达国家和其他发展中国家不同，拉美地区在二十世纪三四十年代开始了快速的城市化进程。到 2010 年，拉美地区国家的人均 GDP 仍然远低于高收入国家，但城市化率却与高收入国家不相上下。这种城市化与经济社会发展水平严重脱钩的"过度城市化"，造成了城市贫民窟蔓延和严重的"住房赤字"。作为拉美地区经济成长最快和最富裕的国家，智利不仅成功跨越了中等收入陷阱，对"住房赤字"问题的解决也取得了不错的成果，智利已经成为 OECD 国家中住房自有率较高的几个国家之一。智利政府制定和实施了庞大的住房补贴政策、基础设施投资以及广泛的社会政策来改善智利人民的住房条件。从 1992 年到 2011 年智利无住房或者住在简陋房屋家庭的比重已经从 23% 降至 10%（Salvi del Pero, A.，2016）。到 2012 年，智利成功将低收入人群住房困难家庭数从 100 万减少到 15 万，联合国人居署希望智利模式能够推广到拉美和加勒比地区其他国家。①

① http://www.mofcom.gov.cn/aarticle/i/jyjl/l/201209/20120908323364.html.

"智利模式"对广大发展中国家或地区有重要的借鉴意义。

一、智利住房制度的改革历程

从智利住房体系的演变来看，智利的住房政策大致上可以分为四个阶段。

第一阶段（1818～1973年），智利遵循的是以国家为中心的住房政策。政府通过直接建设合同、低利率贷款和固定价格等途径，在社会住房的规划、组织、供给以及金融支持方面都处于领导地位。这段时间智利的住房政策在许多方面有缺陷，再加上家庭购买力疲乏和市场机制的缺乏，造成了智利比较严重的住房赤字。1952年住房赤字是15万户，到1970年已经增加到近60万户。

第二阶段（1973～1985年），以市场为主导的住房政策。从1975年开始智利的住房政策由一个新部门——城市住房和发展部（Ministry of Urban Development and Housing，简称MINVU）来制定。在智利"新自由主义实验"影响下，1975～1978年之间，MINVU制定了以市场为主导的住房政策，嵌入重组的竞争性经济和金融市场。圣地亚哥的土地利用规划控制被撤销，以降低购买土地的成本，并鼓励房主正式购买土地，而不是继续朝非正规住房方向发展。公共住房与私营部门签订合同，根据市场需求而不是公共部门的要求建造。在这种政策下，住房建设和住房金融支持大部分都交给私人部门，政府主要扮演补助者的角色。政府向低收入家庭提供补贴，由其自行建设或购买住房，并且鼓励居民以贷款方式购房。然而当时相当一部分低收入者或是由于没有稳定收入不能获得银行贷款或者是由于收入不足以偿还银行贷款，因此私营开发商和私人银行的房贷业务仍然主要面向中高收入家庭。与此同时，皮诺切特政权实施了大规模的强制搬迁方案和城市发展计划，彻底改变了城市的形态和社会隔离模式的性质。

第三阶段（1985～2001年），这个阶段大力推进新住房补贴政策，随后新住房供应体系建立和运作起来。1985年的大地震使得智利政府前期政策效果大打折扣，住房短缺问题更加严重。庆幸的是，自1982年开始的社会养老制度所积累的资金为政府大力推广前期的住房补贴政策提供了良好的支撑。智利政府也改变了以前的住房设计和补贴政策，增加了公共补贴。这些变化成功地吸引了私营部门进入社会住房市场，并与国家和地方社区建立了伙伴关系。从1995年开始，智利政府构建了一个由购房者、房地产开发商、金融机构、政府、住宅基金管理委员会、购房者的工作单位、保险公司等部门组成的新的住房供给体系。这一套完整的体系保证了购房人可以通过以租代购等多种购房形式得到所需住房。90年代，智利通过新的住房政策成功地解决了400万户的居住问题（Winchester L.，2005）。到2001年，智利住房缺口比80年代中期缩小了一半（Navarro，

2005）。此时智利将新自由主义政策议程与公共福利提供传统相结合的住房系统为拉美地区其他国家住房系统的建设提供了一个模式。智利住房体系被世界银行、美洲开发银行和美国国际开发署认为是住房体系的典范，称之为"智利住房模式"并推广到拉美地区的其他国家。

第四阶段（2001 年至今），实施低收入家庭住房财政补贴政策。在此之前，MINVU 仅将其四分之一的资源分配给贫困线以下的家庭，将其一半以上的资源用于直接建设和银行、抵押贷款机构运营。2002 年，智利政府停止了抵押贷款和直接建房，MINVU 还创造了两项新举措。第一个方案是为符合资格的家庭提供直接财政补贴，以支付土地和基本基础设施的费用。第二个方案主要是针对贫困线以上的低收入家庭。该计划向那些想购买新房、二手房的家庭或自筹资金建房的人提供适度的直接补贴。MINVU 改变了其信贷结构，并与私人银行达成协议，为这种低成本住房提供抵押贷款。这些低息抵押贷款的目的是允许没有信贷记录的非正规劳动者通过承保所有抵押贷款进入抵押贷款行业。政府对低收入者的补贴也转向特定用途补贴，旨在提高低收入者住房质量。特别是 2012 年引入的 D. S. 49（the Nuevo Fondo Solidario de Eleción de Vivienda）改革政策，改革的目的是改善补贴的针对性，提高补贴住房的质量和位置。

二、智利住房制度改革的成效及特征

从智利住房发展阶段来看，20 世纪 70 年代以后智利住房供给逐步由市场来完成，智利政府对住房市场的干预都集中在需求端，通过降低住房成本和不断提高居民住房可支付能力的努力来实现"居者有其屋"和提高居住质量。从需求端出发来干预住房市场有助于减少贫困和社会排斥，提高住房、医疗、社会资本的均等化，加强劳动力市场的流动性，提高财富集聚，优化城市发展，增加建设部门的就业机会以及降低资产泡沫和家庭债务风险。智利住房制度的特征体现在以下几个方面。

（一）受限制的住房交易和稳定的住房价格

虽然智利的住房价格在持续上涨，但基本保持在大部分智利民众能支付的范围内。2002～2014 年圣地亚哥大都市区的房价上涨了 87.5%（按 2008 年不变价计算）（Pero A. S. D.，2016）。稳定的房价也意味着房价较小的波动性，这增加了家庭的财富和消费，同时促进了住宅投资。智利政府对补贴住房的交易做了一定的限制。大多数依靠补贴购买的房屋，在购买后五年内不能出售或租赁，而补贴住房占到整个智利住房存量的 60% 左右（Pero A. S. D.，2016）。此外，补贴住房的二手房交易市场也很小。旨在为偏远地区的居民提供非常低成本住房的政策可能限制了补贴住房的转售价值。直到 2006 年，大多数补贴受益人或家庭不允许使用补贴购买二手房，这也可能限制了补贴住房的二手房市场的流动性。

（二）深度发展的住房金融市场和高效的住房抵押贷款市场

智利政治机构和宏观政策的稳定促进抵押贷款市场的深化并提高了市场效率。智利是拉丁美洲住房金融市场发育程度最深和最完善的市场之一。更有效和具有弹性的抵押贷款市场使得借贷成本大大降低，提高了居民住房信用的可获得性。2009 年，智利抵押贷款市场的规模（以未偿还贷款的存量衡量）已经翻了一番，达到 GDP 的 20%（Sánchez A. C.，2012）。在金融市场深度发展的基础之上，智利政府还通过大量的住房补贴和抵押贷款担保，国有银行引导资金等方式促进住房抵押市场的发展，降低住房抵押市场风险和改善低收入家庭的信贷机会。国有银行（Banco Estado）在 2010 年底为两个最低收入人群累积了约 80% 的所有抵押贷款，约为未偿还抵押贷款价值的 1/4（Sánchez A. C.，2012），国有银行也通过大多数的住房补贴，在促进住房金融的发展同时也降低了私人银行部门的风险。由于谨慎的监管，智利银行系统比较健全，家庭债务风险低，在其他 OECD 国家中引起金融市场动荡的复杂资产也较少。

（三）不断修正的城市规划

大都市区圣地亚哥规划在皮诺切特政府之前就开始了，但是这个时期的城市增长边界限制从来没有得到执行，大部分新的住房开发仍然在边界限制之外，国家住房公司（MINVU 前身）就是城市边界最大的开发商，在城市以外的乡镇有很多项目。1979 年，MINVU 对以前的城市规划进行了重大修改，这些变化包括城市边界和大城市地区的显著扩张。条例的放宽保证了私人部门可以获得价格合理的土地产权，政府支持和鼓励私人部门进入房地产市场，以增加住房供给。1994 年智利政府公布了一个新的规划，这个规划的限定比 1979 年更加严格，限定了城市的发展边界，城市边界土地的性质有了明确的规定。该规划还制定了城市密度的目标：2020 年的城市人口密度为每公顷 150 人（Peters P. A.，2009）。2003 年，智利政府再一次修改了规划，这次修正放开了以前受保护的土地不能用于城市扩张（影响了私人部门的收益）。虽然同以前一样，在批准新建筑项目时，国家和地方各级政府都参与审批过程的所有阶段，但是在新规划中 MINVU 在项目开发的几乎所有阶段都发挥主要作用。自 1997 年起，智利就规定在几个特定地点新项目的开发商必须将至少 5% 的土地用于保障房建设以减少隔离和改善社会结构（Sánchez A. C.，2012）。近些年来，政府在购买一些更靠近城市中心的土地来进行保障房建设。土地规划一方面有效地调节了空间隔离，另一方面建筑许可证发放管制还能调节住房供给的类型、时间和数量。此外，为了提高智利对地震的抵御能力，减少地震的危害，政府对危险沿海地区的开发做了限制，并利用重建将人们从受影响地区迁移到更安全的地区。

（四）规模较小和不甚规范的租房市场

智利是 OECD 国家中没有社会租赁房（social rental housing）的几个国家之一。智利租房市场完全由私人租赁组成，租赁部门占总社会住房存量的 18%，低于 OECD 国家 32% 的平均水平。租赁市场的主要房源来自于自住房，智利 80% 的房主只有一套住房，只有 10% 的人有两套住房（Pero A. S. D.，2016）。此外智利的住房租赁市场也具有高度的非正规性，2011 年智利租赁房屋的 40% 是没有签订合同租赁的（Sánchez A. C.，2012），非正规性租赁往往集中在低收入家庭中。住房租赁法规规定租户可以相当自由的违反合同而房东却不能，如果租户不支付租金或以其他方式违反租赁合同，房东需要诉诸司法才能驱逐租客，而且驱逐房客可能需要长达一年时间才能获得强制执行的时间裁决。虽然智利政府向低收入和中等收入家庭的年轻租赁住房户设立了专项补贴，来帮助那些受到信贷约束，即使在 D. S. 49 补贴下也无法获得房屋所有权的人和减少"allegados"的数量，但并没有取得很好的效果。

（五）一定程度的税收减免和税收补贴

在智利，自住房还能享受到优惠税收待遇，包括获得住房所有权时的减免和住宅税减免。获得住房所有权时的税收减免主要体现在交易税的减免（如法律费用、支出和土地转让费等）和抵押税扣除，纳税人可以以税收抵扣其主要住宅的抵押贷款利息，并且最高扣除额随着应税收入的增加而减少，智利的抵押贷款成本扣除额占 GDP 的 0.05%（Pero A. S. D.，2016）。住宅税的减免主要体现在住宅税费低于其他资产，与其他 OECD 国家相比，智利的房地产税处在较低水平。房产面积低于 140 平方米的新建住房，就可以享受到税收减免优惠（Sánchez A. C.，2012）。私人家庭只要持有物业超过一年，并且交易不是经常性的或者交易双方不是关联方，其出售物业不用缴纳资本利得税。

（六）多样化的住房补贴

多种形式的住房补贴支持，包括向购房家庭的一次性转移支付的补助，政府提供的补贴抵押贷款，首付款援助或抵押担保等。补助是智利相对重要的住房补贴政策工具，根据 OECD 的 QuASH（OECD Questionnaire on Affordable and Social Housing 2014）数据显示，智利的住房补助大约占到 GDP 的 0.3%。补助对象分为低收入和中等收入家庭，对无住房低收入家庭提供的补助金涵盖了大部分住宅成本，收款人预计不会承担抵押贷款，可用于建造住宅或购买现有的住房。而对中等收入家庭的补助金只是住房费用的一部分，购房或自建房所需资金的其他部分可以用贷款作为补充。智利住房补贴另一个显著特点是对脆弱住房家庭的补助，用来提高住房质量。QuASH 的调查数据指出低质量住房和缺乏公共服务供给的住房总量占智利总住房存量的 9%，因此从 2006 年起，智利还对有房家庭提供补助，帮助他们改善住房条件，包括卫生、墙壁、屋顶、地板的修理或能量效率的改进，并对实现这些目标的额外储蓄提供奖励。

从智利住房制度的变迁和特征可以看出，通过提供公共住房重新分配财富在智利有悠久的历史，最早的方案可以追溯到 1906 年政府推出的租赁住房的补贴，这对智利贫穷人口的生活质量产生了深刻影响，并大幅度减少了整体住房赤字。自 1950 年以来，多种形式的住房补贴计划已成为智利住房供应战略的一个重要组成部分。事实上，智利住房存量中近 60% 的住房是通过部分公共补贴提供的。在 1973 年后住房制度发展的一个特点是通过补贴原则使私营部门成为了房地产市场的一个主角。1976 年的改革，旨在将住房市场推向自由市场模式，并在内部重新组织，向私人贷款提供利率减免。住房福利的分配是一个具有严格指导方针和规则的申请制度。申请人通过收入、储蓄、家庭规模和其他社会和经济特征进行筛选。所有住房（无论是公共建造还是私人建造）的融资最初由个人储蓄，国家的直接捐助（补贴）和金融市场（抵押贷款和贷款）提供，国家只为最贫穷的人口部分直接提供住房。作为住房部门改革的一部分，商业和抵押银行被授权提供抵押贷款和其他中介金融业务。

（七）良好的建筑规范

智利位于太平洋板块和美洲板块交界处的火山地震带上，是一个地震频发的国家。为了避免地震以及地震带来的海啸对建筑的毁灭性打击，智利的建筑抗震标准非常严格，并根据以前的地震经验和地震减缓技术方面的国际创新定期升级。建筑行业有严格的自律和监督机制，建设设计者要为自己的设计终身负责，审核者也为此审核终身负责。智利法律规定建筑物生命周期的前 10 年内，建筑物开发商要对因为施工期间建筑规范应用不当造成的任何损失负责。得益于此，2010 年的智利大地震并没有带来大的房屋损失，大部分房屋的损坏都是海啸造成的，这些房屋基本都是因为建筑材料质量不好、处于危险地带，或是一些老房子而损坏的。

虽然智利住房制度在削减"住房赤字"方面取得了较大的成功，但仍然存在不少问题。首先，仍有不少人居住质量较差。2009 年，农村家庭中约 40% 缺乏清洁用水，34% 卫生条件差（Sánchez A. C.，2012）。由于低效的供暖系统（通常基于木柴），加之绝缘性差，加热效果极差，由于排放高水平的污染物，智利的室内污染较高。其次，通过国有银行推动抵押贷款市场促进了住房融资、降低了私营部门贷款风险，但它也提升了国家银行的风险，其中有一部分风险抵押贷款大约是私人银行的三倍，可能也减少了中低收入家庭抵押贷款市场的竞争。这可能导致市场上更高的抵押贷款成本和更少的可用抵押贷款产品。第三，住房补贴的受益人由住房部的区域办事处在公开竞争中选择并公布名单。然而，资格和分配标准的经常变化，不同资格标准的各种补贴，使得潜在受益人很难申请，特别是考虑到智利的低收入家庭文化水平普遍较低，这也使这些方案的管理复杂化。同时，由于智利的住房补贴对象定义范围较宽，住房补贴并不总是惠及最需要的人。尽管住房补贴的目标随着时间的推移有所改善，但补贴人群中相当一部分补贴针对中上收入群体，只有约 22% 的受益人来自于收入分配的最底层（Sánchez A. C.，2012）。第四，小规模的租赁市场的负面影响是程度较低的住户流动性。实际上智利的住户移动性在 OECD 国家中排在倒数第二位，平均每年只有约 3.25% 的家庭移动（Sánchez A. C.，2012）。由于购房比租房昂贵，不发达的租赁市场可能会阻碍住户远离其工作地点，并且减少他们的工作机会。更普遍地，不发达的租房市场还会伤害劳动力市场的重新分配和增长。如果租房市场供给不足、效率低下，房价租金比不合理，那么由于难以搬迁，就会削弱就业机会的吸引力。

第六节　巴西住房制度的改革阶段与存在问题

20 世纪以来，巴西经历了快速的工业化和城市化过程，并取得了傲人的成绩，成为"金砖国家"的成员。但与此同时，这段时间内巴西经历了较为频繁的政局动荡和经济波动，再加上缺乏完善的住房政策和保障体系，巴西的住房短缺问题也引起了全球的关注。到了 21 世纪，随着巴西国家住房政策体系的形成和完善，巴西在解决住房短缺、改善贫民窟等方面取得了显著的成绩。

一、巴西住房制度的改革阶段

由于巴西政权的不稳定，巴西住房制度在主导思想、保障目标和实践手段等方面进行了多次摇摆变更和修正调整。从整体来看，巴西住房制度可以分为五个阶段。

第一阶段（20 世纪 30 年代工业起飞以前），住房市场主导的阶段。由于官方住房融资体系的缺失，商业和房地产资本投资于租赁和工人住房，担任着住房供应的中心角色。低收入和中等收入家庭主要通过租赁市场获得住房，而高收入家庭住房主要由私人住房市场供应（Lall, S. V. et al., 2009）。国家主要通过检查和拆除不合标准的住房来干预住房市场。

第二阶段（20 世纪 30 ~ 60 年代），政府借助金融领域干预住房市场。从 20 世纪 40 年代开始，热图利奥·巴尔加斯政府开始倡导"住房自有"原则，并于 1942 年颁布了《租客法》。《租客法》中的租金管制激励私人建房并出售。这使得中低收入家庭难以承受正规住房价格，逐步被推向了非正规住房市场。自建房屋的发展导致城市中心地区高层建筑增加而外围地区则以自助建房为主。由于巴西正处于快速工业化，在农村劳动力外流和爆炸性城市化的进程之中，私人出租住房的激励措施的改变，以及由于城市更新项目而导致的中部地区低收入租赁住房的大规模破坏，导致主要大都市周围地区出现了大量的贫民窟（Lall, S. V. et al., 2009）。此外，从这个阶段开始，政府还从金融领域来干涉住房市场。这段时期内，发挥住房金融作用的主要有两个基金项目。一个是 1930 年革命后巴西建立的养老金和退休基金机构（the Institutes of Pension and Retirement Funds, IAPs）。这个机构在 1937 ~ 1945 年之间，为其成员提供了 124 000 套住房，占到城市人口的 5%。后来，大量的 IAP 资金开始用于为公共大型项目融资，如在巴西利亚建设新的联邦首都（Lall, S. V. et al., 2009）。另外一个是在 1946 年创立的普通房屋基金（Popular Housing Foundation），该基金的作用是提供社会住房，但它在减少住房短缺方面只发挥了非常有限的作用。到 1964 年只建成 19 000 套住房（Lall, S. V. et al., 2009）。

第三阶段（20 世纪 60 ~ 80 年代），建立住房金融体系和国家住房银行。1964 年军政府建立了住房金融体系（the Housing Finance System, SFH）和国家住房银行（the National Housing Bank, BNH）。国家住房银行是巴西推动国家住房体系的第一个有效举措，有明确的目标、资金来源以及具体的信贷机制（Lall, S. V. et al., 2009）。尽管 SFH – BNH 体系促进了房地产部门的繁荣，但是由于主要补贴了中等收入和高收入家庭，并没有对低收入家庭给予补贴，直到其 1986 年倒闭之前都受到广泛的质疑。在 SFH – BNH 体系存在的 22 年之间，共新建住房单元近 500 万套，这一规模与早期公共住房供给计划相比，尤为可观。但其中仅有 5% 的住房单元提供给了收入少于最低工资水平 1/3 的群体（Kara Jose. M, 2008）。它作为巴西国家住房体系发展史上的重要机构，最后留下了成千上万低标准建设的空置住房，大部分后来被中低收入群体以非正式手段占据，而且造成了新贫民窟的形成以及贫民窟在城市外围地区的不断蔓延。

第四阶段（20 世纪 90 年代～2003 年），政府支持各种社会力量投入住房建设。在新自由主义思潮和经济危机的影响下，国家政权更替频繁，偿还国内外贷款和债务成为国家主要事务，再加上国家住房银行的倒闭，政府向低收入者提供住房补贴显得力不从心。虽然这段时期住房政策摇摆不定，但鼓励私人资本和地方政府提供社会住房，而不是中央政府独立承担。科洛尔（Collor）执政时期，巴西新成立了社会行动部（MAS）并下设了国家住房秘书处，负责公共住房事务。为吸引私营企业来提供公共住房，政府出台了多项措施，给予他们无风险、有利可图的经营条件。同时给予各州和自治市更多的自主权，让其参与和投入到住房建设中，联邦政府的主要任务转向为地方提供经济、技术、财政和税收等领域的专业支持（Valença，2010）。弗朗哥（Franco）政府期间，由于之前私人企业建设的住房价格高企，巴西又正处于经济衰退期，导致住房建设能力不足和住房无法销售同时并存。在资金不足的情况下，政府不得不推行"巴西住房"（Habitar Brasil）和"城市居住"（Morar Município）等新住房计划，支持地方当局为贫困群体建造新住房，实施非法土地开发的合法化，以及改善贫民窟的环境状况等，并将地方设立相关工作委员会和基金作为获得联邦资助的重要前提。这一计划成功激发了地方政府改善低收入群体住房问题的积极性，后来被继续引入国家公共住房政策体系（Valença，2010；刘佳燕，2012）。卡多佐（Cardoso）政府期间除了对以前住房政策的改革和完善之外，还实施"社会租赁"计划（PAR），支持承租人在租赁合同到期还清贷款后获得房屋产权；进一步强化政府对于住房建设成本和质量的监控力度，将申请资助地区拥有基本的设施配套作为获得联邦支持的前提，以激励城市空白地带的开发以及地方政府完善基础设施建设。在此推动下，1999～2002 年间全国共建设住房单元 8.9 万套（Valença，2010；刘佳燕，2012）。

第五阶段（2003 年至今），政府主导住房体系变革。2003 年劳工党执政以后，新政府除了继续实施一些卡多佐政府的住房政策以外，还对住房体系进行了深刻的变革。首先，新成立了一个城市部门（the Ministry of the Cities）。该部门专门负责处理城市政策，包括土地正规化，制定住房、卫生和交通政策。这是巴西第一次制定国家层面的住房政策，是巴西住房供应制度改革的一个里程碑。其次，公共住房更加关注低收入家庭。例如，2004 年，对 PAR 计划引入了一项重要变化，以使低收入群体更容易获得住房。所谓的"PAR Ⅱ"计划允许每月租金水平从生产成本的 0.7% 下降到 0.5%。在 2005 年，国会最终批准了设立社会住房国家基金和系统（SNHIS 和 FNHIS）的法案。该部门的主要责任旨在为那些没有补贴的人提供住房。最后，2008 年金融危机之后，为了进一步刺激经济发展和改善居民住房条件，巴西又展开了多元化的住房供给和改革措施。如 2009 年开始的"我的家园，我的生活（My Home，My Life）"计划，该项目计划建造 100 万套住房。到 2011 年，这个目标已经达成。

二、巴西住房制度存在问题的分析

从巴西住房制度的演变来看，20 世纪以来巴西政府对居民住房所有权的重视在逐步增强。虽然住房政策和体系变动频繁，但从 20 世纪 30 年代开始一直以提高居民住房自有率为重点。而对于公共住房的供给发生了由中央政府独立供给公共住房到私人部门和地方政府共同供给的转变。政府对居民的购房支持逐渐向低收入人群覆盖。但是对贫民窟以及低质量住房的处理并没有取得较好的成绩。具体而言，巴西的住房制度存在以下问题：

（一）不规范的土地权属

由于土地权属的不规范，在许多巴西城市，规范土地所有权以及改善现有的非正规居住区成为住房政策的基本目标，这大大增加了政府和开发商获取土地的难度。在圣保罗市，地方政府在低收入住房项目的征地中投入了大量的精力和金钱（Flavio Malta，2006）。这种不规范的土地市场常常会导致政府腐败。此外，住房建设作为一个地方规划问题，地方政府在数据收集、分析和建议的规划过程中应该被优先考虑。然而在巴西地方政府几乎不参与整个城市的开发规划，尽管 1998 年的"地方计划"建立了一个地方政府参与规划的制度，但从那儿以后再也没有这样的政策出台。地方政府参与的缺乏扩大了社会排斥，特别是在获得土地和生产低成本住房方面。

（二）供需失衡的住房补贴政策

与智利等一些拉美国家不同，巴西偏向于从供给端来解决住房短缺问题。这一方面是因为巴西国家建设能力不足，需要私人部门和地方政府共同出力。另一方面由于房地产业强大的经济拉动作用，巴西政府需要壮大房地产部门来应对经济危机。因此，从 20 世纪 40 年代开始，国家开始了租金管制，限制租房部门的利益。同时，对私营部门给予多样化的开发补贴和优惠，降低开发商开发成本使其有利可图，从而进入住房市场。虽然此举大大增加了住房供给，但住房定价市场化、不断缩小的住房市场不断将中低收入人群推向城市中心外围，以至于贫民窟不断蔓延。促进私人部门住房市场供应的政策依赖的是廉价的土地和对住房成本的严格控制，从而导致城市扩张和大量高维护成本的低质量住房。此外，地方政府的介入加大了中央政府政策的执行成本和力度，这也是中央政府政策常常难见效果的一个重要原因。虽然巴西也有针对需求端的住房补贴计划，如政府开发的 MCMV（Minha Casa Minha Vida）大规模补贴计划，但却受到众多质疑，认为该计划是为了繁荣建筑业而不是为了贫困者修建住房（Claudia Murray，2015）。

（三）截断（the truncated）的住房融资市场

首先，巴西的金融市场发展过程中，私人部门的规模以及信心被证明是有限的。与发达国家私人驱动的金融化的过程不同，在巴西，国家要在非流动资产、高风险的住房以及房地产市场和金融、资本市场之间搭建桥梁，这意味着资产回收期和周转时间较短。其次，金融系统既没有通过私人利基市场（niche-markets），也没有通过国家支持住房融资和住房交付系统真正为低收入家庭提供支持。第三，在巴西，金融化进程的形态和方向受到争议，并常常与社会城市改革相关的政治项目相关联。因此，低收入住房融资计划（如"我的家园，我的生活"）的初步结果似乎令人失望，因为它与土地和住房市场的更多结构性改革相联系，金融部门作用在住房市场的发挥受到限制（Jeroen Klink，2014）。因此，虽然自 20 世纪 40 年代以来，作为国家发展战略的一部分，巴西开始尝试住房金融，但由于没有稳定的抵押贷款融资市场，即使住宅和房地产融资在巴西"实际"经济中的渗透率在上升，与国际标准相比也仍然相对较小。

（四）形同虚设的财税体系

在巴西，财产税被定义为城市土地和建筑物的年度税（Imposto sobre a propriedade predial e territorial urbana，IPTU）。巴西财产税的基本原则是由国家财政法典（CTN）规定的，但该法典只定义税基的组成部分，税务责任以及税基的一般豁免。关于财产税的其他规定在地方政府一级确定。根据法典，税务估价的基础是每个房地产的市场价值，完全由地方当局来负责。税收对象包括所有物业：空置土地、住宅和非住宅财产。这样一来，在巴西不同地方当局的税基和房地产税税率会有很大差异。除了以上年度税以外，不动产还有其他税收，例如由中央政府管理的不动产转让税（ITBI）和农村土地税（ITR）。此外，从租赁房地产中获得的收入也是缴税对象（McCluskey，1999）。在巴西所有地方当局财产税的一般豁免是非常普通的。它们包括以下内容：用于政府目的的物业、用于国防和基础设施目的的物业、用于非营利政治组织的物业、用于非盈利的公共或社会利益的财产、公共学校和用于文化和科学目的的财产、国家公园和保护区、用于保健服务（如医院）、宗教和慈善的财产等。虽然巴西制定了一套极为细致的财税体系，但是由于中央政府和地产的大量收入都被转移到市政当局补充了税收的收入，地方当局对收税本身并不感兴趣。因此，在巴西，地方政府的税收努力程度极低，对转移支付依赖较高，纳税人常常支付较轻的财产税。

第七节　借鉴与启示

根据上述六国在住房制度和住房政策方面的经验或教训，我们可以得到如下启示：

一、政府在住房市场的职能不仅仅是住房保障

住房市场的不完善、低效率或市场失灵促使政府干预住房市场。政府干预的主要形式有：财产权利、契约的定义和执行、税收、补贴、直接的公共供给以及管制等。政府对住房市场的全方位干预也印证了罗森（2005）所说的"住房市场是政府干预最多的一个市场"。另外，同样是政府干预，各国住房制度和政策的目的和目标方面仍然存在相当大的差异，偏右翼的国家一般倾向于国家干预较少，仅对社会福利性质的出租房提供有限的支持，并致力于推动住房自有率的提升和私有住房的出租。而偏左翼的政府通常认可政府干预市场的必要性，赋予地方当局和非营利性住房机构权力和资金，使他们能够提供价格低廉的住房，并致力于确保住房资源实现较公平的分配。对我国来说，中国城市住房制度改革的争议中，一种流行的观点是政府只需在住房保障方面处理好相关问题，但从各国在住房制度和政策的变迁和实践来看，政府的职能远超出住房保障，保障住房或公共住房仅仅是一国住房制度的某个侧面。

二、住房体系法制化是发展方向

纵观发达国家的住房制度和政策，其法制化特征非常明显。如前文中美国1934年以来先后颁布的《临时住房法案》、《住房法》、《城市重建法》、《国民住宅法》、《住房与城市发展法》等，日本1966年颁布的《住宅建设计划法》，2006年颁布的《住生活基本法》，英国1980年的《住房法》、1984年的《住宅与建筑法》、1989年的《地方政府和住房法》等，德国1950年和1956年通过了

《第一套住宅建设法》和《第二套住宅建设法》以及 1965 年出台了《住房补贴法》。这些国家大多通过住房制度或政策的法制化，强调规则的严肃性，规范房地产市场秩序，维护各阶层利益，特别是低收入居民的住房权益。目前，我国房地产管理法律体系尚不健全，只有《城市房地产管理法》、《土地管理法》。借鉴这些国家的经验，我国应当抓紧制定《住房法》、《住房保障法》、《住房租赁管理法》等相关法律，进一步建立健全房地产法律体系，为政府加强房地产管理提供必要的法律依据。

三、住房制度和住房政策动态调整，与时俱进

随着社会经济的发展和社会观念的变化，各国的住房制度和政策也体现了与时俱进的特征。2000 年"伊斯坦布尔 +5"亚太区高级别筹备会一致认为住房政策的性质取决于各国经济发展水平和现有财政手段。一些国家向所有低收入家庭提供公共住房补贴，另一些国家则无法这样做，不得不依赖其他办法。以公共住房为例，各国基本上都是根据形势发展不断调整住房保障方式、创新政府支持住房保障方式。早期集中兴建的公共住房由于造成居住隔离，影响劳动力流动，发达国家的住房补贴从供给方补贴逐渐走向需求方补贴。

四、住房制度不是住房市场的"万灵药"

从各国的现实来看，住房制度的完善并不意味着住房市场的所有问题都能得到解决。我们应该抛弃那种制度万能论的思想。住房市场的周期性、受动物精神支配的市场参与主体的羊群行为等这些并非任何制度能解决的问题。正如唐尼森和翁格松（Donnison & Ungerson，1982）所言，住房问题是永远不能解决的，它只是变化而已。即使美国这样的住房制度完善的国家，照样在 2007 年由房地产次贷引发全球金融危机。在房地产泡沫的调控和监管方面，几乎很少有成功的国际经验，有的只是一个又一个沉痛的教训。

第四章

住房价格：制度环境与动力机制

房价是住房制度研究的核心问题。从广义上讲，可以把住房价格视为住房制度的集中表现。在房价的经济学研究方面，一般有两种方法，一种是将住房看作是耐用消费品，通过估计房价的均衡模型，考察由基本面决定的房价与实际房价的关系，这种方法被称为宏观经济学的方法。由基本面决定的均衡价格被认为是利率、收入和一些供给变量如建筑成本的函数。另一种方法是将住房看作是投资品，主要考察房价和租金的均衡关系，这种方法被称为金融模型（financial approach）方法。

从经济学基本理论出发，一般将价格视为供求关系相互作用的产物。尽管有经济学家认为供求理论不适用于房价分析，甚至认为住房资产的投资属性存在着"买涨不买跌"的投资者行为，从而质疑传统的供求理论是否仍然适用于住房市场。[①] 如果失去了供求理论这个基本分析工具，则实际上难以分析任何经济现象。美国经济学家格莱泽和乔科（2012，第31页）指出："不论何时何地，高价格往往是需求强劲和供给有限的结果。如果一种产品的需求疲软，那么无论供给多么紧张，它的价格也不可能很高，而如果产品供给不受限制，那么不论需求多么强劲，其价格也不可能超出生产成本很多。微观经济学的这些原则适用于所有产品，包括住房。"

在本章中，我们主要利用第一种方法考察中国城市房价的形成与决定因素。

---

① 住房市场买涨不买跌的行为，其实可以通过引入预期来解释需求的变动，从而使得传统的供求分析框架仍然适用于住房市场。

本章的结构安排是：第一节在理论上分析房价的特殊性和中国城市房价的典型特征，第二节从社会制度环境分析房价的决定因素，第三节主要从基本面来分析房价，第四节分析政策变动、行政管制对房价的影响，第五节做一个综合的实证分析，实证检验了预期、政策变动、基本面因素对房价的影响。

第一节　房价的特殊性和中国城市房价的典型特征

一、房价的特殊性

房价与一般商品的价格形成确实大不一样。作为"最复杂的商品"，房价有如下的特殊性：

第一，房价并非仅仅是住房的价格，而是包含住房服务在内的一组商品和服务的综合价格。我们购买房子，不仅仅是为了居住，城市的众多公共服务资源（如教育、医疗、基础设施、治安等）和社会资源（如人力资本和社会资本、工作机会和其他机会）都是有形或无形地附着在区位之上。住房不仅是遮风避雨的物质空间，它还决定了城市居民的生活环境和社会交往空间，为社会民众获得各种城市资源，积累人力资本和社会资本，融入城市主流社会提供机会（世界银行，1995）。基于此，住房的异质性是所有商品中最强的。不同城市、不同区位乃至不同年代的住房价格如果直接相比，很容易得出错误的结论。因此，为了克服这种异质性，经济学家往往采用特征价格法或采用重复销售价格以尽量得到同质的住房价格。我们实证分析中所利用的城市住房平均销售价格往往无法控制这种异质性，导致纵向比较非常困难。有时候，平均销售价格的下跌无法体现销售区位的变异从而掩盖了房价的真实变异。

第二，房价的特殊性还表现在无论是消费者还是开发商，均可利用金融支持或杠杆参与市场。衡量房价的高低并不能仅仅通过与收入或租金的比较来确认，这是住房价格与一般商品价格形成的关键区别。对消费者来说，消费者并非是利用其即期收入来购房，而是利用其终身收入或恒久收入的现值（可能还有代际转移支付或住房过滤下的卖旧买新），认识到这点，有助于我们理解金融市场在实现并放大消费者的住房需求的重要作用。对开发商来说，在杠杆操作下，开发商相对于其资本金投入确实有可能获得暴利，但暴利的存在并不意味着房价一定有大幅降低的空间。举个简单的例子，如果开发商有 10 倍的杠杆，尽管在某单位住房上投入只有110万元，销售价格是120万元，在不考虑各种税费时，其自有资本收益率可以达到100%。而住房价格如果从120万元降低到110万元，开发商没有利润，自有资本收益率则降为0。不过在极端环境下，房价泡沫破裂时，房价照样会大幅下跌，因为是需求而不是成本是决定房价的主要因素。

第三，房价的特殊性还表现在它的变动会给整个国民经济带来深远的影响。对自有住房的消费者来说，房价的上涨通过家庭的"感知财富"（perceived wealth）、实际财富变化、抵押效应、甚至通过居住迁移以促进消费，这就是住房价格上涨的财富效应。房价的上涨，会导致住房的持有成本上升，这些持有成本包括物业税、保险和维修费用，这些费用一般认为与房租正相关，而房租包括居民自住的虚拟租金都是计入到消费支出的，这意味着房价的上升将带来相关支出的上升。而对那些准备买房的家庭来说，为了筹集首付款，不得不强制储蓄以积累首付。对开发商来说，存在托宾q效应，即房价的上升使得资产价格相对于其重置成本的增加使得投资增加。对地方政府来说，无论财政收入来自于直接与房价挂钩的物业税或房产税，还是间接与房价相关的地价，还是产业波及和关联效应带来的税收，甚至包括各种地方融资平台的存续都与房价息息相关。对银行和监管部门来说，房价的变动还可能是资产安全和金融稳定的指示器。因此，除了利率这种特殊价格外，房价应该是所有商品中对国民经济和社会生活影响最深远的一种价格。

第四，房价的周期性和泡沫也是房价区别于其他商品价格形成或特征的一个重要方面。房地产周期是经济周期的"周期之母"。住房价格、住房投资、住房销售以及住房空置率、住房吸纳率等指标往往表现出某种周期特征。就房价周期而言，产生的原因可能来自住房市场之外，即人口因素和宏观经济本身的周期性冲击导致房价的周期波动。也可能来自住房市场本身，即由于住房供给的短期滞后性和供给弹性低产生类似蛛网模型的供求行为，由此导致房价的周期性。与房价周期性相关联的是房价的泡沫性，由于住房短期供给受限并能产生稳定的现金流，住房往往会脱离其固有的居住属性而向投资品转变，并有可能导致房价远远脱离其基本面所支撑的价值，从而产生房价泡沫。而泡沫一旦破灭，对国民经济的影响往往是灾难性的。

第五，房价存在空间相关性即波纹效应。这种波纹效应产生的渠道主要来自四个方面，一是某些区域的房地产市场能够更快的反映其所面临的外部冲击。比如说，由于金融市场化水平和深化水平的差异，某些地区对货币政策冲击反应更加敏感，而另一些地区要么是不受影响或影响轻微，要么存在时滞。具体到房地产市场上，不同区域的房地产市场环境（特别是住房供给弹性、住房信贷约束）不同，不同区域房地产市场中的参与者对信息的反应速度也大不相同，这些都会导致区域间房价的变化表现出空间关联。二是区域房地产市场需求驱动力的空间联系。人口迁移、区域间通勤和资本流动构成了城市间房地产市场空间联系的三大因素。如果某一城市或区域房价远高于收入，家庭或个人将迫于住房成本的压力，有可能向低房价区域迁移，从而使得高房价区域的住房需求减少，进而导致该区域房价下跌。相反，低房价区域的住房因人口迁入需求增加，进而引起该区域房价的上涨，最终形成房价新的均衡。这种迁移并不是绝对的，房价高的区域服务水平高，具有强大的劳动力市场，也会吸引人们向这些城市迁移。在影响迁移决策的因素中，劳动力市场发挥着比房地产市场更加有力的影响。这一点从美国汽车城底特律的兴衰中表现得很明显。即使房价从绝对水平上已经降得很低了，但是由于产业衰退，劳动力和人口持续流出，房价回升乏力。三是房价预期与区域房价的空间关联。住房具有投资品和消费品的双重属性。住房的投资品属性使得预期收益对房价的变化具有重要影响。预期对房价的影响不仅体现在时间维度上，也会体现在空间维度上。从空间维度来看，人们往往会以一些"明星城市"（super star cities）房价的变化为参照来预测其所在区域的房价变化，从而使区域间房价的变化表现出关联性。比如说，国内常以北京、上海、广州和深圳这四个一线城市房价的变化作为房价的风向标，而一旦公众具有某种同质预期，预期的自我实现将带来这些明星城市与所在区域的房价空间关联。四是房价决定因素的领先—滞后和趋同关系。房价决定因素的领先—滞后和趋同关系也可能导致区域间的房价联动。由于收入是决定房价的最重要因素，那么收入随时间变化的空间特征就显得尤为重要。在经济波动中处于领先地位的区域，其宏观经济指标的变化往往会引起其他区域相同指标的变化，从而最终导致房价的空间关联性。

二、中国城市房价的典型特征

改革开放以来，我国住房价格机制不断完善，而 1998 年住房制度市场化改革的突破，中国城市房价表现出一些新的特征。

（一）房价涨幅惊人，高房价主要集中在东部沿海热点城市

从国家统计局的数据来看，我国城市商品住房的销售价格（名义值）从 1987 年 408 元/平方米上涨到 1998 年的 1 854 元/平方米，再上涨到 2015 年的 6 473 元/平方米。商品住房的销售价格，从 1998 ~ 2015 年名义价格上涨 249%。根据《中国统计年鉴》的数据，以 1998 年为基期，城市物价（CPI）涨幅为 38%，扣除物价涨幅，房价的实际涨幅达到 152%。当然，这种计算方法存在两个问题。一是我们采用的是平均销售价格，而忽略了出售住房的质量、区位或配

套的变动。由于城市开发的空间变化，城市中心可售商品房逐渐减少，商品房销售逐渐向城市外围扩张，可以推断实际房价远高于商品房平均销售价格。第二个问题是我们没有考虑到不同城市的差异。全国商品房销售的平均涨幅152%，而具体到某些城市，尤其是考虑到我国巨大的地区经济差距，一些热点城市或中心城市房价涨幅远超全国平均涨幅，这些城市包括北京、上海、深圳、杭州、南京等地。而某些城市，并没有如此大的涨幅。如图4－1所示，根据《中国区域经济统计年鉴》（2013）的数据，我们收集了全国325个城市2012年新房销售价格和城镇居民人均可支配收入数据。从数据中可以看出，截至2012年，全国房价超过10 000元/平方米的城市包括北京、上海、广州、深圳、杭州、宁波、温州、三亚、舟山、珠海、福州、厦门等12个城市；超过9 000元/平方米的城市包括丽水、金华、南京、台州等4个城市；超过8 000元/平方米的城市包括东莞、天津、绍兴、苏州；超过7 000元/平方米的城市中有青岛、大连、无锡、佛山。可见，中国的房价究其绝对值而言，高房价主要集中在东部沿海城市。进一步统计发现，这325个城市中，中位数的房价为3 518元/平方米。这意味着有50%的城市的房价低于3 518元/平方米，另有21个城市的房价不到2 500元/平方米。

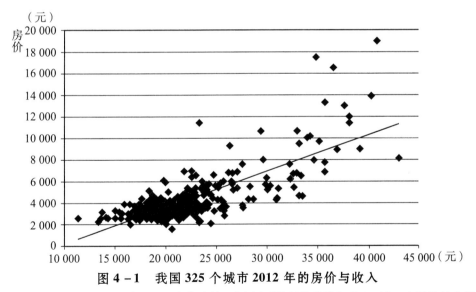

图4－1　我国325个城市2012年的房价与收入

资料来源：中华人民共和国国家统计局，《中国区域经济统计年鉴2013》，中国统计出版社2013年版。

如果考虑到相对房价，即房价收入比，那么结论是否有改变呢？东部沿海城市的绝对高房价会因为这些地区的相对高收入有所褪色吗？为此，我们计算了这325个城市的房价收入比。由于计算结果只是横向对比，不考虑住房面积和家庭规模的城市差异，住房面积用 90 平方米，家庭规模用 3 人，计算结果如表 4 - 1 所示。结果显示，即使就相对房价而言，仍然是收入高的地方（相对）房价更高。在房价收入比超过 10 倍的 9 个城市中，全属于东部沿海城市。

表 4 - 1 　　　　　　　　　2012 年若干城市的房价收入比

房价收入比	所属城市
超过 13 倍	温州、三亚、深圳、北京
超过 10 倍	杭州、福州、丽水、上海、厦门
超过 9 倍	珠海、宁德、广州、南宁
超过 8 倍	宁波、舟山、台州、汕头、金华、海口、太原、兰州、乌鲁木齐、南京、大连、天津
超过 7 倍	莆田、衢州、武汉、成都、南昌、赣州、湛江、西宁、绍兴、柳州、十堰、龙岩、青岛、河源、扬州

资料来源：作者根据《中国区域经济统计年鉴 2013》整理。

有一种观点认为，我国的房价问题起始于 1998 年的城市住房分配货币化改革，而后房价才开始迅速上涨。这种观点并不符合事实。中国经济改革总体上具有增量、渐进、政府主导的特征。住房制度改革由于影响深远，迟至 1998 年开始在全国城市铺开。而转轨经济的一个普遍现象是，转轨前商品的生产和分配具有命令经济的特征，除质量和多样化不能满足要求外，普遍的短缺下政府不得不采取各种票证、抓阄、排队等非市场的分配方式。在这种分配方式下，出现的低价格其实是一种假象。价格看起来很低，但是买不到。住房的质量、公共设施配套也与今日有天壤之别。所以，必须明确的是，如果确认住房制度改革前的房价是一种非市场化的房价，那么市场化改革后一定存在补涨情形。这种经济转轨后住房价格的普遍上涨并非中国独有，苏联、东欧国家都曾经历过同样情形。严格来说，这种补涨并非真正的上涨，只不过是恢复到商品的本来价格。但消费者往往会错误地以为原来的价格多么低下。更吊诡的是，即使在原来由政府控制的低价下，对没有金融支持的消费者来说，拥有住房仍然是高不可攀的。

（二）房价表现出剧烈的短周期波动

一种观点认为，中国的住房市场基本上处于上升阶段，还没有经历明显的周期性波动，所以不存在中国房价的周期性。这个观点并不符合事实。对房价时间序列分析时，需要去除其趋势成分来观察房价的周期波动。在经济增长周期理论中，有古典型周期和增长型周期的划分。在前期的研究中我们（高波、赵奉军，

2012，第51页）采用多种方法分析了我国房价的周期性，发现我国房价短周期波动非常明显，大致上2～4年为一个完整周期。尽管政府采取多种政策频繁干预房地产市场，但并没有能改变这种房价的短周期波动特征。

（三）房价的城市空间相关性显著

在空间统计中，目前主要采用Moran指数来衡量空间数据的相关性。对于具有地理空间属性的数据，一般认为离的近的变量之间比在空间上离的远的变量之间具有更加密切的关系（Anselin and Getis，1992）。Moran's I指数的变化范围为（−1，1），如果房价不存在空间相关，则指数的期望接近于0。当I取负值时，一般表示负的自相关。如果取正值，则表示存在正的空间相关。检验统计量为标准化的Z值。零假设是城市的房价观测值不存在空间自相关，显著性水平可以由标准化Z值的p值来确定。如果p值小于给定的显著性水平（一般取值为0.05），则拒绝原假设，从而认定房价存在空间自相关。当Z值为正且显著时，表明房价存在正的空间自相关，即相似的观测值趋于空间聚集。

在实证检验中，我们除了检验所有325个城市外，还将所有城市按照我国东、中、西部的划分方法做了区域差异分析。表4−2显示了我国整体和区域的房价的Moran's指数。结果显示，就整体而言，我国存在显著的房价空间相关性。在区域比较中，东、中、西部城市的房价均通过5%的显著性水平检验，表明我国东、中、西部区域城市房价是高度显著空间相关的。在中国这样一个处于转型的发展中大国，户籍制度以及附着于户籍制度的各种壁垒严格限制城乡之间和城市间的劳动力流动，使得各个城市形成了分割的劳动力市场。但是自从20世纪80年代以来，城市化进程加快，户口对劳动力转移的约束已经较小，并且随着城市土地市场的发展和城镇住房制度改革的推进，以及城市间劳动力和资本流动的顺畅和交通条件等基础设施的改善，城市住房市场的自由度也得到明显提高。城市间房地产价格的相互影响更加凸显。

表4−2　　　　　我国城市房价和收入的Moran's指数

变量	I	E(I)	SD(I)	Z	p
所有城市房价	0.307	− 0.004	0.002	15.786	0.000
东部城市房价	0.277	− 0.011	0.049	5.833	0.000
中部城市房价	0.133	− 0.011	0.038	3.745	0.000
西部城市房价	0.065	− 0.013	0.044	1.778	0.038

（四）房租滞后于房价上涨，存在城市房价租金"剪刀差"

住房的租赁价格也是房价的一种表现。观察中国城市房价、房租的走势，房租并未随着房价的大幅上涨而上涨，出现了城市房价租金"剪刀差"。

第一，房租的涨幅明显滞后于房价涨幅，甚至在短期出现背离现象。根据国家统计局公布的《35 个大中城市房屋价格指数》，以 1998 年为基期，绘制房地产销售价格和租赁价格定基指数曲线（见图 4-2），由此可以观察中国 35 个大中城市房地产销售价格与租赁价格走势及房价租金比的变化。如图 4-2 所示，2003 年之前，中国 35 个大中城市房地产销售价格及租赁价格走势基本上是一致的，但是，2003 年以来，相对于租赁价格的走势，房地产销售价格呈现出明显的上涨趋势，表明房价租金比呈现出不断扩大的趋势，形成房价租金"剪刀差"。由于房租的涨幅明显落后于房价的涨幅，导致房价租金比越来越高。这是大城市存在房价泡沫的显著证据。现实中我国城市房价和房租波动的方向基本一致，而波动的幅度差异较大，房价上涨的幅度明显大于房租，导致城市房价租金"剪刀差"（高波、洪涛，2008）。

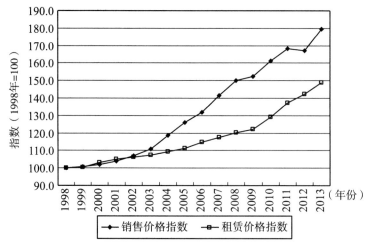

图 4-2 中国城市房价租金"剪刀差"

资料来源：中华人民共和国国家统计局，http：//www.stats.gov.cn/。

第二，住房空置率高与房租上涨并存。这也是一个比较独特的现象。尽管到目前为止，我国尚没有任何一个城市公布关于住房空置的数据，但普遍认为存在较大规模的空置房。而以往的理论和国外的经验研究基本上确认了住房空置率与房租的负相关关系。根据惠顿和托尔托（Wheaton and Torto，1988）的研究，住房空置率和租金的变化相互关联，时间序列数据的实证研究表明每超过自然空置率1%，房租降低2%。如果我国的实际住房空置率真的如公众所猜测的那么高，房租又为何一再上涨呢？而且这种现象不仅仅在大陆住房市场存在，根据台湾学者彭建文等人（2004）的研究，台湾同样存在着住房空置率居高不下和房租上涨并存的现象。

第三，房租短期调整频繁，存在明显季节性波动。根据有关统计资料，我国绝大多数住房租赁合同的租期通常为6~12个月。中国人民银行对天津和福州的调查表明，天津市住房租赁合同的租期为1年的达到95.8%，福州市63.8%的住房租赁合同租期为12个月，27.6%的合同租期为6个月。由于租期短，这意味着房租在短期内必然会频繁调整。由于就业变动和人口流动的缘故，每年的3月份和7月份城市务工人员返城和大学生新就业，房租存在明显的季节上涨压力。

第四，政府较少对房租波动进行干预。我国在《城市房地产管理法》中规定"住宅用房的租赁，应当执行国家和房屋所在城市人民政府规定的租赁政策"（第54条），但实践中主要采取合同自由原则，除规定租期不得超过20年外，允许当事人任意决定合同的内容（《合同法》第13章），所以我国城市政府较少对房租进行干预。在《商品房租赁管理办法》也只是重申了多年来存在的"房屋租赁合同期限内，出租人不得单方面随意提高租金水平"。由于我国城市公共租赁房市场规模较小，对住房租赁市场的房租水平影响不大。我国住房租赁市场的自由化程度是欧美很多国家无法比拟的。

第二节　城市房价生成的制度环境分析

中国城市房价的决定因素复杂，房价水平及其波动与中国城市住房制度所嵌入的社会经济文化环境相联系。而中国城市住房制度所嵌入的社会经济文化环境大致：内卷化的历史与"有土斯有财"的民族心理，新中国成立后长期对房地产市场的压制，二元土地制度和城乡分治、长期存在的城乡和区域发展不平衡、大量人口向东部集中，收入和财富分配的不合理、要素价格扭曲带来的"低价工业化"和"高价城市化"，货币超发带来的流动性过剩以及强烈的通胀预期，腐败现象的蔓延、"为增长而竞争"的地方政府行为和公共治理的欠缺。这些历史、社会、经济和政治的短期和长期的多重约束交织，不可回避且无法回避。

一、"有土斯有财"的民族心理,造成对土地和住房的特殊偏好

在传统人地关系高度紧张制约下,中国的农业生产通过大量投入乃至过度投入劳动力形成土地生产率和劳动生产率的不对称。反映在民族的心理上是对土地及其附着物的特殊偏好。这种偏好一旦形成很难改变,已经成为我们民族传统文化的一个组成部分。南加州大学的彭特等人(Gary Painter,2004)的研究发现,美国的华裔居民住房自有率平均而言比白人要高 18 个百分点,除文化因素(华人传统)外找不到其他更合理的解释。辅仁大学的鲁慧中和陈明贤(2006)对中国台湾高住房自有率的研究认为无法仅仅从经济因素上解释台湾的住房自有率,两位作者将文化规范纳入到租买选择模型,结果发现越是教育程度低的居民越是秉承"一定要拥有住房"的文化规范,并显著地影响了租买选择。

二、收入和财富分配的恶化

西南财经大学 2012 年 5 月发布的《中国家庭金融调查报告》显示,中国城市家庭的平均收入为 70 876 元,而中位数收入却只有 28 800 元,收入分布严重右偏,代表收入分配差距严重程度指标的基尼系数高达 0.61,城镇家庭内部达到 0.56[①]。上述数据并没有反映住房市场上支付能力的真实差距。这里至少存在三个明显的缺陷。一是忽略了灰色收入的影响。根据王小鲁(2010,2013)的研究,2008 年未反映到中国城镇居民统计中的"隐性收入"为 9.3 万亿元,其中"灰色收入"为 5.4 万亿元,即使经济普查也未能查到。这种灰色收入主要发生在高收入阶层。二是没有考虑到投资者的流动性。即一些城市住房的购买者并非仅仅是这些城市的原住民,还要包括那些住房投资者。这些投资者的收入和财富以及风险偏好和承受能力要远远高于普通城市居民,这一点在一些明星城市(super star cities)如北京、上海、杭州、三亚等地体现得非常明显。三是住房往往需要金融和信贷支持,而信贷的可获得性与力度不仅仅由流量收入决定,还要考虑到财产的存量。而财产差距的扩大远胜于收入差距。根据李实(2014)的研究,我国从 2002 年开始财产的差距超越了收入差距。全国财产分布的基尼系数从 2002 年的 0.54 上升到 2010 年的 0.76(城镇的财产分布的基尼系数从 2002 年

---

① 国家统计局公布的数据与此不符,长期研究收入分配问题的李实(2014)也质疑此数据的合理性,认为中国的基尼系数在 0.48~0.52 之间。不过,李实教授认为我国当前的收入差距已经属于世界上最不平等的 10% 国家之列。

的 0.45 上升到 2010 年的 0.66），10% 的人群占全社会财产 60% 以上。这已经大大超过了收入差距的基尼系数。

收入和财富差距的扩大如何影响住房市场呢？这里可能存在双向互动效应。一方面住房市场成为收入和财富差距的放大器，另一方面，收入和财富差距的扩大会助推住房市场的投资需求从而助长房价。戈利耶（Gollier，2001）的研究指出，人们变富后可因对风险承受能力的增强提高风险资产的配置比例，从而推高资产价格。姜尧民（2002）研究了中国台湾收入和财富的不平等状况与房价的关系，作者发现收入不平等程度上升与收入增长同时刺激了台湾房价。乔科等人（Gyourko，2006）的研究证实了在一些明星城市中，处于收入顶层的阶层收入上升将导致这些明星城市房价明显上升。陈彦斌和邱哲圣（2011）认为，富裕家庭的住房需求更多属于投资性需求，而普通家庭住房需求更多属于消费性需求，富裕家庭高涨的住房需求有可能会推高房价。

三、为增长而竞争的地方政府行为与"以地谋发展"的地方增长模式

在中国经济增长的实践中，地方政府官员对地区经济发展所表现出来的热情和动力在世界范围内可能是不多见的。一种观点认为，这种热情和动力可能与中国经济独特的组织形式有关，即相对于苏联的 U 型组织，中国则为一种类似于 M 型组织结构。在 U 型组织中，各个分支按照功能分工原则设计，其业绩无法比较。而 M 型组织的好处在于各自的业绩相对可分离，且各分支相对独立便于相互比较。因此，中国大大小小的地方官员们就类似于一个 M 型公司的中层经理。这些"中层经理"们对经济发展的热情和动力主要有两个动力源：一种是地方官员作为"经济人"的特征，财政分权改革赋予了地方政府相当大的财政支配权，财政激励构成了地方政府官员推动区域经济增长的重要动力源。另一种是各级地方政府官员作为"政治人"的特征，中央政府通过人事权激励地方官员去促进区域经济发展，晋升激励成为地方官员激励的主要动力源。在晋升激励中，各个地方官员与公司部门经理的重要差别在于，前者处于全国统一的政治劳动力市场中，只有一个雇主——中央政府。一旦离开这个政治市场，就无法再寻找其他政治机会。也就是说，各级地方官员的外部选择机会是非常有限的，这与一个公司的经理所面临的外部选择机会有天壤之别。一旦进入这个统一的政治劳动力市场，地方官员就面临着"锁定效应"，不得不以最大的努力寻求晋升机会。

无论是将各个地方官员视为"经济人"还是"政治人"，地方政府对本地区经济增长的渴望是显而易见的。在财政分权和官员任期考核制下，这必然导致各

107

个地方在经济增长的锦标赛中出现"投资饥渴症",希望在中央对地方的相对绩效考核中胜出以获得更大的政治晋升空间,并获得更多的剩余(财政收入)支配权。但问题在于,分税制改革后地方可支配财力的相对缩减,地方政府追求经济的发展需要大量的资源投入和软硬环境的改造,而竞争性资本的进入依赖于地方政府招商引资的优惠条件。

进入 21 世纪以后,中国城市化进程大大加快。面对城市建设的巨额资本需求,土地资本化起了非常重要的作用。2000 年以后,中国土地使用制度改革进一步深化,尤其是 2002 年以后对经营性用地强制执行"招拍挂"制度,加快实现土地从资源、资产到资本形态的转换,将土地的功能从传统的生产和生活功能,拓展到资本功能,带来巨大的乘数效应。一方面,土地的资本化,使地方政府财政能够获取土地增值的最大化收益,并以最大化的土地出让收入充实城市建设资金,以商住用地出让价格最大化来实现城市政府资金的平衡。另一方面,通过建立政府融资平台,以政府财政信用为担保,以土地为主要抵押品,换取银行资金,加大对城市基础设施建设投资。土地制度改革所释放的土地红利,为经济建设提供了巨额土地增值收益,促进了城镇化的快速发展。土地在扮演举足轻重角色的同时,它也成为中国传统增长模式的重要组成部分,土地的宽供应和高耗费保证了高投资;压低地价的低成本供地保障了高出口;以低价土地的招商引资推进了高速工业化;土地出让收入和土地抵押融资助推了快速城镇化。由此形成独特的"以地谋发展"模式。

在以土地谋发展的地区经济发展模式中,不同类型的土地并非以统一的价格出让。尽管土地出让收入被划归地方财政收入,但在各地的招商引资的激烈竞争中,地方政府的各种工业用地的出让收入如果刨除掉"五通一平"或"七通一平"的成本后,可以说是赔本赚吆喝。以杭州为例,根据中国城市地价动态监测系统提供的数据,杭州市 2016 年平均地价高达 12 997 元/平方米,其中商业用地、居住用地和工业用地价格分别为 17 366 元/平方米、18 828 元/平方米和 864元/平方米,商业用地、居住用地和工业用地价格相差超过 20 倍。不仅杭州如此,全国大同小异,我们可以从表 4-3 中看得一清二楚。

表 4-3　　　　　　　全国城市土地交易价格及其变动　　　单位：元/平方米

年份 地价	2008	2009	2010	2011	2012	2013	2014	2015	2016
35 城市平均地价	3 239	3 447	4 521	4 475	4 963	5 604	6 427	6 898	8 004
居住用地	4 625	4 954	5 695	5 721	6 416	7 359	8 715	9 492	11 200

年份 地价	2008	2009	2010	2011	2012	2013	2014	2015	2016
商业、旅游、娱乐用地	5 118	5 484	7 852	8 313	9 086	10 060	11 392	11 932	13 189
工业、仓储用地	732	749	666	699	734	766	843	865	901

资料来源：中国城市地价动态监测网，http：//www. landvalue. com. cn。

从表 4－3 中看到，就全国而言，居住用地和商业用地的出让价格远超过工业仓储用地。所以，严格来说，中国地方政府的土地财政或"第二财政"几乎完全表现为居住用地和商业用地的出让收入。尽管国土资源部颁布的《招标挂牌拍卖出让国有土地使用权规定》确立了市场对国有土地使用权的配置功能，但在我国建设用地出让中，真正做到市场化出让方式的其实只有居住和商业用地。据统计，政府以公共利益名义划拨供应的道路、绿化、科教文卫用地等，约占整个城市建设用地的 50%；约 25% ～30% 协议出让的工业用地，低于成本价、甚至"零地价"供应，政府在其中是难以获得什么收益的；只有通过"招拍挂"出让的用于商业、娱乐、旅游、商品住宅等经营性用地才能带来当期收益，在各地，真正通过"招拍挂"出让的土地只占 15% ～20% 左右。一种说法是，地方政府其实是采用了一种巧妙的交叉补贴制度，即抬高商业和居住用地的出让价格来补贴入不敷出的工业用地出让价格，以在各种招商引资的竞争中胜出并促进地方经济增长。更严重的是，如果工业地价低于其实际价值，必然导致对工业建设用地的需求膨胀，从而加剧城市居住用地的紧张状态。城市空间扩张的速度远高于包含常住人口在内的城市人口扩张速度，造成城市建成区的平均密度不高，而城市居民区的人口密度畸高（党国英，2012）。有关调查结果表明，我国城市的工业用地面积占比过高，一般在 25% 以上，有些甚至超过 35%，远高于国外 15% 的水平。例如，北京的工业用地效率仅相当于东京历年平均水平的 5% 左右，每公顷工业用地的从业人员数只相当于东京历年平均水平的 12% 左右。[1]

刘守英（2012）曾经将这种"以地谋发展"背后的制度支柱归结为我国建立的一套独特的土地产权制度和管理制度—权利二元、政府垄断、非市场配置和管经合一。权利二元表现为农村土地属于农民集体所有，农民集体拥有农地农用时的土地使用权、收益权和转让权，在农地转为非农用时，农民的土地权利在获得原用途的倍数补偿后即告丧失。城市土地属于国有，地方政府享有建设用地的

---

[1] 唐敏，中国"最严格节约用地"推进城镇化潜力巨大，http：//politics. people. com. cn/n/2012/1008/c1001－19190061－1. html。

处置权、出让权和收益权。政府垄断表现为地方政府成为农地转为建设用地的唯一合法管道，一手从农民手中征地，另一手将转到自己名下的建设用地独家出让。非市场配置主要表现为耕地占用实行审批制度，地方建设用地实行指标控制，建设用地的划拨和协议出让仍占相当比重，政府深深介入和控制经营性用地的出让和定价。管经合一是指地方政府既是土地的管理者，又是土地的经营者。在这套土地权利结构中，强制、低价的征地制度和政府垄断下的国有土地有偿使用制度是两项最核心的制度安排。在此情境下，处于横向竞争中的地方政府的纳什均衡（也是上策均衡）必然是走向依赖土地出让或抵押缓解乃至彻底解决地方财政约束，并以此来促进地区经济增长，最终在相对绩效考核中胜出。

一些学者曾将这种以地谋发展的模式归结为分税制。认为分税制后中央上收财权下放事权，导致地方政府财政紧张不得不依靠土地出让。让我们做一个反事实推论，即如果不实施分税制，给定地方政府间竞争和地方政府控制土地的局面，今天的情况会有所不同吗？答案是不会有什么改变。因此，维持商品房的高价格进而维持商品住宅用地的高价格成为地方政府的生命线。在此过程中，中央政府的关于房价的调控很容易受到地方政府的抵制。

四、腐败和公共治理机制的缺失

住房市场本身是一个受管制最多的市场（中外皆然），如果公共治理失范，住房市场及其相关领域很容易成为腐败的重灾区。各地城市土地管理和规划部门成为腐败的高发区就是一个明证。腐败和公共治理机制的缺失对住房市场的影响主要表现在两个方面，一是直接增加了住房建设中的各种成本。二是对民生呼吁的淡漠导致公共资源偏离民生支出。当前我国公共治理的压力型体制主要压力仅仅来自于上层政府，而不是来自于辖区居民。在地区间"为增长而竞争"时，公共资源会更多地用于见效快或体现政绩的项目。新加坡国立大学的邓永恒教授等（2013）的研究表明，如果市委书记和市长投资用于水、空气治理、环保等和环境建设相关的地方，在 283 个城市中，在这方面平均每多投资一个标准差，市委书记升迁的概率下降 8.5%，市长升迁的可能性下降 6.3%。

五、全球化的冲击

中国城市住房价格的波动不仅需要从历史的视角，还需要一个国际的视角。这种国际的视角主要指两个方面。一是要认识到房价的上涨是一种全球性现象，并非中国独此一家。实际上，中国的房价并非全球上涨最快的。从 1999 年至今，很多国家或地区同样经历了房价的大幅上涨。例如，我国台湾和香港地区，美国、英国、西班牙、爱尔兰等。图 4-3 是根据达拉斯联邦储备银行提供的数据绘制的美英日近 30 年房价的动态曲线（2005 年为基期 100）。图 4-4 中中国台湾地区房价数据来自于台湾房地产研究中心开发的国泰可能成交价指数（2010年为基期 100），中国香港地区房价数据来自于中原地产发布的香港城市房价指数（1997 年为 100）。除中国台湾和香港外，所选数据起止为 1980~2016 年。

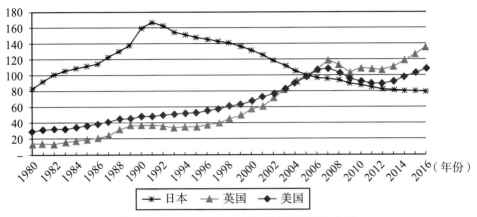

图 4-3 1980~2016 年美英日房价走势

资料来源：达拉斯联邦储备银行，https：//www. dallasfed. org/en/institute/houseprice. aspx。

注：2005 年为基期 100。

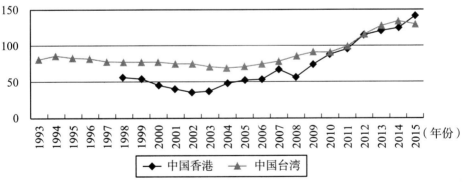

图 4-4 1993~2015 中国香港、台湾地区房价走势

资料来源：国泰可能成交价指数，http：//www. cathay-red. com. tw/about_house. asp#a105；中原地产香港城市房价指数，http：//hk. centanet. com/home/Index. aspx。

注：国泰可能成交价指数以 2010 年为基期 100；中原地产香港城市房价指数以 1997 年为基期 100。

从图 4-3 和图 4-4 可看出，1999 年以来，除日本延续房地产泡沫破灭后的下降走势外，我国台湾和香港地区、美国、英国的城市房价均呈上涨趋势。英国的房价指数，从 1980 年的 12.95 上涨到 2016 年 135.33，而同期的美国房价指数则从 29.62 涨至 108.5。中国香港地区从 1998 年的 55.86 涨至 2016 年的 141.78。上述房价数据为全国或地区数据。某些城市尤其是一些热点城市，房价的涨幅往往会大幅超过全国或地区的涨幅。如中国台湾房地产研究中心开发的国泰可能成交价指数（2010 年为基期 100）显示，中国台湾地区的房价指数从 2004 年的 70 快速上涨至 2015 年的 130.53，而同期台南市的房价指数则从 68.17 上涨至 146.55。

二是随着中国经济日益融入全球经济，中国的住房价格随之成为全球资产价格的重要组成部分。世界经济周期的变动强烈影响到我国出口导向的增长模式。如果中国的主要贸易伙伴欧盟和美日无法走出债务泥潭，其去杠杆的行为势必会影响到中国的出口，引发大面积的产能过剩危机。这从基本面的因素上势必会影响到中国的房价。另外，一些热点城市如北京、上海等地的房价会受到国际资本流动的强烈影响。2008 年全球金融危机后引发的全球资产价格崩溃也曾经引发国内众多城市住房价格波动。

第三节　中国城市房价波动的动力学：基本面因素分析

如前所述，从中国房价所嵌入的社会经济环境来说，本身隐藏着推动房价上涨的因素。从基本面来分析中国城市房价上涨的动力，主要涉及需求面和供给面的因素。就需求面而言，人口的城乡、性别和年龄结构变动，收入的上涨，金融支持构成了促使中国城市住房需求扩张引发房价上涨的三大因素。从供给面而言，成本的上升推动了房价的上涨。

一、人口流动和人口结构变动

在住房市场的运行过程中，人口因素扮演了很重要的角色。这里的人口因素涉及两个方面，一是人口的总量尤其是城市人口的总量，二是人口的结构，包括年龄和性别结构。人口的流动性的增加也会对住房需求产生积极的影响。

在静态的情形下，城市住宅租金由三部分组成：一是农用租金，即因为变成城市住房所损失的农地收入。二是建筑租金，即建筑成本。三是位置租金，即不同地段住房由于通勤成本差异产生的租金。在动态的情形下，随着人口的逐渐增加，城市外围逐渐扩充，对于农地租金和建筑租金来说，二者的变化是很轻微的，城市规模扩大主要改变的是位置租金，城市住宅租金将逐渐增加，从而提升所有地段的房价。所以，一个基本的结论是城市越大，房价越高；城市规模扩张得越迅速，房价增长得越快。从 1978 年到 2016 年，中国城镇人口从 1.72 亿增加到 7.93 亿。城市化水平的提高、城市规模的扩大，一些城市涌现出大量的新区，这对房价造成的压力是非常大的。

人口结构包括人口的年龄结构和人口的性别结构的变动对我国房价的波动和住宅投资产生重要影响。中国住房需求的主体主要为 25～35 岁的婚龄人口。我国三次出生高峰分别是 20 世纪 50 年代第 1 次出生高峰，1963～1973 年第 2 次出生高峰，20 世纪 80 年代后期第三次出生高峰。图 4-5 和图 4-6 分别是 1975 年和 2010 年我国人口年龄分布金字塔图，从图中可以看出我国人口年龄分布的演变。在 1975 年的人口年龄分布金字塔中，0～9 岁的人口是最多的。如果买房的主力人口集中在 25～35 岁，那么意味着这批人口将在 2000 年左右迎来买房的高峰期。而中国住宅需求的迅速增长也正是在 2000 年前后开始的，这并不是巧合。除了人口的年龄结构外，人口的性别结构也是一个切入的视角。魏尚进和张晓波对中国的高储蓄率提出了一个新的解释，视角是从中国的性别失衡入手（Shang-jin Wei，Xiaobo Zhang，2011）。他们认为，中国重男轻女的生育倾向导致现在中国的人口性别比例失衡，在婚恋市场上，就会出现男方竞争性储蓄，从而提高了中国的储蓄率，一个附带的后果就是住房市场的火热和房价的高涨，从而增加了我国的住宅需求。

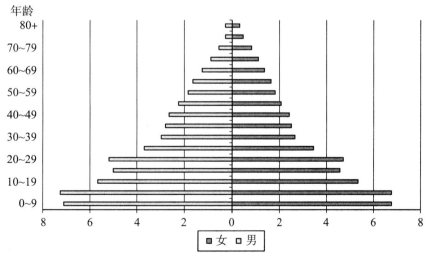

图 4-5　我国 1975 年人口金字塔图

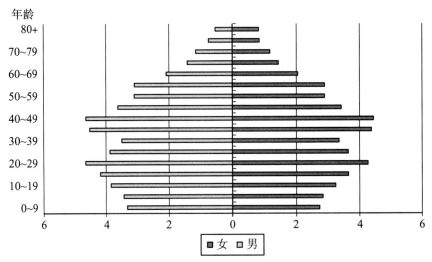

图 4 - 6　我国 2010 年人口金字塔图

资料来源：联合国人口统计署。

那么为什么中国年轻人急于买房，而不是租房？有统计资料表明，北京年轻人首次购房的年龄平均为 27 岁。根据中国青年报社会调查中心通过对 19 869 人（其中 37.3% 的人住在北京、上海、广州等一线城市）进行的一项调查显示，中国年轻人急于买房的首要原因是"结婚的需要"，也有 50.2% 的人认为是"住房保障体系不到位，缺乏安全感"，而第三个原因是"租房价格贵，居住条件不稳定"①。其实，还有一个重要的原因在于租房人（绝大多数是年轻人）的权益（经济、社会等权利）都没有什么保障，没有自己产权的房子，生育、就业、小孩入学、社保都面临着各种障碍。如果考虑到这些因素，这就等于增加了拥有一套自己产权的房子的好处，实际上又在无形之中降低了住宅的持有成本（owner cost）。

二、经济增长及居民收入增长的速度和水平

收入的高速增长和对未来收入继续保持增长的预期是推动我国房地产需求高速增长的重要因素。收入的高速增长一方面增加了居民的可支付能力，从而直接推动了房地产需求。另一方面，收入的高速增长必然会推动房价上升，房价的上升刺激了房地产投资建设的加速。从 1987～2016 年，中国城镇居民的人均可支

① 北京首次购房人群平均年龄仅 27 岁，为全球最低。http://business.sohu.com/20130122/n364424749. shtml.

配收入（名义值）从 901 元上升到 33 616 元，按照 CPI 折算成实际值，平均增长速度为 7.6%，尽管这个增速低于同期总产出的增速，但仍然是相当可观的。这意味着平均不到 10 年，城镇居民的家庭实际收入翻一倍。这种收入的高速增长必然会推动住宅需求的增加。而且，如果一个经济体长期保持高于 7% 的人均收入增速，这种收入增速必然会形成一个对未来收入长期增长的美好预期。对住宅这种商品来说，影响住房需求的收入往往并不是根据消费者的即期收入决定，它还取决于消费者的以往的财富积累和对未来的收入增长预期。如果一个家庭预期到未来的收入能继续保持高速增长，完全可以超越当前家庭的可支配收入购买某种商品。因此，人们往往看到一些家庭购买住宅似乎超过了他当前的支付能力，这是因为人们忽视了他的收入增长水平。如果在 t 年购买住宅，采用固定利率还款，则 t + 10 年的还款压力就会降低到 10 年前的一半。正因为如此，用所谓的 3 ~ 6 倍收入来支撑合理的房价并没有什么道理。所以，人们真正应该关心的是未来 10 年人均收入是否仍然可以保持在 7% 的增长纪录。而从种种迹象上来看，我国当前已经进入增长减速期（骆祖春、赵奉军，2014）。

从空间均衡的视角来看，在同一时期，不同城市的房价差距会远高于收入差距。也就是说，收入更高的城市可能会有更高的房价收入比。

三、金融支持力度

以一个敏感性分析来讨论金融支持何以会推高房价。假定消费者收入不上涨，每个月收入 10 000 元，可用于住房消费的金额为 5 000 元。购买一套房价为 60 万元的住房，如果没有信贷支持，消费者必须自己积累 10 年后才能买房。如果有信贷支持，他可以立即贷款 60 万元获得住房，20 年期贷款利率为 6%，他每个月只需要支付 4 298 元。如果利率降低为 5%，他每个月只需要支付 3 959 元。即使利率不降低，如果延长贷款期限至 30 年，月付会降低到 3 597 元。可见，按揭的引入和利率的降低或贷款期限的延长，立即出现或放大了住房需求。在其他条件不变的情形下，势必会带来房价上涨的压力。在经验研究方面，国内的学者如周京奎（2006）将中国城市房价上涨的主要原因归结为信贷支持过度。贾生华等（2016）则认为影子银行规模的上升，扩大了社会信贷供给，促进了房价的上涨及房地产投资额的扩大。

1991 年，国务院发布《关于继续积极稳妥地进行城镇住房制度改革的通知》首次提出发展住房金融业务，开展个人购房建房储蓄和贷款业务，实行抵押信贷购房制度，从存贷利率和还款期限等方面鼓励职工个人购房和参加有组织的建房。1992 年建设银行和工商银行设立房地产信贷部，开始经办商业性住房抵押贷款业务。为规范和促进商业银行开展房地产信贷业务，1995 年中国人民银行制定了《商业银行自营性住房贷款管理暂行办法》，1997 年又出台了《个人担保住房贷款管理办法》，初步形成银行个人购房融资活动的制度框架。1998 年 4 月 7 日，中国人民银行出台了《关于加大住房信贷投入，支持住房建设与消费的通知》（169 号），1998 年 5 月 15 日，中国人民银行颁布施行《个人住房贷款管理办法》，实行积极的住房信贷政策。1999 年，中国人民银行下发《关于鼓励消费贷款的若干意见》，将住房贷款与房价款比例从 70% 提高到 80%，鼓励商业银行提供全方位优质金融服务。同年 9 月，中国人民银行调整个人住房贷款的期限和利率，将个人住房贷款最长期限从 20 年延长到 30 年，将按法定利率减档执行的个人住房贷款利率进一步下调 10%，要求进一步放松信贷管制，支持个人住房消费和商品房投资开发。这些政策措施的实施，促进了商业银行个人购房融资业务的开展和住宅金融市场的成长。2008 年下半年，为发挥房地产扩大内需、改善民生的重要作用，国家及时出台相关政策，促进房地产市场健康发展。中国人民银行自 2008 年 9 月起五次下调贷款基准利率，并将商业性个人住房贷款利率的下限扩大为贷款基准利率的 0.7 倍；最低首付款比例调整为 20%。住房贷款利率连续下调大大减轻了居民住房按揭贷款利息负担。根据中国人民银行发布的数据显示，从 1998 年到 2014 年，中国个人购房贷款余额从 426 亿元增加到 11.5 万亿元，增长了 269 倍。

四、住房成本的变动

尽管人口结构的变动、收入的增长和金融支持带来住房需求的增加会推动房价上涨，但如果供给能够迅速跟上，价格也可能保持稳定。供给曲线的移动主要是成本的变化和技术进步。由于市场供给曲线是所有厂商的供给水平加总而成，如果有更多的厂商加入，供给也会增加。一些耐用消费品尽管人工成本在持续上升，但技术进步使得劳动生产率的大幅上升因而能抵消人工成本的增加。对住房的供给来说，与一般商品不一样的地方在于，住房的成本中，土地成本占据了较大的部分。一线城市或者城市的核心地段，土地成本在总成本中占据的比例高。房价实际上是一组商品和服务的价格。建筑成本和土地成本只是有形成本。根据《中国统计年鉴》提供的数据，从 1998 ~ 2014 年，我国房屋的建筑成本从 1 218 元/平方米上升到 2 816 元/平方米。而城市基础设施和公共服务投入的增加这些无形成本带来的居住服务的改善最终也会体现在房价中，这往往是大众在谈论房价时忽视的。

第四节 行政管制、政策调控与房价

一、容积率管制与房价

从供给上来看，政府采取的一些政策实际上加剧了供给的紧张。一种流行的观点认为，我国土地稀缺，尤其是用于住宅建设的土地稀缺。但这种局面的形成在很大程度上是人为造成的。从容积率这个指标来看，在世界范围内，我国城市普遍较低。北京住宅用地的容积率限制在 2.8 以下，上海在 2.5 以下。而在香港这个指标可以达到 10，纽约甚至可以达到 12。根据中国国际金融公司 2010 年的报告，我国新建商品房的平均容积率为 1.36，其中一线城市为 1.76，二线城市为 1.53，三线城市为 1.27，四线城市为 1.17。而同期香港为 4.5，新加坡为 3.82，首尔为 2.5，东京为 2.2。

从住房供应量的增加途径来看，无非是三种途径：一是随着城市的扩大，将农村集体土地转化为国有土地，用来建设住宅。二是通过拆迁或城市用地结构的调整增加住宅用地。三是调整住宅建设的关键指标例如建筑密度和容积率等。按照前述中金公司的报告列出的数据，日本城市用地中，76% 是居住用地；纽约居住用地占建设用地的比重为 42.2%，首尔为 62.5%，伦敦为 46.7%，而在我国城市中，这个指标为 30%。有数据表明，从 2006～2012 年，住宅用地和商业服务用地只占我国建设用地的 32.5%，如果只算住宅用地，则仅占建设用地的 22%（邵挺，2013）。根据各地公布的用地计划，北京 2016 年国有建设用地规划为 4 100 公顷，其中住宅用地为 1 200 公顷，包括保障性安居工程 350 公顷，商品住宅 850 公顷，住宅用地仅占总供地规模的 29.3%。上海市 2016 年供地计划只列出了住房用地供应总量为 800 公顷，这一数字低于 2013 年的 1 000 公顷，但高于 2014 年、2015 年的计划供应量。广州 2016 年计划供应建设用地 1 730 公顷，其中商品房用地为 330 公顷，保障房用地为 152 公顷，住宅用地约占总供地规模的 27.9%。深圳 2016 年计划供应建设用地 1 350 公顷，其中居住用地为 48 公顷，居住用地仅占总供地规划的 9.3%。杭州 2016 年计划供应建设用地 1 414.5 公顷，其中商品房用地为 132 公顷，保障房用地为 158 公顷，住宅用地规划仅占总供地规划的 20.53%。南京 2016 年市区建设用地计划供应 3 000 公顷，其中房地产开发用地 700 公顷（商品住宅用地 500 公顷，商办用地 200 公

117

顷），占供地规模的 23.33%。

因此，在容积率和土地利用结构制约下，一二线城市的住房供应很难满足大量新增人口的需要。中国城市化发展模式一直以来的争论是大城市优先还是发展小城镇。在理论上双方僵持不下，但现实是劳动力仍涌向大城市。这是因为我国政府主导的市场经济模式下，事实上存在的按照城市等级和行政权力来配置各种资源。中心城市、省会城市，其人均资本投入量，人均公共服务的数量和质量越高。这必然会吸引劳动力和人口往中心城市和省会城市积聚。陆铭等人（2012）的研究表明，城市规模每扩大 1%，个人的就业概率平均提高 0.039 ~ 0.041 个百分点（各种社会问题往往与就业有关），低技能组别劳动力的受益程度最高。美国新城市主义的代表人物格莱泽（Glaeser, 2010）在论述纽约的房价为什么这么贵时，将政府各种管制政策造成的住房供给受限列为根本原因。

二、行政限购与房价

2011 年以来，政府对房地产市场的管制更加严厉，有 46 个城市实施住房限购政策。我们采用双重差分模型，利用《中国区域经济统计年鉴》的数据，对住房限购的影响进行实证分析。如表 4-4 和表 4-5 所示，当因变量为房价的水平值时，衡量限购效果的 $dumy_1 \times dumy_2$ 的系数虽然为负值，但根本不显著；当因变量为房价的增长率时，$dumy_1 \times dumy_2$ 的系数显著为负。这表明以限购为表征的行政性管制政策充其量只是降低了房价的增长率，并没有降低房价的水平值。

表 4-4　　　双重差分模型估计结果（因变量为房价的水平值）

	（1）	（2）	（3）	（4）	（5）	（6）
$dumy_1$	0.162 *** (0.0250)	0.0225 (0.0214)	0.0226 (0.0211)	0.0162 (0.0223)	0.0211 (0.0227)	0.0251 (0.0227)
$dumy_2$	0.955 *** (0.0745)	0.595 *** (0.0594)	0.576 *** (0.0628)	0.5818 *** (0.0652)	0.585 *** (0.0606)	0.5624 *** (0.0648)
$dumy_1 \times dumy_2$	− 0.112 (0.0995)	− 0.114 (0.0716)	− 0.113 (0.0736)	− 0.1187 (0.0747)	− 0.117 (0.0717)	− 0.1158 (0.0729)
人均可支配收入		1.039 *** (0.0560)	1.030 *** (0.0561)	1.0257 *** (0.0571)	0.990 *** (0.0680)	0.9532 *** (0.069)

	（1）	（2）	（3）	（4）	（5）	（6）
户籍人口			0.0454 ** (0.0170)			0.0380 * (0.02)
常住人口				0.0328 * (0.0194)		
流动人口					0.125 * (0.0757)	0.1892 ** (0.08)
c	7.893 * (0.0183)	−2.145 *** (0.541)	−2.314 *** (0.553)	7.439 *** (0.119)	−1.645 * (0.660)	−1.5062 ** (0.6586)
N	640	640	639	582	581	581
R^2	0.504	0.696	0.702	0.531	0.711	0.71

注：c 为截距项，括号中为估计系数的标准差。*** 、 ** 、 * 分别表示通过 1% 、5% 、10% 的显著水平检验。所有估计结果皆采用稳健性回归。

表 4 – 5　　　　双重差分回归结果（因变量为房价增长率）

	（7）	（8）	（9）
$dumy_1$	−0.163 (2.134)	−0.163 (2.064)	−0.712 (2.065)
$dumy_2$	11.21 ** (3.981)	11.21 * (5.820)	11.30 * (5.829)
$dumy_1 \times dumy_2$	−23.44 *** (5.630)	−23.44 *** (6.468)	−23.58 *** (6.458)
收入增长率			0.193 ** (0.0814)
c	19.22 *** (1.509)	19.22 *** (1.647)	16.97 *** (2.016)
N	640	640	640
R^2	0.031	0.031	0.034

注：c 为截距项，括号中为估计系数的标准差。*** 、 ** 、 * 分别表示通过 1% 、5% 、10% 的显著水平检验。所有估计结果皆采用稳健性回归。

第五节 城市房价的决定因素及政策影响：
一个综合的实证分析

一、模型设定

住房的需求包括投资性需求和消费性需求。投资性需求主要取决于投资者对未来房价的走势预期，若预期乐观，则当期需求增加，反之，则下降；相比之下，消费性需求则主要受当期房价的影响，二者表现为单调的递减关系。除此之外，房地产的消费性需求还与人均可支配收入、城镇化、失业人数等基本面因素相关。据此，房地产需求函数表达式为：

$$\ln D_{it} = \alpha_0 + \alpha_1 \ln Y_{it} + \alpha_2 \ln UR_{it} + \alpha_3 \ln UM_{it} + \alpha_4 \ln P_{it} + \alpha_5 \ln P^e_{i,t+1} \tag{4.1}$$

（4.1）式中，D_{it} 表示 i 地区 t 期房地产总需求；Y_{it} 表示 i 地区 t 期居民的人均可支配收入；UR_{it} 表示 i 地区 t 期城镇化率；UM_{it} 表示 i 地区 t 期的人数；P_{it} 表示 i 地区 t 期的住房价格；$P^e_{i,t+1}$ 表示 i 地区在 t 期对 $t+1$ 期住房预期价格。其中，$\alpha_1 > 0$，表示需求收入弹性；$\alpha_2 > 0$，表示城镇化对需求作用力；$\alpha_3 < 0$，表示失业对需求的作用力；$\alpha_4 < 0$，表示需求价格弹性；$\alpha_5 > 0$，表示投机对需求的作用力。

下面就住房需求者对未来住房价格的预期 $P^e_{i,t+1}$ 作进一步说明。根据上述假设，住房需求者为适应性预期。具体的表达式为：$\ln P^e_{i,t+1} = \lambda_1 \ln P_{it}$，$\ln P^e_{it} = \lambda_2 \ln P_{i,t-1}$。式中，$\lambda_1$、$\lambda_2$ 为适应性预期的系数，综合考虑到投资者和消费者两个需求群体的收益决策，令 $\lambda > 1$，否则投机者或消费者放弃购买行为。

住房的总供给是前期供给存量和当期新增供给量的和。由于房地产开发具有滞后性，当期住房开发往往会延续到下期才会产生实际住房供给。这就意味着 t 期的新增住房供给不仅取决于 $t-1$ 期的房价，还与开发商在 $t-1$ 期对 t 期房价预测相关。若预测未来房价走高，则会增加供给，反之，则减少供给。政府房地产调控是影响住房供给的重要变量，它不仅能直接干预新增住房供给，也可以通过影响房地产开发商未来房价预期间接影响住房供给。假定开发商对未来住房价格的预期为理性预期，暂不考虑房地产调控对理性预期影响。

$$\ln S_{it} = (1 - \delta) \ \ln S_{i, t-1} + \Delta \ln S_{it}^{①} \qquad (4.2)$$

$$\Delta \ln S_{it} = \beta_0 + \beta_1 \ln P_{it}^e + \beta_2 \ln P_{i, t-1} + \beta_3 \ln C_{i, t-1} + f(X_{it}) \qquad (4.3)$$

（4.2）式和（4.3）式中，S_{it} 表示 i 地区 t 期的住房供给，δ 表示折旧率，$\Delta \ln S_{it}$ 表示 i 地区 t 期新增住房供给，P_{it}^e 为 i 地区开发商在 $t-1$ 对 t 期住房价格的预期，依据理性预期假设，$\ln P_{it}^e = E_{t-1} \ln P_{it}$。根据加利和格特勒（Gali & Gertler, 2000）的定义，$E_{t-1} P_{it}^e = \ln P_{it} - \varepsilon_{it}$，其中 $\varepsilon_{i, t}$ 是独立同分布的（均值为 0，方差为 σ^2）白噪声。$C_{i, t-1}$ 表示 i 地区 $t-1$ 期的住房开发成本；明显可以发现，$\beta_1 > 0$，$\beta_2 > 0$，$\beta_3 < 0$。$f(X_{it})$ 表示政府政策调控对新增住房供给的影响，其中，$X_{it} = [fan, \ lan, \ sec]$ 是一组政策向量，主要包括货币政策（fan）、土地政策（lan）及住房保障政策（sec），$\dfrac{\mathrm{d} f(X)}{\mathrm{d} X}$ 的符号取决于不同调控政策以及其松紧程度。以货币政策为例，2004 年政府为抑制房价过热，上调存款准备金率，导致行业贷款规模紧缩，房地产开发商资金投入成本增加，资金周转压力加大，促使新增住房供给的减少；而在 2012 年上半年，央行连续两次下调银行存款准备金率，扩大银行可贷资金规模，房地产贷款利率优惠空间被打开，住房增量提升。土地政策亦是如此，2004 年政府通过严控农用地转为建设用地并压缩建设用地占农用地的指标以及严格土地"招拍挂"出让方式等紧缩性的土地政策，导致新增住房供给减少。而政府的扩大保障房供给的政策则明显有助于住房增量的提升。

房地产市场处于均衡时，则 $\ln S_{it} = \ln D_{it}$。由（4.1）式和（4.2）式可以得出：

$$\alpha_0 + \alpha_1 \ln Y_{it} + \alpha_2 \ln UR_{it} + \alpha_3 \ln UM_{it} + \alpha_4 \ln P_{it} + \alpha_5 \ln P_{i, t+1}^e =$$

$$(1 - \delta) \ln S_{i, t-1} + \beta_0 + \beta_1 \ln P_{it} - \beta_1 \varepsilon_{it} + \beta_2 \ln P_{i, t-1} + \beta_3 \ln C_{i, t-1} + f(X_{it}) \qquad (4.4)$$

由（4.4）式进行差分整理可得：

$$\Delta \ln P_{it} = \frac{\beta_2 \Delta \ln P_{i, t-1}}{\alpha_4 + \lambda \alpha_5 - \beta_1} + \frac{(1 - \delta) \Delta \ln S_{i, t-1}}{\alpha_4 + \lambda \alpha_5 - \beta_1} + \frac{-\alpha_1 \Delta \ln Y_{it}}{\alpha_4 + \lambda \alpha_5 - \beta_1} + \frac{-\alpha_2 \Delta \ln UR_{it}}{\alpha_4 + \lambda \alpha_5 - \beta_1}$$

$$+ \frac{-\alpha_5 \Delta \ln UM_{it}}{\alpha_4 + \lambda \alpha_5 - \beta_1} + \frac{\beta_5 \Delta \ln C_{i, t-1}}{\alpha_4 + \lambda \alpha_5 - \beta_1} + \frac{\Delta \ln f(X_{it})}{\alpha_4 + \lambda \alpha_5 - \beta_1} + \frac{-\alpha_5 \Delta \ln q_{it}}{\alpha_4 + \lambda \alpha_5 - \beta_1} + \frac{-\beta_1 \Delta \varepsilon_{it}}{\alpha_4 + \lambda \alpha_5 - \beta_1}$$

$$(4.5)$$

将（4.5）式进一步简化为：

$$\Delta \ln P_{it} = \rho_1 \ln P_{i, t-1} + \rho_2 \Delta \ln S_{i, t-1} + \rho_3 \Delta \ln Y_{it} + \rho_4 \Delta \ln UR_{it} + \rho_5 \Delta \ln UM_{it}$$

$$+ \rho_6 \Delta \ln C_{i, t-1} + \theta \Delta \ln f(X_{it}) + \varepsilon_{it} \qquad (4.6)$$

参照上文假设及相关变量的系数，$\alpha_1 > 0$，$\alpha_2 < 0$，$\alpha_3 < 0$，$\alpha_4 < 0$，$\alpha_5 > 0$，

---

① 鉴于住房空置率数据无法获取，在计算住房存量时暂不予以考虑。

$\lambda > 1$，$\beta_1 > 0$，$\beta_2 > 0$，$\beta_3 < 0$。我国的住房市场需求，消费性需求大于投机性需求，因此，$\alpha_4 + \lambda\alpha_5 < 0$，$\alpha_4 + \lambda\alpha_5 - \beta_1 < 0$。由此可以判断（4.6）式中，$\rho_1 < 0$，$\rho_2 < 0$，$\rho_3 > 0$，$\rho_4 > 0$，$\rho_5 < 0$，$\rho_6 > 0$；$\theta$ 表示政府政策调控对于房价影响。在我国，政府对于房地产市场的调控属于常态，调控的核心目标是"稳定商品住房价格"。若实际房价 P_{it} 偏离了合理的运行轨道[①]，政府将采取相应的政策工具进行调控，确保房地产市场的正常运行。当 $\Delta\ln P_{it}$ 增长速度过快时，政府的政策调控的目的是使得 $\Delta\ln P_{it} < 0$，即 $\theta < 0$；反之，$\Delta\ln P_{it}$ 增长速度过慢或者是负增长时，$\theta > 0$。

由此可以得出：在开发商为理性预期、购房者为适应性预期模型假设下，上一期住房价格增量的上升，引发当期住房供给增加，从而导致当期住房价格增量的下降；上一期住房存量的增加，增加了当期住房供给弹性，导致当期住房价格增量的下降；当期居民可支配收入水平的提升，增加了住房需求，拉升本期住房价格增量；当期城镇人口数量的增长，住房需求增加引起房源供给紧张，导致当期住房价格增量上涨；当期失业人数上升，导致住房购买能力下降，住房需求减少，当期住房价格增量下降；上一期住房供给成本上升，当期住房供给增量下降，住房价格增量上升；若实际住房价格增速过快时，政府政策调控对于房价的增长有抑制作用；反之，政府政策调控对房价的增长有正向作用。

我们重点考察预期和房地产政策调控对房价波动的影响，先不考虑非线性关系，由（4.6）式设定基本的线性模型如下：

$$\Delta\ln P_{it} = \rho_1 \ln P_{i,t-1} + \rho_2 \Delta\ln S_{i,t-1} + \rho_3 \Delta\ln Y_{it} + \rho_4 \Delta\ln UR_{it} + \rho_5 \Delta\ln UM_{it}$$
$$+ \rho_6 \Delta\ln C_{i,t-1} + \theta\Delta\ln X_{it} + \varepsilon_{it} \tag{4.7}$$

（4.7）式中，$\theta = [\theta_f, \theta_l, \theta_s]$ 对应着 $X_{it} = [fan, lan, sec]$ 系数，分别表示货币政策、土地政策及保障房政策对房价增长影响。模型中有滞后因变量问题和可能存在联立性、遗漏变量等内生性问题。其中，联立性主要表现在房价增量与房地产调控政策的互动影响，房价的大幅波动会促使政府调控政策的实施，相反，房地产的政策调控会影响房价波动。而遗漏变量主要表现在影响房价波动的因素，涉及诸多方面，如地理位置、城市规模、开放水平、风俗习惯等，这些变量在实际建模过程无法一一列举，有的甚至无法度量，这样，遗漏变量的影响统统纳入误差项中。一旦遗漏变量与其他解释变量存在一定相关性，则导致内生性，而 OLS 和 FE 等估计方法都无法回避这些问题，我们采用系统广义矩估计（System GMM）的动态面板数据模型进行实证分析以克服内生性。与差分 GMM 相比，系统 GMM 方法可以同时利用变量水平变化与差分变化的信息，估计结果

---

① 目前，学术界尚未就合理房价水平达成共识。实践中，各国就合理房价的判断尺度各异，经常采用经济总产出或可支配收入增速的一定倍数（介于 0 和 1 之间）作为度量合理房价增速的简单指标。

更为有效。

由上面的分析得出，房地产政策调控对房价增量的作用会随着实际住房价格增速快慢各异，即存在两种不同的区制。为检验住房价格不同增速政策调控对房价增量的影响，汉森（Hansen，1999，2000）提出适宜的门槛回归模型估计方法，无须设定非线性方程的形式，门槛值由模型内生决定，且依据渐近分布理论待估参数置信区间。将模型设定为"单门槛效应"，"多门槛效应"可在"单门槛效应"确定的基础上拓展而来。由（4.7）式构建的具体单门槛模型如下：

$$\Delta \ln P_{it} = \rho_1 \ln P_{i,t-1} + \rho_2 \Delta \ln S_{i,t-1} + \rho_3 \Delta \ln Y_{it} + \rho_4 \Delta \ln UR_{it} + \rho_5 \Delta \ln UM_{it}$$
$$+ \rho_6 \Delta \ln C_{i,t-1} + \theta_1 \Delta \ln X_{it} I(ph_{it} \leqslant \gamma) + \theta_2 \Delta \ln X_{it} I(ph_{it} > \gamma) + \varepsilon_{it}$$

$$(4.8)$$

（4.8）式中，ph_{it} 为门槛变量，代表房价增速水平，γ 为具体的房价增速门槛值，θ_1、θ_2 为不同门槛区间下的估计系数，$I(\cdot)$ 为指示函数，若括号内的条件满足，则 $I=1$，否则，$I=0$。同样，模型（4.8）没有考虑到处理内生性问题，特别是模型中含有被解释变量的滞后期。对此，坎塞和汉森（Cancer & Hansen，2004）在原门槛模型中加入广义矩估计（GMM）方法，使内生性问题得到处理。我们据此采用动态门槛面板回归模型进行分析。

二、变量选取和数据来源

（1）被解释变量（P_{it}）。选取城市商品房平均销售价格变化量（单位：元/平方米）作为被解释变量。

（2）解释变量。历年住房存量（S_{it}）的测度，参照王松涛（Wang，2010）研究，以2000年各城市居民住房总面积加上历年各个城市住宅竣工房屋面积（单位：万平方米）来衡量，其中，2000年各城市居民住房总面积＝城市人均住房建筑面积×城市非农人口。Y_{it}、UR_{it}、UM_{it} 分别用城市人均可支配收入（单位：元）、城市化率和城市登记失业人数（单位：万人）衡量。住房开发成本（C_{it}）主要是单位土地购置成本、单位土地开发投资和单位面积住宅竣工价值三者之间的函数，住房开发成本（C_{it}）＝（单位面积土地购置费用＋单位面积土地开发投资）×容积率＋单位面积房屋竣工价值①。我们采用5年及以上银行贷款利率反

---

① 单位面积土地购置费用来源于中国城市地价动态监测网发布的城市年度地价水平（元/平方米），单位面积土地开发投资（元/平方米）＝房地产土地开发投资额/房地产土地开发面积，单位面积房屋竣工价值（元/平方米）＝房屋竣工价值/房屋竣工面积，但鉴于土地开发投资额和面积数据（2010～2012年）缺失严重，在此暂不考虑单位面积土地开发投资。容积率参照朱英姿、许丹（2013）研究，将其设为固定值2。

映货币政策（fan_{it}），具体以 5 年及以上银行贷款的同期优惠利率或最低浮动利率为准。对于土地政策（lan_{it}）衡量，参照李永友（2014）研究，采用房产企业当年购置土地面积（单位：万平方米）表示。关于住房保障政策（sec_{it}）的测度，我们采用经济适用房投资额表示①。

（3）门槛变量。中央政策调控的目标是"稳定商品住房价格"，由此不同房价区制下房地产政策调控对房价增量影响可能不同。本书选取中国 35 个大中城市"房屋销售价格指数"（ph_{it}），考虑到"房屋销售价格指数"是同比（上年＝100）指数，我们将该指数减去 100 后得出的房屋销售价格增长率作为门槛变量。

（4）工具变量。在下面的线性和非线性特征的模型估计中，为尽可能克服政策调控对房价波动的内生性影响，选取工具变量法进行估计：一是参考许多文献惯用的做法选取滞后期工具变量；二是我们引入 35 个大中城市公共管理和社会组织从业人员数（gj_{it}）作为外部工具变量。地区拥有的公共管理和社会组织从业人员数一定程度上体现出该地区政府的服务和治理能力，城市拥有公共管理和社会组织从业人员数直接影响该城市政府房地产调控的广度、深度和强度进而影响房价，房价波动不会影响城市公共管理和社会组织从业人员数。

研究样本是我国 35 个大中城市，时间跨度为 2003～2012 年。文中变量取值根据历年《中国房地产统计年鉴》、《中国城市统计年鉴》、中国人民银行网站、国研网城市数据库、搜数网等相关统计数据整理而得。为剔除通货膨胀因素对文中价值型变量（P_{it}、Y_{it}、C_{it}、sec_{it}）影响，经各市 CPI（以 2001 年为基期）将其转化为实际变量。各城市 5 年期及以上银行名义贷款利率相同，无法体现货币政策的市别差异，我们同样用各市的 CPI 将其转化为实际利率。各变量的描述性统计如表 4-6 所示。

表 4-6   变量的描述性统计

变量	样本数	均值	标准差	最小值	最大值
$\Delta \ln P_{it}$	350	0.0888	0.1123	-0.4987	0.4531
$\Delta \ln Y_{it}$	350	0.0880	0.0346	-0.0254	0.2359
$\Delta \ln S_{i,t-1}$	350	0.0753	0.0345	0.0160	0.2748
$\Delta \ln UM_{it}$	350	0.0179	0.2239	-1.6177	1.2936
UR_{it}	350	0.6342	0.1331	0.3698	1.0000

---

① 鉴于《中国房地产统计年鉴（2005、2012、2013）》中经济适用房投资额统计数据缺失，我们进一步通过计算 2001～2010 年各城市经济适用房投资占当年住宅完成投资总额比重，发现各个城市间虽然差异较大，但同一城市不同年份这一比重维持在一个稳定区间，为此我们取区间均值并结合当年住宅完成投资总额，逆向估算 2004 年、2011 年及 2012 年各城市经济适用房投资额。

续表

变量	样本数	均值	标准差	最小值	最大值
$\Delta \ln C_{i,t-1}$	350	0.0647	0.2518	-0.8236	1.5105
$\Delta \ln lan_{it}$	350	-0.5738	1.7025	-7.6885	3.1001
fan_{it}	350	3.4633	1.9955	-2.4600	8.6400
$\Delta \ln sec_{it}$	350	0.0996	1.0355	-6.7775	7.3154
ph_{it}	350	0.0683	0.0567	-0.1264	0.6439

三、实证结果

我们采用动态面板系统 GMM 的估计方法对（4.7）式进行参数估计。回归结果见表 4-7，其中，除Ⅲ和Ⅵ为动态面板系统 GMM 估计模型外，其余为静态面板模型的估计。考虑到静态模型估计存在较大的误差，即便控制了个体和时间固定效应，也会导致估算结果有偏和非一致。但通常为检验模型稳健性，多运用混合 OLS 与固定效应等静态面板模型作为动态面板参数估计的考量。可以看出，模型Ⅲ和Ⅵ中，二阶序列相关 AR（2）检验均拒绝水平方程中误差项存在序列相关假设。Sargan test 检验结果表明，工具变量的过度识别问题不存在，工具变量选取有效。

表 4-7
 线性特征的参数估计结果

	（Ⅰ）	（Ⅱ）	（Ⅲ）	（Ⅳ）	（Ⅴ）	（Ⅵ）
	混合 OLS	FE	SYS-GMM	混合 OLS	FE	SYS-GMM
$\Delta \ln P_{i,t-1}$	-0.080	-0.123^{**}	-0.106^{**}	-0.107^{**}	-0.19^{***}	-0.100^{*}
	(-1.50)	(-2.18)	(-2.00)	(-2.01)	(-2.62)	(-1.89)
$\Delta \ln Y_{it}$	0.122	-0.051	0.032	-0.282	-0.473	-0.033
	(0.72)	(-0.26)	(0.20)	(-1.10)	(-1.60)	(-0.15)
$\Delta \ln S_{i,t-1}$	0.042	0.241	0.208	0.076	0.276	0.211
	(0.25)	(0.90)	(1.24)	(0.42)	(0.88)	(1.26)
$\Delta \ln UM_{it}$	-0.033	-0.031	-0.026			
	(-1.31)	(-1.18)	(-0.99)			
UR_{it}	0.065	0.397^{***}	0.060^{**}	-0.012	0.206	0.061^{**}
	(1.48)	(2.89)	(2.31)	(-0.26)	(1.27)	(2.34)

续表

	（Ⅰ）	（Ⅱ）	（Ⅲ）	（Ⅳ）	（Ⅴ）	（Ⅵ）
	混合 OLS	FE	SYS – GMM	混合 OLS	FE	SYS – GMM
$\Delta \ln C_{i,t-1}$	0.058 **	0.055 **	0.049 **	0.053 **	0.047 *	0.050 **
	（2.56）	（2.31）	（2.19）	（2.38）	（1.94）	（2.25）
$\Delta \ln lan_{it}$	0.014 ***	0.017 ***	0.016 ***	0.015 ***	0.018 ***	0.016 ***
	（4.08）	（4.72）	（4.85）	（4.63）	（4.84）	（4.84）
fan_{it}	0.012 ***	0.013 ***	0.016 ***	0.016 ***	0.015 ***	0.016 ***
	（4.11）	（4.13）	（5.24）	（5.07）	（4.69）	（5.31）
$\Delta \ln sec_{it}$	− 0.010 *	− 0.010 *	− 0.010 *	− 0.011 *	− 0.011 *	− 0.011 *
	（− 1.73）	（− 1.68）	（− 1.72）	（− 1.89）	（− 1.86）	（− 1.88）
$L.\ \Delta \ln UM_{it}$				− 0.058 *	− 0.062 *	− 0.057 *
				（− 1.95）	（− 1.91）	（− 1.93）
$\Delta \ln Y_{it} \times \Delta \ln cosm_{it}$				1.203 *	1.691 **	1.619 **
				（1.73）	（2.08）	（2.29）
_cons	0.004	− 0.204 **		0.079 *	− 0.056	
	（0.10）	（− 2.23）		（1.91）	（− 0.51）	
样本量	350	350	315	315	315	315
F 统计量	6.818	7.157	37.137	7.954	7.843	34.043
r2 （AR1）	0.153	0.174	0.000	0.207	0.225	0.000
r2_a （AR2）	0.130	0.058	0.959	0.181	0.099	0.586
Sargan test			302.48			318.18
			（0.310）			（0.202）

注：回归系数括号内为 t 统计量；AR（1）、AR（2）的括号内为 p 值；Sargan test 过度识别检验项括号内为 p 值数据；*、**、*** 分别代表系数在 10%、5% 和 1% 置信水平上显著不为零；在 SYS – GMM 的模型估计中，以 Δ 模型估计中，以和被解释变量的滞后 2 阶或更高阶为工具变量。

（一）经济基本面对房价的影响

由模型Ⅰ、Ⅱ、Ⅲ参数估计结果看出，城镇化率对房价增量存在显著的正向影响，住房开发成本增量对房价增量的影响显著为正，城市居民可支配收入增量、上一期住房存量增量及城镇化登记失业人数增量与当期房价增量未通过显著性检验。于是，我们在模型Ⅳ、Ⅴ、Ⅵ中加入城镇登记失业人数增量的滞后 1 项和城镇居民人均可支配收入增量与消费支出增量的交互项，为避免共线性问题，剔除城镇登记失业人数增量，估计结果显示，$L. \Delta \ln UM_{it}$ 的估计系数显著为负，表明城镇登记失业人数增加并不会立马导致住房需求减少进而促使房价增量下降，存在明显滞后效应。$\Delta \ln Y_{it} \times \Delta \ln cosm_{it}$ 的估计系数显著为正，且 $\Delta \ln Y_{it}$ 系数依旧不显著，表明城市居民人均可支配收入增加并不会引起房价的上升，将可支配收入用于消费支出特别是住房消费支出时方能引起住房需求增加进而导致房价上升。

我们发现，模型 Ⅲ 和 Ⅵ 中上一期房价增量估计系数分别为 - 0.106 和 - 0.100，并分别通过了 5% 和 10% 的显著性检验，本研究的参数估计值明显偏小，这说明上一期房价增量对当期房价增量的抑制效应没有预期那样大，主要由于理性预期开发商在决定新增住房供给时除了受高房价利益驱动外，还会考虑到上一期住房价格增量上升→当期住房供给增加→当期住房价格增量下降内在逻辑，一定程度上会收缩当期供给规模，使得当期房价增量下降幅度降低。

（二）政府政策对房价的影响

以房地产企业购置土地面积增量为标的的土地政策与房价增量之间存在显著的正相关关系，与我们预期相反。理论上，在房价过热的情形下，购置土地面积增加可以使房地产市场供应关系得以改善进而平抑房价。但是在我国土地购置面积增加的同时，地价保持较快上涨，高价"地王"频频出现，"土地财政"推高土地开发成本，价格上涨效应大于数量扩张效应，最终形成高昂房价间接向消费者转嫁。这说明，土地政策调控要兼顾数量型工具和价格型工具，这样才能达到预期调控目的。以利率为标的的货币政策与房价增量之间存在显著正相关关系，利率高，房地产企业的融资成本高，助推高房价。保障房政策与房价增量之间存在显著负相关关系。

表 4 - 8 为不同房地产调控政策门槛效应的估计结果，PTR 是固定效应形式的门槛回归模型，PTR（GMM）是广义矩估计形式的门槛回归模型①。可以看出，PTR 模型估计的拟合优度明显优于上文线性模型估计，说明门槛模型更适合解释房地产调控政策对房价波动的影响。同时发现，不管是土地政策、货币政策还是保障房政策的门槛效应模型，其关于预期、经济基本面等方面的参数估计结果不仅验证前文的理论分析，还与上文的线性特征的回归分析基本一致，本文实证结果具有较强稳健性。

---

① PTR 和 PTR（GMM）模型估计分别采用南开大学王群勇 Stata 代码和汉森 Matlab 代码。

表 4 - 8 门槛模型的参数估计结果

	（Ⅰ）	（Ⅱ）	（Ⅲ）	（Ⅳ）	（Ⅴ）	（Ⅵ）
	混合 OLS	FE	SYS - GMM	混合 OLS	FE	SYS - GMM
$\Delta \ln P_{i,t-1}$	- 0.080	- 0.123 **	- 0.106 **	- 0.107 **	- 0.149 ***	- 0.100 *
	(- 1.50)	(- 2.18)	(- 2.00)	(- 2.01)	(- 2.62)	(- 1.89)
$\Delta \ln Y_{it}$	0.122	- 0.051	0.032	- 0.282	- 0.473	- 0.033
	(0.72)	(- 0.26)	(0.20)	(- 1.10)	(- 1.60)	(- 0.15)
$\Delta \ln S_{i,t-1}$	0.042	0.241	0.208	0.076	0.276	0.211
	(0.25)	(0.90)	(1.24)	(0.42)	(0.88)	(1.26)
$\Delta \ln UM_{it}$	- 0.033	- 0.031	- 0.026			
	(- 1.31)	(- 1.18)	(- 0.99)			
UR_{it}	0.065	0.397 ***	0.060 **	- 0.012	0.206	0.061 **
	(1.48)	(2.89)	(2.31)	(- 0.26)	(1.27)	(2.34)
$\Delta \ln C_{i,t-1}$	0.058 **	0.055 **	0.049 **	0.053 **	0.047 *	0.050 **
	(2.56)	(2.31)	(2.19)	(2.38)	(1.94)	(2.25)
$\Delta \ln lan_{it}$	0.014 ***	0.017 ***	0.016 ***	0.015 ***	0.018 ***	0.016 ***
	(4.08)	(4.72)	(4.85)	(4.63)	(4.84)	(4.84)
fan_{it}	0.012 ***	0.013 ***	0.016 ***	0.016 ***	0.015 ***	0.016 ***
	(4.11)	(4.13)	(5.24)	(5.07)	(4.69)	(5.31)
$\Delta \ln sec_{it}$	- 0.010 *	- 0.010 *	- 0.010 *	- 0.011 *	- 0.011 *	- 0.011 *
	(- 1.73)	(- 1.68)	(- 1.72)	(- 1.89)	(- 1.86)	(- 1.88)
$L. \Delta \ln UM_{it}$				- 0.058 *	- 0.062 *	- 0.057 *
				(- 1.95)	(- 1.91)	(- 1.93)
$\Delta \ln Y_{it} \times \Delta \ln cosm_{it}$				1.203 *	1.691 **	1.619 **
				(1.73)	(2.08)	(2.29)
_cons	0.004	- 0.204 **		0.079 *	- 0.056	
	(0.10)	(- 2.23)		(1.91)	(- 0.51)	
样本量	350	350	315	315	315	315
F 统计量	6.818	7.157	37.137	7.954	7.843	34.043
r2 （AR1）	0.153	0.174	0.000	0.207	0.225	0.000
r2_a （AR2）	0.130	0.058	0.959	0.181	0.099	0.586
Sargan test			302.48			318.18
			(0.310)			(0.202)

注：$\Delta \ln lan_{it}\_1$ 和 $\Delta \ln lan_{it}\_2$ 分别表示由门槛值将数据分为两个区间的回归系数，其他变量亦是如此；Th_1、Th_2 分别表示 PTR 模型中一、二门槛的具体值；Fstat_1、Fstat_2 分别表示 PTR 模型存在一个、两个门槛的 F 检验。

表4-8显示，房地产调控政策对房价波动的影响存在明显的门槛效应。

首先，从土地政策来看，当房价指数增幅低于6.3%时，土地政策对房价的影响显著为正。很明显，小于6.3%这个增速赶不上GDP和人均可支配收入增速，特别是当这一指数为负时，还会导致房地产投资下滑，从而影响相关产业需求下降，最终拖累整个国民经济。因此，当房地产销售价格指数处在这个区间，地方政府出于房地产市场宏观经济效应的考虑和对"土地财政"依赖，在扩大土地供应数量的同时加大价格筹码，推动房价上升；而当房地产销售价格指数大于6.3%时，土地政策对房价正向影响不显著。这主要可以归结为两个方面：一是由于土地属于稀缺资源，具有不可再生性，大规模供应具有不可持续性。二是这一阶段面对房价明显上行趋势，为防止因房价的过度上涨带来的负面效应，政府开始收紧土地供应，最终，使得土地政策对房价增量的正向作用机制失灵。

其次，从金融政策来看，随着房价指数上升，金融政策对房价的作用越大。其中，以6.3%为门槛值，当房地产销售价格指数低于这一门槛值时，利率每下调1%，住房价格增量下降0.8%，当房地产销售价格指数高于这一门槛值时，利率每下调1%，住房价格增量下降3.2%。出现这种差异，主要还是房价指数增幅与城镇居民可支配收入增幅均衡博弈的结果。显然，目前我国城镇居民可支配收入年均增幅高于房价指数这一门槛值。若居民可支配收入增幅高于房价指数涨幅，居民的住房购买能力增加，对银行的信贷依赖减少，进而利率政策调整对房价的作用力较小。当房价指数增幅跨越门槛值，特别是房价指数增幅超过居民可支配收入增幅，居民购买住房则对银行信贷依赖性增加，进而促使利率调整对房价影响力增强。

最后，从保障房政策来看，保障房政策对房价的影响因房价指数值不同存在显著差异。当房价指数涨幅小于8.8%时，保障房政策对房价的抑制作用不明显；当房价涨幅处在8.8%~11.3%的区间时，保障房政策对房价的抑制作用明显，随后，当房价涨幅跨越11.3%门槛值，保障房政策对房价的抑制力明显下降。这是因为当房价增幅（低于8.8%）小于城镇居民可支配收入增幅10%时，居民住房购买能力增强，往往追求优质或改善型的住房需求，而保障住房供给一般不能满足需求，致使保障住房供给增量不显著；当房价上涨到与城镇居民可支配收入增幅相近水平时，居民收入水平开始缩水，购买压力增加，保障房供给的增加缓解了供需矛盾，从而引起房地产价格下降；一旦房价增幅超过或者是远超居民可支配收入增幅，带动住房开发成本上升，保障房价格水涨船高超出一般居民承受范围，使保障房政策对房价抑制力降低。

四、稳健性检验

对上述实证检验的可靠性进一步做稳健性分析，特别是检验政府不同房地产调控政策对房价影响线性与非线性关系。本研究进一步使用土地政策、金融政策和保障房政策的代理指标做稳健性分析。考虑到土地政策除了上文用于分析的土地供给数量型工具外，还包括价格型工具，据此我们采用单位面积土地购置价格增量测度土地政策（$\Delta\ln lanp_{it}$）；货币政策，采用房地产开发资金来源中的国内贷款额增量（$\Delta\ln loan_{it}$）测度（余华义，2010）；考虑到保障房政策数据的可得性及保障房政策在 2005 年之后进入中央住房调控决策逻辑中的事实，采用虚拟变量的形式测度保障房政策，以 2005 年为时间节点（$sec x_{it}$），分别给予每一项调控政策 SYS – GMM 和 PTR 模型分析，具体结果如表 4 – 9 所示。

表 4 – 9   **稳健性检验的参数估计结果**

	土地政策		金融政策		住房保障政策	
	PTR	PTR（GMM）	PTR	PTR（GMM）	PTR	PTR（GMM）
$\Delta\ln P_{i,t-1}$	– 0.237 ***	– 0.202	– 0.228 **	– 0.375 **	– 0.161 ***	– 0.132
	（– 4.25）	（– 1.25）	（– 4.08）	（– 2.45）	（– 2.84）	（– 1.38）
$\Delta\ln Y_{it}$	– 0.099	0.071	– 0.284	– 0.041	– 0.091	0.078
	（– 0.46）	（0.25）	（– 1.37）	（– 0.21）	（– 0.41）	（0.30）
$\Delta\ln Y_{it} \times \Delta\ln cosm_{it}$	0.293 **	0.556 **	0.145	0.509 *	0.382 ***	0.576 **
	（2.11）	（2.25）	（1.08）	（1.89）	（2.67）	（2.21）
$\Delta\ln S_{i,t-1}$	0.030	0.021	– 0.084	0.577	0.121	0.202
	（0.11）	（0.10）	（– 0.33）	（0.83）	（0.44）	（0.78）
$L.\,\Delta\ln UM_{it}$	– 0.066 **	– 0.088 **	– 0.069 **	– 0.027	– 0.066 **	– 0.010
	（– 2.32）	（– 1.90）	（– 2.58）	（– 0.49）	（– 2.25）	（0.23）
UR_{it}	0.241 *	0.156 ***	0.132	0.249	– 0.006	0.224 ***
	（1.77）	（4.52）	（1.08）	（1.26）	（– 0.05）	（5.74）
$\Delta\ln C_{i,t-1}$	0.067 ***	0.047	0.055 **	0.051	0.064 ***	0.049
	（2.79）	（1.42）	（2.42）	（1.96） **	（2.63）	（1.75） *
$\Delta\ln lan_{it}\_1$	0.026 ***	0.033				
	（5.51）	（0.87）				

	土地政策		金融政策		住房保障政策	
	PTR	PTR（GMM）	PTR	PTR（GMM）	PTR	PTR（GMM）
$\Delta \ln lan_{it}\_2$	0.0025	0.0043				
	（0.45）	（0.83）				
fan_{it}_1			0.008 ***	0.015 *		
			（2.65）	（1.83）		
fan_{it}_2			0.032 ***	0.074 **		
			（7.83）	（2.12）		
$\Delta \ln sec_{it}\_1$					−0.007	−0.085
					（−1.04）	（−0.81）
$\Delta \ln sec_{it}\_2$					−0.048 **	−0.048 *
					（−2.22）	（−1.66）
$\Delta \ln sec_{it}\_3$					−0.027 *	
					（−1.92）	
Th_1	0.063	0.068	0.063	0.059	0.088	0.108
Th_2					0.113	
Fstat_1	11.504 ***		51.097 **		14.198 ***	
Fstat_2	2.129		2.220		4.741 *	
R^2	0.171		0.259		0.148	

注：$\Delta \ln lanp_{it}/\Delta \ln loan_{it}/secx_{it}$ 依次表示对土地政策、金融政策和住房保障政策的参数估计。

先看线性的 SYS – GMM 模型估计结果，发现所有 SYS – GMM 模型分析结果的二阶序列相关 AR（2）检验均拒绝水平方程中误差项存在序列相关假设，Sargan test 检验结果表明工具变量的过度识别问题不存在。与上文表 4 – 8 线性特征参数估计结果相比，文中重点关注的上一期房价增量、土地政策、金融政策及保障房政策等主要解释变量参数估计的符号及显著性基本未变。再看非线性的 PTR 模型估计结果，土地政策和金融政策与房价的增量各存在一个门槛值，保障房政策与房价增量之间存在两个门槛值，且在不同房价指数增幅区间内各种房地产调控政策对房价增量作用力的转换方向及大小，与表 4 – 8 非线性特征参数估计结果基本一致。可见，上述实证检验的结果是稳健可靠的。

第五章

住房支付能力评估：收入分配视角

住房支付能力不足和高房价是一个硬币的两面。我国城市住房价格上涨具有独特的制度环境和动力机制，而住房支付能力与收入分配紧密相关。本章从收入分配制度安排视角考察居民的住房支付能力，探讨提高和满足"人的城镇化"的住房需求。

1998年国务院颁布的23号文件标志着我国城市住房制度改革取得了突破性进展。从此，城市住房建设快速发展，城市居民住房条件发生了根本性的改善，以住房开发为主体的房地产业事实上成为国民经济的支柱产业。党的"十七大"适时地提出了实现全体居民"住有所居"的宏伟目标。另一方面，我国大中城市房价上涨的速度也是始料未及的。尤其是2009年后，很多城市的实际房价狂飙突进让人目瞪口呆，而历年的房地产调控的成效不彰和通胀预期，加剧了普通居民对未来房价上涨的担忧而纷纷陷入恐慌性购房，城市中低收入阶层的住房支付能力急剧恶化。

在近20年中，中国通过快速、激进的住房市场化和住房金融深化来刺激房地产市场的需求能力。由此带来的副作用也是相当明显的，金融支持过度除了带来住房价格的膨胀，对中低收入阶层居民的住房支付能力形成越来越大的压力，同时引发住房投资需求挤压正常的住房消费需求，甚至还助长泡沫经济和地方政府对土地财政的过度依赖，这些已经威胁到中国经济社会的长期可持续发展。为了提高普通居民的住房支付能力，政府在2007年以后开始加大保障房的建设力度；为了防止住房投资需求对消费需求的过度挤压，从2010年开始，又在一些城市实施了限购政策并降低了多套房的金融支持力度。

在本章中，第一节讨论如何看待房价目标调控及其有效性；第二节基于收入分配视角讨论我国居民住房支付能力的城际差异与变动趋势；第三节是以房价收入比表征住房支付能力的实证研究；第四节讨论提高居民住房支付能力的路径选择。

第一节　房价目标调控的基准和逻辑

在房地产调控过程中，一个重要的政策目标是要稳定房价，将房价调控到"合理的价位"。这就涉及如何理解合理的房价。坦率地说，这是一个相当困难的问题，在很大程度上与人们的价值判断有关。而一旦涉及到价值判断，则因人而异，并没有一个统一的标准。在微观经济学的基本原理中，价格的不合理只与价格形成的机制有关。如果价格的形成涉及垄断、外部性或信息不对称或非自愿交易，则这样的价格就是不合理的，需要政府干预。从住房市场来看，由于住房这种商品的特殊性，其不可移动性意味着如果房价是合理的，其必须在空间上保持均衡，也就是给定地区经济发展差距，房价必须反映这种差距，不存在空间套利；另外，由于住房是一种资产，房价既有销售价格也包含租赁价格，消费者既可以购买住房，也可以通过租赁住房实现其需求，如果房价是合理的，租买选择应该是无差异的，不存在买比租更合适的选择。

一些大众媒体长期以来坚持合理的房价应该是一套住房价格是家庭年收入的 $3 \sim 6$ 倍。在本章的第二节我们实际计算了若干城市的居民住房支付能力，广州 2014 年的房价收入比超过了 9 倍，但通过延长按揭年限至 30 年，我们并没有发现该市的房价整体不可支付。按照这种观点，如果房价收入比上升，那就是更不合理了。实际上，一个家庭年收入 10 万元，月供 4 000 元，按揭占家庭总收入的比例为 48%，剩余消费支出为年 5.2 万元。另一个年收入 20 万元的家庭，月供 1 万元，按揭占家庭收入的比例超过 60%，剩余年消费支出仍有 8 万元。这究竟哪里有问题呢？如果这两个家庭分属两个城市或者分属一个城市的不同年代，横向比较或纵向比较，房价收入比都会上升。[1] 难道房价不合理的程度上升了吗？可见，这种预先设置房价的绝对数值或相对于收入的相对数值并将其合理化反而是不合理的。不同的城市由于劳动生产率的差异，导致收入大不相同。如果劳动

----

① 不考虑首付，以 30 年期年利率 6%，月供 4 000 元的房价为 66.7 万元。月供 10 000 元的房价为 166.8 万元。前者的房价收入比为 6.67 倍；后者的房价收入比为 8.34 倍。

力是流动的，房价必然反映这种收入的差异。当然，这种差异并不拒绝某些自然环境、公共服务环境的不同对房价的影响。一般而言，由于普通消费品跨区域流动的便利性，很多消费品价格在生产力不同的城市价格是无差异的（体现出的差异大多与运输成本和服务成本有关）。因此，如果某城市收入更高，在扣除一般消费品的消费后，其能将更多的收入用于住房支出，其房价收入比必然更高。这正是房价合理的表现。

另外一个争议是从租买选择理论来评判房价是否合理。房地产经济学的一个基本结论是如果租买选择是无差异的，租赁价格应该等于住房的持有成本。现实中中国住房市场的一个怪异现象是房价租金比高得惊人，很多人以此来作为中国房价不合理的标志。坦率地说，房价的不合理与绝对房价的高低其实没有确定性的关系。一个疑问是，如果消费者是理性的，那么消费者为何不通过租赁来满足住房需求呢？答案无非是如下几种：一是住房的销售价格还会继续上涨，这会降低住房的持有成本，在动态均衡的情形下，房租自然要降低。二是房租价格会继续上涨，当前的租赁价格虽然低，若未来房租会每年涨 5% ~ 10%，基本的戈登公式告诉我们当前的房价是当前和未来房租的资本化，当前的房价租金比必然高。三是持有住房而不是租赁住房拥有额外收益，比如说子女教育、社保、就业方面的优先权利，这也会无形之中降低住房的持有成本，从而提高房价租金比。所以，总的来说，畸高的房价租金比并不必然是房价不合理的表现[①]。

从 2011 年开始，中央政府要求地方政府设定房价涨幅目标。很多地方政府将房价涨幅目标设定为不超过经济增长速度，隐含的结论是不超过经济增长速度的房价上涨就是合理的。为了完成这个目标，地方政府各显神通，甚至通过延期发放高价楼盘预售证或制造各种销售障碍来完成统计意义上的房价目标涨幅。对此，有必要在学理上给予进一步阐述。房价涨幅长期超过收入涨幅那是不可能的，常识告诉我们，即使是涨幅超过一点点，只要时期足够长，房价收入比将会发散至无穷大。所以，无论何时何地，房价涨幅在长期不可能超过收入涨幅。这点没有疑问。但在短期或一段时期，房价涨幅超过收入涨幅则看不出有什么不合理。对于我们的这种观点，美国经济学家格莱泽和乔科（2012，第 16 页）有过类似的表述。他们在合著的《美国联邦住房政策反思：如何增加住房供给和提高住房可支付性》一书中写道："如果我们要真正讨论可支付性问题的话，无论如何应当设立一个恰当的衡量标准，而这个衡量标准一定不能是个人收入的一个单一比例。当人们可以在住房市场和劳动力市场自由流动时，不同市场的价格—收

---

① 不过，如果畸高的房价租金比来自于租买选择机制的失灵，即各种对住房租赁者的权利限制，那么这种房价很难说是合理的，根源在于我们不认同这种权利限制的合理性。

入比例不同是很正常的。在高收入和高住房成本的地区，试图通过政策干预人为降低住房价格的做法，从根本上就是错误的。从任何一个经济意义角度来看，人们都不可能因此就认为，那些房价收入比值很高的地区，其住房就一定存在可支付性问题。"那么现实中的我国城市房价究竟是否合理呢？我们认为，一些城市的房价确实不合理。不合理的原因并非房价收入比远高于一些发达国家，而在于价格形成中有若干不合理的成分。

房价不合理的第一个原因在于地方政府过度干预住房市场，尤其是在房价下行周期。在房地产过热时期，中央政府的宏观调控措施并没有得到地方政府的有力配合。从博弈论的角度来看，在经济过热期间，地方政府的不配合有可能是上策均衡也是纳什均衡。谁要是最先配合中央政府的调控，谁往往在随后的经济发展中处于劣势地位，这种情形在中国经济过去数轮宏观调控中已经被一再证明。中央政府在过去楼市过热期间成为宏观调控的主力军也是有道理的，因为中央政府承担经济过热和社会稳定的主要责任。相反，一旦楼市遇冷，地方政府在楼市调控上却存在先发优势，谁最先在政策干预上取得主动地位，谁就有可能率先走出泥潭。由于地方政府之间的竞争，必然导致某一城市的稳定方案具有示范效应，并对其他城市形成压力，这就形成了一个不对称的动力分布，即在楼市过热期间，中央政府有动力稳定楼市，但地方政府没有动力，许多地方政府甚至声称本地楼市不过热；相反，在楼市过冷期间，地方政府稳定楼市的动力超过中央政府。正因为如此，方能理解为什么在 2003～2007 年，中央政府稳定房地产市场的政策频繁出台，而地方政府似乎无动于衷，到了 2008 年房地产市场下行，地方政府稳定房地产市场的政策率先出台。2008 年 5 月，沈阳市便公布了普通住宅价格新标准，上调市内五区普通住宅标准至 6 700 元/平方米，使得大部分商品房交易契税从 4% 降为 1.5%；而在 2008 年 6 月，央行还在提高存款准备金率，到 2008 年 9 月，央行才开始降低存贷款利率，到 10 月底，中央政府稳定房地产市场的政策才得以出台，而此前，至少已有 18 个城市出台了地方性的稳定房地产市场的方案。

房价不合理的第二个原因在于信息的不对称和不充分。在住房市场上消费者很难准确获知当地住房市场的信息。比如住房的存量、空置率、未来的住房供给、各种保障房的区位、竣工的时间等。在各种关于住房空置现象的讨论中，一些媒体甚至通过数"黑灯率"来计算城市的空置率。在房地产调控的大环境下，一份真实有效的动态空置率统计数据不仅是我们了解房地产市场运行情况的重要依据，也是引导普通消费者理性购房，遏制恐慌性购房和羊群行为的重要工具，更是国家制定下一步宏观政策的重要参考。保障房建设规模的确定必须事先探明城市住房存量和空置量，能够起到整肃市场秩序，稳定市场预期的重要作用。一个简单的例子就是，近几年关于一线城市房租波动的讨论中除掉有关房租统计数据的准确性的争论外，房租上涨的原因一直莫衷一是。其实，如果有一份动态的城市住房空置率统计数据，房租变动的方向和原因就一目了然。不过，我们并不认为公布开发商的真实成本对房价的合理化有什么帮助。但在市场交易中，开发商通过各种销售技巧例如雇人排队烘托气氛，制造各种虚假销售价格信息，这都是需要公共管理部门予以干预的。

房价不合理的第三个原因在于我国存在土地市场供给的政府垄断。尽管存在地区间竞争和国土资源部门对城市建设用地数量的管制，但地方政府实际享有垄断区域土地市场并阻止农村集体建设用地入市的权力。地方政府也无意在促进农村建设用地直接入市上进行制度创新。除了土地一级市场垄断外，政府的各种管制尤其是容积率管制使得供给不能增长以满足增加的住房需求。如果希望降低某一地区的住房价格，想方设法增加供给并公开信息仍然是稳定房价的不二选择。

第二节　居民住房支付能力评估的多维视角

从 20 世纪 80 年代起，有关住房支付能力的研究开始受到政策制定者们的重视，到 90 年代越来越多的学者参与其中。不少学者曾就中国的住房支付能力做过研究。张清勇（2007）认为住房支付能力从内涵上讲，可以大致理解为居民家庭难以使住房和其他消费都达到社会可接受的最低水平，或者说一个家庭在维持与社会救济金领取者同等的生活水准后，无法支付社会可接受水平的住房。

一、住房支付能力的衡量方法

按照全球著名网上普查机构 Demographic 的定义，凡是房价年收入比值超过 5.1 就是极为不可承受（severely unaffordable），4 ~ 5.1 之间是严重不可承受（seriously unaffordable），3.1 ~ 4 之间是中度不可承受（moderately unaffordable）。只有 3.0 以下才是被认为可承受的。但现实远远不是如此。根据这个组织利用 2016 年第三季度数据撰写的《国际大城市住房支付能力调查报告》显示，[①] 在 406 个被调查城市中，只有 99 个城市符合可承受标准，中度不可承受、严重不可承受和极为不可承受的数字分别为 116、97 和 94。可见，住房的可支付能力问题

---

① 该报告在 2017 年公布，详见 http://demographia.com/dhi.pdf。主要是英、美、澳、中国香港等。

并不是中国独有的。

目前，学术界在分析住房支付能力方面已经远远超越了传统的房价收入比指标。根据已有的文献来看，除传统的房价收入比外，还有动态房价收入比、住房支出收入比、剩余收入法、供需不匹配程度等指标。

在以往的研究中，研究者大多采用房价收入比来衡量城镇居民的住房支付能力，如表 5 - 1 所示。研究范围主要是两个极端，一个极端是研究全国或省级层面的住房支付能力，张清勇（2007）最早计算了我国城镇居民的 1991～2005 年的房价收入比和各省市区 1999～2005 年的房价收入比，赵奉军等（2011）、董昕（2012）以及解海等（2013）对 31 个省市区的研究都属于此类；另一个极端是研究某一城市的居民住房支付能力的变迁，周仁等人（2010）利用剩余收入法和不匹配性方法对上海 2000～2007 年居民住房支付能力的研究，杨赞等（2010）对北京的研究都属于此类。在这两个极端的中间对全国城市层面比较和分类的研究有两篇文献，一篇是向肃一与龙奋杰（2007）对 34 个大中城市的研究，另一篇来自于丁祖昱（2013）对 287 个地级市的研究。可见，真正深入到城市层面的比较研究仍然非常稀缺。

表 5 - 1　　近 10 年来对中国城镇居民住房支付能力的若干研究

作者	研究范围	研究年限	采用方法
张清勇（2007）	全国和省级	1991～2005	房价收入比
赵奉军等（2011）	全国和四个一线城市	2000～2010	房价收入比
周仁等（2010）	上海市	2000～2007	剩余收入法
杨赞等（2010）	北京市	2004～2008	剩余收入法
董昕（2012）	全国总体状况	1998～2010	房价收入比与剩余收入法结合
向肃一与龙奋杰（2007）	34 个城市	2004 年	房价收入比与住房可支付性指数
解海等（2013）	31 个省市区	1998～2010	房价收入比与剩余收入法
丁祖昱（2013）	287 个地级市	2006～2010	房价收入比

资料来源：作者整理。

据联合国人居中心发布的《城市指标指南》，房价收入比（Housing Price to Income Ratio，PIR）是指市场居住单元的中间价格与中间家庭的年收入之比，它是衡量商品房销售价格偏离其真实价值程度的重要指标，也是预测商品房价格未来走势的重要依据。计算公式为：

$$PIR = \frac{MEDPRICE}{MEDINC} = \frac{AP \times AF}{N \times AY} \tag{5.1}$$

PIR 表示房价收入比。MEDPRICE 表示一套住宅的中位数房价，AP 表示住宅的平均单价，*AF* 表示每套住宅的中位数面积。*MEDINC* 表示家庭年可支配收入的中位数，*N* 表示家庭平均人数，*AY* 表示家庭年人均可支配收入。在实际计算中，由于中位数数据难以获取，常用平均住房价格与平均家庭收入的比值来代替。

我们按照（5.1）式计算了我国 1998～2014 年的房价收入比。家庭平均人口数统一定为 3。如图 5－1 所示，从 1998～2014 年，住房建筑面积按照 90 平方米计算，中国城镇居民的房价收入比总体上是下降的。即使在房价暴涨的 2009 年，房价收入比也似乎没有超过 8。如果考虑到中国经济高速增长和人均收入持续提高的现实，这个房价收入比似乎意味着整体上城镇居民的住房支付能力不存在多大问题。从趋势上来看，1998 年以来，中国城镇居民的住房支付能力整体上是提高的，如果考虑到住房金融方面的支持力度，中国城镇居民的住房支付能力更强。否则，我们根本无法解释每年上千万套住房的销售以及现阶段超过 50 亿平方米的世界最大的住房开工面积。

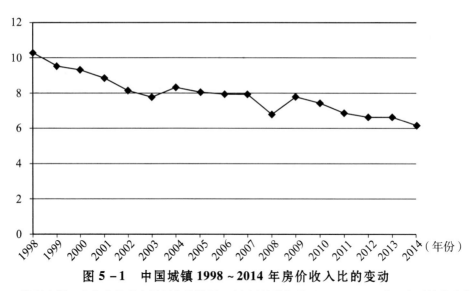

图 5－1　中国城镇 1998～2014 年房价收入比的变动

资料来源：中华人民共和国国家统计局，《中国统计年鉴（1999～2015）》，中国统计出版社 1999～2015 年版。

其实，1992 年世界银行在其发布的《中国城镇住房改革的问题与方案》中曾经指出过这个指标的问题。一个通用的指标是住房售价和家庭收入之比，虽然这个比率很有用，但也会引起误解。因为在市场经济中大多数住房购买者并不完全用现金支付其购房款，更确切地说，他们是用现金付清一部分，其余则从贷款机构借款。然后再在一定时期内分期每月支付偿还贷款。对于一个给定的销售价格来说，像利率、贷款期限、本金余额等因素可影响借款人每月所需的偿还数额。因此，住房支付能力更好的定义应该是可用于住房开支的家庭收入与所需的住房支出之比。支付数额是按月计算的。安吉尔、梅奥和斯蒂芬斯（Angel，Mayo & Stephens，1993）指出使用房价收入比和租金收入比作为支付能力的指标存在许多问题。它们没有控制住宅存量随时间推移而发生的质量变化，另外，中位住房价格与中位收入之间的关系没有说明购房者实际面临的金融约束。此外，这些指标没有控制住房成本增加预期的影响中位住房价格与中位收入之比，忽视了住房成本中的其他成分，包括抵押贷款利率和首付款，这两者从根本上决定了月还款额。它也没有控制中位收入的区域差异，这些中位数本身并不必然说明最低收入群体的住房支付能力。

除此之外，这种简单的计算方法还有两个重大的缺陷。一是我们使用的是商品住宅平均销售价格，这个价格并不是同质的，随着城市的发展，房地产开发逐渐由中心向城市外围渗透，由此导致的新建商品房越来越位于城市外围，这必然使得按照上式计算出来的房价收入比代表的支付能力大于实际房价收入比。以上海为例[1]，2012 年，上海新建商品住宅平均销售价格 13 870 元/平方米。从区域分布看，全市新建商品住宅中，内环线以内区域占全市新建商品住宅的 2.2%；内外环线之间区域占 21.2%；外环线以外区域销售面积占 76.6%。全年各环线区域新建商品住宅平均销售价格分别为：内环线以内为 55 518 元/平方米，内外环线之间为 20 667 元/平方米，外环线以外为 10 782 元/平方米。如果剔除共有产权住房和动迁安置住房等保障性住房后的新建商品住宅，按区域分布看，内环线以内占全市新建商品住宅的 4.3%；内外环线之间占 25.1%；外环线以外区域占 70.6%。全年各环线新建商品住宅平均销售价格分别为：内环线以内为 55 518 元/平方米，内外环线之间为 29 281 元/平方米，外环线以外为 16 541 元/平方米。如果按照剔除后的数据，则平均销售价格将从 13 870 元/平方米上涨到 21 414 元/平方米。二是没有考虑到我国城市之间的差异。对于一些一线城市或明星城市，房价收入比远远超出图 5 - 1 中所显示的全国平均水平。

更进一步，我们可以来看 2012 年全国地级市层面的房价收入比状况。就全国城市层面的数据来看（包括北京、上海、天津和重庆这四个直辖市），2012 年有 40 个城市房价收入比超过 7。另有 58 个城市房价收入比在 6～7 之间。在所获得 325 个城市的数据中（我国行政区划中地级市共有 286 个，但有一些自治州、盟等地等同于地级市管理，本书的数据囊括了后者），中位数的房价收入比为 5.27（安徽亳州市），这意味着有一半城市的房价收入比低于 5.27。房价收入比

---

[1] 上海市统计局：《2012 年上海市房地产开发销售情况》，http://www.stats-sh.gov.cn/fxbg/201301/251763.html。

的平均数为 5.61。可见，所谓中国城市房价普遍住房支付能力不足的断言是没有事实依据的，即使考虑到所谓的国际警戒线，总体上也只有大概不到三分之一的城市存在房价收入比偏高的问题。当然，更合理的做法应该是考虑到人口规模或销售面积后的加权处理。本研究在此暂且略过。

作为对比，我们考察了房价收入比的动态变动，在 2005 年全国城市中，有 34 个城市房价收入比超过 7，另有 32 个城市房价收入比超过 6。中位数的房价收入比为 4.83（浙江衢州市），平均房价收入比为 5.13。可见从 2005 ~ 2012 年，中国城市不仅绝对房价在上升，相对房价也在上升。更进一步统计发现，从 2005 ~ 2012 年，可获得的 300 个城市的房价收入比中，有 197 个城市的房价收入比是上升的。房价收入比上升最快的 10 个城市分别是浙江温州、广西百色、福建宁德、四川凉山、广东深圳、江西赣州、福建福州、广东珠海、北京、湖北十堰。这种上升的房价收入比意味着就大多数城市而言，在 2005 ~ 2012 年这段时间内，房价实际上比收入上涨的更快，这个结论看宏观的数据是无法察觉的。

二、房价收入比的传导机制

在理论上，任何使得房价变动的因素都会导致房价收入比发生改变。这里存在两种情形，一种是在收入等因素不变的条件下，房价收入比的上升。这主要是因为金融支持、预期或投机资金的涌入推升房价，由于收入没有发生变化，从而导致更高的房价收入比。另一种是在收入因素发生改变的条件下，房价收入比的上升。收入更高的城市，往往会有更高的房价收入比而不仅仅是更高的房价，这主要是因为空间均衡驱使个体在不同城市间选择导致效用无差异的结果。房价收入比的上升并不意味着住房支付能力的降低，哪怕是金融支持导致的单纯的房价收入比上升。

（一）收入变动与房价收入比

收入变动也会导致房价收入比变动。这个机理并不像上例那么容易理解。因为收入变动的同时，房价往往也会变动。传统观点认为这个变动幅度应该一致以保持房价收入比的稳定。其实并非如此，房价完全可能涨的更快，在提升房价收入比的同时还能不降低住房支付能力。

举例分析，假设在 t 年房价为 100 万元，家庭年收入为 15 万元，在 t + 1 年房价上涨到 120 万元，家庭年收入上涨 10% 到 16.5 万元，按揭利率为 6%，贷款期限为 20 年。如表 5 - 2 所示，房价上涨 20%，同时收入上涨 10% 后，房价收入比从 6.67 上升到 7.27，月还款额从 5 015 元增加到 6 018 元，但剩余收入从

7 485 元增加到 7 732 元，此时住房支付能力确实是改善了。从这个意义上讲，从 2011 年以来中央政府强制要求地方政府设定房价目标责任制，地方政府纷纷设定房价涨幅不超过收入涨幅，认为房价涨幅不超过收入涨幅是合理的。按照剩余收入法的思路，即使房价涨幅超过收入涨幅，只要在一定范围之内，都不会影响住房支付能力。在表 5－2 中，敏感性分析表明，当房价上涨 20% 达到每套 120 万元时，使得剩余收入保持不变的年家庭收入为 162 036 元（家庭月收入 13 503 元），这意味着房价收入比只要上升到不超过 7.40，在首付不变的条件下，家庭住房支付能力不会受到实质的损害。

表 5－2 家庭收入变动、剩余收入与房价收入比

房价（万元/套）	收入（元/月）	月还款额（元）	剩余收入（元）	房价收入比
100	12 500	5 015	7 485	6.67
120	13 750	6 018	7 732	7.27
120	13 503	6 018	7 485	7.40

正因为上述按照剩余收入法计算的住房支付能力没有受到实质损害，所以在现实中我们会看到，短期内，收入上涨后，房价以更快的速度上涨从而提升了房价收入比。当然，在长期内房价的涨幅不会永远超过收入的涨幅，因为若房价的涨幅长期超过收入的涨幅意味着房价收入比是发散的，将导致未来的房价不可支付。

（二）金融支持与房价收入比

金融支持会在收入不变的条件下提升房价从而提升房价收入比。当然，从长期来看，金融深化也会对一国的生产率和收入产生积极影响（陈志武，2009）。从最基本的戈登公式我们知道，更低的利率意味着更高的资产价格，也就意味着更高的房价收入比。而对住房市场来说，金融支持同时改变了消费者的月供，最后对支付能力的影响并不确定。

在此，我们做一个利率、期限与房价收入比的敏感性分析。如表 5－3 所示，假设一套在 t 年 100 万元的住房，在 t＋1 年上升到 110 万元，家庭收入为每月 1 万元，则房价收入比从 t 年的 8.33 上升到 t＋1 年的 9.17。如果首付比例为 3 成，利率从 6% 下降到 5% 或者贷款期限从 20 年延长到 25 年，此时房价收入比虽然上升了 10%，但是由于利率降低，或贷款期限延长，或利率降低的同时贷款期限延长，消费者的剩余收入是有可能上升的。在极端的情形下，房价收入比从 8.33 上升到 10，但随着利率降低和贷款期限延长，消费者按月支付的贷款余额

却降低了 100 余元（剩余收入从每月 4 985 元增加到 5 090 元）。可见，如果金融支持足够强劲，即使房价收入比上升，消费者的住房支付能力也是上升的。不过，上述的分析有两个问题，一是没有考虑到随着房价上涨导致的首付上升对消费者支付能力的制约，在现实情境中，相当多的消费者往往是不能承担首付而无法进入住房市场。二是如果房价收入比继续上升，比如说房价上涨到每套 130 万元，贷款期限延长到 25 年和利率降低到 5% 也是无法改善住房支付能力的。

表 5 - 3　　　　　　　利率、期限变动与房价收入比

房价（万元/套）	利率（%）	期限（年）	月还款额（元）	剩余收入（元）	房价收入比
100	6	20	5 015	4 985	8.33
110	5	20	5 082	4 918	9.17
110	6	25	4 961	5 039	9.17
110	5	25	4 501	5 499	9.17
120	5	20	5 544	4 456	10
120	6	25	5 412	4 588	10
120	5	25	4 910	5 090	10

可见，从动态来看，可能是因为贷款利率降低或贷款期限延长导致资产价格上升，提升了房价收入比。只要这种房价上涨不超过一定限度，即使房价收入比上升，按照剩余收入法衡量的住房支付能力是上升的。

（三）空间均衡与房价收入比

将上述分析思路引入到分析房价收入比的城际差异。从横向比较来看，A 城市收入高于 B 城市，如果其他条件差异不大（包括气候、人口、金融深化程度等），那么绝对房价水平高于 B 城市是毫无疑问的。但我们会认为 A 城市的以房价收入比表征的相对房价也会高于 B 城市。分析思路与上述纵向比较类似，即 A 城市的房价为每套 120 万元，家庭年收入为 16.5 万元，房价收入比为 7.27。B 城市房价为每套 100 万元，家庭年收入为 15 万元，房价收入比为 6.67。表 5 - 3 中的剩余收入计算表明 A 城市有着更高的剩余收入，住房支付能力更强，但房价收入比更高。

在城际比较时，房价收入比会随着收入上升而上升的情形，并非我们首次发现。新城市主义的代表人物格莱泽和乔科（2012，第 14 页）合著的《美国联邦住房政策反思》一书中，举例说明了为什么更高收入的城市有更高的房价收入比。假设某个城市家庭年收入 5 万美元，住房价格为每套 10 万美元，各种持有

及使用成本（user cost）为 10%，即 1 万美元，该家庭每年有剩余 4 万美元用于其他商品的消费。而在另一个城市，家庭年收入为 7.5 万美元。两个城市的其他影响因素完全相同，在迁移成本为 0 的条件下，人们自然会从收入低的城市迁移到收入高的城市，直到两个地区扣除住房成本以外的净收入相等。那么，高收入地区的住房价格达到多少才能在空间实现均衡呢？答案是每套 35 万美元。原因在于只有当房价涨到每套 35 万美元后，这个城市扣除住房持有及使用成本后的净收入与第一个城市一致。这个城市家庭年收入是 7.5 万美元，房价涨到每套 35 万美元后，住房持有及使用成本保持在 10%，为 3.5 万美元，这个城市的家庭剩余收入同样是 4 万美元。在这个比较极端的例子中，我们看到，在空间均衡的趋势下，家庭年收入 5 万美元的城市与 7.5 万美元的城市，房价却分别是每套 10 万美元和每套 35 万美元，房价收入比分别是 2 和 4.67。可见，当人们在住房市场和劳动力市场自由流动时，不同城市的房价收入比不同是很正常的。

三、收入分配状况对住房支付能力的影响

上述计算方法没有考虑到我国收入分配的差异。收入分配状况会对一国的住房市场产生深远影响。我们在第四章中谈到了住房市场可能存在某种挤出效应。罗达（Rodda，1994）根据美国某区域住宅市场的调研数据发现，当收入差距扩大时，高收入者对高档住宅需求会增加，由于低档住宅被改造成高档住宅，低档住宅供应减少并且价格升高，低收入者会被逐渐过滤出去。马特拉克和维格德尔（Matlack & Vigdor，2006）利用美国 1970～2000 年间的问卷调查数据分析指出，收入差距扩大会提高低收入阶层的住房负担，并降低了低收入者的剩余消费支出，因此富人的收入上升时穷人的福利会下降，即使此时穷人的真实收入不变。戈利耶（Gollier，2001）的研究放弃风险规避系数固定的假设，认为财富的增长将导致对风险资产的需求更快的增长，从而推高资产价格。这种机制在房地产市场上体现得非常明显，即富人通过购房实现资产配置的多元化，从而推高房价，一方面实现了自身资产的保值增值，另一方面却将穷人挤出了房地产市场。杰尔科、迈尔和西奈（Gyourko，Mayer & Sinai，2006）的研究证实了在一些超级明星城市中，位居收入顶层的阶层的收入上升将使得这些明星城市的房价明显上升。高波等（2013）的研究发现，收入差距的扩大是导致城市房价租金"剪刀差"走势的重要因素。

收入差距的扩大不仅通过直接的挤出效应影响房价，还通过影响国民经济结构和经济增长进而间接影响房价。收入差距对国民经济结构最大的影响是体现在通过对储蓄的影响传导到影响国民经济的内外均衡。

143

　　中国社会的高储蓄率是伴随中国经济增长的一个难解之谜，这种高储蓄率不仅表现在国际比较的差异中，还表现在纵向对比中。在 2000 ~ 2010 年间，储蓄占 GDP 的比率由 37.3% 上升至 52.4%。在形成高储蓄率的成因上一直众说纷纭，一些人主张预防性储蓄论，也有人认为是高增长带来高储蓄论（陈利平，2005），还有人认为性别失衡导致的竞争性储蓄论（Shang - Jin Wei & Xiaobo Zhang，2011）。不过，最恰当的解释是收入差距的扩大。例如，叶金等人（Jin et al.，2010）的微观数据研究证实收入不平等程度的上升是中国居民储蓄倾向上升的一个重要原因。根据王小鲁（2010）的估算，从过去 30 年的经验数据来看，基尼系数每上升 0.01，储蓄率上升 0.76 个百分点。

　　如果收入差距的扩大推高了储蓄率，那是如何影响住房市场的呢？这主要通过三种机制。

　　一是储蓄率的上升导致了更多的可贷资金。对于房地产商品来说，充裕的信贷资金对房价具有明显的助推作用。反过来看，更高的房价能够充当价格更高的抵押品从而获得更多的贷款，因此，房价与信贷资金的关系可能是双向的。同时，高储蓄率也导致了利率向下的压力。观察 2001 年以来央行的利率会发现，作为基准利率的一年期定期存贷款利率本世纪以来的平均值要远低于 20 世纪 90 年代，这其中固然有进入 21 世纪后我国再没有发生如 20 世纪 90 年代高通胀的原因，也有因为储蓄率的上升导致利率向下的压力的原因。这种高储蓄导致利率向下的压力并非中国独有，即使在泡沫经济破灭后的日本在储蓄率降低到正常状态后，由于历史上累积下来的国民储蓄余额仍然高达 1 440 万亿日元，这些钱存（投）入银行、保险公司等金融机构，金融机构再投资国债，使日本国债不但易于发行，而且利率较低（熊鹭，2011）。

　　二是高储蓄直接带来高投资尤其是住房市场的高投资。中国住房市场一个令人困惑的现象是住宅投资占 GDP 的比重如此之高，这从供给方面来看应该对房价有向下的压力，但是房价仍然难以遏制。根据《中国统计年鉴》提供的数据，以全社会住宅投资作为统计口径，从 1998 ~ 2010 年，住宅投资占 GDP 比例最低在 7.6% 以上，最高 2010 年达到 11.7%。这种投资规模从国际比较来看是前所未有的。根据 OECD 统计数据，1956 ~ 2000 年间住宅投资（Residential Investment）的比例，就平均值而言，德国比重最高，达 6.4%，法国、日本、荷兰、加拿大、意大利和澳大利亚在 5% 以上，美国和英国则较低，英国仅为 3.5%，在普遍投资较多的欧洲国家中是特例。即使是经历过严重泡沫经济的日本，其最高住房投资比例也不过 8.8% 左右。中国的高储蓄率是住房投资占 GDP 的比重居高不下的原因之一。高储蓄率从供给方面推动了中国住宅的生产，从需求方面为吸收这些供给提供了充足的支撑。这意味着中国的住房市场从整体上讲并不缺乏购买力以至于中央政府要出台限购限贷政策来遏制中上层收入群体的投资需求。

三是储蓄率的上升伴随外部失衡影响到国内的资产价格。若国内的投资无法吸收高储蓄，必然表现为外贸顺差。由于汇率机制不具有某种弹性，这种外贸顺差必然转变为央行为稳定汇率释放的大量基础货币供给。货币供给的增加对本国包含一般商品在内的整体物价形成强大的上涨压力。如果这种货币供给的增加带来的总需求的增加面临的是一条水平的总供给曲线，则不会对物价上涨形成压力，此时物价即 CPI 有可能保持不变，但资产价格仍然有上涨压力，因为资产尤其是住房的供给受限于土地和时间因而并非水平线。在刘易斯拐点之前，水平的总供给曲线总是存在的。一旦无限劳动供给不复存在，则总供给曲线开始变得有弹性，此时，由货币扩张带来的总需求扩张会对物价上涨形成压力，而通胀与房价的正相关关系导致房价继续上涨。当然，收入差距的上升并非仅仅通过储蓄率的上升影响到外部失衡。墨菲、施莱费尔和维什尼（Murphy，Shleifer & Vishny，1989）提出了收入分配通过市场规模影响经济增长的机制，即所谓收入分配的"大推动"（Big Push）理论。他们认为工业化要求充分大的国内市场以使规模收益递增的技术获得盈利性，而收入分配不平等、财富过于集中可能会限制市场规模从而妨碍经济增长。在这种情形下，企业可能倾向于通过寻求出口以获得足够的市场，这仍然会影响到一国的外部失衡。最新的研究表明，由于中国国内的市场分割严重，有效市场规模过小，导致中国企业在国际比较中更倾向于出口（蔡洪滨，2012）。胡晓（2011）利用 VAR 模型的实证研究表明，收入差距的扩大具有扩大净出口的效果。

收入差距的扩大除了直接通过储蓄率的上升影响到房地产市场外，还会通过经济增长效应影响到住房市场。而收入差距与经济增长的关系直到如今仍没有定论。因此收入差距的扩大通过经济增长的渠道对房价的影响需要更多的实证研究。

收入差距的扩大容易导致一个断裂的社会、利益集团分化从而影响到政府对房地产市场干预的方向和力度并最终影响房价。住房市场从来就不是一个完全竞争的完美市场，正如奎格利（Quigely，1991）所说，住房是所有市场中受到政府管制和干预最多的。尽管在中国经济增长的实践中，有人主张中性政府论，但地方政府在住房市场上未必如此。比起担忧房价上涨，地方政府更担心房价下跌。而在收入分化背景下，民众的呼声局限在应然世界中，无法深入到实然世界层面与政府的干预行为形成良性互动。这是一个政治经济学的问题。

四、不同收入阶层的住房支付能力

根据《中国统计年鉴》（2015）的数据，我们计算出 2014 年不同收入阶层的房价收入比，如表 5 - 4 所示。居于收入分配金字塔顶端的收入群体之间的差距要远远高于底端的收入差距，收入分布严重右偏，这导致了中位数收入远小于平均收入。不过由于房价往往也是严重右偏的，所以如果严格按照中位数收入计算住房支付能力，以平均收入计算的方法不会有大的误差。计算发现，2014 年我国处于低收入的 20% 的城镇家庭由于房价收入比超过 15，这部分群体基本上不可能通过住房市场改善其居住状况。而处于中等偏下收入阶层的 20%，其房价收入比超过 9，如果不考虑收入增长，这个阶层的住房支付能力也不容乐观。对于收入处于中等偏上及其更高收入的 40% 家庭，住房支付能力没有多大问题。对于中等收入户的 20% 家庭，这部分家庭的房价收入比达到 6.68。究竟怎么看待这部分群体的住房支付能力？我们以不同的利率和期限来分析这个问题，分析结果如表 5 - 5 所示。在表 5 - 5 中，我们以 90 平方米的住房，70% 的按揭，利率分别为 6% 和 5%，期限分别为 20 年和 30 年计算了月供占收入的比例和月剩余消费支出。计算结果发现，这个群体是存在住房支付能力的（暂不考虑首付款）。房价收入比虽然达到 6.68，但住房支付能力并不像媒体和大众所估计的那么不堪。在最极端的情形下，月供占比也没超过 50%。在理想的情形下，月供占比接近 1/3。

表 5 - 4　　　　**不同阶层的住房支付能力（2014 年）**

	低收入户	中等偏下户	中等收入户	中等偏上户	高收入户
收入（元/人）	11 219	19 651	26 651	35 631	61 615
PIR	15.86	9.06	6.68	5	2.89

资料来源：中华人民共和国国家统计局，《中国统计年鉴 2015》，中国统计出版社 2015 年版。

表 5 - 5　　　　**2014 年中等收入群体的住房支付能力分析**

利率（年）	期限（年）	月供（元）	剩余消费（元）	月供占比（%）
6%	20	2 678	3 984	40
6%	30	2 241	4 421	34
5%	20	2 487	4 175	37
5%	30	2 029	4 633	30

上述情形同样存在于各个城市内部。以上海为例，计算结果如表 5 - 6 所示。相对于全国而言，可以发现，一线城市收入分化导致的不同阶层住房支付能力的差距更为严重。对于一线城市来说，不仅低收入户和中低收入户的 40% 群体住

房支付能力堪忧，连中等收入的 20% 群体的房价收入比也达到 12.8。如果按照 7 成按揭，6% 的年利率贷款 30 年期按揭月供为 5 239 元，而这个阶层家庭月收入为 8 158 元，月供占比为 62%，剩余消费支出为月 2 919 元。毫无疑问，相对于表 5-5 中全国城镇中等收入群体的月供与剩余消费，上海的相应群体的住房支付能力是严重不足的。除非这个群体能够利用其已有的住房，通过买新卖旧的方式，否则改善住房消费没有指望，或者是购买远低于平均销售价格的低价位商品房。

当然，这并不意味着上海住房的整体支付能力不足。根据《上海统计年鉴》（2014）的资料，如果仅仅看 20% 的最高收入群体，该群体的住房支付能力是毫无问题的。目前上海每年的新房大约不到 20 万套。2013 年上海按照户籍人口计算有 524 万户家庭，如果按照常住人口计算大概有 880 万家庭。也就是说大约有 100 多万个家庭有足够的支付能力购买商品住房。还有大量流入上海的外地资金。虽然上海有超过 60% 的家庭住房支付能力不强，但居于收入金字塔顶端的高收入群体和外地资金有足够的支付能力支撑上海的房地产市场。根据上海相关统计资料，截至 2013 年底，尚有 37.9% 的家庭住在已购公房中，另有 17.2% 的家庭租房，真正购买了商品房的家庭其实只有 43.3%。对那些已经购买了公房、希望卖掉公房实现住房的梯度消费的家庭而言，面对如此高的房价收入比，其支付能力也是严重欠缺的（见表 5-6）。

表 5-6　　　　　上海不同阶层的住房支付能力（2013 年）

	低收入户（20%）	中低收入户（20%）	中等户（20%）	中上收入户（20%）	高收入户（20%）
收入（元/人）	20 766	30 221	36 989	48 141	87 676
家庭人口	3.09	2.90	2.85	2.79	2.79
PIR	22.7	16.6	13.8	10.8	5.9

资料来源：上海市统计局，《上海统计年鉴（2014）》，中国统计出版社 2014 年版。

需要说明的是，这里用的居民收入数据来自国家统计局的居民调查，而统计部门亦承认这个数据低估了居民的"真实"收入。据称，对中高家庭收入群体收入的低估情况更严重一些。有些学者估计"灰色收入"所占比重很大且没有纳入官方统计。但考虑到统计部门公布的房价数据同样并不准确，且保障房价格也纳入到平均销售价格统计降低了商品房的真实价格，我们认为采用现有的计算方法并没有大幅低估中国城市居民的住房支付能力。

从全国总体来看，居民的住房支付能力问题确实比较严重。这个结果与前面计算的 325 个地级市的结果存在冲突。原因或许在于，不考虑收入分配状况，可能认识不到住房支付能力的严峻状况。而一旦考虑到收入分配状况，除中等收入、中高收入和高收入群体之外的大约有 40％ 的群体是缺乏住房支付能力的。而在一线城市或明星城市，这个比例可能超过 60％。

不过，这种判断仅仅是从房价收入比来衡量住房支付能力。如前所述，房价收入比并非是一个判断住房支付能力的完美指标。在现实情景中，居民购买住房的资金来源可能还包括代际转移支付、卖旧买新的住房梯度消费以及金融支持等，所以，我们认为实际住房支付能力可能要好于简单计算的结果。

上述住房支付能力是按照购买自有产权的住房测算的，而居民的住房支付能力还包括是否有能力承受市场房租水平。英国国家住房协会联合会于 1993 年指出："如果租户的租金支出超过了收入的 22％，则该租金水平就是不可支付的"。在第四章指出，我国城市的市场房租水平并不高，其上涨速度也远低于住房销售价格。根据中国家庭追踪调查数据的测算，我国 2010 年市场房租水平月租金大约在 10 元/平方米（赵奉军，2015）。如果按照这个租金水平来衡量城市居民住房支付能力，城市居民住房支付能力更是远好于按照房价收入比测算的结果。

第三节　房价收入比的决定因素：实证分析

在这一节，我们将结合上述的理论分析，以中国 307 个地级市为对象考察房价收入比的动态变动与城际差异以及决定因素，并检验上述推理过程。

一、模型设置

实证模型可以表述为如下方程：

$$pir_i = \alpha + \beta_1 inc_i + \beta_2 grow_i + \beta_3 finance_i + \beta_4 X_i + \varepsilon_i \tag{5.2}$$

其中，pir 代表房价收入比，inc 表示人均可支配收入，$grow$ 表示房价增长率，$finance$ 表示金融支持变量，X 表示其他控制变量，包括人口规模（pop）、人均财政支出（$fiscal$）等。在上述模型中，收入变量的加入反映了城市空间均衡过程。对于这种空间均衡过程，我们还可以直接加入反映空间相互影响的空间滞后变量，使得上述方程变为一个标准的空间自回归模型（SAR），如方程（5.3）所示。其中 w_{ij} 为空间邻近矩阵。如果 ρ 等于 0，此模型可以再次转化为传统的多元回归模型。

$$pir_i = \alpha + \rho w_{ij} pir_i + \beta_1 grow_i + \beta_2 finance_i + \beta_3 X_i + \varepsilon_i \tag{5.3}$$

上述两个模型原则上都反映了城市空间均衡的过程，但还是有细微的差异。在模型（5.2）中，隐含的假设是消费者在全国范围内寻找城市，空间均衡在全国范围内；但在模型（5.3）中，空间邻近矩阵的存在使得城市之间的相互影响局限于我们设置的距离区间。这意味着一些区域中心城市之间无法相互影响，比如说北京和上海的相对房价按照模型（5.3）的设置是无法体现空间均衡过程的。一些学者采取的另一种处理方法是直接在控制变量 X 中加入相关变量，如距离最近的大城市和大港口的距离（陆铭等，2014），但这种处理方法意味着中小城市只会受大城市房价的影响，丧失了城市房价收入比会相互影响的内涵。

二、数据来源

本书的基础性数据来源于《中国区域经济统计年鉴》（2001～2013）。在《中国区域经济统计年鉴》中，提供了各个城市的住宅销售金额和面积，由此可以计算这些城市的住房销售价格，获得了 307 个城市的房价数据。采用住房销售价格的缺陷是没有控制住房的特征价格属性，导致价格纵向比较困难。在某些时候，更低的销售价格未必意味着房价降低了，可能是因为现在销售的住房大多位于城市的远郊从而导致统计的销售价格下降。要获得纵向可比的控制住房特征属性的城市同质房价数据在现阶段仍然不可能。收入数据我们采用城镇人均可支配收入。按照房价收入比的计算方法，一般采用中位数的房价和中位数的可支配收入，事实上城市层面的这两个数据皆不可得。一些学者的研究表明（张清勇，2011），采用中位数的计算标准与采用平均数并没有显著差异，原因在于无论房价还是收入都是右偏的，中位数的房价和收入是相应平均数的 70% 左右。金融支持的差异也会影响到房价收入比的变动，我们采用中长期贷款/GDP 表示城市金融深化或金融支持力度。对于城市人口数据，我们采用各城市的常住人口来计算。从 2010 年开始，可以获得各地级市的常住人口数据，但仔细检查数据发现，山西、吉林、江西、宁夏和云南这 5 个省区的地级市无法从《中国区域经济统计年鉴》中获得准确的常住人口数据，我们以这些城市的 2012 年统计公报中公布的总人口代替。

三、计量结果分析

对于模型（5.2），估计方法采用 OLS 稳健性估计结果。对于模型（5.3）空间计量的实证过程中，空间权重矩阵起着关键的作用，不同的空间权重矩阵将影响实证结果。根据地理学第一定律，两个对象之间的关系是其距离的函数，因此使用基于距离的空间权重具有很好的理论基础。我们主要采用了两个城市之间的地理距离来构造权重矩阵。但是根据空间过程的经验研究，权重往往并非和距离的倒数成正比关系，很多空间关系的强度随着距离的减弱程度要强于线性比例关系，因此为保持结果的稳健性，我们既构造了基于距离的倒数的空间权重矩阵（即 $\gamma = -1$ ），同时构造了基于距离的倒数的平方的空间权重矩阵（即 $\gamma = -2$ ）。各城市的经纬度坐标来自谷歌地球，在距离的临界值选取上经过多次试算，确保每个城市都有临近观测值。即空间权重矩阵为：

$$w_{ij} = \begin{cases} d_{ij}^{\gamma}, & \text{中心距离 } d_{ij} < \delta \\ 0, & \text{其他} \end{cases} \tag{5.4}$$

在此以 2012 年横截面数据来分析房价收入比差异的影响因素，之所以没有采用 2005 ~ 2012 年的面板数据，是因为随着时间跨度的延长，很多城市数据不可得，以及一些变量的统计口径也发生了改变。需要说明的是，由于 2012 年有 18 个城市的房价无法获取，故表 5 - 7 的实际样本城市是 307 个。在回归结果 4 和 5 中，样本城市进一步减少到 297 个。原因在于，一些城市如新疆部分城市、拉萨等与其他城市距离遥远，加入这些城市势必要扩大权重矩阵的距离区间。去掉了这些城市，分析结果更可靠。截面数据的估计结果如表 5 - 7 所示。从表 5 - 7 来看，所有变量的符号都符合预期，而显著性程度存在差异。从拟合优度 R^2 来看，解释的力度不到 50%。但就一个大样本的截面数据来说，这个值已经是一个相当不错的结果。无论是 OLS 估计还是 SAR 估计，都采用稳健性估计标准差，以尽量降低截面数据常出现的异方差问题。至于共线性，通过 VIF（方差膨胀因子）统计量和自变量相关系数没有发现有共线性问题。

表 5 - 7　　　　　房价收入比的影响因素：2012 年截面数据

	Robust OLS（1）	Robust OLS（2）	Roubst OLS（3）	SAR（4）	SAR（5）
C	- 17.103 ***	- 15.093 ***	- 14.027 **	- 4.537 ***	- 3.855 ***
	(5.615)	(5.426)	(5.634)	(0.68)	(0.848)
inc	1.921 ***	1.451 ***	1.309 **		
	(0.545)	(0.532)	(0.561)		
$grow$	18.057 ***	17.633 ***	17.973 ***	13.804 ***	14.439 ***
	(2.69)	(2.77)	(2.883)	(1.778)	(2.428)
$finance$	1.167 ***	1.16 ***	1.152 ***	1.177 ***	1.201 ***
	(0.14)	(0.139)	(0.134)	(0.089)	(0.12)
pop		0.474 ***	0.509 ***	0.533 ***	0.54 ***
		(0.127)	(0.114)	(0.093)	(0.116)

	Robust OLS（1）	Robust OLS（2）	Roubst OLS（3）	SAR（4）	SAR（5）
fiscal			0.148 （0.176）	0.357 *** （0.127）	0.38 *** （0.147）
ρ				0.688 *** （0.062）	0.533 *** （0.063）
N	307	307	307	297	297
R^2	0.44	0.48	0.48		

注释：c 为截距项，＊、＊＊、＊＊＊分别表示通过 10%、5% 和 1% 的显著水平检验。括号内为标准差。

OLS 估计结果表明，收入变量对房价收入比具有显著的正面影响，即收入高的城市，房价收入比更高，个中原因如前所述。房价增长率对房价收入比的影响非常显著。在以往的实证研究中，加入过去的房价增长率意在证实住房投资需求对绝对房价的影响，本研究的估计结果表明，即使是相对房价，房价增长率不仅会影响绝对房价，而且会对相对房价即房价收入比具有积极的影响。再看金融支持，其系数是高度显著的，这意味着有着信贷愈便利的城市，房价收入比更高。从常住人口对房价收入比的影响来看，城市规模越大越显著地提高房价收入比。这是因为大城市具有显著的聚集效应。根据陆铭等（2013）的实证研究，城市规模每扩大 1%，个人的就业概率平均提高 0.039 ~ 0.041 个百分点。大城市有着更高的就业概率，由分享、匹配和学习带来的聚集效应显著地提高了生产率从而在其他变量不变的条件下提高房价收入比。在模型 3 中，人均财政支出变量虽然有符合预期的符号，但没有通过最低 10% 的显著水平检验。从理论和现实来看，公共支出将资本化到房价中，并对城市绝对房价水平具有显著的正面影响，一些实证研究也多次表明了这点。但对于相对房价而言，尚未看到足够的研究证据显示公共支出亦会推升房价收入比。从理论上说，在收入不变的条件下，若公共产品和公共服务有效供给增加促使绝对房价上升，亦将推动房价收入比上升。这有待进一步深入分析。

为了证实房价收入比的空间相互关联性，我们采用 SAR 模型估计了方程（5.3）。估计结果表明，从 ρ 系数来看，中国 297 个地级以上城市（包含四个直辖市）的房价收入比存在显著的空间关联性。在考虑城际房价收入比的空间关联后，各自变量的系数与 OLS 估计结果仍然没有显著差异。金融支持、房价增长率、城市人口规模一如既往地高度显著为正值。而财政支出增加显著推动城市房价收入比上升，这表明前述的理论假设是正确的。

下文再进一步做城市区域差异分析。我们按照传统的东中西部划分方法，将城市划分为东部、中部和西部城市。其中东部城市 100 个，中部城市 101 个，西部城市 99 个。为节省篇幅，表 5 - 8 的 SAR 估计中，空间权重矩阵统一设置为地理距离的倒数，采用了二次项来设置空间权重矩阵以检验结果的稳健性，结果发现回归结果与前者没有显著差异，故略去。所有估计标准差都采用 Robust 估计。估计结果显示，我们关心的房价增长率和金融支持再次在所有城市中高度显著为正值，房价增长率的影响更大。这与表 5 - 7 对全国城市的估计结果一致。在人口变量表征的城市规模方面，东部和西部显著为正值，而中部虽然为正值，显著性却不够；财政支出变量仍然是东部和西部显著，中部不够显著，个中原因有待发掘。

表 5 - 8　　　　　　房价收入比的影响因素：区域分析

	东部 SAR	中部 SAR	西部 SAR
C	- 5. 175 ***	- 0. 353	1. 335
	(1. 554)	(1. 253)	(1. 199)
grow	31. 61 ***	8. 947 ***	9. 331 ***
	(4. 449)	(2. 092)	(2. 566)
finance	1. 607 ***	1. 181 ***	0. 846 ***
	(0. 17)	(0. 132)	(0. 132)
pop	0. 493 **	0. 144	0. 3 **
	(0. 208)	(0. 148)	(0. 129)
Fiscal	0. 51 ***	0. 731	0. 576 **
	(0. 173)	(0. 549)	(0. 257)
ρ	0. 382 ***	0. 584 ***	0. 111
	(0. 105)	(0. 126)	(0. 113)
N	100	101	99

注释：c 为截距项，* 、** 、*** 分别表示通过 10%、5% 和 1% 的显著水平检验。括号内为标注差。

在反映房价收入比空间相互影响方面，本书的实证结果还是发现了存在显著的区域差异，即东部和中部的城市中 ρ 是高度显著的，而在西部城市的实证研究中不显著。这反映了我国东部和中部的城市日趋一体化，尤其是东部城市之间劳动力流动和基础设施的完善使得房地产市场在空间上趋于收敛。但西部城市房地产市场更多的仍然是本地化的房地产市场，基本上不受相邻城市的房价收入比的影响。

根据上述分析，在决定房价收入比的相关因素中，影响最大的是房价增长率，其次是人均可支配收入，再次是金融支持及城市人口规模和财政支出，并存在显著的空间关联性和区域差异性，东部和中部城市的关联性更强且房地产市场在空间上趋于收敛。

第四节　居民住房支付能力提升路径及收入分配制度改革

从收入分配视角来看，收入分配差距扩大不仅损害了内需扩大，而且导致房价的高涨和住房市场的挤出效应。住房市场的区域分化和房价的高涨反过来则引致中国城乡和地区间收入和财富差距的扩大，这并非中国经济增长之福。阿代尔·特纳（Adair Turner，2016）认为，发达国家债务率的上升及其"债务密集型增长模式"的形成在很大程度上与日益扩大的贫富差距有关，作者直言，"日益扩大的贫富差距将压制需求和经济增长，除非富人增加的储蓄被中低收入者扩大的借贷抵消。在一个贫富差距日益加剧的社会中，扩大信贷和杠杆对于维护增长是必要的，但最终将不可避免导致危机"。公平共享发展不仅有利于改善收入分配，创造更为均衡的发展格局，还能够减缓社会矛盾和冲突，进而促使住房市场的良性成长和经济可持续发展。当前，社会各界普遍关注的是如何成功跨越"中等收入陷阱"。这是因为经济发展到一定阶段，收入分配的不公平问题造成整个社会凝聚力下降和利益冲突剧烈所致。因此，提高居民的住房支付能力需要改革收入分配制度。

如何调整当前我国国民收入主体分配格局，平衡政府、企业和居民主体间的分配关系，是一个极具挑战性的难题。2013年，国务院批转了《关于收入分配制度改革的若干意见》，明确了收入分配制度改革的四个目标：城乡居民收入到2020年实现倍增，收入分配差距逐步缩小，收入分配秩序明显改善，收入分配格局趋于合理。在这份文件中，国务院对完善初次分配和再分配调节机制、建立和健全农民收入较快增长的长效机制以及推动形成公开透明、公正合理的收入分配秩序等方面提出了明确的政策措施。这份文件的第18条明确提出，建立市场配置和政府保障相结合的住房制度，加强保障性住房建设和管理，满足困难家庭住房基本需求。在短期内不能改变政府收入分配格局的情况下，可以适当调整政府支出结构，增加社会性支出，并限制行业垄断，提高市场竞争活力。加强对垄断行业收入分配的控制和央企利润分配管理，不仅能防止少数企业长期获得超额垄断利润，提高市场竞争活力，而且还可以减小居民收入差距。

对于低收入者的住房问题，政府将通过多种形式的住房保障，切实解决他们的住房困难。对于40%的中高收入阶层，他们有能力在住房市场上自行租购商品房，不是在政策上提高住房支付能力的支持对象。住房市场上真正需要政府采取政策措施提高其住房支付能力的是中间收入层次的40%的人口。对于处于中等收入水平的40%的人口，提高他们的支付能力，建议如下：一是切实改善收入分配，提高中等收入者的人均可支配收入。随着收入分配改革的推进，中等收入者的住房支付能力将明显改善。二是对于40%的中等收入阶层，更有针对性实施金融支持政策。我国执行的购买住房按揭利率优惠是针对首套房的，并未与收入挂钩。这是从银行资产的安全性出发，对高收入阶层的信贷条件更优惠。如果政府将提高40%的中低等收入阶层的住房支付能力作为公共目标，住房的金融支持政策则应调整为住房信贷条件与收入挂钩，使中低收入者享受更优惠的贷款条件，并采取政府贴息。由于中国有一个最低20%购房首付的防火墙，这与美国政府鼓励低收入者买房实现美国梦是大不一样的，不可能出现类似美国的次级贷款。三是控制住房投资需求。研究表明，房价的非理性上涨与收入分配恶化存在正反馈关系。房价的快速上涨不仅恶化了城乡收入和财富分配，还会导致城市居民的收入和财富转移。一个投资需求旺盛的房地产市场，长期均衡结果必然是收入和财富分配的两极分化。这一点必须反复强调。因此，必须采取各种法律手段和税收、金融政策抑制投资需求膨胀。四是尽可能增加一线城市和热点城市的住房供给。一线城市及部分热点城市住房紧张局面如果不能缓解，房价上涨压力较大，中等收入阶层住房支付能力的改善则无从谈起甚至会持续恶化。增加住房供给不仅指增量住房，还包括那些沉淀在原有房主手中的存量住房。当前，政府要及时采取政策措施，适当提高容积率和调整土地利用结构来增加增量住房供给，并盘活存量住房。

第六章

土地制度与住房市场

土地制度是房地产制度体系的核心制度，土地制度的变迁对房地产市场的运行和发展具有重要影响。相对于规划、金融等制度而言，土地制度的调整相对缓慢。因为土地制度是国家最重要的经济制度之一，其涉及面更广、影响更深。古今中外，许多次社会的变革都是从土地制度的变革开始的。一般而言，一个国家或经济体的住房市场特征与土地制度紧密相连。土地制度一般包括土地所有制度、土地使用制度、土地管理制度等几个方面的内容。无论土地所有制是公有制还是私有制，土地使用制度和土地管理制度都是政府调节地方发展和城乡规划的重要手段，而住房市场内生于地方经济发展和城乡规划。

我国的城乡二元结构特征明显，而土地制度却是"多元"的。除了城市国有土地和农村集体土地的简单划分外，还有大企业所有的土地、军队所有的土地、机关单位或院校所有的土地等多种形式。鉴于历史的原因，这些单位的土地并没有完全市场化，有的则在这些土地上建造了住房，这些住房同样是非市场化的，但却影响着当地住房市场的发展。地方政府在土地市场上拥有特殊的影响力，主要手段包括控制供地节奏、供地类型，以及改变公共服务的布局和城市发展偏向。土地制度的多元性和地方政府对土地市场特殊的影响力，使得我国住房市场极为复杂。当然，如果从城乡角度讨论，我国实行的是二元土地制度。土地制度和住房市场关系到城乡一体化的推进，新型工业化的实施以及区域间的协调发展。理清这些关系，对于认识住房市场的内在逻辑以及推进住房制度改革具有基础性意义。

从住房市场的发展和完善看，城乡建设用地市场的统一、工业用地与住宅用地的价差及其性质转变等都是极其重要和亟须解决的问题。本章主要讨论城乡建设用地制度、工业用地与住宅用地制度相互关系等与住房用地制度相关的问题，并讨论构筑于现行土地制度之上的住房市场的特征、演变及创新发展。

第一节　从分割到统一的城乡建设用地市场

协调城乡发展的关键一点在于承认并赋予农民应得的财产权，其中，土地及其附着其上的房产又是核心内容。城市的外扩已经把城乡建设用地市场分割所带来的财富分配偏向城市问题暴露无遗。由其所形成的矛盾不仅仅是当前的显性冲突，更有业已形成的存量小产权房最终如何解决的问题，甚至是城乡社会结构的代际固化问题。

一、市场分割中的农地征收与土地"招拍挂"

我国的城乡建设用地市场在相当长的一段时间里是分割的，在特定的历史阶段，包括建设用地市场在内的城乡要素的分割有利于工业积累，成就了中国城市的发展和重工业基础的建立。随着城市化的推进，城市文明向乡村渗透，无论从乡村发展需要还是从城市发展动力来看，城乡融合是一个不可逆转的历史潮流。作为地区经济发展关键的要素，土地几乎成为中国当下所有问题的症结。

城市经营性用地通过招标、拍卖或挂牌等方式向社会公开出让，减少了暗箱操作的空间，有利于土地市场公平竞争，提高了土地使用效率。截至 2015 年底，全国通过"招拍挂"出让的土地面积占出让总面积的 92.3%。[①] 当前对土地"招拍挂"制度的质疑，主要是政府对土地一级市场的垄断。一方面，在城市化的背景下，将农地征收为国有，然后在土地市场挂牌，获取巨额中间价差的做法，几乎成为某些地方政府"生财"的公开秘密，其存在的腐败问题，以及引发的群体性事件一直饱受争议。另一方面，地方政府可以凭借其对土地供给节奏、结构的控制，来影响住房的供应和市场预期，从而达到影响房价的目的。这使得土地市场偏离了市场自身的供求机制、竞争机制和价格机制。住房市场问题涉及众多因素，土地性质不同以及住房用地制度不完善，无疑是主要原因。正是由于住房用

① 国土资源部网站，http://data.mlr.gov.cn/gtzygb/2015/201604/t20160422_1403272.htm.

地制度本身存在的问题，使得地方政府身陷其中，造成住房用地市场上政府与市场关系定位不清的现象长期存在。这又进一步影响着住房市场的健康稳定发展。

建设用地的容量直接关系到人口规模和经济发展空间。当前，政府采用建设用地指标的增长幅度来控制不同类型城市的扩张速度。无论是工业、商业、还是住宅建设用地市场的动向，都对住房市场产生直接而深刻的影响。也正因如此，关注住房市场首先要关注建设用地市场，调控住房市场必须调控土地市场。但政府通过干预土地市场来调控住房市场的做法一直倍受争议。争议主要来自两个方面：一是关于土地产权安排，这主要是制度层面；二是调控自身的有效性，这主要是政策层面。房地产业的快速发展以及在该领域产生的巨额利润，使得各种社会资源迅速集聚，各社会群体几乎都成为利益相关者。面对快速扩张的城市版图和逐步减少的耕地面积，中央政府强制性地划出了一条红线：18 亿亩耕地面积不能侵占。其实这条红线是划给地方政府的，在现行的体制下，城市土地归国家所有，大部分农村土地归集体所有，而实际上的土地管理、收益、处置的权力是在地方政府。由土地产生的所有税收归地方政府、土地出让的绝大部分收益归地方政府，土地市场繁荣对地方政府至关重要。经济上可以创造地方 GDP，政治上可以创造地方官员政绩，但土地市场的另一端连接的是住房市场以及与之有着密切联系的居民家庭。从土地市场到住房市场存在如下逻辑关系：土地市场—地方政府—开发商、居民—住房市场。分割的城乡建设用地市场由地方政府通过行政垄断的力量推向同一个"招拍挂"市场。城乡建设用地市场越是分割，由土地市场传导到住房市场的扭曲就会越大。

二、城市化进程中农民的土地权利和住房权利

城市化由农民进城和城区外扩两个维度组成。农民进城后在房地产市场上的权利，以及城市外扩对农地的影响构成当下我国土地市场的两个重要问题。来自国土部门的数据显示，2015 年，通过土地整治，全国新增耕地 15.68 万公顷。当年全国批准建设用地 53.36 万公顷，同比减少 17.7%，住宅用地占 15.5%，占比与 2014 年相比下降了 1.2 个百分点。2012 年，通过土地整治，全国新增农用地 54.45 万公顷。当年全国批准建设用地 61.52 万公顷，同比增长 0.6%，其中转为建设用地的农地 42.91 万公顷，耕地 25.94 万公顷，同比分别增长 4.5% 和5.2%。[①] 照此计算，当年全国农用地净增 11.54 万公顷。如图 6 - 1a 所示，从2012 年全国国有建设用地供应结构来看，住宅用地占 16.1%，约为 9.9 万公顷，

---

① 国土资源部网站，http://www.mlr.gov.cn/zygk/.

即 9.9 亿平方米，按容积率 2.0 计算，可建 19.8 亿平方米的住房。其中，由农地转变用途形成的可建住宅土地面积为 6.9 亿平方米，占总住宅用地面积的 70%。图 6-1b 显示，2015 年用地结构基本维持了 2012 年的比例结构。由此可见，农地征收一级市场对住房市场的影响是巨大的，由城乡建设用地市场分割带来的价差及利益空间也是巨大的。这也是近年来，围绕农地征收问题矛盾激化、问题频发的原因所在。伴随着城市土地可开发面积的减少，上述问题将持续存在并有可能进一步加剧，因此，必须重视并进行认真研究。

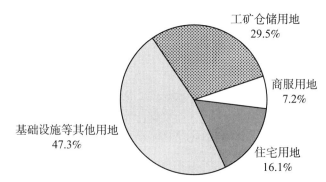

图 6-1a　2012 年全国国有建设用地供应结构

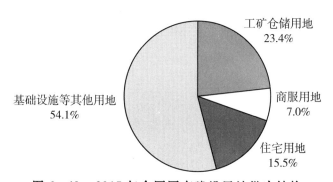

图 6-1b　2015 年全国国有建设用地供应结构

资料来源：中华人民共和国国土资源部，http://data.mlr.gov.cn/。

比较 2012 年和 2015 年的数据发现，2015 年住宅供地占供地总量的比重出现下降，但在惯性作用下，中国住房用地需求量并未出现下降。同时，向 18 亿耕地红线的逼近又凸显了住房用地问题的紧迫性。住宅用地供应不足、供需矛盾是一些城市土地市场的基本特征。如图 6-2 所示，2008 年以来，国有建设用地供应量逐年增加，虽然从供应结构来看，住房用地的占比在 2012 年出现下降，2013 年住房用地上升后，2014 年、2015 年再次下降。按照原先的"农地征收—转国有土地—招拍挂—住房市场"的制度安排，意味着对农村、农民财富的持续

"掠夺",与此同时,农民进入城镇后的购房资金严重不足,且缺乏从银行贷款的基本条件。在设想中的农民进城的路途上,遇到了农村土地没有退出机制和城市购房没有启动资金的尴尬境地,这与新型城镇化的内涵背道而驰,建设统一的城乡建设用地市场亟须破题。目前,国家已经从顶层设计上建立统一的城乡建设用地市场,但基层实践的探索以及具体问题的破解仍在推进中。

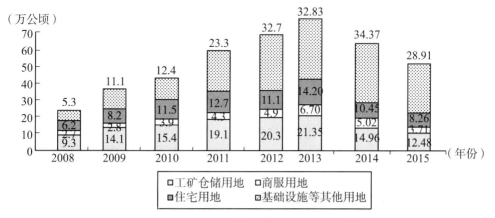

图 6 – 2   2008 ~ 2015 年国有建设用地供应结构

资料来源:中华人民共和国国土资源部,http://data.mlr.gov.cn/。

三、建立统一城乡建设用地市场的原则路径及其对住房市场的影响

由于农业问题涉及国家安全,农村问题关系稳定,推进建立统一城乡建设用地市场,需要始终坚持的几个原则:一是农村土地的集体所有制性质不能变;二是农业生产的农业用地数量要有保证;三是农民的基本权益要得到保障。如何在坚持这三大原则的前提下,构建统一的城乡建设用地市场,直接关系到小产权房的处置、农民在农村资产的退出机制和进城购房资本的积累等问题。

一是把"隐藏"在村集体内部的土地交易市场显性化。首先需要明确的一个问题是:应该如何认识集体所有制属性的农村土地市场?这个市场的买者和卖者分别是谁?交易关系是什么?城乡分割的背景下,我们似乎很难找到在农村范围内围绕土地的交易关系。以至于在土地确权的过程中,很多地方的台账上还是亩、公亩、市亩混用的情况。在重量、长度等度量衡单位早已统一的背景下,还有很多农村的土地度量单位并未统一,足见农村土地市场交易频率之低。的确,在家庭联产承包责任制下农地资源配置主要是借助于行政手段进行,市场机制并

没有发挥应有的作用。因此，从严格意义上讲，我国农用地市场是"残缺"的。但是，在村集体内部的宅基地交易、集体建设用地出让市场一直存在。伴随着房地产市场的快速发展，农村建设用地市场以另一种方式存在。如图6-3所示，在城乡建设用地市场不统一的背景下，农村土地被以征收的形式转变为国有用地，然后获取城市土地交易资格，进入市场交易。在村集体内部的土地市场一直隐性存在，即使在政策没有明确之前，农民住宅的转让、农地承包权的出租或拍卖、集体经营性建设用地使用权的转让一直是存在的。由于城乡分割，这种村集体内部土地市场的存在，并没有对城市住房用地市场产生实质性影响，因为城乡土地市场不同权、不同价。但在城市郊区"征收农地—转为住房建设用地"又实实在在地影响着城市住房市场的发展。于是，城乡土地市场不统一与城市不断向乡郊扩张，构成了当前住房用地市场的悖论。这种以牺牲农民利益换取低成本城市化的发展模式，既不利于新型城镇化的发展，又不利于房地产市场的健康发展。这种所谓的"低成本"也不可持续，因为在非市场化的背景下，对农村土地的获取实际上变得越来越困难。与其让村集体内部的土地交易市场隐性存在，不如将其显性化。与其以农村土地不能交易的名义将其征收再上市，造成利益分配不均的矛盾，不如直接让市场发现其价值。

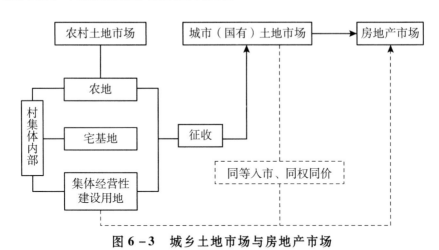

图 6-3　城乡土地市场与房地产市场

注：图中实线部分是真实情况，虚线部分是要达到的目标。

二是理顺农民的土地权利体系。构建城乡统一的建设用地市场，要给予农民更多的财产权利，这是未来土地制度改革的大方向。虽然土地制度改革亟需制度突破，但无论如何突破，土地是农民获得财产性收入的核心要素。由于现行城乡分割的土地制度，政府垄断土地一级市场，农村集体土地难以直接入市，就土地这一极其重要的生产要素而言，农民未能从中获取农业生产收入以外的财产性收入。一部分地区，土地被闲置，另一部分地区，农民私建小产权房、出租厂房，造成土地市场混乱。要建立统一的城乡土地市场、健全农民的土地财产权利，就必须理顺农民的土地权利体系。农村土地是通过"人"这一要素与城市住房用地市场联系起来的。城镇化过程必然涉及农村人口向城市迁移，迁移的人口把土地留在农村，把财富带进城市。而农民的最大财富就是土地，但土地财富在"变现"上存在制度障碍。简单说，如果农民留在农村，其可以保有土地财富，如果离开农村，则土地财富也将失去。可见，农民从农村的退出机制没有建立起来。这也是现实中，出现一些农民不愿意放弃农村户口的原因。因此，应明确农民有保有土地财产的权利，也有把土地财产变现的权利。这就是农民的土地权利。当然，土地的性质和用途不能随意变更。简单说，土地仍归属集体，仍用于耕种，但土地的经营者可以更换。一旦涉及土地产权的变更，则由市场确定其价值，收益归集体所有，对收益的处置由集体成员共同决定。农村集体土地的所有权主体是农民集体，而不是集体经济组织。实践中，土地名义上由农民集体所有，实际上为集体经济组织或村民委员会所有，甚至是由其中的个别人所有，农民不能从法律上看到自己与土地的关系。这一方面使农民在与集体经济组织或村民委员会的承包合同纠纷中不能正确地主张自己的合法权益，另一方面也使农民淡化了对土地产权的保护意识。

三是理清可入市的土地性质关系。在符合规划和用途管制前提下，允许农村集体经营性建设用地出让、租赁、入股，实行与国有土地同等入市、同权同价。这是建立城乡统一建设用地市场的第一步。允许入市的是农村集体经营性建设用地，从政策上来看，宅基地、农业用地尚不能入市。农业用地禁止入市主要是为了保证中国农业安全。宅基地作为农民在农村生活的最后堡垒，禁止入市主要是给农民留有无法在城市生活的后路。毕竟，在城市里生活不是拥有一套住房就够了，不同于农村可以靠种养殖解决基本生存问题，城市的所有消费都需要通过交换实现。如果没有工作就失去了交换权利。如果大量农民在城市无法生存的情况下又不能退回农村，则是中国城市"不能承受之重"。但是，宅基地入市究竟会否产生上述问题，并不是确定的。需要通过改革试点积累实践经验。因此，目前政策上允许的是农村集体经营性建设用地入市。那么，什么是农村集体经营性建设用地？农村的集体建设用地分为三大类：宅基地、公益性公共设施用地和集体经营性建设用地。农村集体经营性建设用地，是指具有生产经营性质的农村建设用地，包括农村集体经济组织使用乡（镇）土地利用总体规划确定的建设用地兴办企业或者与其他单位、个人以土地使用权入股、联营等形式共同举办企业、商业所使用的农村集体建设用地，如过去的乡镇企业用地。

四是坚持符合规划和用途管制原则。并非所有的集体经营性建设用地都可以入市，也并不是入市后可以任意使用。事实上，即使在存在私有土地的美国，其土地使用也要符合规划。强调土地的社会职能和利益高于一切，实现土地资源的可持续利用，是美国土地管理的根本宗旨和主要目标所在。美国法律保护私有土地和国有土地所有权不受侵犯，但他们仍然拥有对私人土地使用进行规划和管理的权力。十八届三中全会《关于全面深化改革若干重大问题的决定》指出，在符合规划和用途管制的前提下，农村集体的经营性建设用地才可以出让、租赁、入股，并不是说所有的农村建设用地都可以自由入市。同时，集体经营性建设用地不能无证转让，需要土地确权，不能私下转让，需要规范公开的市场操作。这些都需要试点甚至还要矫正制度，因此，并不会在短期内对房地产市场产生实际影响。

五是平衡好国家、集体、个人的利益。2016 年 11 月发布的中共中央、国务院《关于完善产权保护制度依法保护产权的意见》提出，要坚持平等保护，健全以公平为核心原则的产权保护制度。十八届三中全会《关于全面深化改革若干重大问题的决定》要求缩小征地范围，规范征地程序，完善对被征地农民合理、规范、多元保障机制。2011 年、2012 年、2013 年全国土地征收面积分别为568 740.50 公顷、517 764.28 公顷、453 070.75 公顷，其中，由国务院批准的分别为 215 553.15 公顷、199 453.29 公顷、152 235.30 公顷，下降幅度明显。扩大国有土地有偿使用范围，减少非公益性用地划拨。建立兼顾国家、集体、个人的土地增值收益分配机制，合理提高个人收益。完善土地租赁、转让、抵押二级市场。缩小征地范围，即把农地入市的范围缩小为"集体经营性建设用地"，其他公共设施公益性事业用地不能入市。坚持农地的所有权、承包权、经营权"三权分置"，否则极易出现财富不均衡分配，引发一系列严重社会后果。以上限制使得可征用的农地范围缩小，当市场预期政策会放开，而实际又设定了太多限制条件时，其实对土地市场至少在短期内的供给增加没有影响，地价也不会因此降下来，对房地产市场的现状短期内也没有根本的影响。但从长远来看，有利于房地产市场健康稳定。

长期以来，中国农民生活在集体之中，村民之间以协作方式从事农业生产。因此，农村土地归集体所有，符合基本的逻辑和生产要求。随着工业化的推进，特别是农业剩余劳动力向城市转移，原有的农民集体生活和生产方式被打破。一方面，农村的土地需要有新的组织形式来适应现代化生产方式；另一方面，进入城市的农民需要在城市获得居住空间。农民身份的转换、工作场所的转变以及整个中国社会的转型，构成农村土地市场制度变革的逻辑基础。而城乡建设用地市场也以图 6 - 4 的逻辑影响着中国房地产市场。

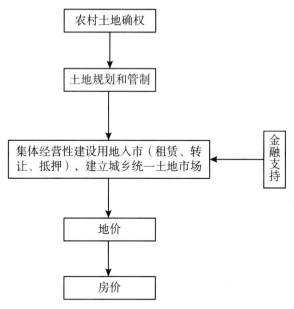

图 6-4　农村土地确权对住房用地影响

第二节　住房的居住属性与住房市场的共享发展

在分析统一城乡建设用地市场对房地产市场影响的基础上，本节进一步分析农业转移人口在城市的住房问题。这是通过"人"这一能动的要素，把土地和住房这两个被动的要素联结起来，更多地强调住房的居住属性和对住房贫困人口的关注。

一、城镇化过程中的住房供求失衡与属性偏离

解决农业转移人口居住问题是城镇化的一大挑战，几乎所有第三世界的城镇化过程，都出现了因人口迁入而引致的城市土地投机和地价膨胀现象（Kasarda and Crenshaw，1991），与之相伴随的往往是房价高涨，很多新转入人口面临住房贫困的威胁。中国城乡二元土地产权，城乡居民身份差异和财政分权的背景，激励市长们把农地变为建设用地，然后把建设用地的使用权卖给开发商，他们通过扩大农地征用面积，获得更多土地租金剩余（Li Xun, et al.，2010；亨德森，2011）。地方政府更关心住房的供给，但住房供给增加并没有缓解农业转移人口受到的贫困威胁。这一机制导致中国的土地城镇化快于人口城镇化（蔡昉，

163

2010），农民与政府之间围绕土地的利益冲突也日益严峻（周其仁，2004）。

伴随着城市化的推进，中国城市的住房短缺问题曾一度比较突出。虽然没有住房存量的官方权威普查数据，但始于 2003 年的房价快速上涨及泡沫化的出现（高波等，2014），足以说明中国城市住房市场出现了供需失衡。[①] 但是，图 6 – 5 中的数据显示，从 1999 年中国停止实物福利分房以来，每年新增城镇人口的居住需求面积增量，都小于当年城镇新建住宅面积总量。2011 年以后，每年的商品住宅竣工面积也超过了新增城镇人口住房需求的总量。[②] 因此，我们可以认为，所谓的中国城市住房市场供需失衡，应该是结构性失衡而非总量失衡。当住房在一部分地区、一部分人群中有剩余；而在另一部分地区、另一部分人群中却是持续短缺时，就为市场投机准备了条件。住房市场出现泡沫化趋势，甚至住房偏离了居住属性，而变为一种投资品，这对住房市场的健康发展是极其有害的。一方面会加剧住房市场供求失衡，另一方面会影响到整个社会的资源配置。研究当下的中国住房市场，抓住结构性问题就抓住了"牛鼻子"。

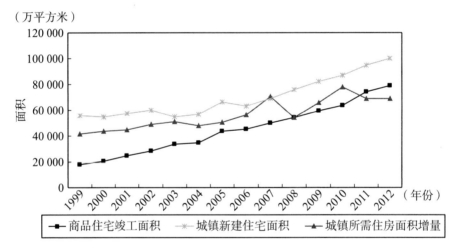

图 6 – 5　1999～2012 年中国城镇住房供需趋势

资料来源：中华人民共和国国家统计局，《中国统计年鉴（2000～2013）》，中国统计出版社 2000～2013 年版。其中，"城镇所需住房面积增量"的计算方法是：用当年城镇人口增量乘以当年城镇人均住房建筑面积。

事实上，受"土地财政"的激励，地方政府增加住房供给的热情，从未因中央政府的调控政策变化而有实质性改变，除非中央政府针对房价涨幅动用了约

---

① 这里所说的需求包含居住需求和投资、投机需求。

② 即每年城镇人口增量与当年城镇人均住房面积的乘积。这里暂时不考虑住房在个体间的分配问题，仅考虑总量，不影响分析结论。

谈、问责等行政强制措施。城市化一直被认为是中国房价上涨的最大动力，但无论房地产调控政策如何变化，似乎都在增加农业转移人口的购房难度。人为抑制农业转移人口在城市的住房需求或通过某些限制性措施阻止这种人口转移趋势，都不是好的治理策略（李永友，2014）。农业转移人口选择迁入地时首先考虑的是工作机会，但住房问题确实会迫使他们对自己先前的选择作出调整。波尔特诺夫（Portnov，1998）研究发现，以色列新移民首先涌向工作机会多的发达城市或城市中心，扎根城镇后才根据住房质量、价格来选择居住区域。这一现象在美国同样存在，大约40%的新移民选择到纽约、洛杉矶等六大中心城市居住（La-Londe and Topel，1997）。为缓解人口集中，美国曾通过修建公路等公共品投资，贴息、免税等政策优惠，鼓励中产家庭迁往郊区（Ledbetter，1967）。高速公路投资和郊区购房优惠信贷加剧了美国的城市蔓延（仇保兴，2009），但美国解决新移民住房贫困的政策并不成功。很多文献都关注到了新移民的住房贫困对经济社会发展的负面影响。赫尔普曼（Helpman，1998）认为住房价格过高会影响劳动者的相对效用，进而抑制劳动力在城镇聚集。高波等（2012）的研究发现，中国城市房价上升诱使劳动力流出，没有产业支撑的城镇化将形成"空城"。还有研究发现，长期扶持房地产业发展，会带来城市膨胀、人口过度集中、房价高涨等问题，阻碍城镇化（Henderson，2003）。甚至因房地产业资本"虹吸效应"导致社会资源错配（刘志彪，2010）。中国部分房价过高的城市的确对实体经济发展产生了一定的挤出效应。解决上述问题须以使住房回归居住属性为前提。一是从供地结构上支持向居住属性回归。尽量减少对市区别墅、大户型的供地。土地出让时的容积率要设置合理，不能太低。二是从住房规划和建筑设计结构上支持向居住属性回归，根据城市人群居住需求，以满足刚需适用的中小户型和满足改善型需求的户型为主。三是从资金流向上支持向居住属性回归，资金是中国住房市场的紧箍咒，要从开发贷、按揭贷、公积金等各个渠道的制度设计上支持资金流向居住属性的住房市场，从资金供给上遏制住房投机行为。四是从公共服务配建上支持向居住属性回归，对于别墅和大户型的公共服务配件要适当减少，而把教育、医疗、文化设施等公共服务资源的配建向满足居住属性的住房周边倾斜。五是激活住房租赁市场。如果一宗房子长期闲置，其居住功能就没有发挥出来。要降低租房的交易成本，增加租客的居住稳定性，从户籍制度设计上使得租房和买房群体能够享受相同的公共服务。

二、交换权利不足与住房贫困：住房市场的共享发展维度

住房向居住属性的回归与解决住房贫困是一个硬币的两个面，任何一种商品被热炒并形成泡沫后，都会直接或间接损害对该物品具有真实使用需求者的权

益。尽管学界对新移民的住房贫困问题给予高度关注，但从政策建议来看，或是基于增加住房供给的角度，或是基于抑制投机的角度，即使那些着眼于提高转移人口住房支付能力的研究，也主要关注收入水平问题。很少有文献从权利的视角来寻找答案。下面将以阿马蒂亚·森的权利方法为分析框架，以新型城镇化和城乡一体化为背景，探讨减少农业转移人口住房贫困的基本思路。

中国的住房市场发展到今天，已经由总量不足阶段进入总量过剩和结构性不足并存阶段。关注住房贫困群体是住房市场健康发展的题中应有之义，也是共享发展理念的价值追求。这里有两个关键概念需要特别定义：一是合意住房，指在家庭人口数量和结构、经济收入、工作性质等既定前提下，满足一个家庭基本居住需求的住房面积以及能够使其保持体面的住房属性。二是住房贫困，指一个人所拥有的交换权利，无法使其获得合意住房。在这里，合意住房中"保持体面的住房属性"非常重要，它保证了住房贫困的标准线可以随经济社会发展而变化。对于消除住房贫困的政策目标，也不会被简单地锁定在提高住房面积上，更有交通、教育、环境、文化等公共品供给的要求，因为住房不仅是栖身之所，更是人们享受生活、实现生命发展和繁衍的空间载体。显然，研究住房市场不能仅关注冰冷的钢筋混凝土，更应该关注附着在住房上的公共服务；研究住房市场也不能仅关注高端群体和高端需求，更要关注基本居住需求。

（一）住房贫困的度量

本章关注的住房贫困包含两个方面的内容：住房面积和住房属性，对住房贫困的度量方法也包含这两个层面。

从住房面积来看，假定一个城市中共有 N 个人，其中，农业转移人口为 n。用 S_i 表示社会中第 i 个人的住房面积。则农业转移人口住房贫困的面积度量公式为：

$$P = 1 - \frac{\dfrac{1}{n}\sum_{i=1}^{n} S_i}{\dfrac{1}{N}\sum_{i=1}^{N} S_i} \tag{6.1}$$

（6.1）式测度了农业转移人口人均住房面积与整个城市人均住房面积的距离，当 $P=1$ 时，表示农业转移人口没有住房，当 $P=0$ 时，表示农业转移人口平均住房面积与城市居民没有差别。期望的 $P \in [0, 1)$，数值越大，表示农业转移人口与城市居民相比住房状况越差。

从住房属性来看，主要考察住房距离学校、医院、公交站等公共基础设施的距离。至于住房卫生间数目、窗户数目等属性则认为与住房面积高度相关，放在住房面积度量指标中考察。假设社会中第 i 个人的住房与第 j 类公共基础设施的距离为 L_{ij}，农业转移人口的住房与第 j 类公共基础设施的距离为 $L'_{i,j}$。则农业转移人口住房属性贫困的度量公式为：

$$H = 1 - \prod_{j=1}^{K} \frac{\frac{1}{N}\sum_{i=1}^{N} L_{ij}}{\frac{1}{n}\sum_{i=1}^{n} L'_{ij}} \tag{6.2}$$

（6.2）式测度了农业转移人口的住房位置距离公共基础设施的距离，与城市全体居民住房距离公共基础设施距离均值的比值，预期前者大于后者，于是，H 的取值范围是 $H \in [0, 1]$。当农业转移人口的住房属性与城市居民无差异时，$H = 0$，当农业转移人口住房位置距离公共基础设施无限远时，$H = 1$。H 的值越大，表示住房属性越差。

综合（6.1）式和（6.2）式，我们建立一个包含住房面积和住房属性的住房贫困度量公式：

$$I = PH$$

即：
$$I = f(L, S) \tag{6.3}$$

按照这一定义，住房贫困是住房面积和住房位置的函数。

农业转移人口的收入约束是：

$$y = Sp_h + C(Z) \tag{6.4}$$

其中，y 是收入，S 是居住面积，p_h 是房价，[①] C 是其他消费支出，C 是制度 Z 的函数，因为农村转移居民在城市的子女教育、医疗、保险等支出都因制度原因而与城市居民有所差别。

房屋单价 p_h 是位置的函数，即：$p_h = F(L)$，于是：

$$S = \frac{y - C(Z)}{p_h} = \frac{y - C(Z)}{F(L)} \tag{6.5}$$

把（6.5）式代入（6.3）式得到：

$$I = f\left[\frac{y - C(Z)}{F(L)}, L\right] \tag{6.6}$$

（二）住房交换权利的度量

借用阿马蒂亚·森（2001，第8页）的分析框架，在市场经济中，一个人可以将自己所拥有的商品转换成另一组商品。这种转换可以通过贸易、生产或者两者结合来实现。他能够获得的各种商品组合所构成的集合，可以称为这个人所拥

---

① 此处，如果是租房居住就是租赁价格，如果是购买住房就是房屋价格。

有东西的"交换权利"。

假设 x 是一个农业转移人口所拥有的所有权向量，他的交换权利集合 $E(x)$ 是一个向量集，其中的每一个向量是他用所有权向量 x 通过交换可以获得的商品向量。

$$E(x) = \{y \mid y \in X \ \& \ py \leqslant px\} \tag{6.7}$$

所谓农业转移人口的住房交换权利，是指农业转移人口所拥有的商品组合及权益在城市中能够交换到的住房的集合。决定一个农业转移人口住房交换权利的因素包括：（1）是否能够找到工作，工作的稳定性和工资数额；（2）出售自己非劳动所得（如在农村的财产）的收益，以及购买自己希望得到的物品（包括住房及其他生活必需品）的花费；（3）使用自己的劳动力以及自己掌握的资源能够生产什么；（4）购买资源的成本是多少以及出售自己产品的价值是多少；（5）能够享受的社会保障福利及必须交纳的税金。森定义了"交换权利影射"的概念，即为每一个所有权组合指定了一个交换权利集合，从而界定了对应于每一种所有权情况，一个人所拥有的机会。本章假定，如果一个人的交换权利集合中没有包含"合意住房"的可行商品和权益组合，那么这个人就有可能面临"住房贫困"。住房贫困对个人而言可能在社会尊严、享受公共服务、获取发展机会等方面处于不利境地，对整个住房市场而言则会陷入结构性失衡，甚至脱离居住的基本功能，陷入投机炒作之中。基于共享发展的理念，应该从增强农业转移人口以及住房负担能力不足人口的住房交换权利入手，来解决住房贫困问题。

三、交换权利影射与住房贫困：住房市场的协调发展维度

下面我们将要分析的是，农业转移人口对住房的交换权利影射与住房贫困。更一般的，农业转移人口可以扩大到全体居民。对于产生住房贫困[①]的原因，本书其他章节从不同视角进行了论述。在我国房地产业发展初期，住房供给不足的确是个主要因素，而这种不足也是相对于巨大的市场需求在短期内被释放而言的。经过 10 多年的快速发展，[②] 我国房地产市场供给不足可能已经不是造成住房贫困的主要原因。一面是大量住房空置，一面是存在住房贫困人口。这一矛盾的存在说明，以住房不足为中心的观点不能解释住房贫困现象，以实物供给为中心的政策也不能解决住房贫困问题。住房市场是一个体系，需要协调各方面力量，需要理顺多个环节。必须用协调发展的思维来看待和解决住房市场出现的问题。

---

① 在本书的其他地方，没有使用"住房贫困"这一严谨的概念。
② 根据国家统计局数据，我国每年竣工房地产面积 20 亿平方米左右。

这其中涉及城乡协调、产业协调、区域协调、行业和阶层协调等。

一个人避免住房贫困的能力，依赖于他所面对的住房交换权利影射。一般来说，住房供给的减少，会通过住房价格的上升，对所有人的住房交换权利形成不利影响，那些处在住房贫困边缘的人可能因此陷入住房贫困。所以，引起住房贫困的直接原因是个人交换权利的下降。这种交换权利的下降除了由上述住房供给减少原因造成的外，还可能由社会群体相对交换权利差异或变化引起的。假设住房总量没有变化，一部分人变得富有，或者具有了购买住房的歧视性政策优势，他们的住房交换权利提升而大量购买住房，引起房价上涨，结果导致另一部分人的住房交换权利恶化。因此，仅仅从住房供给角度来寻找解决住房贫困问题的答案，可能无法令人满意。很多时候，住房供给增加了，那些住房贫困的人也许反而更加看不到住房脱贫的希望。① 于是，我们必须把目光转向另一个方向：协调提升住房交换权利。

对于居住在农村的农民而言，他们可以获取土地资源，② 通过建造这种生产劳动，获取自己的住房。在城市，个人无法获得土地资源，这就决定了他只能通过个体劳动，取得收入，来购买住房。③ 如果由于某种原因，如城市经济结构调整、遭遇外部经济危机冲击等，进城农民失去工作或工资下降，又没有社会保险，那么他对住房的交换权利就会失去。此时，他或者搬离原来的合意住房，陷入住房贫困，或者离开城市。在市场经济中，农业转移人口可以通过自己的劳动或经营活动获得收入，强化自己的住房交换权利。但也有可能因制度原因使自己的住房交换权利遭到削弱。也就是说，收入水平是解决农业转移人口住房贫困的重要因素，围绕收入来探讨住房贫困的解决思路看起来也很合理，但这并不是问题的本质。一个农村进城务工人员和一个城市户籍居民，他们有着相同的低收入水平，在都无法靠自己的收入来摆脱住房贫困的情况下，城市低收入户籍居民却可以依靠住房保障政策获得合意住房，而进城务工农民却没有这一交换权利映射。因此，需要从户籍制度的改革上来改善农业转移人口的住房交换权利。从大中小城市协调发展的角度来看，不同类型的城市户籍制度会有不同的调整策略。

除了在城市中的住房交换权利歧视外，我们还应该关注造成农业转移人口住房交换权利弱化的另一个原因：处置自己资产的权利。问题的另一面是农民处置自己资产的权利被限制，导致资产价值不能实现。在村集体中，农民的权益包括农地、宅基地使用和占有权利，集体建设用地分享收益权利等。正如本章第一节中提到的，城乡土地市场的分割，使得农民不能得到农村建设用地价值的公平分

---

① 处于住房贫困中的住房交换权利并没有伴随着住房供给的增加而增强。
② 宅基地。
③ 租赁可以看作购买住房服务。

享。"农民"的身份属性而非职业属性，使得农民没有退出机制，或者说没有退出权利，直接影响到了其在城市的住房交换权利。即使他们具有在城市生活的愿望，也很难用位于农村的资产去交换位于城市的合意住房。因此，当前出现的农民不愿意放弃农业户口，根本原因是他们无法在城市获得对等的交换权利。这是城乡一体化中亟须协调改进的城乡要素互通问题。看起来是农民从农村和农业领域的转出，其实与之相伴随的是城市与农村的融合。

第三节　土地制度变迁及其对住房市场的影响

本节考察土地制度变迁、现状及不同时期对住房市场的影响。鉴于中国的工业化与城市化相互影响的事实，以下讨论将把工业用地与住宅用地结合起来，以更加全面准确地反映土地制度对住房市场的影响。

一、中国土地制度变迁及现状

（一）工业用地制度变迁及其与住宅用地的制度异同

工业用地虽不直接用于建造住房，但工业用地对住宅用地价格产生影响：一是工业用地产出效率高，租金就高，关联带动住宅用地价格上涨。二是工业用地产出效率低，地方政府无意工业用地开发，先通过工业项目征用土地，继而改变用途进行住宅用地开发。于是，我们看到一种现象：一个地方无论工业经济发展水平高还是低，住房用地市场都出现火热局面，进而传导到房地产市场。甚至一些工业项目明知不具有可行性，企业也愿意上马，条件是地方政府配套住宅用地。因此，分析土地制度对住房市场的影响一定不能忽视工业用地。改革开放以来，中国工业用地持续增长，工业用地占存量建设用地的比重由1986年的8.9%提高至2003年的11.1%，2013年，中国存量工业用地占城市存量用地的比重在30%～40%之间。①

1. 从无偿无限期供应到有偿有限期使用

在公有制一统天下的背景下，中国曾实行了很长一段时间的土地无偿无限期供应制度。1986年6月，六届全国人大常委会第十六次会议通过了《中华人民

① http://finance.sina.com.cn/roll/20140318/150618540937.shtml

共和国土地管理法》（以下简称《土地管理法》），从制度上改变了建设部门管理城市土地、农业部门管理农村土地的分散管理局面。但《土地管理法》关于无偿、无限期划拨使用土地的制度，以及土地使用权不得转让的规定，阻碍了土地作为一种生产要素进入市场的步伐。土地划拨的方式，无视土地作为一种生产要素的价值，形成了"公地悲剧"。由于土地属公有产权，零成本使用，这样就导致了对土地的过度使用或者占而不用，造成闲置浪费。1987 年，深圳率先实行土地使用权有偿出让，之后，国务院批准了国家土地管理局《关于尽快在深圳、上海、天津、广州、厦门、福州试行城市土地使用权有偿转让的报告》，这六个城市试点的成功，促使七届人大一次会议在《中华人民共和国宪法修正案》中做出"土地的使用权可以依照法律的规定转让"的修改，确立了土地使用权转让的宪法基础。1988 年 12 月 29 日，七届人大五次会议通过了《关于修改〈中华人民共和国土地管理法〉的决定》，增加了允许国有土地和集体土地的使用权转让和确立国有土地有偿使用的制度规定，为土地作为一种生产要素进入市场扫清了法律障碍。

2. 加强土地管理，规范工业用地制度，大力整顿工业用地市场秩序

随着改革的深入，特别是在小平同志南方视察讲话精神的鼓舞下，中国经济在 20 世纪 90 年代初再次发力。各地积蓄了发展工业的内在动力。开发区从沿海到内地，不断发展壮大，有效地发挥了辐射和带动作用，成为区域经济发展的重要增长点。但是，在这种昂奋投资的精神状态下，也出现了一些问题：各地盲目设立开发区，工业用地的供给出现了无序状态。

以设立开发区为名义的"圈地运动"使中国大量农业用地被侵占，工业用地供给泛滥、市场秩序被严重干扰。随着工业的发展，在资本、土地和劳动这三种生产要素中，土地的稀缺性越来越突出，如何实现土地作为一种生产要素的价值，在理论和实践上开始受到越来越多的重视。1997 年 4 月 15 日，中共中央、国务院发出《关于进一步加强土地管理切实保护耕地的通知》，加强土地的宏观管理。该通知进一步规范建设用地的审批管理、严格控制城市建设用地规模、加强对农村集体土地和国有土地资产的管理、加强土地管理的执法监督检查。2001年 4 月 4 日，国务院发出《关于加强国有土地资产管理的通知》，要求严格控制建设用地供应总量、实行国有土地有偿使用制度、大力推行国有土地使用权招标、拍卖制度，加强土地使用权转让和地价管理，规范土地审批的行政行为。以上政策措施的出台和实施对遏制工业用地市场的无序发展，起到了一定作用。

3. 实行土地"招拍挂"，完善土地交易制度，促使工业用地市场成长

完善工业用地市场，必须以市场化交易方式成为土地流转的主要形式为前提。2002 年 5 月 9 日，国土资源部出台《招标拍卖挂牌出让国有土地使用权规定》和《国土资源部监察部关于严格实行经营性土地使用权招标拍卖出让的通知》，明确从当年 7 月 1 日起正式停止经营性项目国有土地使用权协议出让，要求各地政府加强国有土地资产管理，土地出让实行招标拍卖挂牌交易，在市场配置土地资源方面实现了新突破，但该规定还没有专门针对工业用地提出。而在住宅市场因招拍挂制度的推出，迅速激活了潜在的需求，加之住房消费端按揭等相关制度的跟进，整个住宅用地市场被激活，住房市场进入上升通道。

2005 年 9 月，国土资源部发布《关于加强土地调控的有关通知》，提出工业用地也将逐步实行以招拍挂的方式出让使用权。2006 年 8 月 1 日，国土资源部发布《招标拍卖挂牌出让国有土地使用权规范》和《协议出让国有土地使用权规范》，8 月 31 日《国务院关于加强土地调控有关问题的通知》发布，要求工业用地必须采用招标拍卖挂牌方式出让，且其出让价格不得低于公布的最低价标准。工业用地实行招拍挂制度简化了土地审批手续，提高了行政效率，缩短了企业获得土地使用权的周期，提高了工业用地使用效率。这也是市场经济体制的内在要求，是工业用地市场自身完善、成熟的必要条件。但也必须指出的是，出于招商引资的需要，地方政府在工业用地的招拍挂制度的具体执行方面不如住宅市场规范。

（二）中国工业用地开发现状及其与住宅用地、商业用地的价格差异

我国工业用地平均产出效率远低于发达国家水平，隐性土地闲置现象严重，同时，工业用地规模扩张惊人，守住 18 亿亩耕地红线，成为相当紧迫的任务。《全国土地利用总体规划纲要（2006～2020 年）》要求坚持保护耕地和节约集约用地的根本方针，统筹土地利用与经济社会发展，不断提高土地资源对经济社会全面协调可持续发展的保障能力。在实践中，工业用地市场的发展对一个城市乃至国家的经济发展至关重要，日本工业用地对本国 GDP 的贡献在 40% 以上；美国工业用地对本国 GDP 的贡献也超出了 30%（董大旻，2007）。而中国工业用地总体产出效率偏低，曹建海（2002）经过计算发现，我国单位工业用地创造工业增加值最高的厦门市，也仅是纽约的 1/4、东京的 1/7。近年来，随着实体经济面临下行压力，工业用地产出效率有进一步下滑的趋势。多数学者认为工业用地出让的市场化水平不高是造成工业用地产出效率偏低的主要原因。工业用地出让的非市场化—协议出让的方式—导致工业用地出让价格偏低、出现大量圈地现象和严重干扰土地市场秩序的行为，导致工业用地产出效率较低。张世英、张志升（2008）也认为以协议方式出让土地使用权，排斥了市场作用，容易导致土地资源过度供应和低效利用。从本质上说，工业用地产出低效率与低成本扩张是一个问题的两个方面，都与工业用地出让的市场化水平较低有关。林荣茂、刘学敏（2008）把中央与地方利益的博弈看作是导致中国工业用地过度扩张的直接原因，分税制改革，上收了地方财权、下放了事权，在预算压力较大的背景下，地方政

府出于发展经济的需要，竞相用压低工业地价的方式吸引资金，造成了工业用地的低效率开发。他们的实证研究发现，工业用地在工业总产值中的贡献度几乎为零，而这一结果与任雨来（2006，第136页）、李力等（2006，第85页）的研究结论基本一致。刘卫东、段洲鸿（2008）认为如果工业经济的区域竞争不合理，容易造成重复建设；区域产业布局缺乏强有力的协调机制，将会造成土地资源的浪费，最终影响工业用地的经济产出能力。近几年，中国工业用地投入量不断增加，单位产出表现出上升态势。总体来看，中国工业用地市场还存在以下问题：

一是与住宅用地价格相比，工业用地出让价格相对偏低。长期以来，提供低价位的工业用地一直是地方政府招商引资的惯用方法，这使得中国工业用地价格在低位徘徊。如表6－1所示，在2003年之前，土地出让收益与房地产开发企业购置土地的费用相差不大，甚至有些年份还略低一些。2007年第三季度我国工业用地平均出让价格为524元/平方米，远低于同年房地产开发企业购置土地1 211元/平方米的平均价格。① 表6－2可见，无论是直辖市还是计划单列市，以及105个城市的总体价格水平，工业用地价格远低于住宅和商业用地。总体来看，2013年工业用地价格是住宅用地价格的13.9%，上海仅为6%，北京为11%。住宅用地价格涨幅为工业用地的两倍。图6－6显示，2013年35个大中城市各类用地价格中，工业用地价格远低于其他类别。工业用地出让价格低、甚至以负地价出让，可能是政府给予入驻企业的返还、补贴等超出了企业在工业用地上的支出。也正因如此，获得工业用地进而将其性质改为住宅用地，成为一种获取巨额利润的方式，是腐败高发领域，严重干扰了住房市场的健康发展。

表6－1　　　　房地产开发企业购置土地费用及土地出让收益　　　　单位：亿元

	1997 年	1998 年	1999 年	2000 年	2001 年	2002 年
房地产开发企业购置土地费用	247.6	375.4	500.0	733.9	1 038.8	1 445.8
土地出让收益（招拍挂＋协议）	257	164	514	596	1 296	2 417
	2003 年	2004 年	2005 年	2006 年	2007 年	2008 年
房地产开发企业购置土地费用	2 055.2	2 574.5	2 904.4	3 318.0	4 873.2	5 995.62
土地出让收益（招拍挂＋协议）	5 421	6 412	5 884	8 078	12 217	10 260

① 房地产开发企业购置土地包含商业用地和住宅用地。

	2009 年	2010 年	2011 年	2012 年	2013 年	2014 年
房地产开发企业购置土地费用	6 023.71	9 999.92	11 527.25	12 100.15	13 501.73	17 458.53
土地出让收益（招拍挂＋协议）	17 180	27 464	32 126	—	43 745.30	

资料来源：房地产开发企业购置土地费用数据来源于中华人民共和国国家统计局，《中国统计年鉴（1998~2003）》，中国统计出版社 1998~2003 年版；土地出让纯收益数据来源于中华人民共和国国土资源部，《中国国土资源统计年鉴（1998~2003）》，地质出版社 1998~2003 年版。

表 6 - 2　　　　　　各类用地价格及住房价格比较（2013 年）

城市	地面地价水平（元/平方米）				地价同比增长率（％）				商品房平均销售价格（元/平方米）	住宅（元/平方米）
	综合地价	商业用地地价	住宅用地地价	工业用地地价	综合地价	商业用地地价	住宅用地地价	工业用地地价		
105 个主要城市总体	3 349	6 306	5 033	700	7.02	7.93	8.95	4.45	8 841	8 284
北京市	9 771	13 878	14 688	1 623	7.61	7.22	8.1	3.44	18 553	17 854
天津市	5 443	8 580	5 862	802	4.57	3.84	5.15	2.82	8 746	8 390
石家庄市	1 954	2 626	2 245	672	5.25	5.46	5.88	0.19	5 503	4 943
太原市	1 745	2 877	2 049	804	40.95	45.38	37.98	18.24	7 158	6 668
呼和浩特	2 974	4 204	3 291	503	14.43	15.87	14.34	9.64	5 233	4 631
沈阳市	2 304	3 033	2 645	662	7.71	8.59	7.61	5.41	6 348	6 074
大连市	2 274	4 892	2 763	718	4.99	2.49	6.07	2.87	8 263	7 859
长春市	2 217	4 267	2 675	387	6.08	6.54	6.57	0.00	6 026	5 729
哈尔滨市	2 332	6 342	2 527	436	0.6	0.43	1.04	0.23	6 194	5 884
上海市	16 246	36 713	28 066	1 780	15.12	7.61	17.86	8.24	16 420	16 192
南京市	7 078	18 285	9 422	1 078	9.42	7.89	10.46	0.95	11 495	11 078
杭州市	11 181	15 782	16 226	535	7.02	3.89	7.39	3.11	15 022	14 679
宁波市	6 077	8 706	9 253	1 125	11.73	6.37	13.94	8.59	11 100	11 405

续表

城市	地面地价水平（元/平方米）				地价同比增长率（%）				商品房平均销售价格（元/平方米）	住宅（元/平方米）
	综合地价	商业用地地价	住宅用地地价	工业用地地价	综合地价	商业用地地价	住宅用地地价	工业用地地价		
合肥市	2 541	5 468	3 573	408	4.18	2.78	4.78	0.00	6 283	6 084
福州市	10 100	17 080	11 092	592	6.27	6.17	6.36	3.14	11 236	10 155
厦门市	18 173	29 217	19 837	896	12.71	4.47	14.37	8.47	13 625	14 551
南昌市	4 578	7 421	5 035	460	19.01	16.40	20.18	1.75	7 101	6 639
济南市	2 301	4 408	3 701	695	2.22	1.73	2.27	2.21	7 152	7 013
青岛市	3 050	8 642	4 681	783	7.66	6.82	9.96	1.03	8 435	7 987
郑州市	2 550	3 049	3 407	678	5.81	4.63	6.9	2.26	7 162	6 587
武汉市	4 220	9 004	5 822	809	6.32	7.63	6.36	2.41	7 717	7 238
长沙市	2 450	3 927	2 769	766	9.91	10.03	10.67	5.51	6 292	5 759
广州市	16 863	27 057	22 128	627	16.13	9.19	21.8	8.67	15 330	13 954
深圳市	21 395	36 924	32 430	2 761	18.93	17.77	20.54	11.87	24 402	23 427
南宁市	2 524	6 317	1 957	505	5.12	4.83	6.36	3.06	6 959	6 155
海口市	3 062	3 736	3 557	571	6.47	10.08	5.21	1.96	7 423	7 342
重庆市	4 029	8 445	3 921	564	6.08	4.27	7.13	1.62	5 569	5 239
成都市	7 251	10 516	8 020	705	9.5	8.74	11.3	2.92	7 197	6 708
贵阳市	3 295	8 695	3 662	456	1.79	2.68	1.16	1.79	5 025	4 488
昆明市	6 535	15 798	7 346	675	4.16	4.87	3.83	6.8	5 795	5 615
西安市	3 248	4 985	4 033	686	8.81	9.83	8.76	3.78	6 716	6 435
兰州市	2 129	3 078	2 841	756	4.16	3.6	5.53	0.67	5 868	5 520
西宁市	1 340	2 548	1 402	482	2.21	1.84	2.41	0.42	4 628	4 380
银川市	1 200	2 415	1 680	253	5.17	8.69	4.67	0.00	4 856	4 524
乌鲁木齐	1 726	3 191	2 970	550	3.98	3.6	3.74	5.16	6 111	5 858

资料来源：中华人民共和国国家统计局，《中国统计年鉴2014》，中国统计出版社2014年版；中华人民共和国国土资源部，《中国国土资源统计年鉴2014》，地质出版社2014年版。

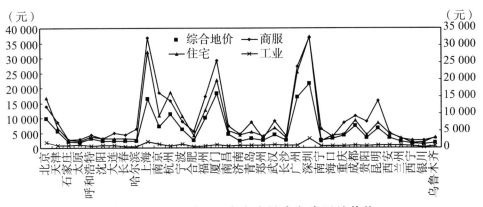

图 6 - 6 2013 年 35 个大中城市各类用地价格

资料来源：中华人民共和国国土资源部，《中国国土资源统计年鉴 2014》，地质出版社
2014 年版。

二是工业用地开发规模增速过快。工业用地出让价格偏低与开发规模增长过快，从某种程度上说是一种因果关系。市场发育滞后，行政干预的力量使得扭曲的价格不能反映供求关系，形成粗放式开发模式，导致开发规模迅速增长。图6 - 7 显示，2005～2008 年，中西部地区工业用地的增长明显高于东部地区。但2008 年金融危机后，中西部工业用地量下降的速度也远高于东部地区。2012 年甚至出现了下降。但总体来看，工业用地规模的扩大速度过快。

三是工业用地产出效率较低。工业用地出让价格偏低、开发规模过快造成了工业用地产出效率偏低。由于土地并非完全以市场的方式进入生产环节，在工业企业的成本核算中，土地作为一种重要的生产要素，并没有得到应有的重视。地方政府为了实现区域经济增长，追求产出最大化，对土地的投入总量和土地的使用状况并非主要关注目标。在此状况下，一个极端是粗放式开发、工业用地产出效率低下；另一个极端是不可持续发展、土地肥力被严重透支。这些问题随着中国经济增长方式的转变和国家出台严厉的约束措施而正在得到改善。

为了进一步比较各区域工业用地产出效率，分东、中、西部画出工业用地投入和产出曲线，如图 6 - 7 所示，在工业用地投入方面，东部地区占了较大比重，超过了中西部投入之和，且增长比较平稳，而中西部地区波动性较大，2005 年和 2006 年出现了跳跃式增长，2008 年又出现大幅下降；在工业产出方面，东部地区是中部的 3 倍，是西部的 4 倍多，产出的增长在三大区域表现的都比较平稳，但中西部地区 2006 年的产出并未随着工业用地的"跃进"而出现较大增长，反而是 2008 年后中西部的工业产出增长较快；在工业用地的单位产出方面，2008 年前东部地区远远高于中西部地区，大约为中西部的 1.5 倍，中部与西部地区基本一致。但是 2008 年后，中西部的单位面积工业产出甚至高于东部，这可能与金融危机后的产业转移有关。表 6 - 3 给出了 2012 年各区域工业用地投入和产出的统计特征描述。

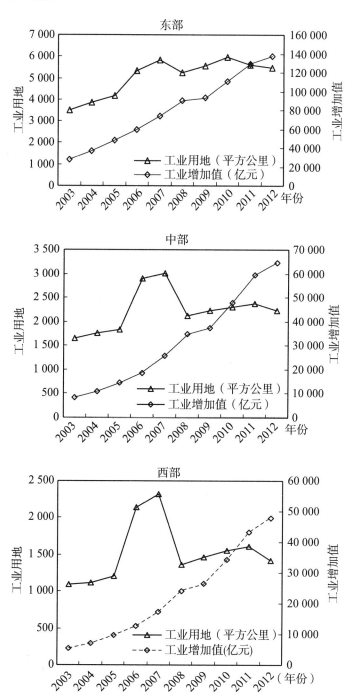

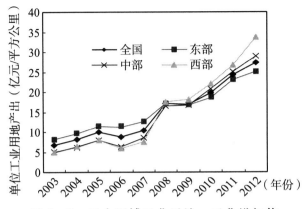

图 6 - 7　三大区域工业用地、工业增加值

资料来源：中华人民共和国国家统计局，《中国统计年鉴》，中国统计出版社 2004 ~ 2013 年历年版；中华人民共和国国土资源部，《中国国土资源统计年鉴》，地质出版社 2004 ~ 2013 年历年版。

　　从表 6 - 3 可以看出，2012 年东、中、西部工业用地投入和产出的均值都呈明显的递减阶梯形分布，中部地区和西部地区各省市均值的偏差较小，表明中西部地区各城市工业用地投入和产出的差异小于东部省市。东部地区的偏差较大，说明尽管东部各省市工业用地的开发量和工业产出都较高，但其经济发展更具多样化，不同省市的产业布局存在很大差异，如上海以发展现代服务业为主，江浙以发展现代制造业为主，海南则主攻旅游业，它们对工业用地的需求及产出就有很大不同，因此，东部地区的工业用地投入和产出量偏差较大。

表 6 - 3　　　　2012 年各区域工业用地及工业增加值的统计特征

单位：平方公里、亿元

样本范围	全国		东部		中部		西部	
	工业用地	工业增加值	工业用地	工业增加值	工业用地	工业增加值	工业用地	工业增加值
平均值	297.6	8 222.0	498.6	12 504.5	278.2	8 074.0	116.0	4 087.4
标准差	122.2	3 048.6	310.7	8 578.9	94.8	3 286.1	103.6	3 311.1
最大值	950.1	25 810.0	950.1	25 810.0	485.5	15 017.6	350.5	10 550.5
最小值	10.5	55.4	17.6	521.2	184.7	5 240.7	10.5	55.4
样本数	31	31	11	11	8	8	12	12

资料来源：中华人民共和国国家统计局，《中国统计年鉴 2013》，中国统计出版社 2013 年版；中华人民共和国国土资源部，《中国国土资源统计年鉴 2013》，地质出版社 2013 年版。

二、土地产出效率与住房市场发展

住房市场的繁荣状况是与经济增长紧密相关的。经济增长动力强劲，从人口数量、公共服务供给能力、住房支付能力上形成对住房需求和住房价格水平的支撑。中国总体上处于从工业 2.0 向工业 3.0 转变，少数地区有能力向工业 4.0 转变。工业发展水平是评判经济增长动力的重要指标，因此我们需要对不同地区的工业用地产出效率进行分析，并分析其对住房市场的影响。这里用产出弹性的概念来衡量工业用地的产出效率：弹性越大，说明相同的土地投入增长率将带来更大的产出增长率，即表示工业用地产出效率较高；反之，则反是。

（一）数据来源

本书采用数据为 2003～2012 年 31 个省市区的面板数据，选取变量为工业企业增加值（亿元）、工业企业资产合计（亿元）、工业从业人数（万人）和工业用地面积（平方公里），前两个变量都换算成以 2003 年为基期的可比数值。之所以选取这一时间段，是考虑到中国工业用地市场自 2003 年以来市场化发育较快，统计数据更接近模型要求。鉴于中国经济发展的地区差异性，除对全国数据进行检验外，还将分东、中、西三大区域分别进行估计，以比较它们的工业用地产出效率。三大区域的划分标准来自《中国统计年鉴》，东部地区包括北京、天津、河北、辽宁、上海、江苏、浙江、福建、山东、广东、海南等 11 个省市；中部地区包括山西、吉林、黑龙江、安徽、江西、河南、湖北、湖南等 8 个省份；西部地区包括内蒙古、广西、重庆、四川、贵州、云南、西藏、陕西、甘肃、宁夏、青海、新疆等 12 个省市区。数据来源于历年《中国统计年鉴》、《中国城市建设统计年报》、《中国国土资源公报》和中经网数据库、国研网统计中心。

（二）模型设定

根据 Cobb – Douglas 生产函数，资本与劳动创造的产出在相当长的时间保持一个稳定的比率，加入土地变量后，资本、劳动和土地这三种生产要素的投入与产出之间的关系可表示为：

$$Y(t) = \left[A_K(t) K(t) \right]^{\alpha} \left[A_L(t) L(t) \right]^{\beta} \left[A_E(t) E(t) \right]^{\gamma} \qquad (6.8)$$

其中，Y 是工业企业产出，K 是资本，L 是劳动，E 是工业用地，A_K、A_L、A_E 分别代表各解释变量相应的技术水平，t 代表时间，α、β、γ 分别代表资本、劳动和工业用地对产出的弹性。这里未做规模报酬不变及希克斯中性的假设。因为：（1）规模报酬不变假设意味着当技术不变时，所有要素增长 n 倍，产出也增长 n 倍，即 $\alpha + \beta + \gamma = 1$，但这并不是普遍的经济现象，故这里放弃这一假设。（2）根据希克斯的看法，"中性的"技术变化，将导致资本—劳动比率保持在不变的相对要素价格上，希克斯中性只在特殊情况下出现，对于处在转型期且存在区域发展差异的中国来说，并非必要。

对（6.8）式两边取对数后，可得到下式：

$$\ln Y(t) = \alpha \ln A_K(t) + \beta \ln A_L(t) + \gamma \ln A_E(t) + \alpha \ln K(t) + \beta \ln L(t) + \gamma \ln E(t)$$

令 $\alpha_0 = \alpha \ln A_K(t) + \beta \ln A_L(t) + \gamma \ln A_E(t)$

把上式表示成面板数据回归方程的形式为：

$$\ln Y_{it} = \alpha_0 + \alpha \ln K_{it} + \beta \ln L_{it} + \gamma \ln E_{it} + \varepsilon_{it} \tag{6.9}$$

在对方程进行正式回归前必须做序列的平稳性检验，误用非平稳序列进行回归将导致格兰杰和纽博尔德（Granger & Newbold）所说的伪回归，传统的参数检验结果不再可信。检查序列平稳性的标准方法是单位根检验，主要有 DF、ADF、PP、KPSS、ERS 和 NP 等。这里采用常用的 ADF 检验方法，使用软件为 Eviews 6.0。根据画出的序列图形，设定四个序列都含有常数项，采用 AIC 准则确定时间序列模型的滞后阶数，结果如表 6－4 所示。

表 6－4　　　　　　　　　序列 ADF 检验结果

变量	差分阶数	滞后项	ADF 统计值	Prob.	结论
$\ln Y$	1	0	99.2503	0.0019	$I(1)$
$\ln K$	1	0	273.156	0.0000	$I(1)$
$\ln L$	1	0	116.881	0.0000	$I(1)$
$\ln E$	1	0	77.3272	0.0458	$I(1)$

注：$I(n)$ 表示该序列经过 n 次差分后平稳。

表 6－4 的结果显示，在 5% 的显著性水平上，对数化后的变量序列都是非平稳的。当非平稳序列满足一定的条件时，可能存在着一种长期的稳定关系，它们之间的线性组合可能是平稳的，这种被称为协整检验的方法，是检验非平稳序列之间长期均衡关系的有效手段。方程（6.9）的四个变量在一阶单整后，都变为平稳序列，因此各变量之间能够进行协整关系检验。

从协整检验对象上看，除了基于回归残差的协整检验外，还有一种是基于回归系数的协整检验，如 Johansen 协整检验。这里采用由恩格尔和格兰杰（Engle 和 Granger）提出的对回归方程的残差进行单位根检验——如 CRDW 检验、DF 检验和 ADF 检验——的方法。首先，对方程（6.9）进行 OLS 回归，然后检验回归残差序列 ECM 的平稳性，若 ECM 平稳，则将方程（6.9）的各变量差分，并在自变量中加入滞后一阶的残差序列，构成新的回归方程：

$$\Delta\ln Y_{it} = \alpha_0 + \alpha\Delta\ln K_{it} + \beta\Delta\ln L_{it} + \gamma\Delta\ln E_{it} + ECM_{i,t-1} + \varepsilon_{it} \qquad (6.10)$$

其中 $ECM_{it} = \hat{\mu}_{it} = \ln Y_{it} - \hat{\alpha}_0 - \hat{\alpha}\ln K_{it} - \hat{\beta}\ln L_{it} - \hat{\gamma}\ln E_{it}$

方程（6.9）和方程（6.10）一起构成了反映各生产要素对产出影响的动态模型。方程（6.9）反映了产出与影响产出的各因素之间的长期均衡关系，方程（6.10）表示产出的短期波动不仅受短期因素的影响，还受产出偏离均衡趋势程度的影响。

考虑到中国经济发展的区域间不平衡，方程（6.9）可能具有截面异质性，因此，α_0 采用固定效应更合适。鉴于数据的时间段只有 2003~2012 年共 10 年时间，且该区间内经济体系未发生重大结构性变化，故不考虑时间效应。Hausman 检验显示，P-value 为 0.0000，进一步说明固定效应模型优于随机效应模型。

（三）回归分析及启示

分别把全国 31 个省市区及东、中、西部数据代入方程进行回归估计，结果如表 6-5 所示，结合表 6-2 和表 6-3 中不同城市地价、房价的比较关系，现作具体分析如下：

1. 工业用地产出效率不高，要保持工业发展须不断增加工业用地供应量，这稀释了住宅和商业用地的潜在可用空间。就全国范围来看，土地、资本和劳动对产出的贡献在长期和短期有所不同，三种要素的长期产出弹性分别为 0.19、1.12 和 0.54，土地的产出弹性最低；而短期内土地对产出的影响不显著。可见，工业用地的投入对产出的贡献还相对较低，在控制资本和劳动投入的前提下，工业用地数量增长 1 个百分点，产出仅增长 0.19 个百分点。由此我们可以得到两点启示：一是工业地产存在粗放式开发现象。二是要维持现有的增长速度，必须保持土地高投入。工业产值每增长 1 个百分点，大约需要工业用地 5 个百分点的投入增长。这对土地资源紧张的中国来说，是一种不可持续的发展模式。因此，从科学发展的角度来看，必须转变经济发展方式，大力推行土地集约节约利用，提高土地开发利用效率。推进供给侧改革，提高工业用地的产出效率可对住房市场产生两个方面的积极效应：一是使住房用地潜在可开发数量增加。二是因集约利用而把工业生产限定在一个更小的区域范围，降低因邻避效应问题而对住房价值的负影响。以创新驱动提高土地利用效率，实现集约发展。

2. 经济增长对住房市场发展形成基本面支撑，那些工业用地产出效率高的地区，往往住房市场更加繁荣。分区域来看，东部地区的土地长期产出弹性高于全国，经济发展较好，住房市场繁荣而带来的房价上行压力也较大。从要素边际贡献的角度来看，越是稀缺的资源边际贡献应该越高，东部地区的工业用地相对全国而言更加稀缺，因此，其对产出的贡献在长期内高于全国均水平。全国工业用地的短期产出贡献不显著，而东部地区是显著的，说明东部工业用地开发见效更快。由于我国实行了区域优先发展战略，东部地区集聚的资金要明显多于中西部地区，资本充足，对土地的开发利用效率就相对较高，但其资本产出弹性仅为0.31，低于中西部地区，这说明东部地区更缺土地，而中西部地区更缺资金。基于以上分析，当我们在讨论高房价挤出实体产业的时候，还应该想到的一层逻辑是：就区域来看，实体产业的发展成就了高房价。因此，从系统的观点来看，解决热点城市房价居高不下问题，内在地要求区域间、大中小城市间的协调发展。

3. 住房市场的发展以及房价的适度压力也会在一定程度上迫使产业转移，诱使企业转型升级。住房市场发展会带来人力资本及其他要素的高端化，进而倒逼低端产业转出或升级。中部地区的长期土地产出弹性为0.34，略高于东部，这可能是由于中部地区近几年在承接东部产业转移和吸引资金方面力度较大，由于后发优势，同样的土地增量可以贡献更大的产出。但其短期土地投入对产出的影响不显著，说明中部土地的稀缺程度不如东部地区。东部地区由于工业用地已相对紧张，土地投入即可在短期内产生效果，而中部土地相对富余，工业用地的开发需要在一定时间内才能见到产出效应。可见，房地产市场与实体产业发展之间不是简单的并列关系，更不是此消彼长，而是有内在的联系机理。

4. 对住房市场的认识和研究要着眼未来，谋求长久。随着东中部土地资源的次递紧张和产业的梯度转移，中国的工业化和现代化会逐步向西推进，住房市场也会出现次递发展的现象。回归结果发现，西部地区的工业用地开发在短期和长期内对产出的影响都不显著，说明现阶段土地尚未成为西部地区发展中的瓶颈性资源。西部地区由于发展较晚，且幅员辽阔，紧缺的是资金，其长期资本产出弹性为1.5，远高于中部、东部和全国平均水平。因此，从三大区域的要素贡献度来看，急需对西部地区进行资金投入，这既符合"第二个大局"的思想，又符合根据要素生产力配置资源的经济理论，是切合当前中国实际的发展思路。

表6-5 　　　　　　　　　方程回归结果

自变量	全国		东部		中部		西部	
	长期	短期	长期	短期	长期	短期	长期	短期
C	-5.9080 ***	0.1678 ***	-2.0915 ***	0.1637 ***	-9.9355 ***	0.1724 ***	-8.1556 ***	0.1913 ***
	(-8.8545)	(16.4709)	(-2.8976)	(12.4286)	(-5.5714)	(12.0166)	(-3.3687)	(9.8309)
$\ln E$	0.1883 ***		0.2901 ***		0.3425 **		0.0061	
	(2.8709)		(2.8899)		(2.6090)		(0.0910)	

自变量	全国		东部		中部		西部	
	长期	短期	长期	短期	长期	短期	长期	短期
$\ln K$	1.1181***		0.3070**		0.8384**		1.4912***	
	(8.5441)		(1.8668)		(2.7252)		(5.8877)	
$\ln L$	0.5364***		0.9939***		1.5963***		0.7286***	
	(3.2373)		(6.0396)		(2.7328)		(2.9268)	
$\Delta\ln E$		0.0068		0.0435**		0.0133		0.0161
		(0.3073)		(2.4608)		(0.4765)		(0.5665)
$\Delta\ln K$		0.4396***		0.1488		0.1486***		0.4125***
		(5.6835)		(1.6394)		(3.1753)		(2.8781)
$\Delta\ln L$		0.3861***		0.3322**		1.2033***		0.0525
		(4.6465)		(3.4829)		(5.5332)		(0.3692)
ECM		-0.3226***		-0.3575***		-0.1820*		-0.2658**
		(-5.7949)		(-5.0788)		(-1.9018)		(-2.3888)
$Ad-R^2$	0.9864	0.3967	0.9896	0.4871	0.9344	0.4991	0.9781	0.6421
$F-stat.$	329.7429	20.3958	365.715	10.0236	56.5291	8.7235	189.6195	3.8271
$Prob(F)$	0.000000	0.000000	0.000000	0.000018	0.000000	0.000118	0.000000	0.000700
D.W.	1.5059	1.5362	1.4051	1.7747	1.8164	1.7925	2.0014	2.3352

注：括号内为 t 检验值；***、**、* 分别表示对应的回归系数在 1%、5% 和 10% 水平上显著不为零。

三、住房市场背后的工业化与城市化互动逻辑及其启示

按照马克思地价理论，土地价格是地租的资本化，而地租与土地的产出效率有关。按照这一逻辑，工业用地效率高的地方，地租就高，从而地价就高。工业用地价格是住宅用地的影子价格，因此，工业用地效率高的地区，其住宅用地价格也会高。住宅用地市场的发展带来住房市场的发展，进而是公共设施的改善和城市品质的提升。以此为基础，城市要素高端化倒逼工业转型升级。这是工业化与城市化的逻辑关系。

从本章分析来看，中国的工业化过程采取了东部优先发展战略，东部地区工业用地得到了较早的开发。当前，中国经济进入东部支援西部的"第二个大局"发展阶段，区域间发展的不平衡，要求根据资源的产出效率，从宏观上合理配置资源，以促进中国经济全面、协调和可持续发展。实证考察全国及东、中、西部

三大区域的工业用地产出效率。结果显示，中国工业用地产出效率还相对较低，要保持既有的发展速度，必须转变经济发展方式，提高土地利用效率。另一方面，在工业用地效率较低的背景下，住宅用地价格却居高不下。这说明住宅用地价格有虚高的成分，或者含有泡沫。同时，这种价格差异使得地方政府和开发商有动力去改变土地性质。这也是我们看到的频频发生工业用地被改为住宅用地的原因所在。分区域来看，东部地区土地资源比较紧张，土地产出效率相对较高；中西部地区土地资源相对富余，土地的产出效率较低。这种结果与住宅用地价格的区域差异一致。

当前环境下应加大对中西部地区的资金投入，东部地区则应进一步提高土地的集约利用水平。

第一，加大对中西部地区、特别是西部地区的资金扶持力度，可从国家层面上增加中西部地区的项目建设规模，包括基础设施建设和工业项目建设。国家资金的进入不仅会直接带动当地工业用地的开发水平，提高其产出效率，还会引致民间资本和国际资本的跟进。

第二，进一步提高东部地区的工业用地开发效率，把土地集约节约利用作为考核指标，来综合评价地方经济发展水平。严格推行工业用地出让的"招拍挂"制度，压缩地方政府以土地换资金的运作空间。

第三，引导东部地区产业升级和产业的梯度转移，鼓励企业到中西部地区投资。优化产业在区域内和区域间的合理布局。除了国家增加中西部基础设施建设投入外，中西部地区也应努力转变发展思路，靠软环境吸引资金，提高本地区工业用地开发水平和产出效率，为产业向中西部地区转移创造条件。

总之，从几种类型的土地利用来看，住宅用地供应紧张，且地价面临持续上涨的压力。工业用地价格相对较低，存在产出效率不高的现象。2013 年工业用地价格只有住宅用地价格的 14%，出现这种现象与政府垄断土地市场有很大关系。土地价格更多的应通过市场决定，而土地的利用方式需要由市场价格来调整。原则上，政府应缩小征地范围，尽量扩大土地市场化水平。依靠市场机制节约利用土地，形成能够真正反映土地稀缺程度的土地市场价格。理顺土地市场是住房市场健康发展的必要条件。

第七章

土地财政：制度条件、现实困境与突破路径

土地财政是我国现阶段一种独特的经济现象，是在土地公有制（土地属于国家所有或集体所有）和经济市场化改革条件下伴随着人口和土地的快速城市化而产生的。它不是一个正统的学术概念，也不是一个规范的政策用语，而是社会舆论对于我国土地出让及其由此带来大量政府性收入的一种俗称。土地财政特指1994年中国分税制改革以后，在中央与地方财政分权体制不健全条件下，地方政府为缓解巨大财政压力，在现行的土地产权与管理制度条件下，以自有可支配收入、资源控制及政治收益的综合最大化为目标，以城市用地规模膨胀为核心，通过土地收购和出让之间巨大的价格"剪刀差"，获取由地方政府自主支配的土地资产收益及其延伸收益，地方政府用于基础设施建设和生产性投资活动，由此形成地方政府一套相对独立的财政收支活动与利益分配体系。土地财政的本质是地方政府一次性出售国有建设用地未来若干年（40~70年）的增值收益，为城市的市政基础设施建设、交通、保障性住房、教科文卫和生态建设等基础性和公益性项目进行融资的行为。

土地财政属于预算外财政收入，在推进工业化、城镇化过程中扮演了极其重要的角色，发挥了难以替代的杠杆作用，亦是造就近20年中国经济增长奇迹的重要推手。分税制改革以来，土地出让收入占地方财政收入的比重不断上升，导致地方财政支出过度依赖土地资源相关收益（贾康，刘薇，2012）。地方政府依靠土地财政促进了地区经济快速增长和城市迅猛扩张，但也产生了诸多扭曲行为和一系列深层次矛盾。这些矛盾正日益扩大、激化和凸显，对城市持续稳定增长造成不利影响。

从住房制度视角审视，土地财政的发展是推动房地产市场非理性繁荣的内在力量，土地财政与房地产市场的勾连与扭曲，是中央地方事权财权关系失调、经济发展与社会治理失衡而由财政维度投射在房地产市场上。基于此，从社会经济发展的角度来看，确实需要从正反两方面对土地财政在社会经济发展中的作用进行深入、客观、公正的审视，既要充分肯定其积极作用，又要最大限度地消除土地财政在经济增长中的负面影响，并面对土地财政的现实困境，探寻土地财政的改革转型和突破路径。

第一节　土地财政生成的制度条件

一、土地出让收入归地方支配的财政机制

1994 年的分税制改革虽然摧毁了地方企业财政的基础，但并没有消除地方政府的预算软约束问题，反而进一步强化了它的存在。周飞舟（2006，2007，2010）认为分税制改革带来的"财权上提、事权下放"的"集权效应"直接引起地方政府行为的一系列变化。在预算内收入无法解决地方财政问题的情况下，中央给予了地方预算外收入的权利，允许制度外收入在局部范围内存在。在快速工业化、城市化时期，土地资源的稀缺性突显，地方政府从土地征收中获取了向往已久的规模财力，土地财政应运而生。

但是，即使没有分税制，或者 1994 年分税制并没有加剧地方财政压力，土地财政是否就会不存在呢？我们认为，分税制改革可能并非土地财政生成的必要条件（骆祖春、高波、赵奉军，2011；王先柱、赵奉军，2012）。只要地方政府实际上完全享有土地出让收入（在 1994 年分税制改革前，土地使用权有偿出让收入已经变成 95％ 归地方支配，1993 年正式确认中央财政不参与土地出让收入分成），它必然会利用土地手段来刺激地方经济发展。实际上，近几年中国土地出让收入有 2/3 以上集中在经济相对发达、公共财政预算收入比较充裕的东部沿海 11 个省市，而广大的中西部地区仅占 1/3。财力充裕的省份对"土地财政"的兴趣并不低于财力相对困难、收支缺口更大的其他省份（课题组，2014）。

因此，给定土地出让收入完全归地方支配的财政机制，地方政府必然会对此加以利用。在此过程中，中央政府在后期也意识到庞大且持续增长的土地出让收入带来的各种副作用，并要求规范土地出让收入的分配机制。从 2007 年 1 月 1

日起，土地出让收支全额纳入地方基金预算管理，不得用于平衡公共财政预算。收入全部缴入地方国库，支出一律通过地方基金预算安排，实行彻底的"收支两条线"管理。土地出让收入使用范围细分为土地补偿费、拆迁补偿费、补助被征地农民社会保障支出、保持被征地农民原有生活水平补贴支出、城镇廉租住房保障支出等15个项目。2011年，党中央国务院《关于加快水利改革发展的决定》（中发［2011］1号）明确要求：从土地出让收益中提取10%用于农田水利建设。至此，从土地出让收入当中计提的专项资金共有6项，即：新增建设用地土地有偿使用费（按照征收等别计提）；农业土地开发资金（按照征收等别计提）；国有土地收益基金（为总收入3%～5%）；廉租房保障资金（不低于净收益的10%）；农田水利建设资金（收益的10%）；教育资金（净收益的10%）。此外，农业部还要求按照土地出让总收入的15%计提资金专项用于高标准农田建设。

二、"为增长而竞争的"地方官员考核机制

财政分权并不是土地财政生成的全部激励，政府治理结构，尤其是中央集权体制下的以GDP为核心的政绩考核体系，在土地财政的生成过程中发挥了关键作用。中国在实现经济分权的同时，依然保持了强大的中央政治权威，它通过对省级地方官员的直接任免及其对地方政府的绩效考核，地方官员不仅是"经济参与人"，还是"政治参与人"，各地的官员不仅在经济上为财政税收竞争，他们还关注自身政治晋升和政治收益，同时在"官场"上为晋升竞争。由此，政治集权和经济分权对地方政府最重要的影响渠道是一种基于上级政府评价的"自上而下的标尺竞争"机制全面形成（周黎安，2004），以经济发展为导向的增长动力机制全面形成，各地区地方政府拥有了更加强烈的激励去扩大预算外收入，促进地区经济的发展。

三、土地公有制及征地制度安排

《中华人民共和国宪法》规定，国务院受委托代表全国人民行使国家土地所有权，并通过《土地管理法》等法律法规层层委托给地方政府管理。但在现实中，地方政府实际上控制了土地所有权，而集体建设用地转化为国有土地的征地制度安排，使得城市近郊土地的初始资本化完全由地方政府控制。更为严重的是，各级政府凭借自身的制度优势，为了自身利益，有意地扩大土地产权上的公共领域范围，压缩土地所有者尤其是农民的剩余控制权（罗必良，2010）。盖凯程和李俊丽（2009）指出地方政府的土地财政行为取向其实是一种理性反映，但

在城市土地要素市场发育尚未成熟的条件下，其行为选择的理性必然异化为行为结果的非理性。

在土地征收制度方面，由于土地规划改变和用途变更之间存在巨大的价差，且对被征收土地的对象补偿机制不完善，必然导致地方政府具有强烈的土地财政冲动。

第二节　土地财政的积极作用及其弊端

一、土地财政的积极作用

从土地财政的产生和发展过程来看，在中国土地公有制和现行的财税体制下，短时期内高强度土地城市化，导致土地资本化加速，相应形成巨大的财政资金流，支撑经济社会的高速发展。土地财政对于中国的工业化、城市化和经济社会发展发挥了巨大的推动作用。

（一）促进地方经济增长

土地财政为地方投资和建设提供了巨大的资金来源，成为促进地区经济增长的重要动能。据统计，1998～2015 年土地出让金总规模达 27.3 万亿元，2014 年土地出让金收入占 GDP 的比例达到 6.77%，占商品房销售额的比重为 56.28%。随着工业化和城市化的快速推进，土地资源的稀缺性日益显现。在二元土地管理制度下，地方政府掌握了国有土地的剩余控制权，无论是预算外收入还是基金管理收入，土地财政均是地方政府可支配财源的主要来源。一方面，土地财政以廉价的土地出让为手段进行招商引资，促进了产业增长、经济扩张和解决本地就业问题。另一方面，土地出让收入为地方政府实施基础设施建设和公共服务供给提供了资金来源。土地财政用于城市基础设施及与工业生产相配套的公共设施投资，节约了私人资本的投入，变相地给予其补贴，从而拉动全社会投资。土地财政的另一个表征是土地信用，以土地为抵押物的地方项目贷款是一个重要的资金来源，至 2010 年年底各级地方政府的债务规模已达 10 万亿元（张向东，2011）。截至 2013 年 6 月底，全国各级政府负有偿还责任的债务达 20.7 万亿元，负有担保责任的债务 2.9 万亿元，其中有很大一部分债务需要土地出让收益偿还。土地财政及与其相连的土地信用，为地方经济增长提供了大量的资金支持，促进了地方经济增长。

（二）推进城市化进程

城市作为各种生产要素集聚的空间，能够创造出集聚经济效应和外部经济效应，是现代经济增长的"增长极"，亦是提高产出效率、节约社会资源与转变发展方式的重要载体。随着城市化的不断推进，城市的生产要素集聚，生产效率不断提高，促进城市增长，进而实现城乡融合发展—空间融合、产业融合、就业融合、环境融合、文化融合、社会保障融合、制度融合等，进而真正实现城乡一体化发展。可以说，城市化是继工业化之后中国经济增长的又一个重大动力，为提升政绩，地方政府具有强烈的城市化冲动。这种地方政府推动的人口的城市化和土地城市化，使土地价值不断增值，进而导致了土地财政收入的扩大。

从 1996~2016 年，中国城市化率由 30.48% 提高到 57.35%，20 年间提高了 26.87 个百分点，年均提高 1.34 个百分点。到 2015 年年底，全国共设建制城市 656 个，其中，直辖市 4 个，地级城市 291 个，县级建制城市 361 个。较之 1978 年的 193 个，增加了 463 个，建制镇的数量由 1978 年的 2 173 个增加至 20 515 个。从城市数量和规模的变化来看，1 000 万以上人口城市、500 万~1 000 万人口城市和 300 万~500 万人口城市的数量分别由 1978 年的 0 个、2 个和 2 个增加到 2014 年的 13 个、90 个和 79 个（见表 7-1）。建成区面积扩张至 2015 年的 51 584.1 平方公里（见图 7-1）。从建设用地面积来看，2015 年，城市建设用地面积为 52 102.31 平方公里，占城区面积的比重为 27.2%，较之 2000 年提高了 24.7 个百分点。城镇人口则由 1999 年的 4.37 亿增加至 2015 年的 7.71 亿，净增 3.34 亿人，年均增加 4 900 万人。全国所有地级以上城市人口（市辖区）总量由 1990 年的 21 423.78 万人增加到 2014 年的 42 953.20 万人，增加了一倍多。此外，随着城市规模的不断扩张，2015 年中国"人户分离人口"达到了 2.94 亿人，其中被统计为城镇人口的农民工及其随迁家属为主的流动人口达 2.47 亿人。

表 7-1　　　　　　　中国大陆城市规模和数量　　　　单位：个

城市规模	1978 年	2010 年	2014 年
1 000 万以上人口城市	0	6	13
500 万~1 000 万人口城市	2	10	90
300 万~500 万人口城市	2	21	79
100 万~300 万人口城市	25	103	161
50 万~100 万人口城市	35	138	173

续表

城市规模	1978 年	2010 年	2014 年
50 万以下人口城市	129	380	145
城市总数	193	658	651

注：2014 年城市人口为年末市区总人口。

资料来源：中华人民共和国国家统计局，《新中国城市 50 年》新华出版社 1999 年版；中华人民共和国国土资源部，《中国国土资源统计年鉴》，地质出版社 1998～2003 年版；中华人民共和国国家统计局，《中国城市统计年鉴（2015）》中国统计出版社 2015 年版；中华人民共和国住房和城乡建设部，《2014 年城乡建设统计公报》。

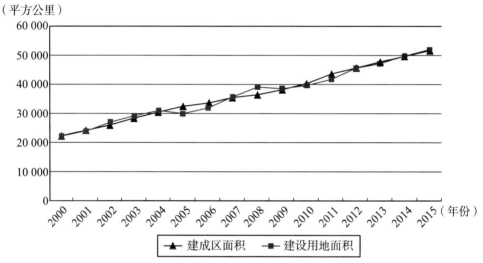

图 7 - 1　2000～2015 年全国建成区和建设用地面积的变化情况

资料来源：中华人民共和国国家统计局，《中国统计年鉴》，中国统计出版社 2001～2016 年历年版。

在城市数量、空间规模和人口总量不断扩张过程中，土地要素发挥了极其重要的作用，成为当今中国地方政府掌控下最为重要的资源。地方政府土地相关收益从分税制改革之初不起眼的小角色发展成为"第二财政"。

在城市化进程中，地方政府追求"摊大饼"式的城市扩张模式的一个根本动机是增加财政收入，通过低价征收农业用地并在土地一级市场上高价出让以获得高额土地出让收益已成为地方推动城市发展的普遍模式。城市化的快速推进以及1998 年住房制度市场化改革的突破，开启了土地市场快速发展的历程，土地出让收入成为地方政府日益依赖的预算外收入来源，土地财政顺理成章的取代了"企业财政"使命和位置。土地财政作为地方政府能够自由支配的最大规模预算外财政收入，在城市进程中发挥了巨大的作用。土地财政给城市的发展提供了必要的扩张空间。分税制改革所产生的财政激励促使地方政府出让更多农业用地以获取土地出让收益，农业用地的征用、出让导致了耕地资源的减少。据统计，我国耕地面积从1996年的19.51亿亩降到2012年的18.26亿亩，减少了1.25亿亩（见图7-2），而人均耕地面积则从1999的1.55亩降为2015年的1.47亩，[①] 不足世界平均水平的40%。但是，适量耕地转化为国有建设用地也为城市发展提供了更多空间，拓展了城市增长边界。在以经济增长绩效为主的政绩考核机制下，地方政府作为国有土地的实际支配者，为了彰显政绩和缓解财政支出的巨大压力，擅长于通过土地开发来"经营城市"（曹广忠、袁飞、陶然，2007），建立了大量新城区、开发区和工业园区，进一步加大了土地征用和开发规模，在经济增长和财政收入增加的同时，亦推动了"土地城市化"进程。与此同时，土地出让收入的大幅增加，为城市基础设施建设、公共产品的供给提供了巨大的可支配财力，改善了民生，提高了城市增长质量。

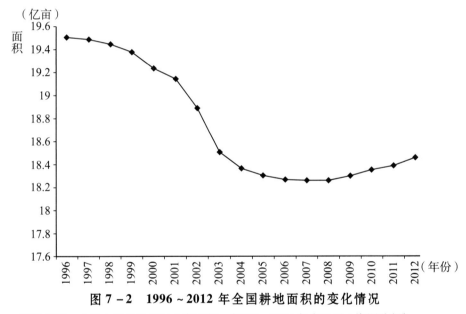

图7-2 1996~2012年全国耕地面积的变化情况

资料来源：中华人民共和国国土资源部，《1996~2012年中国国土资源公报》。

（三）拓展地方政府融资的制度和政策空间

分税制后形成的财权上收、事权下放的非均衡体制，使地方政府产生了巨大资金缺口。在不允许借债的法律约束下，地方政府组建各式各样的融资平台公

[①] 1996~2012年耕地面积数据来自于历年《中国国土资源公报》，2009年人均耕地面积数据由中宏统计数据库的数据整理计算而得。

司，并以土地收益进行扶持，代替政府行使投融资职能。由于地方融资平台具有地方政府背景，能够大规模举债融资（刘伟等，2013）。由融资平台贷款筹集的大量资金，地方政府将一小部分用来征用新地块增加储备土地，大部分投资于待售土地的通水、通电、通路等基础设施建设。地方政府的基础设施投入使土地价值增值，从而带动储备土地价格的上扬。

地方政府借助融资平台负债主要有两种方式：一是以土地抵押获得银行贷款。土地抵押收益作为抵押担保使得商业银行的资金配置进一步向融资平台贷款倾斜，土地收益成为地方融资平台债务规模迅速膨胀的催化剂，亦使地方融资平台的贷款余额规模迅速扩张。2012 年底地方融资平台贷款余额高达 93 035 亿元。二是以土地收入为担保发行城投债。城投债是根据发行主体来界定的，涵盖了大部分企业债和少部分非金融企业债务融资工具，主要是用于城市基础设施等的投资目的发行的。通过发行城投债，地方政府筹集了大量建设资金，在城市的市政建设、交通运输、保障性住房、教科文卫和生态建设等基础性和公益性项目等建设中发挥了重要作用。

随着房价的上扬，地方政府土地收益也随之增加。土地财政与地方融资平台债务形成互相推动的态势。地方政府将获取的土地资产收益通过金融机构信贷的杠杆放大作用，获取更多的可支配资金，对地方经济施加了更大影响。

二、土地财政的弊端

（一）促使城乡收入分配恶化

土地财政的运行机制是，地方政府一手运用政府权威从民众手中低价征地，另一手按照市场对等交换原则高价卖地，获取的中间价差，一少部分用于弥补地方财力不足，主体用于支撑行政主导拉动地方经济增长。土地财政为地方政府带来了巨大的财富，也为房地产开发商和不动产所有者积累财富提供了快捷通道。而对于那些没有不动产的城市居民或失去土地的农民而言，即使加倍努力工作，增加的财富也难以赶上不动产增值所增加的财富，因而土地财政拉大了城乡之间的收入差距，也拉大了那些从事不动产投资群体与无房群体之间的贫富差距。

土地财政的过度发展是个典型的负零和博弈，房地产商和政府从中获得了房地产发展所带来的巨大收益，而广大的失地农民、无房市民，则是利益受损者。由于中国实行土地公有制度，农业用地的使用者除获取当前合理经济补偿外，还应该享受被征用土地的部分发展权，但事实上，失地农民获得的土地补偿远远低于土地市场价格。地方政府作为社会利益代表按理土地出让收益的分配和使用应代表全民的利益，但由于地方政府承担国有资产管理者的角色，在现有财政压力和自利性膨胀下，政府最终选择了自身可支配收入的最大化。资料表明，全国多数地方征地款的分配比例为农民仅能拿到 10% ~ 15%，集体拿 25% ~ 30%，政府及其他机构拿 60% ~ 65%（汪利娜，2009）。根据《全国土地利用规划纲要》的估算，2000 ~ 2030 年，全国占用耕地将超过 5 450 万亩。一般情况下，每征用一亩农地，就伴随 1.5 个农民失业。按此推算，中国失地农民群体将从目前的 4 000 万人，激增至 2030 年 1.1 亿人。由于现行失地的补偿标准与土地的实际市场价值偏差严重，再加上中国的社会保障制度还不完善，尤其是农民在失去土地这一主要的收入来源之后，其生活水平、未来的经济收入势必受到极大影响，容易引发被征地者的抵制行为，扩大城乡收入差距，给社会稳定发展带来隐患。

（二）加剧金融风险

金融风险是一定量金融资产在未来时期内预期收入遭受损失的可能性。按照《巴塞尔协议》将金融风险分为信用风险、市场风险、流动性风险、操作风险、法律风险及其他一些风险。金融风险是一种客观存在，在现代市场经济中，没有风险就没有金融活动。对于一个政府的决策当局来说，有决策参考意义的是关注系统性金融风险。金融作为现代经济的血液，联系每个产业、企业及个人，系统性金融风险发展到一定程度将引发金融危机，金融危机如果引发社会政治危机，不仅导致政权的更迭，还会导致社会的严重动荡。

土地财政的一个重要特征在于以"政府 + 土地 + 金融"模式，政府实现了将不易流动的土地资源与易流动的金融资源的结合，通过金融的放大作用，土地财政获取超出自身财力数倍的财力，从土地财政和土地信用的规模来看，可以发现金融的巨大魔力。周雪飞（2009）归纳了现时期"土地财政倒逼金融"机制的循环链条：地方财力不足—依赖土地财政—各地竞相招、拍、挂土地—地价上涨推升房价上涨—房地产泡沫堆积—危及银行信贷安全—房地产金融风险日益凸显。

1. 地方政府债务中的土地储备贷款、开发性金融贷款助推"投资过热"

根据刘守英、蒋省三（2005）的调查，在东南沿海的县市，基础设施投资高达数百亿元，其中财政投入仅约占 10%，土地出让收入约占 30% 左右，60% 靠土地融资。这一结构基本能够反映各地方政府投资城市基础设施建设的主要资金来源情况。其中，土地融资主要包括土地储备机构的土地抵押贷款和政府投融资平台的开发性金融贷款，后者包括了政府向该类机构的大量土地投入及相应政府信用保证。可以说，地方政府的土地储备成了名副其实的"土地银行"。

地方政府赋予土地储备中心抵押贷款的权力。该类机构在获取土地管理部门发放土地使用权证后，根据土地市场需求情况，按照储备土地不同使用属性，有计划地向金融部门申请土地抵押贷款。土地抵押贷款分为土地使用权抵押和土地收益权质押两类。前者常见于经济发达地区，由于当地土地市场价值高，政府可以获取足够的贷款额度，这些贷款一般不超过 2 年，由于时间较短，此类贷款的可预见风险较小。后者常见于经济欠发达地区，即以储备土地经公共性投资开发后取得的增值收益而非不动产作为抵押物设立担保债权。这类贷款大多数项目期限是 5 ~ 15 年，由于时间跨度过长及现有的法律规定的模糊，导致该类贷款的风险较大。1998 年以后，中国的土地市场持续走高，成为金融机构一块优质资产，加上地方政府意图和政府行为，使得土地购置和开发非常容易获得商业银行巨额贷款，但与之相随的是沉重贷款利息使地方政府背负巨大的债务包袱。

与此同时，地方政府基于不同项目还成立了大量的政府融资平台，并以土地出资的方式将储备土地注入，但与土地储备机构的融资相比，该类机构的贷款资质较差，往往需要地方政府出具还款承诺函或提供其他形式的担保，进而形成地方政府的或有负债，成为财政风险的来源之一。2010 年，审计署的审计报告显示此类债务约占全国地方政府债务的 22% 左右。令人担忧的是，此类机构的项目通常为长期微利的基础设施项目，还贷能力没有保障，非常容易由政府的或有债务变为直接债务。

2. 政府垄断土地市场，"招、拍、挂"土地出让期限固定化，推升土地价格

根据《中华人民共和国城镇国有土地使用权出让和转让暂行条例》规定，土地使用权出让最高年限按用途确定，居住用地 70 年，工业用地 50 年，教育、科技、文化、卫生、体育用地 50 年，商业、旅游、娱乐用地 40 年，综合或者其他用地 50 年。由于政府垄断土地市场，地方政府在出让国有土地使用权的过程中，绝大多数按照土地使用权出让最高年限出让土地，并营造出土地供给紧张的气氛下以"招、拍、挂"机制运行及价高者得之规则，使土地价格不断上涨，实现了合意的土地出让价格。在热点城市，相对于其他行业而言，房地产业似乎是个"利润孤岛"，社会上越来越多的资本进入房地产市场，角逐数量有限的出让土地，由此造成土地价格的不断飙升。尽管它增加了地方政府土地出让收入，但也给下游的房地产业带来巨大的价格压力。

3. 地价上涨推升房价，房地产泡沫直接危及银行信贷安全

地价是房价的构成部分或成本，地价的上涨会传导房价上涨，房价连续快速上涨，则为地价大幅上涨提供了空间。近 10 多年来，土地价格和商品房价格都处于上涨的趋势。从全国范围来看，2005 年至 2015 年，只有 2011 年和 2013 年房价上涨幅度低于地价，其余年份地价上涨的幅度都超过了商品房价格上涨幅度（见图 7 - 3）。

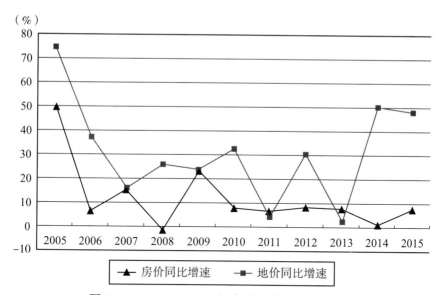

图 7 - 3　2005~2015 年全国地价和房价增速

注：地价计算公式为：当年土地购置费/当年土地购置面积。

资料来源：中华人民共和国国土资源部，《2005~2015 年中国国土资源公报》；中华人民共和国住房和城乡建设部，《2005~2015 年城乡建设统计公报》。

当房价长期高于实际的市场价值，房地产的投机会泛滥，房地产泡沫膨胀，加剧金融风险。中国房地产业与银行的关系尤其密切，银行金融机构对房地产产业链发放了巨额贷款。在房地产领域，地方政府的融资平台是用土地进行抵押贷款的，银行已经与地方政府、房地产企业和居民个人形成超长的资金利益链条。一旦房地产泡沫破灭，房价、地价急剧下跌，抵押品价值将大幅缩水。对银行而言，地方政府财政风险、企业财务风险及个人信用风险将转化为金融风险。这意味着银行成为最大的买单者，如果损失超出银行的承受能力，将引发金融危机以致经济危机。

第三节　土地财政的路径依赖和现实困境

一、土地财政依赖进一步强化

土地财政作为地方政府重要的预算外财政收入来源，为城市社会经济发展做出了巨大贡献。一些地方政府从经济增长和财政收入的双重考量，以及对于增长政绩的追求，积极"经营城市"和"经营土地"，不同程度地出现了"卖地冲动"，以致财政支出过度依赖于土地财政，甚至是以国有土地使用权出让收入作为地方债务偿还的主要资金来源，即患上被外界广为诟病的"土地财政依赖症"。

地方政府患上"土地财政依赖症"，土地出让金全额纳入地方基金预算管理，是地方不折不扣的"钱袋子"。2013 年国有土地使用权出让收入首次突破 4 万亿元，达 4.37 万亿元，同比增长 56%，远远高于当年地方预算外资金收入，占地方财政收入的比重达 63%（见图 7-4）。2011 年土地出让金收入突破 3 万亿元，2012 年下降至 2.7 万亿元，而 2013 年达 3.9 万亿元，占国有土地使用权出让收入的 89%。同时，全国有 23 个省份的地方债需要用土地出让收入偿还①，而浙江和天津两省市负有偿还责任债务的 2/3 需要依靠土地出让收入偿还，即使是债务偿还对土地出让收入依赖最低的山西省，这一比例也超过 1/5，达到 20.67%。

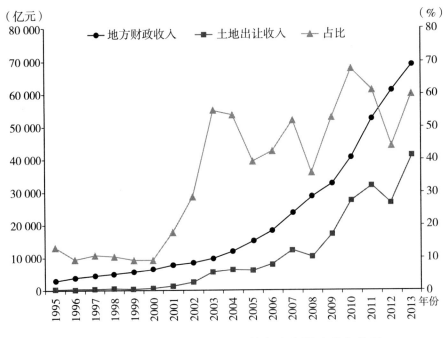

图 7-4 全国土地出让收入及其占地方财政收入比重

此外，地方政府对"土地财政"的依赖还有着深层次的体制性原因。一方面，因为土地制度方面的缺陷，虽然国务院作为国家最高行政机关，依法代表国家行使国有土地管理权。但在具体操作过程中，国务院难以对每一块出让土地行

---

① 该数据来自于中国经济研究院联合研究并发布《我国 23 个省份土地财政依赖度排名》报告。

使这一权力，因此，地方政府成为其辖区国有土地的实质管理者，可以出让其辖区建设用地使用权。也就是说，地方政府有权供应日益稀缺的城市建设用地，进而使得地方政府实际上集土地供给者、监管者、经营者于一身，直接导致了地方政府的"卖地"冲动，这是生成土地财政的制度条件。另一方面，财税体制不合理，地方政府的财权与事权不匹配，也是诱发"土地财政"，导致对土地财政依赖度提高的重要根源。2015 年，地方财政收入占国家财政收入的比重为54.51%，但财政支出占国家财政支出比重却高达85.48%。地方财政收入占全国财政总收入比重少量上升的同时，支出比重却维持在高位并不断加大（见图7-5），导致地方政府对"土地财政"的依赖进一步强化。

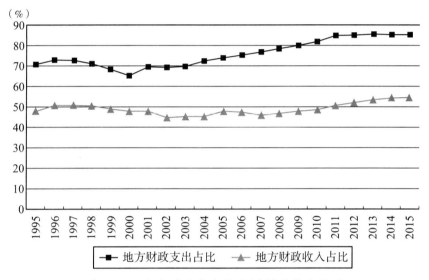

图 7-5　地方财政收支占全国财政收支比重

资料来源：中华人民共和国国家统计局，《中国统计年鉴》，中国统计出版社 1996～2016 年历年版。

二、支撑地方经济增长的土地财政不可持续

　　土地财政有效缓解了地方政府财政收支压力，提供了城市基础设施建设和公共服务供给的资金，促进了城市社会经济的快速发展。而城市经济的快速发展不仅提高了市民的生活质量，还带动了城市周边农村社会经济的转型和快速发展，促进了农业转移人口城市化。但是，土地城镇化的潜力和土地资源的稀缺使土地财政难以持续，导致现实经济运行中隐藏巨大的社会和经济风险。

　　土地财政存在以下主要问题：一是加剧了地方财政风险。地方政府财政支出

过于依赖土地财政，一旦房地产和土地市场出现波动，地方政府的收入将会受到较大影响，进而增加地方的财政风险。二是不利于促进产业结构的转型升级。土地财政收入用于城市基础设施建设，一方面刺激了建筑业与房地产业的繁荣，带动了电器、装修、建材等几十个行业的发展。另一方面，在短期暴利的示范作用下，不仅致使这些处于产业链低端的产业产能大量过剩，甚至引起高科技等实体经济转向追逐暴利的房地产行业，扭曲产业结构。三是土地财政增加了金融风险。土地收购、出让、开发、增值过程中的每一个环节都需要大量的资金，意味着每个环节银行都参与其中，这将整个资金链的风险与银行相联系，从而增加了金融体系的不稳定性。此外，土地财政增加了地方官员的寻租空间，使耕地保护压力加大，威胁到了我国的粮食安全。由于土地资源有限，我国有18亿亩的耕地"红线"，城市规划也不允许无节制地开发各类土地。随着经济步入新常态，中国城市化进入后半程，房地产业处于成长阶段走向成熟阶段的转折期，房地产开发规模达历史峰值，房地产开发投资增速放缓，存量房地产交易占比上升。这意味着以地方政府大规模出让土地为特征的土地财政已经不可持续，土地财政对中国经济增长的支撑作用日渐式微。

三、破除地方政府垄断土地出让市场的阻力极大

财政分权以来，地方政府面临着非常激烈的纵向财政竞争和横向政绩机制，迫使地方政府积极寻找预算外收入来源。土地作为地方政府具有完全支配权的一种稀缺资源，为地方政府带来了巨大的预算外财政收入。在现行土地管理制度下，各级地方政府在土地出让市场上将国家所有的土地以指定的地段、面积、使用期限、用途和其他条件通过招拍挂等方式提供给土地使用权受让者使用、开发和经营。土地使用权受让者按照相关合同的规定，向售地政府一次性地支付土地出让年限的土地使用权出让费用。在这一过程中，土地出让市场上不允许其他交易主体进入，而地方政府作为辖区国有建设用地的实际管理者，通过垄断土地出让市场，可以较为自由地以较高价格出让国有建设用地的使用权，以获得规模巨大的土地出让收入，进而形成了对土地财政的高度依赖。尽管地方政府垄断土地出让市场导致了大量问题的产生，如土地供给总量失控、土地供给结构失衡、土地出让市场中主体行为不规范等问题，但是，地方政府作为既得利益者，为了获得高额土地出让收入，降低财政收支压力，在政治激励和财政激励驱动下，不会轻易放弃对土地出让市场的垄断权。

四、土地财政向房地产税收财政转型难度大

土地财政不可持续性，决定了必须实现土地财政转型。从理论上说，房地产税收存在税基可靠、税源充裕、收入稳定等特征，具有成为地方税收财政主体的潜力。房地产税是一种直接税。土地财政向房地产税收财政转型，对居民开征房地产税，客观上增加了纳税人的经济负担，主观上加重了纳税人的心理成本，无论是否增加纳税人的经济成本，这种直接税的征收总会引起纳税人的"税痛"，对开征房地产税产生抵触。这种因开征房地产税产生的抵触来自于纳税人的自身利益确实因缴纳房地产税而遭受损失，或者给其带来了心理上的负面影响而使其感觉遭受了损失。直接税的征收比间接税的征收艰难得多。这大大增加了征税的成本和土地财政转型的难度，若处理失当，甚至将引发社会动荡（高波，2017）。

第四节　土地财政的突破路径

从理论和现实来看，土地财政作为中央政府主导的渐进式财政体制变迁中阶段性现象，是与政府的治理结构、财政分权和土地产权制度紧密相关的，是地方政府在既定的制度框架下的一种自我适应性调整和理性行为。在上述三种制度不完善的条件下，地方政府的理性选择必然会异化为行为结果的非理性。土地财政规模的异常膨胀，凸显了其不可持续性及其潜在风险。土地财政问题表面是地方政府的问题，实质是中国顶层制度设计存在问题。改革现行的政府治理结构、财政分权制度及土地产权制度是整合化解土地财政问题的三大核心环节，关键在于在制度顶层设计时，如何设计合理的激励机制，将地方政府的理性选择行为策略有效纳入到从增长导向向全面协调可持续发展导向转换的轨道上来。

一、改进政府治理结构

土地财政是特定政府治理结构下的产物，必须全面优化中央与地方、地方与地方、地方与微观主体间的关系，完善治理结构，建立有效的制度保障，才能收到标本兼治的效果，否则无法走出财政非规范收入此起彼伏的怪圈。

（一）摒弃计划经济的习惯思维，放松政府对市场的过度管制

转变现行地方政府土地财政行为倾向，必须将现在的"发展型政府"的政府功能定位转变为"服务型政府"，不仅是地方政府要实现转型，更重要的是中央政府也要实现转型。政府功能定位转型背后的经济基础要求必须摒弃政府的计划经济习惯思维，进一步发挥市场在资源配置上的基础作用，减少政府控制经济社会资源的能力，限制各级政府预算外的流动性创造功能，硬化各级财政预算约束。上述转变的关键环节在于，要真正地分清政府与市场的边界所在，通过减少中央与地方政府公共部门对市场经济过多的管理规制和改进公共部门自身的治理改革来减少社会经济资源的控制。从制度顶层设计的角度来看，中央的公共部门要做出表率。

（二）改进政府治理结构和绩效评估机制

地方政府土地财政行为的产生与中国政治集权体系下特有的政绩考核体制紧密相关。在现有以 GDP 为核心指标的政绩考核体系激励下，为了在地区间的竞争中获胜，地方政府体制性地被动选择以积累巨大财政风险的代价来传递政绩接力棒。

与政府职能定位从"发展型政府"向"服务型政府"相适应，当前改进政府治理结构的一个核心是要改革以 GDP 指标为核心的相对绩效评估体系。在当前以 GDP 指标为考核体系的情况下，地方政府偏好与 GDP 紧密相关的基础设施建设等投资行为，经过多年来的基础设施大规模投资，此类投资基本饱和，再增加此类投资，其经济效能将逐步递减。而政府在"软件性"公共品，如教育、医疗、养老和公共住房的提供方面与人民群众的需求相差很大，这些方面有很大的投资空间。地方政府大力偿还"软件性"公共品历史欠账及满足新的需求，则可以有效地增大社会的整体福利。在与"服务型政府"相配套的考核指标体系的设计中，可考虑在政绩评价体系中加入社会保障率、失业与就业率、家庭收入增长率、教育实现率、生态和环保指标达标率、社会治安破案率、重大责任事故发生率、对突发性事件的应急反应能力、人口自然增长率、居民幸福感和满意度等社会发展指标。

当然，政府治理结构的完善和质变，要靠国家推进深化行政与政治体制改革。必须加大民众对政府及主要官员绩效考核评价中的权重与机会，逐步改变政绩评价"唯上不唯下"的弊端，真正建立一个对地方百姓负责的地方治理机制。

二、调整中央政府和地方政府利益格局：财政分权体系的重构

对地方政府而言，土地财政与一般预算收入均为地方政府的可控财力，只是管理方式与用途有所差别，两者之间存在紧密联系，土地财政最初是由于一般预算收入不足造成的财政压力而促生、发展与壮大。从治理土地财政的财税体制而言，需要两个层面改革：一是重新按照"事权与财权"相匹配的原则和激励相容性原则，规范中央、省及省级以下财政分权改革，让各级政府各得其所、各尽其能。二是对土地出让收入进行管理制度方面的改革，使其支出结构更加合理。

（一）完善分税制财政体制

1994年分税制改革造成地方政府事权与财权严重不对称的状况，是造成地方政府严重依赖预算外经济资源的一个制度根源。完善分税制财政体制，赋予地方政府特别是市县财政与事权相配的财权，是缓解地方政府对土地收入等预算外经济资源的严重依赖一个途径。

1. 理顺各级政府的支出责任

在明确政府和市场作用边界的基础上，按照法律规定、受益范围、成本效率、基层优先等原则，理顺省与市县政府间在基本公共服务领域的事权和支出责任。省与市县政府合理负担，共同强化基本公共服务的供给责任，进一步提高民生支出的保障程度。

对各级政府在基本公共服务领域交叉或重叠的事权进行明确细分。近期要在存在问题比较多的公共卫生（全民医保）、计划生育、社会保障等领域率先进行改革。上述领域，尤其是关系到全民的医保、社保作为强制性消费的全国性公共物品（集体物品或准公共品），中央政府承担主体支出责任，省级地方政府承担重要的补充支出责任，管理责任可以由中央和省市县政府分担。社会救助社会福利、社会救济、地方治安、消防等与地方天然密切，是传统的地方性公共物品，市县政府责无旁贷负起主要支出责任。

2. 完善省以下政府层级的收入划分

"十二五"时期，国家改革完善增值税、营业税、消费税、个人所得税等主体税种，逐步健全资源税、房产税等地方税种，并赋予省级政府对一般地方税种的税目税率调整权、减免税权和实施细则制定权，在社会保障和环保领域推进税费改革。与此同时，还调整中央与地方的收入划分。在认真落实国家税制改革政策的基础上，需进一步调整完善省与市县间收入分配关系，进一步健全地方税收体系，培育地方支柱财源，尽可能增加地方本级收入，增强各地安排使用收入的

自主性。

（二）明确地方政府土地出让收入的目标定位，完善土地出让制度

现代社会中的政府承担着多种社会角色。在土地市场上，（地方）政府是国有土地所有者的代表，政府有充分理由获取应得的土地收益；但在更高的层次上，它是整个经济和社会的管理者，（地方）政府在土地市场上的目标定位要服从于公共政策目标的整体安排，政府的财政收支行为是为实现政府的公共服务目标。从长期、宏观和可持续的角度来看，实现社会整体的可持续、平稳发展是一个国家追求的最高目标，相应地，实现对土地资源的合理开发利用是土地出让政策的首要目标，筹集财政收入属于次要目标。

改革完善现行土地出让制度，允许集体（经营性）建设用地直接进入土地出让一级市场，打破政府垄断供给的局面。一方面让土地交易"市场定价"机制真正地发挥作用，另一方面继续规范和完善房地产用地"限房价竞地价"、"双向竞价"、"综合评标"等多种出让价格形成模式，以此保证实现土地出让市场的多重目标定位。开展土地出让年限差别化的改革试验，同种用途的土地出让的年限可长可短，长的可以到99年及以上，短的可以是5年、10年、20年不等，这将大大降低了土地价格。出让土地使用权到期后，地方政府对土地使用者开征房地产税，用于城市基础设施建设和公共服务供给。

（三）改革和完善土地出让收入的收支管理

从2007年起，按照国务院办公厅《关于规范国有土地使用权出让收支管理的通知》规定，已将土地出让收支全额纳入地方基金预算管理，实行"收支两条线"管理，建立了定期政府向同级人大常委会进行预决算报告制度。制度的形式已经建立起来，问题在于各级政府机关执行随意性和权力机关监督的软弱。

完善土地出让收支基金管理制度一个关键在于对支出用途管制。土地出让收入在扣除必要的成本开支后，必须对其净收益部分的用途进行规范的管制，至2011年8月，国家规定土地出让收入首先要支付农业土地开发、廉租住房保障、教育资金、农田水利建设资金等四项法定支出，占土地出让收入净收益的45%左右。当前国家正是按照这个管理思路，进一步加强对剩余55%左右净收益的管理，希望压缩地方政府将其用于补充政府日常开支发工资福利及形象工程建设的空间。我们认为土地出让净收益应更多用于解决"三农"问题，以加快城乡公共服务均等化的进程。

当前对出让收入管理，实行的现收现支的资金管理模式，完全没有地租收益期间不同年份调节均衡功能，应探讨有无必要参照香港的土地基金制度，按照国

有土地出让金收入的一定比例，建立地方国有土地收益基金，为地方政府未来发展预留储备金，规定地方政府不得完全将其作为当期收入安排使用。

很多研究者认为由于土地出让收入近乎全部归地方所有，是刺激地方政府以地生财动机的制度性缺陷。因此，中央政府有必要参与土地出让金的分成，以弱化地方政府扩大土地出让收益的动机，抑制当届政府卖地冲动的短期行为，有利于发挥土地出让收益的长远效益。中央政府拥有国有土地的所有权，实行土地出让收入的中央与地方分成，具有充分的法理基础。如果实现中央分成，要将土地出让收入纳入预算管理，这存在现实操作的困难。

相比较而言，企业财政中的主体收入是常规、经常性的收入，易于预算制度管理，所以1994年分税制实施，尤其是国税、地税分设，很快消除了企业财政的基础。与企业财政相比，土地财政的对象土地资源分布具有地域性特征、交易具有分散性、间断性，交易行为具有隐蔽性，地方政府易于隐瞒交易所得，中央政府要实现对县市交易的监管不具有可行性，所有这些特征，使得该项收入不易于纳入预算管理，它具有典型的预算外收入的特征。

土地财政是分税制改革的副产品，是地方政府经济资源剩余控制权在特定环境下产生的经济收益。由此，地方政府对其占有有历史的必然性，它是对历史事实的一种承认，不仅是道义的问题，而且还有现实中各地政府大量的债务问题，借贷平台规模很大，必须由地方政府来承担。

作为集权措施的一个弊端，它很容易引起低效率及预算软约束，中央如不能有效解决该问题，地方被迫寻找新的资产权益束，如排污权交易、其他资产类收入，或引起乱收费的反弹，"土地财政"没了，"某某财政"可能就会来了，由此产生新的治理难题。

（四）完善相关配套措施

严肃规划，加强土地监管。遏制地方利用新一轮城市规划修编、行政区划调整和"村改居"等手段，想方设法扩大城市范围，肆意征用集体土地为国有土地，推行过度土地城市化。

规范对土地财政的金融支持，既可以控制其规模又有利于防范金融风险。清理整顿各地的土地储备机构融资平台，国家应尽快出台相关的规范性标准，对该类机构的现代企业制度建设、土地储备范围、储备土地的融资规范等作出相应的规定。

试点发行市政债券，增加地方建设基金的来源渠道。经国务院批准，从2011年起，上海市、浙江省、广东省、深圳市四地获得开展地方政府自行发债试点。可在各地的发债额度范围内，发行一定比例与种类的市政债券（李扬、张平、张晓晶、汪红驹，2013），公开向公众筹集用于城市基础设施建设或公共设施建设的资金。在试点的基础上，应尽快制定并出台《公债法》，适度宽松地推进地方政府发行市政债券，为地方政府增加城市建设资金来源，缓解地方政府城市建设发展资金短缺的矛盾。

合理引导居民的住房消费，严格对第二套及以上住房的金融支持，加快公共租赁房建设，改善住房供给结构，稳定住房市场，避免房地产市场的大起大落，促进经济社会平稳发展。

三、完善土地产权制度

土地财政的产生与地方政府在土地产权及管理制度中特殊的地位和身份有着直接的关系。地方政府掌握了土地产权的实际剩余控制权，垄断土地出让市场，成为土地产权及土地管理制度中的"巨无霸"。在下一步改革中，应以完善土地产权制度为基础，厘清政府、集体组织与个人在土地产权各项权能的主体界限，各司其职，各尽其能，真正发挥土地产权的制度保护作用与促进发展的职能。

（一）明晰土地产权

完整的土地所有权包括土地的占有权、使用权、收益权和处分权，其中处分权是核心。与城市国有土地产权相对明晰相比，亟待明确农地产权的权属。中国宪法明确规定农地除国家所有外，其他属农民集体所有。进一步以法律形式明确农村土地集体产权主体的界限，当前《土地管理法》第10条规定的村农民集体、乡镇农民集体、村内两个以上农村集体经济组织之间的界限模糊，在现实当中很容易造成有利大家上、无利无人问的局面，容易造成权利主体的模糊与虚置。由于法律规定的模糊不清，导致长期以来农民集体土地所有权不完整，导致地方政府代替农民把持对集体土地的处分权，农村集体组织及农民无权决定自己土地的命运。完善农村集体土地所有权、农民承包地使用权、集体建设用地使用权等权能，是从制度层面制约地方政府土地财政行为的必然选择，民众是社会的真正主人，只有真正做到还权于民，才能有效地实现以民众的权利和意愿制约官员行为的改革目标，并最终实现集体土地所有权与国家土地所有权权利上真正的平等。

2011年全国普遍推开的农村集体土地所有权确权工作就是针对上述问题而展开的实际行动。根据《物权法》、《土地管理法》的精神，指导文件对于集体土地所有权发证到村还是到组的问题，遵循了"是谁的就发给谁"的原则，相应将集体土地所有权证发放给了村一级农民集体、村民小组一级农民集体、乡

（镇）一级的农民集体。① 较好地尊重了历史与现实，在土地确权方面迈出了坚实的一步，为后续的权证建设积累基础与经验。

在农民承包农地使用权改革方面，在全国农地使用权确权颁证等基础工作完成以后，适应现代农业产权流转的需求，进一步扩大农地使用权市场流转，在使用期限内，允许农地使用者逐步实现依法对承包农地进行转让、继承、租赁和抵押等，并通过法律层面与政策层面的制度设计，保障各项权能的充分行使。延长农民土地承包经营权年限是明晰产权制度的一种重要方式。建议适当延长耕地、草地、林地等的承包期。农民土地承包经营权长期化以后，可减少土地产权关系中的不稳定性因素，促进土地流转市场健康发展，有利于形成长期稳定的预期，保障农民长期的土地承包权益得到更好的实现。由于农户承包农地使用权延长会引致农民家庭成员之间实际上的继承权的问题，在政策上探索农户承包地的有限继承权可行性。

随着农村集体建设用地确权颁证工作展开与管理逐步规范，建议在立法层面制定相关条款，尽快结束现行农民集体建设用地（宅基地）不合理的法律限定，如农民住房、宅基地只能在同一集体组织成员间转让的规定，赋予农民农村集体建设用地使用权人以完整的物权，使农村集体建设用地享有同国有建设用地相同的抵押、出租、转让之权利。上述措施可以释放与发挥农村集体建设用地的资本属性，让农村、农民以集体建设用地土地产权参与工业化和城市化，合理、合法地获取相应的资本收益。从农民住房、宅基地开始，在集体建设用地上开发建设的房地产，房地产转让突破本村范围半商品化的状况，允许在更大的范围内流转起来。

（二）以"征地范围清晰化、征地方式市场化"改革征地制度

"征地范围清晰化"是防止土地征收权滥用的有效手段之一，它要求严格界定政府征地的"公共利益"的内涵与范围。必须从严定义"公共利益"的外延，有研究者认为，除了军事用地、特殊用地和保障性住房用地外，其他用地都要实行有偿征用。为此，必须改变当前以用地单位性质（经营性或非经营）来判断其用地是否为公共利益用地的一个关键标准，新标准应该是看其用地行为是否为全社会提供无偿或低偿公共服务。需要重新修订公益性征地目录，大幅压缩公益用地的规模。用更严格的标准甄别能源、交通、供电、供水、供暖等公用事业和其他市政建设项目的公益性与经营性界限，属于经营性质的用地，一律采用非行政

---

① 见国土资源部、中央农村工作领导小组办公室、财政部、农业部联合下发《关于农村集体土地确权登记发证的若干意见》。

划拨方式供地，并相应地收取土地出让费用。基层政府征地权限仅限于公益性项目，不得征用农地为经营性项目供地，此举将显著缩小征地范围。政府为非公益性项目而征用农民的土地，应按照土地的市场价格（农地价格与部分土地发展权收益之和）支付失地农民补偿费用。征地成本的大幅增加，会消减地方政府的土地增值收益，能有效制约政府征地的冲动。

"征地方式市场化"是要推进土地征用的市场化改革，打破地方政府对集体土地的垄断性征用权和出让权，挖掉"土地财政"形成的一个制度基础。征地方式市场化改革是通过引入新的土地出让主体，打破地方政府的土地供给垄断，允许集体经济组织进入土地一级市场成为土地供给主体。农村集体（经营性）建设用地作为中国土地市场的新生力量与改革的重要领域，中央从政策上确立集体建设用地进入市场依法交易的制度。2009 年中央"一号文件"打破了长期以来"非农建设用地必须征为国有"的土地管理规定，明确规定对依法取得的农村集体经营性建设用地，在符合城乡规划的前提下，必须与国有土地使用权一样，通过统一的土地市场、以公开规范的方式进行土地使用权转让，实现与国有土地享有平等权益。该项制度的建立，有利于逐步建立城乡统一的建设用地市场，最终实现农村集体土地与城市国有土地"同地、同价、同权"的目标。农村集体经营性建设用地只要符合城市规划和土地利用规划的要求，可直接进入市场，土地使用者可以直接与村集体进行土地交易，使得村集体及其村民能够更多享有自身土地出让带来的收益。当前农村集体土地的依法出让、转让还刚刚起步，要加快《土地管理法》等相关法规修订进程，为建立城乡统一的建设用地市场创造条件。

废除强制征地制度，实施征地过程中的听证制度，让不同的利益群体都有代表自己的利益的声音。对于符合条件进入土地一级市场交易的集体经营性建设用地，农村集体组织是宗地交易的法定主体，采用招拍挂的方式将土地使用权出让给土地使用者，争取其利益的最大化。

切实保障失地农村集体组织及农民的合法权益，在及时足额给农村集体组织和农民合理的经济补偿的基础上，要"一揽子"解决好失地农民的就业、住房、社会保障等长期的生存与发展问题。现实中，一些地区在失地农民补偿安置制度创新上取得较大进展和成功经验。一是突破《土地管理法》规定，政策的核心是把被征土地部分增值收益让渡给失地农民，通过提高征地补偿的年产值或倍数标准、制定一定区域范围内的综合补偿标准等办法，适当提高农民征地补偿安置标准。二是创新农民征地补偿安置的方式。"土地换社保"的经验正在全国铺开，它有效地解决失地农民的长远生计问题；一些地方在征地的时候，给农村集体组织保留一部分农村集体经营性建设用地，或租或自用，保障集体组织及农民的长期收益。

（三）完善土地增值收益分配机制

在统一建立城乡建设用地市场的过程中，政府根据土地增值收益的来源，在国家、城市居民、失地农民和在耕农民之间建立合理的土地增值利益分配机制。针对土地的供求性增值和用途性增值，根据土地的所有制性质，归国家或集体所有。土地的投资性增值是由土地所有者或土地使用者的投入而增值，在投资主体明确的情况下，相关的投资主体有权享受增值部分。尤其对因私人投资形成增值部分，国家必须保护私人的收益分享权。但在现实中，这三类增值收益往往混杂在一起，具体量化非常难，国家征收城市边缘的土地造成的增值收益的归属问题一直存在争议。过去通常的做法是把失地农民排除在土地增值收益之外，与理与情都讲不通。现行对失地农民兼顾短期与长期利益的"一揽子"措施，其实质的内容是将部分土地增值收益让与农民，使其享受土地的部分发展权，这是社会进步的表现。当务之急是，地方政府放弃在土地市场上独家垄断供给的地位，有序引导集体经营性建设用地进入土地一级市场，让农村集体组织及农民直接从土地出让中获得土地出让收益。

政府是土地增值收益的主体，土地增值收益的来源主要靠土地出让收入。土地出让收入是未来若干年地租收入的现值，多为现任政府的财政支出，没有给后任政府留下财力空间。因此，除了直接获取土地出让收入之外，政府应转向以税收形式参与土地增值收益分配，完善土地增值税，按土地流转收益的一定比例分享收入，对房地产因公共投资而造成的升值部分征税。

规范政府土地出让收益管理，增加土地出让收益中用于提高农业、农村的可持续发展能力的项目资金力度，稳步提升农村、农民的公共服务均等化的福利水平。在合理安排土地收益分配格局的前提下，对应属于政府的土地收益要足额收取，应收尽收。当务之急，要建立区域工业用地出让最低价指导标准制度，提高土地的投资与产出效率，保护国家的既得经济利益，缓解财政压力向土地市场进而向房地产市场转移。

四、促使"土地财政"向"房地产税收财政"转型[①]

人口和产业的集聚引致社区和城市的兴起，而城市的功能在于建立在规模经济基础上更有效率地提供城市基础设施和公共服务。这种城市的公共产品及准公共产品的数量和质量决定了城市土地的价值。城市不动产的价值，正是其所处区

---

① 高波：《房地产税收财政困境与突破路径》，载于《中国经济报告》2017年第2期。

位公共产品的折射。城市公共产品的供给需要大规模的一次性投资和金额庞大的后期维护费用。在城市发展中，如何确保城市公共产品这一原始资本积累和营运的资金来源，正是我们讨论财政转型的本质所在和逻辑起点。

计划经济条件下建立起来的土地公有制，为市场化改革过程中城市政府借助土地财政和土地信用获取巨额资金，投入城市基础设施建设、土地开发和公共服务供给，并促使土地升值，进而推动和适应了快速城市化过程。土地财政经历了一个从小到大、政府过度依赖，再到逐步递减的过程。与之相联的是土地出让成本在房价中的占比越来越大且增速快，土地出让收益不断下降，土地抵押贷款造成了城市巨大债务风险。仅仅短短的 20 年左右时间，我国土地财政的贡献和潜力已达极限。根据城市化进程判断，中国距离基本完成城市化过程，城市化水平达到 70% 以上大约需要 15 年左右的时间。这意味着中国大规模房地产开发还能维持 10 年左右，地方政府依然可以通过土地财政获得可观收入。这既表明土地财政可持续性脆弱，又为土地财政转型，建立新型房地产财政体制，提供了时间窗口。

土地财政并非中国专利。从经历土地财政转型成功的发达国家的经验看，土地财政转型的基本方向是房地产税收财政，逐步建立直接税税制，进而构建完善的现代房地产税制，渐进普遍开征房地产税。美国从建国伊始，直到 1862 年联邦政府一直依靠土地财政，前后持续近百年，土地出售收入占联邦政府收入最高年份达到 48%。1863 年美国实施的《宅地法》（Home stead Act），规定土地免费转让给新移民，并开征房地产税，历经数十年，联邦政府的土地财政逐渐被房地产税收财政所代替。从根本上说，在现代市场经济条件下，我国实现土地财政向房地产税收财政转型，房地产税收财政的功能是，地方政府对行政管辖范围内的土地、房产等财产征税，为地方政府更好地供给公共产品和公共服务提供财力保障。这就要借助着眼全局的顶层设计和切实可行的改革试验，找准突破口，权衡得失，趋利避害，随机应变，攻坚克难。

第一，把房地产税改革纳入财税体制改革的整体框架。房地产税改革旨在平衡直接税和间接税比重，改善中央政府和地方政府财权与事权匹配程度和促使地方政府治理能力现代化。把房地产税改革纳入财税体制改革的整体框架，大幅度减税和增加居民收入，减轻个人和企业税负，并对房地产流转环节的税费进行清理，取消有关不合理的税种。在房地产税收中，大幅度降低房地产商品税和所得税的税收水平，提高房地产财产税的税收水平。清理和取消房地产市场的重复征税现象。

第二，理顺中央和地方的事权和财权。1994 年分税制改革使得中央与地方财权与事权匹配失衡，地方缺乏足够的经济发展财力，形成地方政府依赖土地财政的根源。在新常态下，进一步完善分税制，理顺中央和地方的事权财权，从根本上减轻地方政府对土地财政的依赖。从事权方面来说，地方政府的事权仍然过重，中央政府应当在外部性较强的领域着手，如义务教育、医疗卫生、环境保护、社会保险等，帮助地方政府分担部分事权。从财权方面来说，一方面需要增加地方获得财政收入的途径，另一方面需要调整中央和地方收入的分配关系。

第三，构建新型地方政府融资体系。面对经济发展和城镇化发展的需要，地方政府承担着大量的基础设施建设和公共服务供给的职能。改变过去仅依靠土地信用及债务平台进行融资的单一融资渠道，规范融资平台融资类型，充分发挥政策性银行的作用，结合地方债券、PPP、项目收益债券等，吸收社会资金参与公共产品和公共服务供给，构建科学管理融资主体责任、融资规模、融资流程、融资风险的全新地方政府融资体系。

第四，土地财政转型是一个渐进的过程。发达国家为了建立起以直接税为基础的政府财政体制，无不经历了漫长痛苦的社会动荡。这是因为即使税额相等，不同的税制给居民带来的"税痛"也会大不相同。英国个税源于小威廉·皮特时代的1798年"三部合成捐"，几度兴废，直到1874年威廉·格拉斯顿任首相时，才在英国税制中固定下来，其间长达80年。德国从1808年普法战争失败开始，经历长达80余年，到1891年首相米魁尔颁布所得税法，个税制才正式建立。美国在1861年南北战争爆发后开征所得税，1872年废止。总统塔夫脱再提个税开征，被最高法院宣布违宪。直到1913年第16条宪法修正案通过，个税才得到确认。这期间长达半个世纪。中国从间接税主导切换到直接税和间接税并重，再演变到直接税主导同样是一个漫长的过程。延长土地财政转型时间，分散纳税对象，增强社会承受力，更有利于建立完善房地产税制。

第五，培育房地产税税基，逐步扩大房地产保有环节征税范围。关于房地产保有环节的房产税，新中国成立初期就有该税，后被并入他税，1986年10月1日恢复开征。计税依据为房产原值扣除10%～30%后的余值，对于出租房产计税依据为房产租金。税率方面，按房产原值扣除后余值征收的为1.2%；出租房产按租金征收的为12%。《中华人民共和国房产税暂行条例》同时规定了5类免征对象，其中包括个人所有非营业用的房产，这意味着占全国城镇商品房存量金额80%以上、存量面积90%以上的房产被纳入免征范围。目前，办公楼和商业营业性用房成为主要征税对象，两者在全国存量房市值中占比不到20%，面积占比不到10%。采用历史成本法的房屋余值作为税基，与西方国家采用的房产评估值相比，房产增值额未被纳入征税范围。

从上海和重庆开征房地产税试点来看，尚未取得在全国范围内开征住房保有环节税收可借鉴的经验。短期内可以考虑增加房地产税试点城市，制定和实施区别于上海和重庆的房地产税试点方案（不同免征对象和税率），积累开征房地产税的经验。开征住房保有环节的房地产税是一个渐进的过程，可以根据不同的征收对象逐步征收。敦促地方政府适当增加土地使用权出让期限5～10年、20年内的住房开发的土地供应比例，土地出让期限到期后的住房即可开征房地产税。缩短土地使用权出让年限将降低土地出让价格和住房价格，既满足土地市场需求，又形成多层次的商品住房供应，满足不同阶层的住房需求。

第六，鼓励公民参与房地产税收财政体制建设。住房是多数家庭至关重要的资产，房地产税牵涉诸多群体，如果缺少公民参与，有可能导致某些群体利益得不到法律保障。由于征纳税双方信息不对称，税基评估结果很可能带来争议。因此，建立争议解决机制，在税基评估结果公开的基础上，设立有效的申诉程序。让公民参与到房地产税收收支决策过程，提高居民纳税意愿，降低对房地产税的征管难度。

第八章

住房财税体制改革与公共服务均等化

不同的国家和地区因为所有制结构、经济发展阶段、房地产市场发育程度、土地所有制类型、政府职能定位、财政管理体制、税制结构等诸多差异，在房地产财税政策工具的经济效应上也存在差异。中国的房地产市场上土地所有权属于国家，政府出让的是土地使用权。在房地产市场发育不成熟的条件下，运用财税政策工具调控房地产市场，最根本的问题是要改进中央政府和地方政府的关系，明确中央政府和各级地方政府的财权和事权，维护中央政府的权威，把中央的政策落到实处。把握房地产的商品特性、市场特性和产业特性，从财政管理体制、住房保障制度、房地产税制的改革与完善角度进行较为全面系统地分析，进而探讨调控房地产市场的财税政策的制度设计与优化，对于我们制定科学合理的住房政策，有着重要的理论意义和实践价值。不仅有助于丰富该领域的理论研究，也有助于促进房地产市场健康发展，实现社会公平、促进社会和谐。

近年来，人们对房地产税制改革的争论愈演愈烈，特别是由于房地产投资需求膨胀，造成三四线城市大量存量房地产长期空置，以及热点城市房地产价格的较快上涨，人们对房地产税制改革更是寄予厚望，试图通过开征房地产税等手段，解决上述问题。2011年1月28日，上海和重庆公布了房产税改革试点细则，开始对部分房产开征房产税。中共十八届三中全会将房产税改革上升为房地产税体系建设，提出加快房地产税立法，并适时推进改革。2013年中共十八届三中全会《中共中央关于全面深化改革若干重大问题的决定》明确提出"加快房地产税立法并适时推进改革"。与此同时，全国人大常委会将包括房地产税法在内的七部税法列入立法规划，房地产税立法正式进入议程。2014年，中央政治局会议审议通过《深化财税体制改革总体方案》，总的方向是，在保障基本居住需求的基础上，对城乡个人住房和工商业房地产统筹考虑税收和收费等因素，合理设置建设、交易、保有环节税负，促进房地产市场健康发展，使房地产税逐步成为地方财政持续稳定的收入来源。2015 年 8 月，十二届全国人大常委会立法规划向社会公布，房地产税法名列 34 项立法任务中。房地产税制改革不仅肩负着建立一个完善的房地产税制体系，规范房地产市场秩序，实现公平与效率的目标，而且与重构中央地方关系、稳定地方财源、促进区域公共物品和服务供给等改革目标密切相关。

第一节　中国房地产税制的沿革与现状

中国以房屋为征税对象的税种有着悠久的历史。它起源于周代，《周礼》曾记载"掌敛廛布而入于泉府"。而房地产税作为独立的税种，是以唐朝建中四年（公元 783 年）征收的"间架税"为始的。但是，征收房地产税仅在某些特殊时期作为增加政府财政收入的特殊手段而采用，并没有成为中国历史上的主要税种。新中国成立以后，召开了第一届全国税务工作会议，将房产税作为一个基本税种保留下来，并初步确立了全国统一的房地产税制。1950 年政务院公布的《全国税政实施要则》，规定全国统一征收房产税。1956 年社会主义改造完成后，由于绝大多数房产归国家或集体所有，房产买卖和典租被严格禁止，征收范围极其狭窄，导致房产税名存实亡。中共十一届三中全会后，随着经济体制改革和对外开放的深入，中国政府开始对 20 世纪 50 年代确立的房地产税制进行改革，并于 80 年代后期开始对国内单位和个人住房征收房产税。1986 年，国务院颁布了《中华人民共和国房产税暂行条例》，规定国内企业和个人房产税的计税依据、税率和征税对象，而对外企或外国人仍采用 20 世纪 50 年代初的相关规定。1986 年制定的房产税法规一直沿用至今。2003 年 10 月，《中共中央关于完善社会主义市场经济体制若干问题的决定》首次提出："实施城镇建设税费改革，条件具备时对不动产开征统一规范的物业税，相应取消有关税费。"从此，开征物业税成为学术界讨论的热点。2011 年，上海和重庆成为扩大开征房产税的改革试点城市（高波，2015）。近年来，随着全国人大常委会房地产税法立法的推进，房地产税制改革十分引人关注。

一、我国的房地产税制

我国房地产税制是中国税制体系中较为复杂的一个行业税收体系，它几乎涉及了中国税制结构体系中的所有税类（高波，2010，第259页）。按照课税对象，货劳税包括增值税、营业税[①]；所得税包括企业所得税和个人所得税；财产行为税等包括土地增值税、耕地占用税、房产税、契税、印花税、城市维护建设税等；以及相关费用有教育费附加等。涉及房地产保有环节的税种主要是房产税和城镇土地使用税。下面将着重讨论房地产税制体系中各税种的沿革。

（1）房产税。新中国成立初期就有该税，后被并入他税，1986年10月1日恢复开征。计税依据为房产原值扣除10%～30%后的余值，对于出租房产计税依据为房产租金。税率方面，按房产原值扣除后余值征收的为1.2%；出租房产按租金征收的为12%。《中华人民共和国房产税暂行条例》同时规定了5类免征对象，其中包括个人所有非营业用的房产，这意味着占全国城镇商品房存量金额80%以上、存量面积90%以上的房产被纳入免征范围。目前，办公楼和商业营业性用房成为主要征税对象，两者在全国存量房市值中占比不到20%，面积占比不到10%。采用历史成本法的房屋余值作为税基，与西方国家采用的房产评估值相比，房产增值额未被纳入征税范围。

（2）城镇土地使用税。1988年11月1日开征。开征此税的目的是为了保护土地资源的合理开发利用，调节土地级差收入，提高土地的使用效益，加强土地管理。征税范围为城市（包括市区、郊区）、县城、建制镇、工矿区。纳税人为在以上范围内使用国家所有和集体所有土地的单位和个人。该税实行四档幅度定额税率，按年征收。该税的纳税人专指国内的单位和个人，外商投资企业、外国企业和外国个人不缴纳该税。2007年2月《国务院关于修改〈中华人民共和国城镇土地使用税暂行条例〉的决定》实施。对1988年发布施行的《中华人民共和国城镇土地使用税暂行条例》作出修改：提高城镇土地使用税税额标准，将每平方米年税额在1988年暂行条例规定的基础上提高2倍；将征收范围扩大到外商投资企业和外国企业。

（3）土地增值税。1994年1月1日开征。这是为加强房地产开发企业的管理，规范房地产交易市场秩序，调节土地增值收益，维护国家权益而出台的一个新税种。纳税人为转让国有土地使用权、地上建筑物并取得收入的单位和个人，以转让房地产所取得增值额为课税对象，实行30%～60%的四级超率累进税率。

---

① 2016年5月1日全面实施营业税改征增值税。

（4）耕地占用税。1987 年 4 月 1 日开征。这是为了保护农用耕地，限制对耕地的占用而开征的一个新税种。该税以占用耕地建房或从事其他非农业建设的单位和个人为纳税人，一般以县为单位，按人均耕地亩数实行差别幅度税率，实行一次性征收。2007 年 12 月 1 日，为统一内、外资企业耕地占用税税收负担，国务院公布修改以后的《中华人民共和国耕地占用税暂行条例》，将原条例规定的税额标准的上、下限都提高 4 倍左右，自 2008 年 1 月 1 日起施行。

（5）契税。现行契税于 1997 年 10 月 1 日开征。该税是因不动产买卖、典当或交换而订立产权转移变动契约时向产权承受人征收的一种税。纳税人为转移土地、房屋权属的承受人，包括各类企事业单位和个人。计税依据为：出售土地使用权和房屋的按成交价征收；赠予土地使用权和房屋的按市场价格核定；交换土地使用权和房屋的按交换差价征收。实行 1%～3% 的幅度比例税率。

（6）增值税。1994 年 1 月 1 日起实行征收营业税，该税涉及对土地使用权转让和销售不动产行为的征税，是房地产的相关税种。自 2016 年 5 月 1 日起，全面推开营业税改征增值税，如发生转让土地使用权和销售不动产行为时，对转让方或销售方按交易金额的 5% 征税。①

（7）企业所得税。现行企业所得税法及其实施条例于 2008 年 1 月 1 日起施行。中国境内从事房地产开发经营企业，不论内资、外资企业，均需按统一规定和办法预缴企业所得税。企业通过正式签订《房地产销售合同》或《房地产预售合同》所取得的收入，确认为销售收入的实现，进行企业所得税预缴。企业销售未完工产品取得的收入，先按预计计税毛利率分月（季）计算出预计毛利额，计入当期应纳税所得额。计税毛利率分为 15%、10%、5%、3% 四档下限标准。

（8）个人所得税。现行个人所得税于 2011 年 9 月 1 日起施行。根据个人所得税法的规定，个人出售自有住房取得的所得应按照"财产转让所得"项目征收个人所得税，并按应纳税所得额的 20% 征税。为鼓励个人换购住房，对出售自有住房并拟在现住房出售后 1 年内按市场价重新购房的纳税人，其出售现住房所应缴纳的个人所得税，视其重新购房的价值可全部或部分予以免税。对个人转让自用 5 年以上、并且是家庭唯一生活用房取得的所得，继续免征个人所得税。对个人出租房屋取得的所得暂减按 10% 的税率征收个人所得税。

（9）印花税。新中国成立初期就有该税，后被并入他税，1988 年 10 月 1 日

---

① 根据财政部、国家税务总局《关于全面推开营业税改征增值税试点的通知》规定，自 2016 年 5 月 1 日起，个人将购买不足 2 年的住房对外销售的，按照 5% 的征收率全额缴纳增值税；除北京市、上海市、广州市和深圳市之外的地区，个人将购买 2 年以上（含 2 年）的住房对外销售的，免征增值税。北京市、上海市、广州市和深圳市，个人将购买 2 年以上（含 2 年）的非普通住房对外销售的，以销售收入减去购买住房价款后的差额按照 5% 的征收率缴纳增值税；个人将购买 2 年以上（含 2 年）的普通住房对外销售的，免征增值税。

恢复开征。房地产印花税是印花税在房地产领域中适用而形成的一种房地产税种。房地产印花税是针对房地产买卖、房地产产权转移变动以及相应的房地产产权凭证的书立与领受而征收的税种。房地产印花税的税率有两种：第一种是比例税率，适用于房地产产权转移书据，税率为 0.05%，同时适用于房屋租赁合同，税率为 0.1%，房产购销合同，税率为 0.03%；第二种是定额税率，适用于房地产权利证书，包括房屋产权证和土地使用证，税率为每件 5 元。

（10）城市维护建设税。开征于 1985 年 1 月 1 日。该税种是国家对缴纳增值税、消费税、营业税（以下简称"三税"）的单位和个人就其缴纳的"三税"税额为计税依据而征收的一种税，实行差别比例税率。[1]

（11）教育费附加。开征于 1986 年 7 月 1 日。2005 年国务院《关于修改〈征收教育费附加的暂行规定〉的决定》规定从 2005 年 10 月起，教育费附加率提高为 3%，分别与增值税、营业税、消费税同时缴纳。

二、我国房地产税制存在问题

改革开放以来，中国房地产税制不断完善，在调节房地产价格，不断提高房地产资源配置效率等方面发挥了一定作用。现行的房地产税制是中国税制体系中较为复杂的一个行业税收体系，它几乎涉及了中国税制结构体系中的所有税类。从我国房地产税制运行来看，主要存在以下问题：

一是房地产税制目标不明确，房地产税收功能分散，不能充分发挥房地产税制的效能。政府对行政管辖范围内的土地、房产等财产征税，为地方政府供给公共产品和服务提供财力保障，是房地产税收的主要功能。政府通过对个人拥有的房地产课税，对房地产价值溢价回收，从而调节收入分配，抑制房地产投机，是房地产税收的辅助功能。而从我国房地产税收的税基、税种和税率安排来看，房地产税制的目标分散，各个税种的政策目标过于专门化，房地产税制的政策目标不清晰，不同税种之间的政策目标不协调，大大降低了房地产税制的效能。

二是税种设置不合理，房地产税收的交叉重叠现象突出。我国房地产税种较多，大量存在税收征收的交叉重叠现象。如，房地产产权转让收入须按全额或差额征收营业税，而同时又要按增值部分征收土地增值税，对于增值的那部分金额明显地存在重复征税的现象。再如，对于纳税人的房产所占用土地，既从量课征

---

[1] 按照纳税人所在地的不同，实行了三档地区差别比例税率。具体为：纳税人所在地为城市市区的，税率为7%；纳税人所在地为县城、建制镇的，税率为5%；纳税人所在地不在城市市区、县城或者建制镇的，税率为1%。

土地使用税，又从价计征房产税。对房地产产权发生转移所签订的契约或合同的双方征收的契税和印花税，也有类似的重复征税的现象。

三是计税依据不符合国际惯例，税收收入增长弹性差。计税依据不符合国际惯例，税收收入增长弹性差。大多数国家都是以房地产的评估价值为房地产税收的计税依据，如加拿大、美国、日本等都以土地和建筑物的资本价值为基础进行价值评估，英国对包括楼房、公寓、活动房和可供居住用的船只等财产以其估定价值为计税依据课税。也有的以租金、面积为依据，对租赁所得课税主要就采用这种税基。以财产评估价值为核心确定计税依据的方法，既能够真实准确地反映纳税人的房地产财产状况，较好地体现按能力负税的原则，又能使房地产税收收入随经济的发展、房地产价值的提高而稳步增长。我国由于房地产评估制度不健全和相关部门配合不力等因素，房地产税收的计价依据仍然是以房地产的原值或占用面积为主。计税依据设计不合理，导致房地产税收收入增长弹性差。

四是房地产开发流转环节税负过重，房地产保有环节税负偏轻，税负调整只会在一定程度上影响居民的可支配收入，对真正的财富拥有者很难起到有效的调节作用，对日趋严重的房地产空置现象更是调控乏力。由于我国房地产税收主要集中在开发流转环节，持有房地产几乎不存在税收负担，导致房地产市场的投资需求膨胀和投机活动猖獗，以及大量存量房地产长期空置。

五是房地产税权分布结构存在缺陷。房地产税法的制定权高度集中于中央政府，地方政府不能根据地区特点来选择更符合本地特点的房地产税制，房地产税收作为地方主体税种的特征不明显。很多地区的财政机关仍在负责契税和耕地占用税的征收。此外，房地产征税机关与房地产价格评估机构缺乏协作、征管权限存在法律漏洞等，使税权分布的弊端更加突出（高波，2012）。

第二节　部分发达国家房地产税制的特征

从发达国家的房地产税制体系看，房地产税制的特点在于：一是从税收环节来看，发达国家比较重视对房地产保有环节的课税，而轻房地产权转让环节的课税。二是税种设置相对稳定，覆盖面广，房地产税制的税种覆盖了房地产的占有、转让、使用和收益各个环节。三是征收范围较广，不仅包括城镇房地产，而且还包括农村、农场建筑物和土地。四是普遍以资本价值为核心的评估价值作为税基。五是税率设计多为累进税率和差别比例税率，一般对房地产收益所得环节多采用累进税率，而对房地产的占有、转让、使用环节多采用比例税率。如表

8 - 1 所示，这种房地产税制体系安排既繁荣了房地产市场，又极大地刺激了土地的经济供给，促进了房地产的交易和流通，避免了房地产资源的低效率利用，并确保地方政府的财源稳定。

表 8 - 1 部分发达国家房地产税制体系

国家	税种设置	课税对象和范围	计税依据	税率
美国	房地产交易税	卖方	房地产交易价格	地方税，0.01%（科罗拉多州）~2%（特拉华州）的比例税率
	财产税	主要是居民住宅	财产评估价值	由各地方政府自行规定。纽约把房地产分为四级，税率分别为：10.312%、12.631%、13.353%、17.364%
	个人所得税	出租房地产	租金收入扣除掉基本费用后余额	联邦和州两级，联邦税率为10%～35%六级超额累进税率[①]；预提税率30%
	地价税	未开发的土地	土地的增值额	地方税，差别或单一比例税率，各州不同
英国	印花税	房屋和土地的转让或租赁书据，买方	转让或租赁金额	0～4%的四级超额累进税率
	住房租赁税（所得税类）	出租的住房，包括楼房、平房、公寓、活动房以及可供住宅用的船只	租金收入	10%～50%四级累进税率[②]
	度假屋租赁税（所得税类）	一年内可供出租的天数在140天以上，实际出租天数在70天以上的房屋	出租净收益，并可获得一定投资抵免	同上
	地方财产税	主要是住宅，纳税人为房地产所有人或承租人	按估定的价值计税（一般平均每5年重新估定一次）	所有房地产划分为 A～H 八个等级，分别对应不同税率

续表

国家	税种设置	课税对象和范围	计税依据	税率
加拿大	房地产转让税	房地产总价值		地方政府自行确定，一般是0.5%~2%之间的累进税率，阿尔伯塔省、萨斯喀彻温省不征
	商品和服务税（GST）	新建房屋。新斯科舍省对农村不征税。	购买价格	6%
	房地产税	土地、地上建筑物及永久构筑物，各省对财产的确定都包括土地和房屋	评估价值（分地价和房价两部分）	地方税，每年由省或地方政府根据本地区的财政情况调整，一般商业和工业房地产的税率是住房的2~3倍。住房的税率在0.57%~2.56%之间，比例税率[③]
	个人所得税（租赁所得课税）	出租房地产	租金收入扣除成本费用、折旧后的余额	联邦和省两级课税，税率和税级每年调整，非居民按总所得的25%预提，2011年联邦为15%~29%四级超额累进
法国	登记税及附加税		市场价值	4.99%~5.09%综合比例税率
	财富税	€770 000以上的房地产	房地产市场价值	0~1.8%七级超额累进
	公司所得税	拥有的不动产或相关权利	每年1月1日的市场价值	3%
	个人所得税（租赁所得课税）	出租房地产	租金扣除成本和折旧后的净收益	20%
	居住税	凡是符合居住条件的房屋，在征税当年1月1日有人居住的	对已开发土地进行调查后所决定的房产的土地注册租赁价值	地方议会在每年度制定的税率

国家	税种设置	课税对象和范围	计税依据	税率
法国	住宅空置税	由政府条例列出的居民数超过 20 万人的市镇征收，从 2007 年开始，没有在政府条例中列出的市镇也可以开征空置住宅税	税基与居住税的税基相同。由空置超过两年的住宅所有人缴纳④	根据空置年限不同而不同，空置第三年税率为 10%，第四年为 12.5%，第五年为 15%。此外，还要加税额 9% 的管理费
德国	房地产交易税	买方	房地产买卖时所支付的购买价格	3.5%
	房地产税		评估价值	联邦基本税率 0.35% 的基础上乘以地方调整系数，地方调整系数平均为 1.9%
	个人所得税（租赁所得课税）		租金收入扣除维护费、改良支出、折旧费。折旧率前 8 年 3%，以后每年 2%⑤	0～45% 五级超额累进税率⑥
意大利	注册登记税		房地产申报价格	居民第一套房 3%，第二套房 7%；非居民 7%；新房按 €168 固定税额纳税一并征收注册登记税、土地登记税和土地清册税
	土地登记税	二手房		2%；家庭主要住房或唯一住房可按 €168 固定税额一并纳税办法
	土地清册税	二手房		1%；家庭主要住房或唯一住房可按 €168 固定税额一并纳税办法

续表

国家	税种设置	课税对象和范围	计税依据	税率
意大利	个人所得税（租赁所得课税）		租金收入扣除 30% 的维修费用后的余额	23%～43% 五级超额累进税率，再加上 0.9%～1.4% 的地方附加税
	不动产税	居民和非居民公司、个人或其他团体的自有财产或拥有的不动产权益	不动产的登记价值或评估价值	地方政府每年调整，各地税率范围在 0.4%～0.7% 之间
日本	不动产购置税（地方）	不动产购置行为	土地或房屋的评估价值⑦	标准税率为 4%，住宅购置为 3%
	消费税	买卖房屋的卖方	房屋交易价格⑧	5%（中央 4%，地方 1%）
	印花税	以与经济交易有关的合同文书为课税对象	计税依据是合同文书所列金额，没有金额的合同文书按份或册数计税	按文书中记载的经济交易金额计税的按照 JPY0～JPY540 000 的十二级固定税额超额累进税率；按份或册数计税的每份或每册 JPY200 的定额税
	注册许可税（中央）	进行所有权和抵押权登记的房地产	土地或房屋的评估价值	具体分为若干项目，税率分别为：0.4%，1%，2%。增加、减少、变更为每宗 JPY1 000；销售房地产税率为 2%
	个人所得税	出租房地产取得的收入	租赁所得扣除费用和折旧	居民 3.4%～5.9% 的三级超额累进；非居民 10%

国家	税种设置	课税对象和范围	计税依据	税率
日本	房地产税		土地或房屋的评估价值⑨	1.4%
	城市规划税	土地、房屋	土地或房屋的评估价值⑩	0.3%

注：①2010年的税率。②2010～2011年纳税年度的税率。③2002年的税率。④空置的住宅包括已装修的别墅或公寓（即安装了最基本的生活设施如水、电、卫生设备等）。如果房屋在征税年度1月1日起之前两年内基本无人居住，则不征居住税。这样的房产属于住宅空置税的征税范围。⑤维护费和改良支出超过买价的15%以上的部分要计入房地产价值中计提折旧。⑥还要再加上5.5%的团结互助税附加，这是两德合并时，对原西德地区征收以援助原东德地区建设而设的。如果原适用税率为25%，则附加以后适用税率为：25% + 5.5% × 25% = 26.375%。⑦建筑面积不超过200平方米且占地面积不超过50平方米（如果是用于出租则占地面积不超过40平方米）的新建住宅可以扣除JPY12 000 000；土地的评估价值在JPY100 000以下、新房的评估价值在JPY230 000以下、其他房屋的评估价值在JPY120 000以下免税。评估价值根据课税台账所列的价值确定，通常独立于房屋的建筑成本和土地的买价。一般评估价值是房屋建筑成本的50%～70%、土地买价的70%。⑧买卖、出租土地免税。⑨住宅用地可以扣除1/3，住宅用地如果超过200平方米可以扣除1/6。土地评估价值在JPY300 000以下、房屋评估价值在JPY200 000以下免税。⑩设有起征点。

资料来源：各国税务局网站。

虽然各个国家的房地产税制体系不尽相同，但发达国家房地产税制在发展和完善过程中形成的许多共性，非常值得我们借鉴。

一、严密的房地产税制体系

各国政府普遍高度重视房地产税的立法，制定了一整套规范、严谨、可行的税法体系，有效地保证了房地产税收征管的严肃性。各国的税法条文规定得相当具体，可操作性强，同时对偷税、浪费资源等行为进行严厉打击，充分发挥了房地产税制本身的调控功能。从税收法律权限划分看，房地产保有环节征收的房地产税多为地方税。在分税制财政管理体制下，尽管各国对房地产保有环节征收的房地产税种名称不一，但大部分国家都把房地产税归属为地方税。在立法权方面，地方的自主权很大，一些国家甚至可由地方政府自行决定对房地产课税的税种设置、开征、停征、课税范围及收入规模，并享有较大的财权。比如美国基本上是州立法，地方政府进行征收和管理，税率由州政府确定，税基的确定，各个州也不同，但基本上都是土地以及地上建筑物。由于各国历史、文化、国情以及经济调控目标各异，各国在房地产税制方面也有许多不同之处。从税收的分布结构来看，多数国家都很重视在房地产保有环节的征税，而房地产权属转让的税收则相对较少。这样的税种结构有利于不动产的流动，刺激了土地的经济供给。一定的保有房地产税率避免了业主控制或低效率使用财产，刺激了交易活动，这既繁荣了房地产市场，又推动了房地产要素的优化配置。

二、灵活采用浮动税率和差别税率

发达国家的房地产税一般实行比例税率，仅个别国家实行定额税率，且税率都比较低，一般在 1% ~ 3% 之间，还有些国家的中央政府对地方政府的税率都规定了固定限额或最高额。税率一般由地方政府每年根据地方财政状况自行拟定，充分反映了财产价值与公共服务之间存在的一定关系。有的国家针对不同用途、不同档次的房地产设定了差别比例税率，如美国、英国、加拿大。发达国家对租赁所得课税一般实行超额累进税率，最高边际税率在 30% ~ 50% 之间。一方面，税率直接与地方财政预算挂钩。许多国家房地产税的税率、超额累进的级距和级次每年都要根据地方财政预算及时做出相应调整。这样更能反映经济发展的客观情况，也更有利于实现税收的财政收入职能。另一方面，对土地课税重于对房产的课税，对工业地产、商业地产的课税重于对住宅的课税，对短期投资所得的课税重于长期投资所得等，这样的税率设计既能充分调节财富公平分配，又能达到优化土地资源配置、抑制投机的目的。

三、完善的税收支出制度

发达国家在对房地产转让、保有、投资收益的各个环节课税的过程中，都有效地运用了各种形式的税式支出对不同的纳税群体、不同的课税对象进行税收照顾，这显然对改善财富分配结构和提高纳税遵从度都极为有利。充分运用免征额、税收扣除、税额减免、先征后退、优惠税率等税式支出手段对低收入阶层、弱势群体进行照顾。发挥税收的收入调节功能。如：美国政府规定，如果符合条件的低收入纳税人的主要居住地是通过租赁取得的，该纳税人每年可以享受不超过 750 美元的税收补贴；对年收入在 30 000 美元以下的低收入阶层和老年公民、残障人士等社会弱势群体，对其房屋免征任何超额税和特种税。加拿大政府为了

222

减轻低收入群体的纳税负担，在年度个税申报时如果纳税人年收入低于当年公布的最低收入标准，政府会退回房地产税，除此以外，还允许纳税人将所交纳的房地产税在申报个人所得税时按照一定的标准作税前扣除，例如加拿大 2010 年允许纳税人在交纳个人所得税时，对 65 岁以下的人房地产税课税扣除 250 加元，65 岁以上的人扣除 625 加元；对没有老人的家庭，最多可享受 900 加元的房地产税课税扣除，对有老人的家庭可以享受 1 025 加元的房地产税课税扣除。

四、征收住宅空置税，促进房地产资源的有效利用

法国对两年内每次连续居住时间小于 30 天的住宅所有人从空置第 3 年起开始征收累进的住宅空置税，税率根据空置年限不同而不同，空置第 3 年税率为 10%，第 4 年为 12.5%，第 5 年为 15%。此外，还要加税额 9% 的管理费。住宅空置税的纳税人主要是收入高、房产多又无暇居住，造成资源浪费的人。征收和支付方法是首先由地方向纳税人个人按照所占用土地租金价值为基准征收，中央再向地方政府收取该项税收所得的 8%，税收的全部纯收入将由国家改善住宅委员会用于居民住宅建设。美国、英国、德国、意大利的相关法律中也有一系列针对空置住宅业主的处罚措施。在美国，许多城市的地方政府根据房子的用电用水量来确定是否空置，克利夫兰、亚特兰大和巴尔的摩等城市地方政府甚至会推倒那些无法出租的住房，有的业主为了逃避因住房闲置而面临的处罚甚至会出钱让人租住其房屋。在德国，房屋闲置率超过 10% 的市镇当地政府也会将空置房推倒。住宅空置税等举措较为充分地反映了房屋所有可能的用途及其价值，并在一定程度上达到了资源的优化配置。

五、税款用途明确，支出透明

充分体现了房地产税是受益税的特征。发达国家的房地产税收主要用于教育支出、公共设施建设、发放家庭补贴等，纳税人拥有或使用房地产所付出的税收成本，能够在政府提供的公共服务方面得到有效的回报。地方政府通过规范的公共财政体制以及信息公开制度定期向纳税人公布房地产税的收支情况，接受纳税人的监督，这种征税与服务相一致的做法，显然非常有利于促进房地产税收征管工作的良性互动和稳健发展。

六、普遍实行"宽税基、简税种、低税率"

从全球范围来看，大多数国家都具备完善的房地产税法，各级政府对税种的管理权属明确，保证了房地产税收征管的严肃性。大多数国家的房地产税政策实行"宽税基、简税种、低税率"的原则。宽税基，即征税范围不只局限于城镇房地产，还包括农村、农场建筑物和土地。除对公共事业、宗教、慈善等机构的不动产实行免税外，其余的不动产所有者或占有者均为纳税主体。简税种，即有关房地产的税种较少，避免因税种复杂而导致重复征税等税后不公现象的发生，降低税收征管成本，提高税收效率。低税率，即主体税种税率一般都较低，总体税收负担水平也较低，从而降低税收征管阻力，推动房地产业的发展。虽然实行低税率，但由于税基宽、效率高，依然能为政府提供相对充足的收入。

第三节　住房财税体制改革的逻辑和路径

中共十八届三中全会明确提出了加快房地产税立法，并适时推进改革。十八届四中全会，进一步提出全面推进依法治国，建设中国特色社会主义法治体系，建设社会主义法治国家。如何使新制定的房地产税法重视民生，符合民意，有法可依，执法必严，是社会各界十分关注的话题和亟待思考的难题。

一、普遍开征房地产税的若干障碍

当前，我国对个人非营业用的房地产免征房产税。从 2003 年 10 月中共十六届三中全会首次提出征收房地产税开始，有关对个人住房开征房地产税的讨论已有 10 多年了，但一直进展不大，究其根源，在于开征房地产税在短期仍然存在诸多难以克服的障碍。

第一，社会各界主观认识不一致，对于是否应该开征房地产税仍然存在诸多争议。在存在土地出让金的前提下，是否有必要征收房地产税？是否应该等到土地出让年限到期后再开征房地产税？社会各界的认识并不统一。贾康（2013）认为房地产税和土地出让金性质不同，完全可以并行不悖。而许善达（2013）和赵燕菁（2014）认为征收房地产税不符合中国国情。姚玲珍和刘霞（2014）研究认为房产税改革试点在短期内极大缓冲了市场交易热度，买家和卖家均处于理性的观望中，卖家亦未出现低价抛售的现象。房产税政策在短期内具有一定的效力。但房产税改革对房地产市场的"真实"调控能力，需在长期中考察。除此之外，学界还在房地产税究竟是否能降低房价与改善收入分配方面存在激烈的争议。

第二，普遍开征房地产税的基础技术条件不具备。由于历史遗留原因，现存房改房、福利房、央产房、军产房、小产权房、经济适用房、集资房、两限房等不同产权类型的房屋，产权性质差别大，税基不统一，难以适应征收以存量为基础的房地产税的需要（高培勇、汪德华，2016）。普遍开征房地产税，要求建立全国统一联网的不动产登记系统，准确及时的采集房屋登记和交易数据，并对住房价格进行批量评估，这些基础工作尚未开展。

第三，房地产税短期内无法替代土地出让金，地方政府开征房地产税的积极性不高。从上海和重庆的实践来看，2011年开征房产税试点到2014年，3年中两地合计获得的房产税收入不到10亿元，[①] 房产税收入对财政和房价没有影响，甚至难以弥补征收成本。从全国的数据来看，我国当前的住房存量价值大约为200万亿元，按照1%的税率，如果普遍无扣除的征收，可获得2万亿元左右的财政收入，但考虑到免征面积或综合税率，实际可得的房产税收入将远低于2万亿元。而全国土地出让收入，2013～2015年分别为4.2万亿元、4.3万亿元和3.4万亿元。因此，即使在全国普遍开征房地产税，短期内也难以成为重要财源，补充和替代土地财政。

二、房地产税制改革的基本设想

改革房地产税制必须明确房地产税的社会政策目标和财税政策目标。社会政策目标主要包括：以经济增长、地区协调与可持续发展、房地产市场健康有序发展为核心的激励约束目标；优化土地资源配置；对因社会经济发展或政府投资行为带来的房地产价值增值进行调节等。财税政策目标主要包括：优化、完善房地产税制体系；确立地方政府的主体税种；完善财权与事权相对称的地方财政体制等。房地产税制改革还受到长期目标和中短期目标的约束。中央政府和地方政府的基本职能与政策目标不尽一致，在多目标的约束下，探寻一种均衡机制，为实现制度的最优化奠定基础。坚持"宽税基、少税种、低税率"的基本原则，对绝大多数房地产征收统一的房地产税，减少重复征税现象，采用较低税率，提高征

---

① 《上海重庆房产税三年试点累计征税约10亿元》，http://money.163.com/14/0128/16/9JMIL0NI00254TI5.html。

管效率。房地产税收政策，要因地制宜，根据各地房地产市场发展的完善程度，结合地区经济发展状况区别对待。地方政府有一定的自主权，实行地区差别税率、浮动税率等。

（一）加快房地产税立法，建立健全房地产税制

发达国家和地区已建立了一套行之有效、规范严谨的房地产税法体系。我国房地产税收方面的立法层次较低，《中华人民共和国房产税暂行条例》是国家行政机关制定的暂行条例，属于行政法规的范畴立法，缺乏税收应有的权威性、严肃性和连续性，在很大程度上抑制了我国房地产税收功能的发挥，造成房地产税征收效率低，控制约束力弱的现状。十八届四中全会，明确提出全面推进依法治国，建设中国特色社会主义法治体系，建设社会主义法治国家。在房地产税制改革过程中，要加快推进房地产税立法，完善房地产税立法体系，调整地方税权，增强地方税主体税种地位，强化对房地产市场的调控，并对逃税、漏税等行为进行严厉打击。制定房地产税法，必须重视民生，符合民意，有法可依，执法必严。房地产税的税基和税率的确定，必须是一个民主决策的过程，地方政府无权完全操控这一决策过程。税收负担必须根据公共产品和公共服务的受益程度来分配。或者说，对房地产所有者开征房地产税，必须是谁受益谁缴税。房地产税收入多少必须根据"量出而入"的原则来确定，真正做到取之于民，用之于民。因此，在房地产税立法中，必须对房地产税的开征、执行、监管和绩效做出明确的法律规定，从而对纳税人和政府行为形成有效的法律约束。

（二）合并税种、优化税制，加强对房地产保有环节的课税

房地产可以针对保有环节、流通环节、所得环节课征，据此，房地产税收体系可以分为保有税类、取得税类、所得税类。房地产保有税是针对房地产保有环节的课税，一般依据房地产的存在形态来设置，具有征税范围较宽、征税对象不易隐蔽的特点，加大保有环节的课税力度，不仅可以鼓励不动产的流动，也能够刺激土地的经济供给，与此同时，还能够避免房地产的空置及低效利用，优化房地产配置。在房地产保有环节对房地产开征财产税性质的房地产税，是多数发达国家采用的房地产税制。我国现有房产税、城镇土地使用税都是对房地产保有环节的课征，房产税对经营性房产的原值或租金征收，是以房屋为征税对象且在房屋保有环节征收的财产税类，城镇土地使用税是以城镇土地为征税对象，对拥有土地使用权的单位和个人征收的一种税。将这两种税合并为统一的房地产税，能够加强对房地产保有环节的课征，减少重复征税，降低征管成本，提高征管效率，保证税收收入的稳定增长。

（三） 全面开征房地产税的前提是大幅度减税和增加居民收入

在现行体制下消费者在购房时房价中已经包含了 30% ~ 50% 的土地出让金，还有各种规费、税收，不仅不利于经济运行，也不利于征管。房地产流转环节的过重税收和房产保有环节的低税负，阻碍了低收入者进入房地产市场，刺激了房地产市场投机活动，掩盖了房地产市场的真实需求，一定程度上助长了房地产泡沫。政府在房地产开发流转环节已经获得了大量收入，并由购房者承担。所以，全面开征房地产税的前提必须是大幅度减税和增加居民收入，减轻个人和企业税负，并对房地产流转环节的税费进行清理，取消有关不合理的税种。在房地产税收中，大幅度降低房地产流转税和所得税的税收水平，提高房地产财产税的税收水平。清理和取消房地产市场的重复征税现象。

（四） 房地产税是一种地方税种

由于房地产税的税源稳定，便于征收管理，基本都被归入地方税体系，成为地方税收的主体税种。要建立专户专用制度，房地产税的用途是增强地方政府公共产品和公共服务的供给能力，并促使基本公共服务均等化。在一些市场经济国家，地方政府或城市社区所管辖的学校、公共图书馆等公共设施以及警察、消防部门和街区维护等方面的开支，来自于房地产税收入。随着公共产品和公共服务供给水平提高，将促使物业升值，住户愿意缴纳更多的房地产税以获得更好的公共产品和公共服务消费，这就形成了一种良性循环。所以，长期而言，开征房地产税不仅不会导致房价大跌，还会促使物业正常升值。由于房地产税是一种直接税，房地产产权人必须纳税，而且不容易规避。除了专款专用外，政府还要公开房地产税的收支明细，建立公民参与到房地产税收支决策过程的机制，提高居民的纳税意愿，降低房地产税的征管难度。

（五） 建立健全房地产税基评估制度

开征房地产税需要做大量的基础性工作，既要建立完善的房地产信息系统，还要每隔 3 ~ 5 年对房地产价格进行一次批量评估。房地产税基评估会随着房价波动而波动，美国各州都采取了不同的措施来减少这种波动，主要包括评估限制、税收限制、税率限制、免征减征、断路器（Circuit Breaker Program）、税收抵免、延期纳税、税收增量融资等。虽然国外房地产税基评估制度并不相同，但有一些相似之处。第一，大部分国家由评估机构独立评估，政府进行不同程度干预，确保评估结果的公平性和准确性。第二，建立健全房地产信息管理制度和房地产信息系统。这些信息系统包括了土地交易信息、房地产交易信息等所有与房地产税基评估有关的信息，从而保证了评估结果的可靠性和不可争议性。第三，有效的争议解决机制。由于征纳双方信息不对称，税基评估结果很可能带来争议。在评估结果公开的基础上设立了有效的申诉程序。房地产税基评估必须确保评估的一致性，相似的房地产具有基本相同的评估价值。现实中两套看起来差不多的房子，房地产税可能相差很大，实际操作难度比较大。因此，一旦完成房地产税立法工作，就必须及时选择房地产市场平稳的时点进行试点和实施。

（六）加强房地产税征管的民主决策

房地产税的税基和税率的确定，必须是一个民主决策的过程，地方政府无权完全操控这一决策过程。税收负担必须根据公共产品和公共服务的受益程度来分配。或者说，对房地产所有者开征房地产税，必须是谁受益谁缴税。房地产税收入多少必须根据"量出而入"的原则来确定，真正做到取之于民，用之于民。因此，在房地产税立法中，必须对房地产税的开征、执行、监管和绩效做出明确的法律规定，从而对政府行为形成有效的法律约束。

从长期来看，推进房地产税制改革，要对房地产开发流转环节、房地产取得环节和房地产保有环节征税进行统筹安排，并逐步减少房地产开发流转环节和取得环节的税收，增加房地产保有环节的税收。但是，当前中国在房地产开发流转环节征税相对较多，由房地产开发流转环节税收为主转换为以房地产保有环节的税收为主，是一个渐进的过程。当务之急是要通过增加房地产保有成本，抑制房地产投资需求和打击房地产投机活动，并促使房地产使用效率提高。启动开征房地产税，在空间上、时间上，可以区分不同的利益主体，分别制定政策。一是对企事业单位和商业机构，可率先开始征收房地产税。二是对侨房、公房等永久产权的房地产，可率先开征房地产税。三是小产权房、城中村可以结合确权同时开征房地产税。四是对于有明确土地出让期限的房地产，土地出让期限到期后开征房地产税并转为永久产权。五是改革土地出让制度，同种用途的土地出让的年限可长可短，长的可以到99年及以上，短的可以是5年、10年、20年不等，新出让的房地产开发项目可以缩短期限，出让土地使用权到期后，地方政府对土地使用者开征房地产税。这种房地产税制改革设想不会引发房地产市场的大幅震荡，有利于金融安全，有利于住房消费和扩大内需，由于明确未来将对存量房地产开征房地产税，促使更多的空置房逐步进入市场，消费者的财产性收入增加，导致居民消费需求的扩大，并引导居民住房理性消费。

三、完善以市场价值为基础的房地产税制体系

积极探索完善以市场价值为基础的房地产税制体系，让地方政府真正从土地交易、级差收益的增长和存量房地产增加中获得长期而有保障的税收。综合来看，近期的各项房地产税收调控政策，大部分起到了一定的效果。房地产市场是一个异质化程度很高、分层的多元化市场，最高端的别墅、外销房和最低端的廉租房、经济适用房是完全不同的两种商品，它们的融资规模、价格波动、运行趋势都有非常大的差异。从完善我国房地产市场机制出发，房地产税制优化的社会目标着眼于增进社会福祉、引导理性消费和投资、优化土地资源配置，房地产税制优化的政策目标则应注重税负公平、税收中性、保障地方财源、完善财产税制体系。我们在税制设计时要把握差异化，对房产和地产实行差别税率，区分用途、区位等，科学界定课税范围和计税依据。

第一，对勤劳所得和非勤劳所得实行差别税率，分别课征个人所得税。对勤劳所得要降低边际税率，特别是要适当降低工资薪金所得的税率；提高非勤劳所得的边际税率，并考虑适当采用累进税率进行调节，对多套住房的持有者，加大其所得税税收负担，增加保有住房的当期成本和机会成本，打击囤房、囤地行为，迫使持有者及早出租或出售，增加房地产销售和租赁的供给量。个人所得税的基本费用扣除应该考虑涵盖"衣食住行"，目前每月 3 500 元的缴纳所得税计算基数，基本上只能涵盖"衣食行"。"住"实际上适合于单独核算。如果纳税人租房住，适当允许其税前扣除房租支出，在纳税申报时，房客须提供房屋租赁合同和付款凭证（支票水单、正规收据等）备查，房东则按照租赁合同和收款收据存根等申报个人所得税和营业税。税务机关必须建立信息系统，按照勾稽关系核对有关信息，对租赁双方的纳税申报情况进行监控，对弄虚作假、隐瞒虚报等行为加大处罚力度。

第二，合理设计调节土地增值收益的方式。严格说来，土地增值税对转让房地产并取得收入的单位或个人就其增值收益部分课税的理由并不充分。原因在于，土地增值收益产生的原因一般可以归纳为以下几个：（1）土地自然增值，土地资源的稀缺性将使其价格不断地上升；（2）城市市政规划调整，使土地利用条件和用途发生变化，当变化更有利于土地高效利用时，土地价格上涨；（3）政府对城市交通、供电、供水、通信等基础设施和学校、医院、文化及商业设施等公共设施进行投资改造，引起地价上涨；（4）土地使用者自身对土地进行追加投资而引起的土地增值。在土地公有的条件下，因为土地属于国家所有，房地产的拥有者只有土地的使用权而没有土地的所有权，所以前三个因素引起的土地增值收

益应该归国家所有，由全体社会成员共同分享。土地增值的收益部分的所有权归属于土地的所有权人，这就好比房租涨了，受益权人应该是房东而不是房客。当前许多使用者获得了土地这部分增值收益，这实际上是因为制度缺失而得到的不当得利，由于国家目前缺乏行之有效的机制来保障全社会对土地增值收益的受益权，使得这部分收益被土地使用权人攫取了。因此，我们应该通过完善相关制度来把这部分收益收归国有，如果对土地使用者获得的增值收益课税，实际上反而是从法律上肯定了其对土地增值收益的所有权。第四个因素引起的土地增值主要是房地产商对地产追加投资而产生的增值，这部分增值收益的所有权按照"谁投资，谁受益"的原则应该归房地产商所有，因而对这部分收益课征土地增值税是无可厚非的，但是由于课征企业所得税时要将这部分收益并入总所得中进行调节，如果对同一笔收益再征土地增值税就难免不会引起重复征税。总而言之，要扭转土地增值税调控不力、征管不严的局面，就必须要从制度根源切入，从根本上进行制度变革。可以考虑改变税收调控的课税环节，建立土地保证金制度，以土地增值部分的评估价格或指数化调整价格作为基数对土地增值收益进行调节。

第三，扩大房地产税征收范围，实行地区差别税率，科学设定征免税界限。取消现行个人所有非营业性住房免税的规定，将各类房地产纳入征税范围，强化房地产税对财产性收入的调节作用，根据不同房地产类型，以评估价格为计税基础，从价与从量相结合，分别设计定额税率、差别税率、超额累进税率或加成征收（高级公寓、别墅、豪宅），评估价格按照一定的评估周期（3~5年）定期重新进行评估。住房制度市场化改革以来，持有多套住房的人越来越多，取消此项免税规定以后，征税范围大幅度扩大，房地产课税重流转轻保有的现状将大为改观。在开征房地产税的初期，征税工作涉及面大，一般居民骤然增加许多税负，也有承受能力的制约，因而可以对自有普通住房在土地使用权出让期限未到期前仍予免税。对长期空置房加成征收，以加大囤房的成本。对于绿色环保型、节能型住房在一定期限内给予一定的房地产税收优惠。

第四，对契税的税制要素和征管办法进行根本性变革。（1）针对现行契税税率偏高、与印花税存在重复课征现象，考虑在降低契税税率的基础上，将其与印花税中的"产权转移书据"税目合并，并对"产权转移书据"适用的税率进行调整，以简化税种，降低税收成本。（2）依托现代计算机技术，改革纳税申报方式，有效监控税源，加强税源管理。自商品房购销合同签订之日起10日之内，由房地产开发商统一向税务机关进行纳税申报，税务机关将房地产开发商申报的交易信息存入数据库，等纳税人实际缴纳税款时与商品房销售的正式发票进行审核比对，这样可以有效解决纳税人在10日内进行纳税申报的期限问题，避免出现纳税申报滞后的现象，有利于税务机关更全面地掌握商品房税源。（3）统一计税价格确定标准，严格要求二手房合同的真实性。一方面，改进计税价格核定办法，对二手房的计税价格按照孰高原则确定，即交易价和评估价哪个高以哪个价格为计税依据，不仅简单易行，而且也能与地税的征收标准统一起来，可以防范税款流失，有利于实现房地产税收的一体化管理。另一方面，商品房契税计税价格应明确不包含代收费用，对采用"一价清"方式销售的商品房，其合同中规定收取的代收费用，可以从计税价格中剔除。

此外，还应该加强税收征管，提高依法治税水平。征管技术、征管手段和征管人员素质是制约税收调节功能有效发挥的内部因素。落后的管理技术手段、综合素质水平不高的税务管理人员会直接影响税收征管的效率。强化房地产税收的宏观调控功能，达到预期的社会目标和政策目标，重点应放在整顿税收秩序、强化税收征管、打击偷逃税行为上，做到"严管重罚"，坚决维护税法的严肃性、统一性和权威性，通过加强执法强化税收公平。当然，"严管重罚"在税制改革与完善中也应有所体现，即加大对非法、隐瞒不报或弄虚作假申报等行为的处罚力度，提高纳税人纳税不遵从的成本。

四、建立并完善相关的制度框架，实现有效的激励与约束

（一）加快财政体制改革

在房地产财税体制中，土地财政问题十分突出。对土地财政的治本之策在于改革不合理的财政体制，只有不合理的制度安排，没有不合理的政府行为和政府选择。改革土地财政体制，解决地方政府对土地财政的高度依赖问题，必须改革现有的财税体制和政绩考核等相关制度，建立合理的财政制度框架，实现有效的激励与约束。首先，深化省级以下财政体制改革，以公共化为取向健全公共财政体制，统筹政府间的事权与财力关系，使事权的合理界定与财力的匹配相协调。只有建立事权与财力相匹配的管理体系和服务体系，才能使事权划分与财力划分相配套。其次，打破政府垄断土地一级市场的格局，改变地方政府作为建设用地的土地所有者和土地经营者的角色。土地既然属于国家所有，土地出让收入中应该有一部分由中央来支配，由中央来进行统一专项转移支付，用于农村地区的教育等基本公共服务和基础设施建设支出等。最后，逐步建立一个组织结构合理、评价机制完善、考核主体多元的绩效考评机制，将经济增长、行政效率、环境保护、社会治安、公共设施、公民教育等纳入考核内容，不断提高政府的绩效。

（二）完善产权保护制度

产权是所有制的核心。征收财产税的财产必须产权清晰，产权清晰包括在法

律上的清晰（即一项产权是否有完整的法律地位以及是否得到法律的真正保护）和在经济上的清晰（即产权的所有者对产权是否具有极强的约束力）。产权形式具有法律的权威性和强制性，产权主体和财产关系只有被一定的国家意志和法律所认可，才能得到确立和保护。要按照法治原则，根据房地产市场发展的形势，逐步理顺相关产权关系。健全归属清晰、权责明确、保护严格、流转顺畅的现代产权制度是推进房地产税改革的必要条件。

（三）完善财产登记制度

建立健全财产登记制度，制定明确的房地产产权管理制度，明确界定房地产产权，建立全社会房地产相关基础数据（如房地产面积、结构、价值等）的统一平台，明确各部门之间的法律义务和责任，实现跨部门的房地产税收信息交换和共享。这不仅大大降低了政府对房产进行评估过程中产生的费用，降低征税成本，同时也使税务部门及时收集到全面详尽的资料，可从源头控制逃税、骗税。健全房地产产权登记制度主要包括：严格的房地产查勘制度、房地产所有权登记和其他相关权利登记制度、高效率的信息管理系统以及房地产产权的公开查阅制度等。科学、现代的房地产登记制度，与房地产估价、房地产交易管理等制度相配合，使政府税务机关能随时有效获取房地产信息和征管资料，准确了解和查询每一宗房地产的产权交易、产权所有人、面积、价格以及纳税等情况，最大限度避免房地产私下交易和逃税偷税行为，增强税收制度的有效性。

第四节　以公共服务均等化实现居住融合

向社会成员提供均等的基本公共服务，是现代政府的基本职责之一。中共十六届六中全会首次明确提出实现城乡基本公共服务均等化目标。经过中共十七大、十七届三中全会、十八大等重要会议的强调和部署，总体实现基本公共服务均等化已成为 2020 年全面建成小康社会战略目标的重要内容。

在第四章论述房价的特殊性时，我们曾经谈到住房所体现的公共服务，这些公共服务将资本化到房价中。在理论研究层面，美国经济学家蒂伯特（Tiebout，1956）的"用脚投票"理论成为研究公共产品供给、人口流动以及房价波动的开先河之作，蒂伯特研究认为居民将衡量各城市的公共服务水平来选择自己居住的城市。在此之后，众多学者开始关注蒂伯特的研究，奥茨（Oates，1969）、罗森塔尔（Rosenthal，1999）等利用"用脚投票"理论分别研究美国和英国地区公共支出水平与房价的关系，并得出了公共支出与房价正相关的结论。

还有一些文献则从公共服务的某一个具体方面入手，探寻其对房价的影响。一是研究公共基础设施，主要是地铁对地区房价的影响。巴伊奇（Bajic，1983）对多伦多的研究表明距离铁路线近的住宅均价要比其他地区的住宅价格高。福伊特（Voith，1991）以费城为研究对象，发现便捷的铁路交通对附近地区住宅价格的溢价超过 6.4%。本杰明和西尔曼斯（Benjamin & Sirmans，1996）重点分析了交通体系对公寓租金的影响，实证结果表明公寓到地铁站的距离与其租金之间存在负相关关系——公寓到地铁站的距离每增加 0.1 公里，租金将下降 2.5%。陈红等（Chen，1998）认为交通对住宅价格的影响存在两个相反的效应，交通可达性的正效应提高房价，交通噪音的负效应则会降低房价，实证研究表明两种效应同时存在并且正效应大于负效应。克纳普（Knaap，2001）、麦克米伦和麦多纳（McMillen & McDonald，2004）等则将交通条件对房价的影响动态化，他们的研究发现，新的交通设施建设消息一经发布，将对其周边的地价与房价产生很大影响。二是研究公共教育资本对房价的影响。布拉辛顿（Brasington，1999）认为教育的资本化取决于所采取的计量方法，通过采用传统的 Hedonic 模型和空间自回归误差修正模型对公共学校与住宅价格的计量分析发现，用于每个学生的财政支出、师生比、教师工资与学生出勤率等因素资本化进了房价之中，升学率、教师的教育经历和水平则并没有资本化进房价中。拜尔等（Bayer，2007）以旧金山海湾地区为例，发现学校质量每提高 5%，居民购房的意愿支出将增加 1%，随着收入和教育素质的提高，居民愿意为上好学校支付更高的费用。基奥多等（Chiodo，2009）对学校质量与房价进行了检验，发现二者之间的关系呈现非线性的变化，当学校质量提高时，为了选择一个更好的学校，父母们宁愿支付更高的溢价，尤其当学校的质量非常好的时候，其对房价的溢价更高。但是传统的线性检验结果倾向于高估低质量学校的溢价，低估高质量学校的溢价。希尔贝尔和梅耶（Hilber & Mayer，2009）发现教育支出对房价的资本化甚至会激励那些没有小孩的家庭、老年人等支持政府对耐久性公共物品尤其是对教育的支出。三是研究社会治安水平对当地房价的影响。施瓦兹等（Schwartz，2003）通过特征价格模型以及重复交易模型对大量数据进行实证检验后发现，不断下降的犯罪率对资产价值有较大的影响，并且促成了纽约市 1994 年以后的房地产泡沫。吉本斯和梅钦（Gibbons & Machin，2008）的研究发现犯罪率确实资本化进了房价中，政府打击犯罪的政策对当地的房价有很大的影响。

在政府公共服务支出与房价关系的实证检验方面，踪家峰等（2010）利用我国 30 个省市区 1999～2008 年的面板数据研究地方政府的财政支出资本化问题，实证结果表明我国地方政府的财政支出对房价有明显的促进作用。胡洪曙

（2007）认为财产税资本化与房产价值负相关，地方公共支出和房产价值正相关；财产税与地方公共支出的转换系数以及地方公共支出的效率系数共同决定房地产价值。杜雪君等（2009）利用省际面板数据分析了我国地方政府公共支出、房地产税负与房价之间的关系，研究认为房价与地方政府公共支出、房地产税负之间互为因果关系，房地产税负会抑制房价而公共支出则推升房价，并且公共支出对房价的长期影响大于短期影响而房地产税负对房价的长期影响小于短期影响。周京奎（2008）利用天津市的微观调查数据并建立特征价格模型，分析了公共资本品规模对住宅价格的影响效应，发现地铁对住宅价格有显著影响，公交线路对住宅价格的影响不显著，而人文公共资本品和生态公共资本品对住宅价格影响较小。冯皓和陆铭（2010）基于上海市52个区域房价与学校分布的月度面板数据，以及"实验性示范性高中"命名的自然实验，发现区域间在基础教育资源数量和质量上的差异部分体现在房价上，确实存在教育对房价的资本化。王洪卫和韩正龙（2015）基于扩展的动态资本市场模型，运用2002～2012年我国30个省市区的数据探讨公共支出结构对住宅价格的影响。研究发现公共支出结构对住宅价格的影响为正向显著，公共支出结构系数平均每提高1个单位，住宅价格相应上涨5.1%。

从现实来看，中国与住房直接相连的区域公共品和基本公共服务存在很大的不平衡性，医疗卫生、教育以及基础设施水平等的差异较大。大致而言，基本公共服务质量城市好于农村、东部沿海地区高于中西部地区，大城市高于小城市，城市内部核心地区优于其他区域。城市优于农村的城乡差距源于城市偏向政策形成的二元结构，东部优于西部的地区差距与东部沿海地区率先开发开放政策有关，大城市优于小城市是城市行政层级不同所支配的资源不同造成的，而城市内部的中心区域更有优势与中心区域长期投入多有关。城乡、区域、城际和城市内部的基础设施和公共服务的不均衡，对住房市场发展具有重要影响。

除了上述四种不均衡外，涉及社会成员之间尤其是农业转移人口享有的基本公共服务远低于城市户籍居民，由于这些农业转移人口无法享受到应有的基本公共服务，导致其城市归属感很低，反映到住房市场，农村住宅投资并没有随着农业人口向城镇转移而降下来。1999～2015年我国农村居民的住宅投资从2 008亿元增长到7 502亿元，年均增长率为9%。考虑到我国同期农村人口从8.2亿减少到6.0亿，农户人均住宅投资的增长更是显著。田淑敏等（2009）基于京郊地区农户的经验研究表明，所有被调查者都希望增加住房面积，平均希望增加人均住房面积16.15平方米。邵书峰（2010）对河南省南阳市600户农户的调查表明，被调查地区农户有强烈的住房投资需求，并且投资规模在不断扩大。郭松海（2010）认为，我国当前农村正处于第三次建房热潮。

在高房价的制约下，庞大的农业转移人口并没有真正融入城市，最突出的表现是，他们与城市原有市民的居住分割状态。这种居住分割带来了各种不利影响。城市的众多公共服务资源（如教育、医疗、基础设施、治安等）和社会资源（如人力资本和社会资本、工作机会和其他机会）都是有形或无形地附着在区位之上。住房不仅是遮风避雨的物质空间，它还决定了城市居民的生活环境和社会交往空间，为社会民众获得各种城市资源，积累人力资本和社会资本，融入城市主流社会提供机会（世界银行，1995）。在这个意义上，住房是社会分割和融合的中间机制。生活于建筑工棚、城中村等农民工聚居区中的庞大农业转移人口被阻隔在城市公共服务资源之外，信息和机会的缺失使其难以进行有效的人力资本积累，他们之间的相互影响在社区内产生相对严重的失业、贫困和犯罪等各种社会问题，与城市主流社会间的隔阂和矛盾也会激发社会冲突。这不仅会进一步拉大当代人生存和发展机会的差距，而且会影响到后代人的受教育机会和人力资本水平，使贫困代际相传。在人力资本、社会资本和干中学效应越来越重要的今天，如果绝大部分农民工始终无法通过人力资本的积累达到城市部门对高技能劳动力的要求，无法跳出非正式经济而融入城市正式经济体系，那么就无法实现真正的城市化（陆铭等，2008）。

由于庞大的农业转移人口受制于高房价，无法彻底融入城市，致使农村和农户的住宅投资迅速增加。根据《中国统计年鉴2016》提供的数据计算，2015年全国农户固定资产投资中大约有64%用于住宅投资，这是个相当惊人的比例。从1978～2012年，我国农民人均住宅面积从8.1平方米上升到37.1平方米。在资料收集过程中，我们发现大量的省、市级统计部门对农户的过度住宅投资表示担忧。相对于城市居民而言，农户的住宅投资统计有所不同，并不包含土地的价值，而城镇住宅投资统计是包括土地购置费用的。所以，考虑到城镇土地价格的飞涨，农村住宅投资的增长实际上是住宅建筑投资的增长，这意味着实际住宅投资的规模更大。

要真正实现农业转移人口与城市居民的居住融合，改变当前这种半截子城镇化状态，必须在基本公共服务均等化上有实质性的突破。基础教育、公共医疗、养老保障等与人力资本培养密切相关的且具有社会溢出效应的公共服务必须采用全国统一标准。为促进基本公共服务均等化，推进制度创新，重点解决两个"挂钩"导致的非均等问题：一是转变政府职能、调整政府间配置结构以及规范均等化财政转移支付制度等，解决基本公共服务供给水平与地方财政能力"挂钩"所导致的地区间非均等供给问题。二是改革户籍制度、公共财政制度以及各单项社会公共事业制度，解决基本公共服务受益水平与户籍、职业、居住地等因素"挂钩"导致的居民间非均等供给问题。同时，建立基本公共服务均等化供给的数量标准、质量标准和可及性标准，并建立相应的激励约束机制以及均等化供给评估程序与方法，创新基本公共服务供给模式和供给机制，提高基本公共服务供给效率。

第九章

住房公积金制度改革及政策性
住房金融体系构建

住房是高价值耐用品，金融支持在住房开发和消费中起着关键作用。由于基于市场的商业住房金融体系，其高门槛往往会导致中低收入家庭很难进入住房市场，进而引发一系列问题。所以，不少国家都建立了政策性住房金融体系，帮助中低收入家庭满足合理的住房需求，同时帮助非营利性公益性社会住房部门，获得长期稳定廉价资金。

我国20世纪90年代建立的住房公积金制度属于典型的政策性住房金融范畴。经过20多年的运行，住房公积金制度暴露出不少问题，从中央到地方都在思考住房公积金制度的改革，一些地方管理部门也在住房公积金的提取方式、使用范围等方面开展了有益的探索。中共十八届三中全会发布的《中共中央关于全面深化改革若干重大问题的决定》提出，"允许地方政府通过发债等多种方式拓宽城市建设融资渠道，研究建立城市基础设施、住宅政策性金融机构"。本章在介绍政策性住房金融国际经验的基础上，重点探讨我国住房公积金制度及政策性住房金融体系的构建问题。

第一节　政策性住房金融的国际实践

现代市场经济国家基本建立了各具特色，适合本国国情的政策性住房金融体系。这些不同国家政策性住房金融体系的差异点主要在于资金怎么来、怎么用、怎么管。本书第三章对美国、德国、英国、日本、智利及巴西等国家的住房金融作了粗略分析。本节按照资金的来源，分类解析新加坡、墨西哥、法国、丹麦、韩国、加拿大等国家的政策性住房金融体系。在此基础上，总结国际上政策性住房金融制度的主要经验和教训，以期对我国政策性住房金融体系完善提供借鉴和参考。

一、政策性住房金融体系

（一）以强制储蓄为特征的政策性住房金融

这一模式的核心是政府强制居民进行住房（专项）储蓄，由此汇集住房贷款资金，参加者可获得优惠住房贷款。典型做法包括：新加坡的中央公积金和墨西哥的公积金制度等。

1. 新加坡的中央公积金体系

新加坡是一个国土面积狭小，人口密度大的城市国家。新加坡的中央公积金体系是颇具特色的住房金融体系，而住宅发展局和中央公积金局等金融中介在新加坡住房金融体系运作中发挥了独特作用（见图9-1）（高波，2015，第46~47页）。

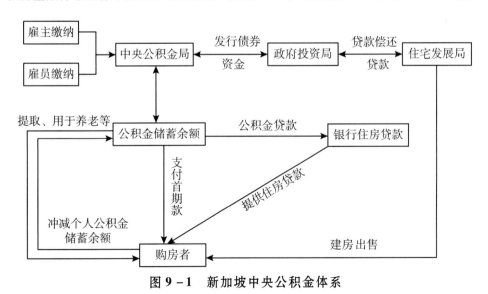

图9-1　新加坡中央公积金体系

（1）住宅发展局。

1960年2月1日，新加坡成立了住宅发展局（Housing Development Board，

HDB）。住宅发展局的前身是 1927 年英国殖民政府成立的改良信托局，1959 年该局被解散。1964 年，住宅发展局推出"居者有其屋"计划：国家免费提供土地，由住宅发展局统一规划建设"组屋"。住宅发展局是一个法定的权力机构，担负的主要任务有：一是拟定和执行政府关于住宅建设方面的相关提议、规划和工程计划；二是管理所有属于住宅发展局的土地、房屋、建筑物或其他产业；三是开展有利于住宅发展局执行本职工作的调查研究工作；四是按照国家规定的利息向符合条件的居民提供购房贷款；五是负责住宅发展局在执行职务方面一切其他相关事务。

（2）中央公积金局。

1953 年，为了改善居民的居住条件，并提供人人享有的社会保障，新加坡颁布了《中央公积金法》，公积金法令规定了一个强制性储蓄的制度，使职工在退休后或不能再工作时享有经济上的保障。1955 年，中央公积金局（CPF）成立，按照《中央公积金法》的规定中央公积金局负责公积金的归集管理和保值工作。公积金局设理事会，领导层由政府、雇主、工会三方各派二名代表组成，由一位主席和一位副主席领导。公积金局的职责是管理全体会员的存款，保证存款增值，指导会员投资。公积金局全体工作人员的工资和办公行政开支，既不是政府财政拨款，也不是会员的存款，而是自给的。政府审计部门有权对公积金局的账目进行审计，总统也有权直接查核公积金账户。经过多年的实践和不断完善，公积金由开始时的养老储蓄逐步演变成一种完善的社会保障制度，它不但顾及公积金会员的退休，住房及医疗保健等方面的需求，同时也通过保险计划给会员及其家人提供经济上的保障。

1965 年新加坡独立以后，在公积金的范围和用途等方面有了进一步发展和完善，从中央公积金局成立之初到 2011 年底，建立公积金账户的人数由 18 万人增加到 337.6 万人。1968 年，中央住房公积金局开始推行公共组屋计划，允许委员利用公积金存款购买组屋，解决居住问题。之后，中央公积金制度逐步发展演变成为一个综合性的涵盖养老、住房、医疗等内容的制度，并根据各个时期的具体情况，制定了一些规定或补充办法逐步完善扩大公积金的使用范围，以适应社会和个人的需要。

公积金由雇主和雇员共同缴纳。国家对公积金不征税，并为公积金的支付提供担保。公积金的缴费率由隶属劳工部的全国工资理事会提出建议，经政府同意后实行。工资理事会一般建议在经济形势好、工资增长时，提高缴费率；在经济衰退、企业困难时，降低缴费率。公积金局每月收缴的公积金经过计算记入每个会员的个人账户中。会员的个人账户分为三个：相当于工资 30% 的部分为普通账户，用于购房、投资、教育等；6% 为保健账户，用于支付住院医疗费用和重病医疗保险；4%为特别账户，只限于养老和特殊情况下的紧急支付，一般在退休前不能动用。公积金可投资于政府债券。从 1955 年以来，公积金利率一直略高于通货膨胀率，从而保证了公积金不贬值，并略有增加。公积金利率伴随银行利率每年调整两次（4 月和 10 月），每月计算一次，每年进一次账户。

在资金的管理上，中央公积金局除了保证正常支取公积金外，存款余额的90%用于购买政府发行的债券，政府以此方式获得的资金主要用于兴建住房和建设道路、机场、港口、码头等公共基础设施。中央公积金局向住房建设融资主要采取两种方式：间接向建屋发展局提供资金；通过向住宅建筑商提供贷款的方式提供住房建设资金。中央公积金局向住房消费融资主要采取两种方式：允许公积金会员支取公积金存款支付购房首付款；允许公积金会员支取公积金存款偿还购房贷款本息。

2. 墨西哥的政策性住房金融体系

墨西哥通过立法，1972 年开始在全国范围内推行住房公积金制度。在机构设置上，主要是三大住房基金机构力量，分别是全国劳动者住房公积金（针对私营企业人员）、国家公务员社会保险住房公积金（针对公务人员），以及全国人民住房公积金（针对失业人员）（Ricardo Vela'zquez Leyer，2015）。由上述三大住房基金机构，从各个层次为墨西哥人设计、提供不同类型的公积金购房贷款方案。其中，全国劳动者住房公积金是墨西哥最大的住房基金机构，占三大住房基金机构发放公积金住房贷款总数的 60% 左右。

在资金来源上，包括：（1）要求雇主强制缴存，雇主单方面缴纳月工资的5%，住房公积金纳入社会保险资金体系，统一归集。（2）通过发行债券募集资金。按照墨西哥相关国家法律规定，为保证运行机构资金来源的平稳性，全国劳动者住房公积金与国家公务员社会保险住房公积金可公开发行债券募集资金。（3）抵押贷款的还本付息，每月直接扣除借款人的公积金用于还贷，还可从借款人工资里最高扣除 25% 用于还贷。（4）投资收益，主要是购买国债，2012 年开始可投资资本市场。

在管理方面，实行双层管理。一是在联邦政府设立权威统一的管理协调机构——国家住房委员会。作为一个权威的国家整体协调住房公共政策机构，国家住房委员会负责制定全国的住房政策，掌控实质性的与公积金贷款配套的政府住房补贴资源及分配权利。二是在下层设立专业化的运营机构，即上述三大机构，完全独立运作。全国劳动者住房基金与国家公务员社会保险住房公积金等公积金运行机构都有各自的代表大会、理事会、监督委员会、审计委员会、理事长、劳资双方特别理事长、异议委员、信息公开委员会、区域咨询委员会等相对独立的专业化管理机构，并对各个机构的组成、职责任务、工作规则等做出了明确规定，便于遵守和操作。其他任何机构不得干预，保证了运行机构的专业性和独立性。各自机构从上到下集中统一管理，运行效率较高（张伟，2013）。

墨西哥的法律保障完善，公积金机构相当强势，基本上做到凡是在私营部门社会保险协会登记的劳动者100%缴纳公积金；公积金机构从1992年起不再参与住房建设投资，已成为专业的住房抵押贷款机构；劳动者先存后贷，缴纳18个月后可以申请公积金贷款；收入越低，贷款利率越低；同时严格审查借款人的资质，分数达标后才可获得贷款。政府补贴与贷款相结合；收入较低、首次利用公积金贷款者，可以获得政府的补贴（住房城乡建设部墨西哥住房公积金制度培训团，2013）。

（二）以自愿储蓄为特征的政策性住房金融

自愿储蓄以德国、法国、英国为代表，其共同做法是通过契约吸纳存款，成为住房贷款的来源资金；住房贷款发放与存款有的挂钩，有的不挂钩。下面内容重点介绍法国的政策性住房金融体系。

依据首部金融法，1816年法国信托储蓄银行正式成立。后来，《法国货币金融法典》和《经济现代化法》进一步明晰了其法律地位、功能和机构设置。法国信托储蓄银行独立于行政部门，受立法机关的监督和担保。法国信托储蓄银行最高权力机构是监督委员会，下设账户检查及风险评估委员会、储蓄基金委员会、投资委员会三个委员会，主要负责政策性住房资金的管理、运作，支持国家住房保障制度及其他社会公共项目的实施，其业务运营受法律保护，免于清算和破产，解散须由法国政府决定，由政府承担最终债务清偿责任（陈剑，2013）。

资金来源方面，法国信托储蓄银行主要依托遍布全国的邮政局和储蓄银行两大体系开设住房储蓄专户，通过预算贴息和免征利息所得税的方式吸引法定存款、管制储蓄、养老金等政策性资金集中式管理，为社会保障住房建设提供长久稳定的资金来源。同时，还兼营与其相关的自营性金融业务及部分投资银行业务，确保其管理的资金实现保值增值（大部分来源于购买国债）。这些措施的实现，既保证了政策性资金的安全性，又为经济社会发展提供了高效率、高质量服务，还相应减轻了财政负担。据法国信托储蓄银行数据显示，近12年来，法国信托储蓄银行向国家财政上交了3 000多亿法郎税收，相当于国债的10%。

管理方面，实行分账户管理。法国信托储蓄银行对管制储蓄、养老金等建立单独账户进行核算，这些特别账户的设立，将政策层面的专项业务与其他一般性商业业务加以隔离，保证资金成本较低的优惠基金不被用于商业盈利性业务。

经过两个多世纪的发展，法国信托储蓄银行已经成为专项管理、运作大量社会个人专项储蓄基金，支持国家住房保障制度的实施，以及国家法律允许的其他社会公共项目，实行大量金融投资的国家法定机构。目前，法国信托储蓄银行监管下的政策性住房储蓄计划在法国取得了巨大成功，其约占近年来新增住宅贷款总额的25%（其中，28.2%用于新建住宅，44.9%用于购买存量房，26.8%用于房屋修缮），并由此成为商业抵押贷款的有效补充。

（三）以专项债券为特征的政策性住房金融

在这种模式下，购房人贷款需要通过专属按揭银行和债券转手系统在市场上发行房屋抵押债券进行融资，代表性的国家有丹麦和韩国。

1. 丹麦的政策性住房金融体系

丹麦房屋抵押债券最初在1795年发行，在制度设计上充分体现了对债券投资人的保护。购房人贷款需要通过专属按揭银行和债券转手系统在市场上发行房屋抵押债券进行融资，其融资额度、期限、利率需要和债券发行金额、期限、利率完全匹配。这意味着，按揭银行所承担的风险只限于由于借款人违约而带来的信用风险，而其他市场风险则通过发行抵押债券转移到金融市场，从而实现了信用风险和市场风险的分离。对于债券投资者来说，由于利率风险等是任何债券（包括国债）都具有的市场风险，丹麦模式的风险转移并没有给投资者增加任何额外的不利因素。

丹麦住房抵押贷款的主要参与主体包括贷款人、抵押信贷机构（多数从属于银行旗下）、债券投资人和监管部门，主要流程如图9-2所示。

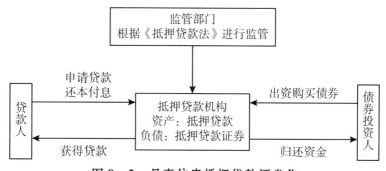

图9-2　丹麦住房抵押贷款证券化

贷款人向抵押贷款机构申请抵押贷款，机构在对申请进行审核之后对符合条件的贷款人根据房产估价进行授信，在贷款人交纳贷款办理费用之后，抵押贷款机构向债券市场发行债券的同时向贷款人发放贷款。债券投资人通过债券市场购买债券借出资金，贷款人按约定定期偿还部分本息，由抵押贷款机构转给债券投资人。整个流程中监管部门根据《抵押贷款法》及其相关规定对市场进行监管（余翔，2015）。

丹麦房屋抵押债券是世界上唯一获得穆迪最高即时支付指数评级的抵押债券。这意味着，即使发行债券的按揭银行破产倒闭，债券投资者仍然会及时从资产抵押池中获取利息和本金。丹麦房屋抵押贷款有着非常低的信用违约率。数据显示，在 2010~2011 年期间，平均每年由于信用违约而被按揭银行接管并拍卖的房屋数量仅为 245 套。另外，2011 年丹麦抵押贷款拖欠率仅为 0.6%，远远低于美国的优质贷款拖欠率的 8% 和次级贷款拖欠率的 33%？这在很大程度上反映出丹麦房屋抵押债券的优质信用等级。

2. 韩国的政策性住房金融体系

韩国的政策性住房金融机构主要设立国民住宅基金制度。国民住宅基金是为了促进住房建设、支持低收入家庭购买住房，于 1981 年设立的政府管理基金。该机构由国土海洋部负责管理，具体的贷款委托友利银行（韩国第二大商业银行）管理。友利银行在全国范围内再委托，最终由农协银行、新韩银行、韩亚银行和中小企业银行四个金融机构负责具体业务。受托金融机构应当在每个月 20 日之前向国土资源部报告基金收入和运行状况，并且每年 2 月份提交国民住宅基金的计算报告书。同时，受托金融机构应当设立国民住宅基金的专门专户，以明确基金的收支状况。

国民住宅基金的资金来源上，包括三大块：（1）国民住宅债券。由政府发行，利率很低，强制当事人购买。例如，购买不动产、汽车等需要政府部门予以登记确认的物品时，按照物品价格的一定比例购买国民债券；与政府签订房地产开发建设合同时，按照合同确认标的的一定比例购买国民住宅债券。买得越多，其获得优先购买的可能性越大。（2）要约储蓄。事先预定申请购买住房，为了将来购买住房而进行储蓄。储蓄方式为按月储蓄，没有地区差异，每月定期缴纳一定金额。（3）住宅彩票和利息收入。根据韩国《彩票基金法》第 32 条规定：将彩票出售收益、无人领取彩票收入以及其他彩票运营收入按照一定比例提供给国民住宅基金，用于公共住宅及公共租赁住宅的建设。利息收入主要是指国民住宅基金贷款所产生的收益（李恩蕙，2015）。

韩国住房抵押贷款公司是韩国的另一个重要融资机构，目标是通过住宅基金，长期、稳定地将市场上的资金引入住房金融体系，扩充住房金融基础。2003 年，韩国设立了住房金融公司，合并了原来的住房抵押贷款公司，该机构不是贷款机构，而是由贷款机构按照该公司决定的基准，替代它提供贷款，然后公司买入抵押贷款后发行抵押贷款支持证券（MBS）。

对公共租赁房建设有政府财政支持，例如 30 年期的只租不售的公共租赁房，使用面积在 35 平方米以下的，财政负担开发建设费用的 40%；35~45 平方米的，财政负担 20%；超过 45 平方米的，财政负担 10%。

（四） 以担保为特征的政策性住房金融

在开放的住房金融体系中，有些国家采取直接保证特定贷款群体偿还贷款本息的方式，降低一级贷款市场上的信用风险，使可以采用私营银行抵押贷款的群体范围扩大。此外，在二级市场上，政府也可以在抵押贷款的再融资（证券化）过程中为抵押贷款提供保证或担保。担保是美国、加拿大、日本等国家政策性住房金融的主要筹资方式。下面重点介绍加拿大的政策性住房金融体系。

1944 年联邦政府颁布了新的《国家住房法案》，翌年成立了加拿大抵押贷款和建房公司（CMHC）。经过 70 余年的发展，加拿大已经形成了以加拿大抵押贷款和建房公司为核心，商业银行为主力，各司其职、各尽所能，一、二级市场相结合的较为完善的住房金融体系。

加拿大抵押贷款和住房公司是一家皇家公司，同时兼具政府职能和商业职能。（1）根据《国家住房法案》制定住房政策及其他与住房相关的事项。（2）为全国私人住房融通资金，为低收入家庭提供住房补贴。（3）为金融机构发放住房抵押贷款提供全额保险，降低一级贷款市场上的信用风险。（4）作为二级抵押市场机构，根据自身资产状况收购抵押贷款或对购入的抵押贷款实施证券化，并为之提供担保。（5）向购房者提供抵押贷款。（6）开展建房、节能等方面的技术研究。（7）开拓国际住房市场，出口住房。（8）开展国际咨询业务，帮助其他国家建立住房融资体制。加拿大抵押贷款和住房公司虽然负有重要的政府职能，但采取市场运作，一般不需要政府的财政支持，相反还能盈利，为政府创造红利。

加拿大住房抵押贷款市场由一级市场和二级市场构成。早期，在市场利率的驱动下，注册银行、信托公司、抵押贷款公司等私人金融机构具有积极参与住房金融业务的内在动力，但对于以个人信用为基础的住房抵押贷款，由于其数额巨大且期限长，个人信用受到多方面因素的影响，从而使贷款机构面临巨大风险。为增强住房抵押贷款一级市场的安全性，建立金融机构对住房抵押贷款的信心，吸引大量资金进入住宅抵押贷款市场，1954 年，加拿大政府授权加拿大抵押贷款和建房公司对私人金融机构发放的属于《国民住房法案》的长期住房抵押贷款进行保险，若借款人到期不能履行偿还贷款本息的义务，由加拿大抵押贷款和建房公司负责偿还。这一举措，降低了贷款人的风险，刺激了注册银行、信托公司、抵押贷款公司等私人金融机构参与住房按揭业务的积极性，使之成为政府干预住房金融市场、刺激一级抵押市场发育的有效工具。此外，加拿大抵押贷款和建房公司的保险，还带动私人住房抵押贷款保险机构业务的扩展（CMHC，2014）。

相对于成熟的一级市场，加拿大的住房抵押贷款二级市场起步较晚。为解决一级抵押机构资金不足的问题，加拿大联邦政府从 20 世纪 60 年代开始，试图发展住房抵押贷款的二级市场。但开始时收效不大，直到 20 世纪 70 年代以后才有了一些明显的进展（中国建设银行住房抵押贷款证券化课题组，2000）。1986年，加拿大政府授权加拿大抵押贷款和建房公司为住房抵押债券提供保险，有效地促进了二级抵押市场的发展。一是收购一级抵押机构的住宅抵押贷款，实现了抵押贷款的流动性。二是二级机构建立标准抵押、推进抵押贷款的标准化，为抵押贷款的证券化创造条件。三是对抵押贷款组群提供加强担保，增强抵押债券清偿能力，使抵押债券具备政府债券的信誉。四是二级发行机构以抵押贷款组合为担保向社会发行转付证券，将抵押贷款出售给社会投资者（吴雪晴，1998）。由于抵押债券的收益高于政府债券，又具有相当于政府债券的信誉，对投资者具有很大的吸引力，从而保证了社会资金源源不断地流向住房抵押市场，解决了一级抵押机构资金不足的问题。同时，住房抵押贷款的证券化，使社会上的短期资金转化为长期投资，从而解决了一级抵押机构资金来源的短期性与资金占用的长期性之间的矛盾，保证了贷款机构经营的安全性。简言之，二级市场的发展，增强了抵押贷款的流动性，加快了资金周转速度，促进了加拿大住房抵押贷款市场的发展和繁荣。

以住房抵押贷款和政府担保为典型特征的加拿大政策性住房金融体系，已成为加拿大个人和家庭购买住房的主要融资渠道，也是保障加拿大住房金融市场健康持续发展的重要基石，并成功经受住了百年不遇的全球金融危机的考验和洗礼。

综上可见，世界各国政策性住房金融体系差异较大，各具特色。表 9-1 和表 9-2 是不同国家住房贷款情况和住房金融体系的简要比较，显示出各国有自己的特点。

表 9-1　　　　　　　　　不同国家住房贷款情况一览

国家	利率调整方式	首付款要求比例（%）	典型贷款期限（年）	贷款利率	贷款利息抵扣
新加坡	浮动利率	20	30～35	5.56%	房产税及贷款利息可从租金收入中扣除
墨西哥	浮动利率	10	20	4%～10%之间浮动，平均约7%	贷款利息可从租金中扣除
德国	固定利率	30	25	4.96%	支付的贷款利息可从租金收入中扣除
法国	浮动利率	20～30	25	3%～6.32%	支付的贷款利息可从租金收入中扣除

续表

国家	利率调整方式	首付款要求比例（％）	典型贷款期限（年）	贷款利率	贷款利息抵扣
英国	主要为固定利率	5～10	25	2和10年期固定利率4.46%和6.28%；浮动和折扣利率3.93%、3.22%	支付的贷款利息可从租金收入中扣除
韩国	浮动利率	60	20	5.77%	利息达到1 000万韩元且贷款期限大于15年
丹麦	浮动利率	10～20	20～30	稳定在5.65%以内	贷款利息可从租金中扣除
美国	以固定利率为主	24（平均）	30	30年期固定利率4.99%；一年调整利率4.23%	首套或第二套房屋的贷款利息可以计扣
加拿大	浮动利率	10～30	30～35	2.75%～3.25%	贷款利息不享受税收减免
日本	可调或浮动利率	20～30（平均）	20～30	2.75%	按年末贷款余额1%～2%计扣；最大可扣金额500万日元

资料来源：各国政策性金融机构网站、Global Property：http：//www. globalproperty. net. au/。

表9－2　　　　　　　　　不同国家住房金融体系比较

项目/模式	法国（合同储蓄体系）	新加坡（住房公积金体系）	加拿大（住房抵押贷款体系）
定义	通过契约筹措资金	政府用强制手段筹措资金	通过担保在资本市场筹措资金
操作主体	法国信托储蓄银行	中央公积金局	加拿大抵押贷款和建房公司
资金来源	储蓄	工资收入	资本市场
业务特征	存短贷长	通过强制手段达到存贷平衡	通过资本市场达到存贷平衡
利率	与市场利率挂钩	与市场利率挂钩或固定化	市场利率
政府作用	较强	强	较弱
运作模式	开放式	封闭式为主、市场为辅	开放式
市场作用	较弱	较弱	强

资料来源：各国政策性金融机构网站、Global Property：http：//www. globalproperty. net. au/。

二、政策性住房金融制度安排的共同特征

纵观现代市场经济国家的政策性住房金融体系，虽然在资金的来源、管理和使用上存在着较大差别，但也有一些共同的做法。

第一，各国普遍建立了支持中低收入人群住房消费的政策性住房金融制度安排，而政策性住房金融制度的政策目标随着经济发展阶段的不同进行相应调整。如表9-3所示，与其他住房政策一样，政策性住房金融体系的关注重点是提高中等及中等以下收入群体的住房支付能力，通过金融支持培育和提升居民住房消费能力。政策性住房金融的基本特点是公益、互助和政策扶持。因此政策性住房金融制度又具有鲜明的收入分配调节功能，在维护社会公平、推进城镇建设中可以发挥重要作用。

表9-3　　　　不同国家政策性住房金融对中低收入群体政策倾向

国家	住房政策倾向：中、低收入群体
美国	一方面对穷人的住房抵押贷款实施低价甚至免费保险或保证，鼓励中低收入家庭向金融机构贷款买房。另一方面通过发行低利率公债收购各商业性抵押贷款机构的住房贷款，为商业性住房金融机构补充流动性。同时，制定完善的低收入者住房补贴制度，地方政府设立专门机构，定期对当地房屋租金进行综合调查，向低收入人群发布住房信息
新加坡	新加坡发展组屋政策，解决中低收入群体住房问题，该政策已覆盖了85%的居民。具体地说，新加坡政府为首次申请购买组屋的人设了门槛—家庭每月总收入不超过1万新元；在国内外不拥有任何私人住宅产业等。同时，为照顾低收入家庭购买组屋，新加坡政府还提供补贴
德国	依据《民房建设资助法案》，各地方邦政府专门设立政策性金融机构，其主要职能是对中低收入家庭建购房和私人投资建造低租金住房发放优惠利率贷款资助
英国	中央政府的住房保障预算资金，除了向地方政府拨付外，也直接向住房协会拨付。中低收入者除了根据"优先购买权"制度取得已建公房的所有权外，还可依据"优先取得权"制度取得属于住房协会房屋的所有权
法国	成立面向最低收入阶层的住房购置担保基金会，提供社会安置型购房担保，基金会提供的担保服务不向借款人收费。国家还发放零利率住房贷款。国家面向低收入家庭发放零利率住房贷款，资金直接来自中央财政。此外，符合有关政策规定条件的低收入者，还可向政府申请住房贷款的还贷津贴

国家	住房政策倾向：中、低收入群体
巴西	年收入相当于最低收入界线 1～3 倍的低收入者、年收入相当于最低收入界线 3～6 倍的中等收入阶层，可以购买政府投资建造的住房，并取得最低年利率为 1% 的长期优惠贷款
日本	依据相关法律，住宅金融公库为公营和公团开发面向中低收入者住宅提供资金支持。公营住房是地方政府授权在中央政府的资助下，为本地区的低收入家庭建设租赁性的公共住房
韩国	一是公租房的建设与供给。由政府出资或资助建设、并以低廉价格出租给低收入家庭的公租房。同时，韩国国民住宅基金提供低息贷款支持建设可出售公租房。二是向低收入家庭提供多种形式的住房支持政策。通过租金补贴、低息贷款、减免税收等方式向低收入阶层提供支持，以保障低收入家庭也能够达到合理居住标准，并逐步拥有住房
墨西哥	第一，通过《宪法》和《住房法》明确规定各级政府有责任帮助最贫困家庭、待业人员等低收入群体获得居住权。第二，通过税收、补贴等政策鼓励建筑业商人开发廉价的经济适用房，出租给低收入家庭。第三，直接面向贫困家庭发放住房补助。第四，要求借助三大住房基金机构力量，从各个层次为墨西哥人设计、提供不同类型的购房贷款方案。第五，吸收国外资金，解决低收入家庭住房问题。如西班牙政府提供的"个人小额贷款"、泛美发展银行提供的个人贷款等
丹麦	作为高福利国家，在供给端，丹麦政府主要通过政府补贴和支付住房抵押贷款利息鼓励增加住房供给。在需求端，丹麦政府通过住房抵押贷款税收减免等措施间接补贴住房所有者，鼓励居民自建住房并向低收入家庭出租，并对租户提供广泛的租房补贴。在特殊情况下，当一个人或一个家庭没有任何收入来源时，政府会支付全部租金
加拿大	一是由联邦政府与省政府共同出资或提供贷款和运作资金、由城市政府进行廉租房建造和管理。二是由房地产公司或社会团体利用联邦政府和金融机构的优惠贷款建造廉租房，其中又分为有限分红、非营利和合作住房三种形式。三是联邦政府以低房租为条件，通过政府补贴鼓励开发商对市场廉租房进行修缮或改造。四是通过优惠贷款、免税和补贴等形式鼓励居民建造低价自有住房或租赁房

由于各国发展水平不同，经济形势差异，除了解决中低收入人群住房问题外，政策性住房金融机构通常还期望达到多个政策目标：一是调节房地产市场波

动和平抑经济周期。公共住房银行经常被当做在房地产领域实施货币政策的金融工具，被作为宏观货币政策实施的补充，尤其在反向经济周期调节的时候。二是推动城市更新改造。公共住房银行往往与城市更新改造紧密相关。三是促进和刺激住房金融创新。特别是随着一国人均收入水平的提高，政策性住房金融的功能也日益从单纯的住房保障领域向着促进国民经济和完善社会保障等方面发展，其金融调节功能更加突出。

第二，各国的政策性住房金融制度在充分发挥金融市场功能的基础上，采用多种金融手段和政策工具实现政策目标。概括而言，通常在发展阶段比较高、市场发育水平高、收入水平比较高和城镇化水平较高的国家，更倾向于采取资本市场的制度安排和合同储蓄的制度安排。同时以公共住房银行作为补充。相对而言，一些人口规模小、市场发育程度低和收入水平低的国家则更倾向于采取强制住房储蓄的制度安排。

金融市场在资产交易、资金筹措、资本运营和风险防范等方面可以发挥重要作用。运用多种金融工具能提高竞争效率、克服市场失灵，有效统筹和动员多方面资金、增加资金的流动性、保障资金的安全性、降低融资成本，增强资金运营效率，充分发挥公积金的金融功能，实现公积金的保值增值和风险防范作用。此外，住房金融体系建设需要与社会保障体系、金融体系、财税体系有效衔接。

第三，各国对政策性住房金融制度实行了国家强制性制度安排，在运行模式上市场与政府相结合。纵观各国，政策性住房金融制度都是由国家进行统一管理，即使是自愿储蓄，也得到了政府一定程度的支持。从本质上来看，政策性住房金融制度都是市场机制与政府干预在不同程度上的结合，通过市场机制、市场手段来提高资金的使用效率，通过政府干预来确保支持中低收入人群住房政策目标的实现。

在强制住房储蓄的制度安排下，政府的作用较强，采取的行政手段包括强制储蓄，雇主配比，储蓄利息免税等。在公共住房银行的制度安排下，政府的角色是发起资本提供者、管理者，其作用强度较高。在合同住房储蓄的制度安排下，政府的主要角色是储蓄配比奖励、储蓄利息收入免税等，其作用强度为中等。在资本市场的制度安排下，政府对住房贷款的损失/收益承担着担保与保险的功能，其作用较弱。

第四，各国政策性住房金融都取得了一定的社会效果，其功能随着社会需求的转变而转变。在不同发展阶段，政策性住房金融的目标与功能是不同的。从理论上来说，政策性住房金融资金的使用，既可以支持住房供应，也可以支持住房消费。在住房短缺的问题解决之后转变为支持住房消费。

在一个国家发展水平较低，住房供不应求的阶段，政策性住房金融的主要目标是希望通过政府的干预和引导可以更快更有效地增加住房供应。在增加总量以降低住房成本的总体目标下，一般又把重点放在增加住房市场中因为微利而相对稀缺的中低价位住房、廉价公共租赁住房的供应上。政府行为包括公共建房计划、鼓励资助私人建房、修建和运营公共租赁住房等。与此相适应的公共住房金融工具包括：政府向公共与私营的住宅建造商以及个人通过财政直接提供住房开发资金、住房维修资金的赠与，更为普遍的是提供低息开发贷款、贷款贴息、贷款担保，此外还包括向住房建造者或租房组织提供税收优惠、利息抵税等。随着经济发展水平的提升，一旦住房供求矛盾得到缓解，公共住房政策的目标则转换为直接向居民提供住房消费的补助，提高他们对住房消费的支付能力。主要是希望使最低收入阶层也能拥有社会最低限度的住房消费水平，缩小居民阶层之间对住房支付能力的两极分化。与此相适应，所采取的公共住房金融工具是向居民直接提供的各种补助和补贴，包括购房赠款、低息贷款、贷款利息抵税，以及直接向居民发放住房开支的补助—住房津贴。

三、政策性住房金融制度安排的历史教训

政策性住房金融体系在加强住房供应，缓解住房供求矛盾等方面发挥了显著的作用。同时，在政策性住房金融体系的运行过程中也出现了不少问题，存在许多值得吸取的教训。

第一，政策目标不明确，在特定阶段应突出实现一个政策目标，不要设立不切实际的过高目标。从各国经验来看，政策性住房金融制度成败的关键在于政策目标是否明晰、可行。世界上很多国家政策性住房金融体系失败的原因，在于同时制定多个相互冲突的目标，导致没有一个政策目标能够令人满意地落实。在特定的经济发展阶段和经济条件下，只能突出一个最紧迫的政策目标。事实上，各国的政策性住房金融制度不是一成不变的，而是随着经济发展阶段不断调整目标与方式。

第二，政策性住房金融体系的有效运行不仅需要有一个稳定的外部经济环境，还需要相对稳定的房价和住房市场。无论是日本的"住专"案酿成大祸，还是巴西"国家住房银行"最终关闭清算。除了自身的运行与监管外，整个社会经济不稳定，前者泡沫泛滥，后者出现金融危机和严重的通胀，由于应对不当，纷纷出现严重问题。巴西这种"强制性储蓄＋国家住房银行"的政策性住房金融体系，低存低贷，应该是相对容易运转的，但由于缺乏稳定坚实的经济与金融环境，且政府过于大包大揽，做出超出经济规律和自身能力的承诺，最终以失败告终。此外，房价和住房市场的稳定也很重要。房价太高，涨得太快，一方面商业

性住房金融会在其中推波助澜，另一方面也迫使更多的人转入政策性住房金融市场。结果是政策性住房金融反而难以实现调节房地产波动的目标。

第三，政策性住房金融体系的监管不到位，缺乏完善监管的政策性住房金融体系容易滋生金融危机。金融体系所天然具有的投机性、波动性需要有良好的外部监管和预警机制。目前，商业性金融机构依靠《巴塞尔协议》的完善监管，但政策性住房金融机构的监管一直是个难题，在许多国家依然空缺，甚至会出现"监管俘获"的问题。深入来看，美国的"两房"、日本的"住专"案都是监管失败的典型。

第二节　中国住房公积金制度的历史作用及存在问题

我国的住房公积金制度建立于 20 世纪 90 年代，是"在个人储蓄计划基础上、有政府力量参与的共同互助基金"。在当时"房改缺钱"的背景下建立的，其初衷是通过建立强制性、互助性的基金，服务于住房保障的目标。在特定的历史时期，住房公积金在解决工薪阶层住房问题上发挥了重大作用。

一、住房公积金制度的历史作用

具体来说，伴随着住房公积金制度的发展与完善，住房公积金在促进住房体制改革、增加住房供应、解决居民住房问题、加快住房金融发展、支持城镇居民住房保障等诸多方面发挥了很多积极作用。

一是推进了住房分配货币化制度改革。住房建设投资改变为国家、单位、个人三者合理负担的体制，融资来源大为扩展，有效促进了住房金融的发展，并为住房分配从实物形式向货币形式的分配方式转变奠定了基础，从而有力地促进了中国城镇住房体制的变革。

二是建立了职工个人住房资金专户积累机制。住房公积金以这种既有强制又有互助形式的长期储金制度来归集住房资金和转变住房分配机制，比直接提高职工个人工资、增发住房补贴有更高的社会与经济效益，有利于养成住房储蓄习惯，缓解了由职工人均工资水平低下引致的购买力不足问题。截至 2015 年底，累计住房公积金归集额 89 490.36 亿元，较上年增长 19.56%，归集余额 40 674.72 亿元，较上年增长 9.79%，累积提取住房公积金 48 815.64 亿元，累积发放个人住房公积金贷款余额 32 864.55 亿元，个贷率 80.8%。

三是促进了住房金融的发展。住房公积金逐步成为国家住房金融的重要内容之一，建立了政策性住房抵押贷款制度，并为商业个人住房抵押贷款的起步积累了宝贵的经验。1998 年以来，住房公积金个人贷款一直呈快速增长的趋势。1998～2015 的 18 年间，住房公积金个人贷款余额从 156 亿元发展到 32 864.55 亿元，2015 年是 1998 年的近 210 倍（见图 9 – 3）。同时，住房公积金个人贷款余额与个人商业住房抵押贷款余额之比在 1998～2001 年曾经一度连续下降接近 0.1，但自 2002 年以来这一比重呈逐年上升趋势。截至 2015 年底，发放住房公积金个人住房贷款余额 3.29 万亿元，相当于商业银行个人住房按揭贷款的 1/4。这些充分说明了住房公积金在中国住房金融中的地位重要性在增强。

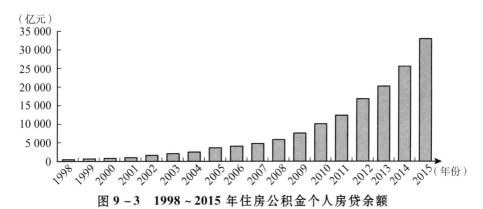

图 9 – 3　1998～2015 年住房公积金个人房贷余额

资料来源：《全国住房公积金 2015 年年度报告（1998～2015）》。

四是加快住房建设、改善居民住房条件。截至 2015 年底，全国缴存住房公积金职工 1.24 亿人，缴存余额 4.07 万亿元，累计向 2 499.33 万户缴存职工家庭发放个人住房贷款 5.33 万亿元，制度受益人群超过 6 000 万人。图 9 – 4 显示了住房公积金贷款和商业性个人住房抵押贷款的利率差异，从中可以看出，住房公积金贷款利率和商业性个人住房抵押贷款基准利率始终保持了 2 个百分点左右的利差，体现了住房公积金对职工改善住房条件的支持。

五是为廉租住房建设提供了重要的支持。从 1999～2006 年底，累计提取廉租住房建设资金 53.6 亿元，占同期全国用于廉租住房建设资金 71 亿元的 75%。2007 年以来，各级财政加大了住房保障投入力度，2015 年保障性安居工程支出达到 4 881.01 亿元，从住房公积金增值收益提取廉租住房资金 204.82 亿元，占保障性安居工程支出的 4.2%。

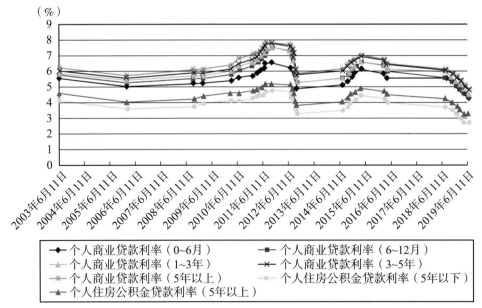

图 9 - 4　1999~2015 年公积金个人房贷利率与商业个人房贷利率的比较

资料来源：中国人民银行，http://www.pbc.gov.cn/。

二、住房公积金制度的突出问题

当前住房公积金制度仍然存在住房公积金缴存覆盖面窄、功能弱化、业务不规范、运行成本高、使用效率低等方面问题。

（一）住房公积金使用效率低下

现有的管理体制，使得各地住房公积金在设区城市封闭运行，难以统筹使用。部分城市大量结余资金存储在银行，流动性不足和过剩的矛盾并存，不能充分支持职工解决住房问题，影响了资金总体使用效率。截至 2013 年 6 月底，89家独立运作的企业管理机构平均个贷率仅 26.6%，资金大量闲置，严重影响住房公积金制度作用的发挥。截至 2014 年 6 月底，全国住房公积金个贷率不到 70%，但是 342 个城市中，有 26 个城市个贷率已经超过 90%，出现流动性紧张的问题。还有 119 个城市个贷率低于 50%，结余资金总额 4 903 亿元，资金闲置问题突出。264 个区县、企业和省直住房公积金管理机构独立运作，更进一步加剧了住房公积金管理碎片化的状况。

（二）住房公积金机构运行成本过高

一是人员成本较高。目前，全国住房公积金从业人员 3.4 万人，其中，领导岗位（含中层干部）占 15%，办公室、党务、人事、后勤等行政岗位占 18%，一线业务人员占比较低，业务能力不足，存在人力资源浪费的问题。二是手续费支出较高。2015 年，全国住房公积金归集手续费支出 21.24 亿元，委托贷款手续费支出 50.64 亿元，合计 71.88 亿元，相当于当年实际管理费用的 89.75%。三是信息系统重复建设，浪费严重。分散管理导致业务信息系统分散建设，分别维护运行，建设和运维成本较高。截至 2013 年底，全国住房公积金信息化建设累计投资 28.48 亿元，其中 2013 年当年投入 7.67 亿元。

（三）住房公积金监管不到位

随着住房公积金资金规模迅速增加，业务范围逐步拓展，风险隐患不断积累，违规挪用资金、违规放贷、贪污受贿和工作失职渎职等违法违纪案件仍时有发生。2008 年以来，全国查处住房公积金违法违纪案件 22 件，涉案金额 5.7 亿元。监管不到位、监管滞后现象严重。主要表现为：一是专业监管能力不足。各省和自治区住房城乡建设厅的监管机构的性质不统一，监管力量不足，缺乏专业的监管人才和监管的权威性，执行公权力法律依据不足。多部门监管主体的监管权限划分不明确，各部门制定的管理政策时有冲突，部门间沟通协调难度较大。二是财政监督难以实施。目前财政部门的监督基本局限在设区城市财政部门对住房公积金管理中心的经费审核。其他方面仅能通过住房公积金管理中心定期向财政部门递交的财务报告进行静态事后监督，无法做到对住房公积金的资金运用实行事前和事中监督。三是银行监督形同虚设。虽然银行实时掌握住房公积金的资金流向和业务发生的基本信息，但由于住房公积金管理中心掌控着巨额资金，是银行营销揽储的重要客户，银行无法发挥住房公积金监督作用。四是社会监督流于形式。缺乏有效的信息披露和职工意见反馈渠道，加之住房公积金缴存职工与汇缴单位、住房公积金管理中心之间存在着不对等的关系，使职工监督不能真正做到常态化。

（四）住房公积金缴存群体小，缴存差距大

目前，全国住房公积金实缴职工 1.24 亿人。缴存住房公积金人数占城镇就业总人口的 30.7%，其中国有单位（包括国有企事业单位、社会团体、党政机关）已基本全覆盖，覆盖率已超过 90%；私营企业职工缴存率低，覆盖率仅为 18.2%。且住房公积金缴存覆盖面推进缓慢，2002～2015 年，缴存人数年均增长

率 5.6%，比城镇基本养老保险增长率低 3.1 个百分点。住房公积金实缴职工比参加城镇基本养老保险职工（不含离退休）少 1.38 亿人。考虑到现有住房公积金缴存人数中，有 4 000 万为机关干部和事业单位职工，而养老保险中基本上不包含这部分人，加上这个因素，两者相差 1.78 亿人，主要是非公企业就业的职工。

同时，职工住房公积金缴存差距过大。据 2011 年对 20 个城市抽样调查显示，职工最低月缴存额仅有 18 元，最高 27 926 元，差距高达 1 151 倍。在有些城市，不同单位之间住房公积金缴存差距竟达 141 倍。住房公积金变相为垄断行业提高员工收入和避税的手段，缴存产生的巨大鸿沟，已冲击社会公平底线。

（五）住房公积金账户资金贬值严重

根据规定，职工账户住房公积金存款分两档计息，当年归集的按活期存款利率计息（目前为 0.35%），上年结转的按三个月定期存款利率计息。2013 年住房公积金个人存款账户加权存款利率 2.35%，低于同期 CPI 涨幅（2.6%）和一年期银行定期存款利率（3%），也低于各省基本养老保险个人账户记账利率（3% ~ 4.25%）。2003 ~ 2013 年，职工住房公积金个人账户加权存款利率为 1.89%，比同期 CPI 均值低 1.07 个百分点，处于严重贬值状态。近年来，银行理财产品和互联网金融产品发展迅速，年化收益率一般在 5% 以上，比住房公积金账户存款利率高出 3 个百分点以上。住房公积金长期贬值使个人利益受损，资产缩水严重，不仅加剧了职工骗取套取住房公积金的资金安全风险，也给住房公积金制度的公信力及可持续发展造成消极的影响。

（六）住房公积金增值净收益分配错位

《条例》规定，住房公积金增值收益扣除贷款风险准备金、管理费用之后，作为廉租住房建设补充资金。截至 2015 年底，全国累计从增值收益提取 1 804.54 亿元用于廉租住房建设，但绝大多数缴存职工不符合廉租住房申请条件。2015 年，扣除风险准备金和管理费用后的净收益为 735.82 亿元，全部上缴城市政府，未能返还缴存职工。保障性住房建设是政府职责，应由公共财政投入，住房公积金属缴存职工个人所有，资金收益应由缴存职工享有，城市政府无偿占有是"公私不分、化私为公"。

第三节　住房公积金制度改革的基本定位

住房公积金制度的定位直接取决于其独特的功能发挥，或者简单来说，住房公积金的功能到底是什么？更进一步来说，需要明确住房公积金制度在设立之初的功能在今天发生了哪些改变，还有哪些依然存在。当住房公积金的功能清晰确定后，就可以依据这一功能来设立相应的管理体制和运行机制。

一、住房公积金制度的定位

在住房分配货币化改革已经取得成功的现阶段，住房公积金制度的互助性、保障性功能日益衰减，在运行和监管方面的问题也日益突出。未来的住房公积金制度向何处去？结合我国经济社会发展的状况与各国政策性住房金融的经验，对于住房公积金制度的定位必须聚焦在两个方面。

（一）始终把解决不同收入群体住房问题作为住房公积金制度改革的出发点

住房公积金是一种政策性住房金融，既然是政策性的，就不仅要求达到效率目标，而且还要实现公平目标。在早期建立住房公积金时，期望通过这样的互助储蓄设计，能够让那些工薪阶层的群体具有购房能力。随着这一群体住房问题的解决，住房公积金制度需要进一步扩展，为不同收入群体尤其是中低收入群体提供住房保障。这也是住房公积金制度有必要存在的根本依据。如果没有这样一个人数众多的中低收入群体的存在，他们没有购房困难问题，也就没有必要继续坚持住房公积金制度，就完全可以交由市场来解决住房问题。

无论从近期来看，还是从中国城镇化的中长期来看，都存在着购房有困难的中低收入群体。解决他们的住房问题，单纯依靠市场调节是比较困难的，而住房公积金制度恰恰能够发挥互助、低息的独特作用，帮助一些人尽快获得住房。

既然住房公积金的核心功能是为不同收入群体尤其是中低收入群体解决住房问题，因此，住房公积金制度就应该作为政策性住房金融体系的内容而存在。具体来说，住房公积金制度的政策性主要体现在三个方面：

一是优惠性，即国家对符合条件的群体提供政策优惠或者是财政补贴。例如强制资金配套、低息贷款等，体现了政策的公平导向和扶助导向。住房公积金个人住房贷款和商业银行个人住房贷款存在约 2 个百分点利差。这种利差获得的贷款优惠是住房公积金制度得以存在的经济基础，是住房公积金制度能够吸引更多人参与的基础。

二是开放性，即住房公积金制度向所有愿意参与的不同收入群体特别是中低收入人群开放，让更多的人能够享受到这一政策优惠。这就意味着，要不断降低准入门槛，创造条件让更多的中低收入群体能够缴纳和使用住房公积金，努力做到覆盖所有中低收入群体。

三是阶段性，即依据人们收入水平和住房条件的转变，住房公积金制度的功能也在逐步变化。在早期阶段，住房公积金主要为广大工薪阶层解决住房难题提供帮助。自1991年建立到1999年以前，住房公积金以支持城市住房建设为主；1999年《住房公积金管理条例》出台后，住房公积金停止发放住房建设贷款，住房公积金制度的主要功能调整为加快住房货币化分配，推动住房制度改革，发放住房消费贷款，扩大职工住房消费需求。2009年，为促进房地产市场健康稳定发展，拓宽保障性住房建设资金来源，加快保障性住房建设，促进经济平稳较快增长，加快解决城镇中低收入家庭住房问题，开展利用住房公积金贷款支持保障性住房建设试点工作。随着这一群体住房问题的有效改善，住房公积金的政策目标将转向城镇化过程中的那些外来常住人口特别是农民工住房问题。这一群体规模巨大，收入较低，住房支付能力相对不足。将其纳入住房公积金制度，增加住房资金积累，提供个人住房贷款，既有利于这一群体在城镇安居，平等享受城镇公共服务，提升城镇化水平和质量，实现"三个1亿人"的城镇化发展的住房目标，也有利于培育新的住房消费群体，形成新的住房消费增长点。将来在城镇化完成后，住房公积金制度又将聚焦在社会中规模较小的低收入群体。

（二）通过增强住房公积金的金融功能来不断提高制度运行效率

传统住房公积金制度强调了住房功能，却忽视了金融功能的提升。这既有当时金融环境的制约，也有管理体制的不顺。如果住房公积金制度没有一定的金融功能，就难以有效实现保值增值目的，也难以提高解决住房问题的能力，因此，需要不断增强住房公积金的金融功能。

一是盈利性，目前执行的住房公积金按揭抵押贷款业务实质上是一种贴息贷款，更强调对缴费群体的补助，而非增值。其后果是资金池越做越小，挤占了有效资源，难以长期达到增强覆盖面和覆盖力度的目的。因此，从中长期来看，住房公积金应该进行多元化的运作，把资金做活。通过资金的增值，来增进更大的福利。应该有一定程度的资产方面的运作，包括安全性证券的购买、投资。

二是流动性，资金的收益来自于在不同领域的流动使用。为了提高住房公积金的使用效率，提高盈利性，就必须实现资金管理的"大一统"，实现资金的跨省调度，补足余缺；甚至能够实现短期拆借，长期发债。

三是安全性，住房公积金的性质决定了它只是一种低风险的资金管理运营模式。在实现金融功能的同时要考虑如何尽可能保障资金的安全、有效避免各地资金的违规挪用及防范资金的高风险经营。

二、住房公积金制度改革取向

（一）住房公积金制度的宏观考量：功能定位与功能目标的转向

住房公积金制度初始定位可以归结为：在法律上具有普遍强制性、在功能上具有互助性、在本质上具有福利性、在使用上具有专用性、并具有住房保障功能的长期性住房储蓄制度。住房公积金最初的功能是筹集建房资金，缓解住房开发与建设资金短缺的矛盾。然而，随着近年来的房价高企，住房公积金制度最初设定的互助性住房保障功能逐渐弱化。在继续发挥住房公积金的"公"的功能的同时，迫切需要拓展至"金"的层面。一是重点关注新型城镇化背景下的"三个1亿人"的住房保障问题；二是充分发挥住房公积金的政策性住房金融的功能。政策性住房金融体系需要充分发挥金融市场功能，采用多种金融工具和政策手段实现政策目标。金融市场在资产交易、资金筹措、资本运营、保值增值和风险防范等方面可以发挥重要作用。构建具有中国特色的政策性住房金融体系，充分运用多种金融工具、提高竞争效率、克服市场失灵，有效统筹和动员多方面资金、增加资金的流动性、保障资金的安全性、降低融资成本，增强资金运营效率，充分发挥住房公积金的金融功能，实现住房公积金的保值增值和风险防范作用。此外，政策性住房金融体系建设需要与社会保障体系、金融体系、财税体系有效衔接。

（二）住房公积金制度的中观透视：管理体制与监管机构的调整

2002年国务院住房公积金管理条例修改，条例明确要求直辖市和省、自治区人民政府所在地的市以及其他设区的市（地、州、盟）设立一个住房公积金管理中心，负责住房公积金的管理运作，县（市）不设立住房公积金管理中心，在有条件的县（市）设立分支机构，实行统一规章制度进行统一核算。从住房公积金监管来看，我国住房公积金监管制度是以行政监管为主、审计监督和社会监督为辅，建立了从中央到地方多层级的立体监管体系。当前，全国有各级住房公积金管理机构606个，这其中，按规定可以设立的设区市公积金管理中心342个，其余省直、区县、行业分中心等未改革到位机构仍有264个。除此之外，在同一个城市内，还有电力、煤炭、石油、铁路、钢铁等若干个分中心。五花八门的分中心人、财、物全部独立运作，运转混乱的住房公积金管理机构几乎架空了看似完备的住房公积金监管体系。当前的住房公积金管理监管体制难以充分发挥住房公积金的金融功能，需要从全国层面对以住房公积金为主体的住房金融进行统筹管理。设立国家层面统一管理的住房金融机构，构建一体化信息管理共享平台，实现独立垂直的住房金融管理体制。理顺住房金融机构的治理框架，实现住房金融决策机构、住房金融监督机构和住房金融运营机构的相互独立。

（三）住房公积金制度的微观审视：缴存范围与覆盖人群的扩展

由于住房公积金制度并非在全国范围内统一强制推行，导致不同地区、不同所有制的企业和机关事业单位缴纳住房公积金的积极性和金额大不相同。住建部内部调查数据显示，截至 2011 年，全国住房公积金的缴存人数是 9 100 余万人，其中政府机关和事业单位的住房公积金缴存人数为 6 100 多万人。调查还显示，住房公积金缴存虽然已覆盖了约 78% 的城镇职工，但在对非公有制企业住房公积金缴存情况的调查中，非公有制企业职工缴存住房公积金的比例不足 20%，这意味着约 80% 的非公有制企业职工，未享有住房公积金保障。要坚持应缴尽缴的原则，扩大缴存范围，在实现面向所有就业者全覆盖的基础上，对中低收入群体适当倾斜和照顾，培育和提升居民住房消费能力，改善住房公积金制度的公平性。随着住房环境的变化和发展，在推进新型城镇化建设的进程中，城市外来常住人口特别是农民工以及其他中低收入群体的住房问题亟待解决。因此，扩大住房公积金的缴存覆盖面，是为了让每个就业者都能享受住房公积金制度作为政策性住房金融制度主体的公共服务，帮助提高就业者住房消费的整体水平和质量，进而促进国家整体住房政策目标的实现。作为一种重要的公共住房政策工具，住房公积金向中低收入群体倾斜则体现和改善了住房公积金制度的公益性和公平性。

第四节　中国住房公积金制度改革的可行方案与现实选择

根据分析，中国住房公积金制度改革将立足于"服务不同收入群体的住房消费和中低收入群体的住房保障""增强住房公积金的金融功能"，担当"政策性住房金融体系"的角色。从这一立足点出发，推进我国住房公积金制度改革，大致有三种改革方案，即改组为住房银行或住房基金，以及植入政策性金融功能的住房公积金。下面在对上述住房公积金制度改革可行方案评析的基础上，探讨中国住房公积金制度改革的现实方案。

一、住房公积金制度改革可行方案评析

（一）改组构建住房银行

住房银行，是将住房公积金管理机构按照政策性银行的规则运营，弱化政府行政角色，实现向政策性住房金融机构的实质性转变。住房公积金不再是一个行政单位，而是一个政策性金融部门。住房银行的运营强调银行资本充足率、资产负债表和风险管理。如果住房公积金管理机构直接改组为政策性住房银行，在管理体制上，住房银行将由住建部与银监会共同管理。在监管体制上，由住建部监管资金用途，体现住房银行的政策性；由银监会监管资金运营效率和金融风险，体现金融行业特性。

组建住房银行，充分发挥住房银行的金融功能和政策性功能，开展储蓄及投融资活动，最大限度地做大资金规模，并通过多元的经营渠道、灵活的经营方式，在支持中低收入群体的住房消费和住房保障的基础上，实现住房资金的保值增值。

我国的住房公积金管理中心属于事业机构，与住房银行所需要的技术条件、人员条件和组织条件差距较大。住房银行是一种高度专业化、政策性很强的专业性、政策性金融机构。将住房公积金管理中心直接改组为住房银行确实存在较大的困难。

（二）改组成立住房基金

住房基金，是政府将住房公积金的运营委托给独立的第三方机构，政府是资金的委托人，基金机构是受托人，缴费群体是受益人。政府并未将资金管理职能完全剥离，住房公积金管理中心有职责来督促或监管住房基金的运作，资金的收益最大化并非住房基金的首要目标，而是在商业利益与社会公平间做出权衡，维护社会公平。

在住房基金运作中，住房公积金管理中心将资金的运作委托给基金公司，住房公积金管理中心侧重于把握资金运行方向，最大限度地满足所有缴存住房公积金群体的住房消费需求和落实中低收入阶层的住房保障政策。在管理体制上，根据资金池相机决定，如果资金池分省运作，由各省负责管理；如果资金池能够实现统一管理，则由中央主导。在监管体制上，由政府进行外部监管，主要对事权监管；由住房基金从安全性、盈利性和流动性角度出发，实行内部监管，主要是对资金的监管。

住房基金的优势是管理者与运营者的分离，提高资金的运行效率，实现住房公积金的资金保值增值。但是，组建住房基金，这种专业性机构的建立和运营，需要付出一定的时间成本和较高的组织成本。由于住房公积金的资金安全性要求，住房基金不能介入高风险的投资，而住房公积金管理中心完全胜任一些低风险的投资运营。

（三）植入政策性金融功能的住房公积金

植入政策性金融功能的住房公积金，是将住房公积金管理中心改造为一个政策性住房金融机构，真正服务于所有缴存住房公积金家庭的住房消费和中低收入群体的住房保障，为所有缴存住房公积金的家庭的住房消费提供担保、贷款、保险，着力增强住房公积金的金融功能，充分发挥金融工具的职能，扩大住房公积金的投融资业务范围，可委托商业银行进行短期的资金拆借、中长期的债券发行，实现住房公积金的保值增值。国家成立住房公积金局，从事全国的住房公积金管理和监管职能。省市区及地级市两级住房公积金管理中心，负责各地区的住房公积金的管理和运营。

相对于改组建立住房银行或组建住房基金，这是一种渐进式的改革。在各地现有住房公积金管理中心的基础上，完善住房公积金的运营和管理机构，增强政策性金融功能，利用金融市场的便利，提高住房公积金的运营效率，并实现住房公积金的保值增值。

二、住房公积金制度改革方案的现实选择

从现实来看，作为一个发展中国家，中国正处于工业化后期、城镇化后半程，是一个典型的人口大国和经济大国，改革和完善中国的政策性住房金融体系，既没有成熟的国际经验可鉴，亦没有国内成功的实践。因此，必须根据我国住房公积金制度的现实，制订切实可行的改革方案，适时推进改革。我们建议：近期，改革现有住房公积金制度，突出植入政策性金融功能，完善住房公积金管理机构体系，增强住房公积金的金融功能，服务于所有缴存住房公积金家庭的住房消费和中低收入群体的住房保障。中长期，将住房公积金管理机构体系和国家开发银行住宅金融事业部合并，改组为住房银行，以适应住房市场发展和房地产证券化的进程，全面承担政策性住房金融功能。为此，近期推进我国住房公积金制度改革的重要举措如下：

（一）自上而下健全住房公积金管理机构，实现全国住房公积金统一管理

当前的住房公积金管理体制，在国家层面和省市区层面缺乏统一的管理机构，无法应对住房公积金覆盖面扩大后的流动性风险，难以充分发挥住房公积金的金融功能，需要从全国层面对住房公积金为基础的政策性住房金融体系实现统筹管理。首先，在国家层面设立国家住房公积金局，对住房公积金实行统一领导和管理，构建一体化信息管理共享平台，实现独立垂直的政策性住房金融管理体制。其次，设立省市区住房公积金管理中心，该机构为直属省市区人民政府的独立事业单位，机构性质为公益二类。负责管理本行政区住房公积金，拟订统一的管理政策，制定业务规范和操作流程，编制资金归集使用计划，实施人员管理和绩效考核，开发本省市区统一的业务运行系统，对本行政区住房公积金进行统一核算，拟订增值收益分配方案等。省直和企业分支机构全部纳入省级住房公积金管理中心统筹管理，实现统一决策、统一管理、统一调度、统一核算。再次，以现有设区城市住房公积金管理中心和区（县）住房公积金管理部为依托，设区城市设住房公积金管理分支机构，区（县）设住房公积金业务经办网点，保持现有管理格局基本不变。住房公积金管理分支机构和业务经办网点负责住房公积金归集、提取、担保、贷款等具体业务运作。

（二）实施强制储蓄，加强住房公积金资金归集和不断扩大缴存范围

要让更多中低收入群体能够享受到住房公积金制度的优惠条件，就必须不断扩大住房公积金的缴存范围和覆盖面。通过立法程序，明确规定个体工商户、自由职业者、在城镇有稳定就业的农业转移人口和其他灵活就业人员可以依法个人缴存住房公积金。强制要求各用人单位在签订就业合同时明确为员工缴存住房公积金。采取企业税收优惠、购房低息贷款等经济手段吸引更多企业和员工缴存住房公积金。

（三）拓展住房公积金的金融功能，充分承担政策性金融功能

赋予住房公积金多种功能，除了为住房消费提供筹资、融资的功能，对住房公积金明确具有担保、保险功能，缴存住房公积金的个人或家庭自动获得向商业银行贷款购房的权利。住房公积金可用于支付房租和住房装修的消费。住房公积金为缴存住房公积金的个人或家庭的住房消费和中低收入阶层的住房保障，提供政策支持，给予低息、贴息贷款。在住房公积金资金不足时，允许住房公积金管理机构借助发行债券和基金等金融工具增加贷款资金。

（四）以公开招标方式选择商业银行从事住房公积金资金运营，实现资金保值增值

在住房公积金的运营上，采取利率招标，由那些更有竞争力的商业银行从事住房公积金的运营。各省级住房公积金管理中心划拨业务资金，管理备付金，确定银行存储结构和国债购买额度，实现资金保值增值。拟订收益分配方案，计提风险准备金、管理费用。为调动市（区、县）住房公积金管理分支机构的积极性，分支机构归集的住房公积金首先保证本市（区、县）的提取和个人住房贷款，结余资金由省级住房公积金管理中心统筹使用。

（五）加强国家级、省级和多部门住房公积金协调、专业化监管，防范金融风险

国家住房公积金局，建立职能配置完善、岗位设置科学的专业化监管机构和团队，直接对省级住房公积金管理机构实施监管，增强住房公积金监管的权威性和专业性。国家住房公积金局负责制定住房公积金政策措施，建立监控、督察、问责、追究、评估和绩效考核等管理制度，协调财政、审计、人民银行、银监会、监察等部门的监管资源，对住房公积金管理体系实施自上而下的全过程、专业化监管。省市区级住房公积金管理中心，实现省市区住房公积金统一管理，提高住房公积金的运营效率，防范本地区住房公积金的金融风险。

第十章

商业性住房金融：工具创新与风险控制

房地产金融体系具有一般意义上的金融功能。金融功能的本质是在一个不确定的环境中在时间和空间上实现资源有效配置。金融体系执行六项核心功能（兹维·博迪，罗伯特·C·默顿，戴维·L·克利顿，2010，第28～36页）：（1）跨期、跨空间和跨行业转移资源。（2）管理风险。（3）清算支付和结算支付。（4）归集资源并细分股份。（5）传递信息。（6）解决激励问题。房地产金融体系在实现上述金融功能的过程中，还具有一些房地产金融的独特功能。房地产金融市场和房地产金融中介的运作，将为房地产业发展提供房地产金融产品和服务，从而为房地产企业提供金融支持，并解决购房者即时支付能力不足的问题，把购房者的购房负担分摊到若干年内，满足居民购房的资金需求，刺激房地产的有效需求。

从金融功能视角而言，住房金融体系包括政策性住房金融和商业性住房金融。住房公积金制度和政策性住房金融对于满足中低收入者的住房消费和住房保障发挥着十分重要的作用。但仅靠住房公积金制度和政策性住房金融，难以胜任住房市场发展的要求。与此相适应，商业性住房金融作为住房市场和住房金融体系的重要组成部分，在住房市场的全产业链运行中起着决定性作用。商业性住房金融对于住房市场的参与者，是必不可少的金融工具和活动领域。现实中，商业性住房金融的荣衰往往与住房市场顺周期波动，既助涨又助跌，所以商业性住房金融的风险控制至关重要。

第一节 商业性住房金融的演进

改革开放以来，伴随着住房制度和金融体制的改革，商业性住房金融如雨后春笋蓬勃发展。住房金融体系不断完善，住房金融市场日趋活跃，住房金融工具推陈出新，商业性住房金融在住房市场和金融市场中占据十分重要的地位。中国人民银行《2016年四季度金融机构贷款投向统计报告》显示，截至2016年年底，人民币房地产贷款余额为26.68万亿元，个人购房贷款余额为19.14万亿元。

一、个人住房抵押贷款政策演变

1991年6月国务院发出了《关于继续积极稳妥地推进城镇住房制度改革的通知》，提出要发展住房金融事业，开展个人购房建房储蓄和贷款业务，实行抵押贷款购房制度，这是我国在国务院文件中第一次提出发展个人住房抵押贷款制度，为我国个人住房抵押贷款的发展指明了方向。1992年9月23日建行房地产信贷部颁布《职工住房抵押贷款暂行办法》，为促进个人住房抵押贷款业务的开展打下了良好基础。1992年末，中国工商银行、中国建设银行先后向19.8万职工发放了第一批住房抵押贷款，标志着我国住房抵押贷款业务的出现。但是，由于住房实物分配体制改革一直未能取得实质性突破，加上1992~1993年房地产业发展过热，其后较长一段时间内全国房地产市场趋冷，住房抵押贷款业务发展比较缓慢。

1994年国务院《关于深化城镇住房制度改革的决定》（以下简称《决定》）标志着中国住房制度改革进入了新的阶段。人民银行银发（1994）313号《政策性住房信贷业务管理暂行规定》和银发（1994）《商业银行自营性住房贷款管理暂行规定》对不同资金来源的政策性业务与自营性业务进行界定和规范。同时，商业银行住房金融业务开始逐渐向个人消费领域转移，该阶段政府建设住房金融市场的侧重点，也由单纯的配合房改转向了引导资金在住房投资和消费之间进行分配，以及对公共住房投资的金融支持。

1997年4月，中国人民银行颁发的《个人住房担保贷款管理试行办法》标志着中国住房消费信贷有了政策依据。该办法规定了发放个人住房担保贷款的对象、范围和经办银行。个人住房贷款的对象只能用于购买用住房公积金建造的自用普通住房，不得用于居民修建自用住房；范围仅限于实施国家安居工程的城市，经办行只有中国建设银行、中国工商银行和中国农业银行。该办法首次给国有独资商业银行下达了 100 亿元的住房抵押贷款计划。当年在全国住房抵押贷款市场中占据优势份额的中国建设银行，其住房抵押贷款发放量超过了以往年度的总和。1997 年年底，各商业银行住房抵押贷款余额达到 217 亿元。

1998 年 5 月 15 日，中国人民银行颁布了《个人住房贷款管理办法》，该办法扩大了贷款可用于购买住房的范围，允许个人住房贷款可用于购买所有自用普通住房，扩大了贷款的实施城市范围，明确所有城镇均可开展个人住房贷款业务；扩大了办理个人住房贷款的金融机构范围，所有银行均可办理个人住房贷款业务；实施更优惠的利率，规定商业银行自营性个人住房贷款利率按照法定贷款利率减档执行。此法规的颁布为我国住房抵押贷款市场的发展定下了基调，成为我国住房抵押贷款市场的法律基石。

1998 年 7 月国务院发布《关于进一步深化城镇住房制度改革加快住房建设通知》，明确提出停止住房实物分配，逐步实行住房分配货币化，建立和完善多层次城镇住房供应体系，发展住房金融，培育和规范住房交易市场。伴随着住房制度改革的深化，我国的住房金融体制进行了一系列的制度创新。

1999 年，央行颁布了《关于鼓励消费贷款的若干意见》，将住房贷款与房价款比例从 70% 提高到 80%，鼓励商业银行提供全方位优质金融服务。同年 9 月进一步调整个人住房贷款的期限和利率，将个人住房贷款最长期限从 20 年延长到 30 年。将按法定利率减档执行的个人住房贷款利率进一步下调 10%，贷款比例的上升，期限的延长和利率的下调，使我国住房抵押贷款市场进入了快速发展阶段。

在住房抵押贷款市场的快速发展的同时也出现了一些问题，比如商业银行在发放贷款时放松贷款条件，甚至违规发放贷款，大量出现零首付贷款等等。为了进一步规范住房抵押贷款业务的开展，降低住房抵押贷款市场风险，央行在 2001 年出台了《关于规范住房金融业务的通知》，重申了贷款发放的条件，加强住房消费贷款管理，严令禁止发放零首付住房贷款，再次明确贷款房屋类型和贷款额与抵押物实际价值的比例（抵借比）最高不得超过 80% 等要求。

2003 年 6 月 5 日，中国人民银行发布了《关于进一步加强房地产信贷业务管理的通知》，要求落实房地产信贷政策，防范金融风险，促进房地产金融健康发展，加强房地产信贷业务管理。在个人住房贷款方面，明确指出商业银行的贷款应重点支持符合中低收入家庭购买能力的住宅项目。对大户型、大面积、高档商品房及别墅等项目应适当限制。同时对购买高档商品房、别墅或第二套以上（含第二套）商品房的借款人规定商业银行可以适当提高个人住房贷款首付款比例。并按照中国人民银行公布的同期同档次贷款利率执行，不再执行优惠住房利率规定。另外，再次重申商业银行只能对购买主体结构已封顶的居民发放个人住房贷款。

同时，银监会在 2004 年初公布了《商业银行房地产贷款风险管理指引》对各类房地产贷款的风险管理提出明确的要求，其中就个人住房抵押贷款规定尤为详细，最大的不同在于在重申以前规定的贷款条件同时，更要求商业银行重点考核借款人还款能力，将借款人住房贷款的月房产支出与收入比控制在 50% 以下，月所有债务支出与收入比控制在 55% 以下，以减少商业银行的风险。

从 2004 年开始，中国房地产市场进入频繁的政策调控期，被称为"十年九调控"。这期间，央行和银监会频繁调整个人住房抵押贷款的相关政策，包括利率、首付比例等。2014 年 9 月 29 日中国人民银行、银监会联合发布《关于进一步做好住房金融服务工作的通知》。通知规定，对于贷款购买首套普通自住房的家庭，贷款最低首付款比例为 30%，贷款利率下限为贷款基准利率的 0.7 倍，具体由银行业金融机构根据风险情况自主确定；对拥有 1 套住房并已结清相应购房贷款的家庭，为改善居住条件再次申请贷款购买普通商品住房，银行业金融机构执行首套房贷款政策。在已取消或未实施"限购"措施的城市，对拥有 2 套及以上住房并已结清相应购房贷款的家庭，又申请贷款购买住房，银行业金融机构应根据借款人偿付能力、信用状况等因素审慎把握并具体确定首付款比例和贷款利率水平。银行业金融机构可根据当地城镇化发展规划，向符合政策条件的非本地居民发放住房贷款。银行业金融机构要缩短放贷审批周期，合理确定贷款利率，优先满足居民家庭贷款购买首套普通自住房和改善型普通自住房的信贷需求。

二、房地产企业信贷融资

改革开放以来，中国房地产金融市场逐步发育，房地产开发贷款相关制度不断建立和完善。1998 年，中国住房制度改革的纲领性文件《关于进一步深化城镇住房制度改革，加快住房建设的通知》出台。与此相适应，1998 年中国人民银行颁布《政策性住房信贷业务管理暂行规定》和《商业银行自营性住房贷款管理暂行规定》，对不同资金来源的政策性业务与自营性业务进行了界定和规范，扩大了承办政策性住房金融业务的商业银行的范围。

为了抑制房地产泡沫，2003 年 6 月 5 日央行发布的《关于进一步加强房地产信贷业务管理的通知》，对房地产开发贷款、土地储备贷款、建设施工企业流动资金贷款、个人住房贷款、商用住房贷款和公积金贷款的业务管理等做出了相应规定。

2004 年 9 月 2 日由银监会发布实施《商业银行房地产贷款风险管理指引》，重申了房地产企业贷款的前提条件是四证齐全，并对房地产开发商自有资金的比例要求从原 30% 提高到 35%；要求商业银行密切关注建筑施工企业流动资金贷款使用情况，防止企业流动资金贷款挪作项目垫资，密切关注建筑工程款优于抵押权受偿的法律风险；对个人住房贷款提出了房产支出收入比及所有债务收入比的审核要求。

2007 年 9 月中国人民银行、银监会出台《关于加强商业性房地产信贷管理的通知》，再一次强调了对项目自有资金占比未达 35% 或"四证"不齐全的项目开发商，银行不得批准其贷款申请；同时银行也不批准开发商专项用于土地出让金的贷款申请。

2008 年 1 月，中国人民银行、中国银行业监督管理委员会对中国人民银行 1999 年颁布的《经济适用住房开发贷款管理暂行规定》进行了修订，并更名为《经济适用住房开发贷款管理办法》，规定经济适用住房开发贷款的建设项目资本金（所有者权益）不低于项目总投资的 30%，并在贷款使用前已投入项目建设。

2010 年 4 月 17 日，国务院颁发《国务院关于坚决遏制部分城市房价过快上涨的通知》，要求商业银行加强对房地产企业开发贷款的贷前审查和贷后管理。对存在土地闲置及炒地行为的房地产开发企业，商业银行不得发放新开发项目贷款，证监部门暂停批准其上市、再融资和重大资产重组。

2010 年 9 月 29 日，中国人民银行、银监会出台《关于完善差别化住房信贷政策有关问题的通知》，规定对有土地闲置、改变土地用途和性质、拖延开竣工时间、捂盘惜售等违法违规记录的房地产开发企业，各商业银行停止对其发放新开发项目贷款和贷款展期。

2011 年 1 月 26 日，国务院发布了《关于进一步做好房地产市场调控工作有关问题的通知》，鼓励金融机构发放公共租赁住房建设和运营中长期贷款。

2013 年 7 月 5 日，国务院办公厅发布《关于金融支持经济结构调整和转型升级的指导意见》，要求认真执行房地产调控政策，落实差别化住房信贷政策，加强名单制管理，严格防控房地产融资风险。

1998～2016 年，我国房地产开发贷款规模不断扩大，房地产开发贷款增长的波动较大。这种波动通常与房地产市场的活跃程度和货币政策相关（见图 10－1）。

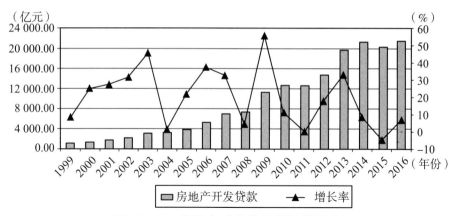

图 10 - 1　房地产开发贷款额及增长率

资料来源：中经网产业数据库。

三、房地产企业债券融资

20 世纪 90 年代初，中国的房地产债券融资已拉开序幕。为房地产企业筹资发行的债券主要有两种：一种是房地产投资券。1992 年初，海南经济特区率先推出了房地产投资券，海南建设总公司物业发展公司发行的"万国投资券"，发行额为 2 600 万元，以及由台海地产有限公司发行的"伯乐投资券"及"富岛投资券"，这三种债券共计发行 1.5 亿元，在海南证券报价中心上市。另一种是受益券，如中国农业银行、宁波市信托投资公司于 1991 年 1 月 20 日向社会公众公开发行的收益率由资金实际运用收益决定的"住宅投资收益证券"，总额为 1 000 万元，期限为 10 年，主要投资于房地产项目。2002 年，金茂集团股份有限公司为开发金茂大厦获得了国家计委特批，正式发债 10 亿元，此次发债筹集的资金投向以房地产经营为主业的公司。作为首例，这表明政府对房地产企业发债筹资的用途已经放松了限制，房地产企业可以借助房地产债券融资。

2007 年 8 月 14 日，中国证监会正式颁布实施《公司债券发行试点办法》，标志着中国公司债券发行工作正式启动。同年 9 月 30 日，中国人民银行颁布《公司债券在银行间债券市场发行、交易流通和登记托管有关事宜公告》，《公告》规定公司债可在银行间债券市场发行流通和托管，公司债融资细则得到进一步完善。这一系列法规的出台实施进一步推动了中国房地产债券市场的发展。但是，从债券市场实际情况看，房地产企业实现大规模的债券融资是有难度的。第一，公司债发行试点的对象锁定为上市房地产公司，许多非上市房地产企业被排除在外。第二，房地产企业特殊的资金结构使得发行债券的审批过程难度大。在债券的评级上，公司的负债率不能太高。一般行业企业的负债率都在 40% ~60%

之间，而大多数房地产公司的负债率则处于这个区间的高限，财务负担相对较重。此外，房地产企业作为宏观调控的对象，主管部门对发行主体的审批较为严格，因而房地产企业债券发行审批难度较大。第三，发行企业债券对房地产企业本身有一定的风险。在房地产需求旺盛时，较高的财务杠杆可以实现较大的利润。而一旦市场发生波动，房地产需求陷入低迷时，房地产企业资金链绷紧。在缺乏很好避险工具的情况下，房地产企业很容易陷入资不抵债的境地。

根据 Wind 数据库的数据，近 10 年来，中国房地产债券发行额呈现出一定的增长态势（如图 10 - 2 所示）。2007 年，中国房地产债券发行金额为 84 亿元，2014 年，达到 2 251 亿元，增长了 25 倍多。2015 年 1 月证监会推出了《公司债发行与交易管理办法》，房地产企业发行公司债的准入门槛被大幅度降低，作为房地产企业最主要的发债类别，房地产行业公司债的发行规模迎来大爆发。2016 年房地产行业共有 390 家企业发行债券 1 116 只，总规模 11 303.61 亿元，对比 2015 年债券发行数量及规模分别增长 84.8% 和 69.9%。

图 10 - 2　2007～2016 年中国房地产债券发行规模

资料来源：Wind 数据库。

中国房地产上市公司公开发行的债券主要分为两种，一种是在国内市场公开发行的人民币债券，另一种是在国外市场上公开发行的外币（主要是美元）债券。近年来，房地产境外债券融资大幅增长，2017 年 1～2 月，中国内地房地产企业成功发行海外债券 13 只，累计金额达到 46.4 亿美元，较 2015 年 1～2 月总额多出一倍。

四、房地产企业权益融资：IPO、配股与增发

中国房地产公司一般通过国内资本市场和海外资本市场两个渠道上市融资。

1990 年，上海、深圳证券交易所建立以来，中国房地产公司积极利用股票市场进行股权融资，大大增强了房地产公司的实力。在股票市场建立初期，房地产公司积极参加试点，30 家左右房地产公司上市。

中国房地产公司在国内主板市场 IPO，一直受到严格的限制，促使房地产公司选择在香港及其他海外市场 IPO，或借壳上市。2000 年以来，随着房地产业的高速成长，大量房地产公司实现上市融资。一些内地房地产公司，选择在香港联交所上市。这是因为：（1）香港国际化和市场化的环境对房地产公司有更强的吸引力。（2）香港证券市场门槛相对较低，凸显民营企业的竞争力，房地产公司在内地上市很难满足多种监管指标提出的条件。（3）房地产需求旺盛，房地产市场盈利机会多，促使房地产公司试图依靠股权融资，获得强大的资金支持。国泰君安（CSMAR）数据库的数据显示，截止到 2015 年底，沪深 A 股市场共约 137 家房地产上市公司，内地在香港上市的房地产公司约 84 家，还有少量房地产公司在新加坡交易所和纽约证券交易所上市。2016 年 5 月，由中国房地产业协会等机构联合发布的《2016 中国房地产上市公司测评研究报告》显示，在综合实力排在前 10 位的房地产上市公司中，有 4 家是沪深 A 股上市公司，其余 6 家是香港联交所的上市公司。

房地产公司在首次公开发行股票（IPO）以后，通过证券市场以配股、增发或发行可转换债券方式，向投资者筹集资金。增发股票又分为定向增发和公开增发两类。配股和增发作为一种有效的融资手段，具有低成本、高融资额、稳定的优点，是房地产上市公司重要的融资途径。

中国上市公司配股和增发，经历了如下几个阶段：（1）1998 年 5 月之前，上市房地产公司主要采用配股融资，配股的上市公司约有 376 家次，筹资总量为 508.73 亿元。（2）1998 年 5 月～2001 年 3 月，在采用配股的同时，尝试上市公司增发新股融资。这期间约有 31 家上市公司以增发方式实现了融资。（3）2001 年 3 月以来，实行增发与配股兼顾的股权融资方式。2001 年 3 月 28 日，中国证监会发布了《上市公司新股发行管理办法》，促使中国上市公司股权融资市场化程度不断提高。

从房地产上市公司的再融资实践来看，股票增发方式比较常见，表现出以下两个特点：一是房地产上市公司的增发频率与 A 股市场行情密切相关。如 2006 和 2007 年，中国 A 股股票价格大幅上涨，在此期间房地产上市公司大多通过增发途径再融资，房地产上市公司增发数量较多。二是房地产上市公司的融资额与公司自身规模密切相关。从募集额度来看，万科、保利地产、招商地产等行业龙头，具有资产规模和市场份额优势，通过增发途径募集的资金数量大，具有明显的融资规模效应。

五、房地产企业权益融资：房地产信托与 REITs

2001 年，《信托法》、《信托投资公司管理办法》、《信托投资公司资金信托管理暂行办法》（即所谓"一法两规"）相继出台，对中国信托业发展影响深远，为中国信托业的健康发展夯实了基础。2003 年 6 月 5 日，中国人民银行出台的《关于进一步加强房地产信贷业务管理的通知》，要求"商业银行应进一步扩大个人住房贷款的覆盖面，扩大住房贷款的受益群体。为了减轻借款人不必要的利息负担，商业银行只能对个人购买主体结构已封顶的住房发放个人住房贷款"。中央银行对商业银行个人住房贷款的紧缩政策，一定程度上促使房地产信托得到较快发展，房地产信托成为房地产企业资金融通追逐的热点。在此背景下，一些信托公司在房地产金融市场上扮演着日趋重要的角色。房地产信托市场呈现快速发展的态势，房地产信托品种及规模迅速扩大，信托产品结构呈现出多元化的态势。

2005 年 9 月，银监会发布《加强信托投资公司部分业务风险提示的通知》（"212"号文），要求信托公司严禁向项目资本金比例达不到 35%、"四证"不齐等不符合贷款条件的房地产开发企业发放贷款。此举使房地产信托产品的发行受阻。2006 年 8 月，银监会下发被业界称为 54 号文的《关于进一步加强房地产信贷管理的通知》，对信托公司开展房地产股权信托做出了新的规定，指出信托公司开办房地产贷款业务或者以投资附加回购承诺等方式间接发放房地产贷款时，需严格执行"212"号文的有关规定。2007 年 3 月 1 日，信托新政颁布实施，新的《信托公司管理办法》明确规定，向他人提供贷款不得超过信托公司管理的所有信托计划实收余额的 30%。这使得依靠贷款的房地产信托受到更严格的限制。2011 年 6 月初，中融信托、中信信托等信托机构在内的 20 余家信托公司接到银监部门"窗口指导"的通知，要求严格控制房地产信托规模增速。由此可见，房地产信托一直受到监管部门的严格管制。

实际上，房地产信托只是房地产企业资金来源的一种，同样仅仅是信托公司众多信托产品中的一种。但是，由于房地产业其他融资方式极易受到房地产市场宏观调控政策的影响，房地产信托在房地产业面临紧缩时，成为房地产企业的重要资金来源。中国房地产信托具有以下几个特点。

第一，房地产信托融资规模快速增长。根据《中国信托业年鉴》的数据，2005~2015 年，中国房地产信托财产由 355.77 亿元上升到 1.29 万亿元，年均增速接近 45%。以房地产集合资金信托为例，2003~2016 年，中国房地产集合资金信托产品每年发行数量从 84 个迅速上升到 853 个，发行规模从 81.41 亿元上升到 2 680.55 亿元（见表 10-1），占集合资金信托总规模的比重 2016 年达到 13.96%（见图 10-3）。房地产集合资金信托规模占集合资金信托总规模的比重在 2010 年到达最高峰，为 49.51%，房地产信托产品是信托行业中规模扩张较快的产品类型。

表 10 - 1　　　　　　　2003 ~ 2016 年中国房地产集合资金信托

年份	数量（个）	房地产集合资金信托规模（亿元）	平均期限（年）	平均收益（%）	集合资金信托总规模（亿元）
2003	84	81.41	1.81	4.53	296.24
2004	120	146.14	1.80	5.00	459.89
2005	130	157.84	1.98	5.14	531.26
2006	103	179.87	2.19	5.20	681.45
2007	56	123.82	2.45	7.47	1 108.81
2008	141	290	1.81	10.03	916.52
2009	221	459.41	1.93	8.09	1 359.44
2010	602	1 999.70	1.87	8.94	4 038.85
2011	1 049	3 139.12	1.85	10.07	8 825.28
2012	797	2 217.11	1.81	10.11	9 415.71
2013	1 119	4 024.92	1.89	9.53	11 459.31
2014	1 233	2 943.77	1.75	9.73	12 458.84
2015	876	2 017.57	1.63	9.29	16 004.81
2016	853	2 680.55	1.77	7.29	19 205.15

资料来源：根据用益信托网数据整理。

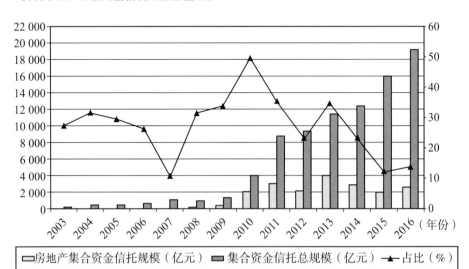

图 10 - 3　2003 ~ 2016 年中国房地产集合资金信托规模占集合资金信托总规模比重
资料来源：根据用益信托网数据整理。

我国城市住房制度改革研究

第二，房地产信托产品预期收益率较高。根据用益信托网的统计数据，2016年运用于基础产业、房地产、工商企业、金融等领域的集合资金信托产品平均年收益率分别为 7.18%、7.29%、7.15% 和 6.48%。与其他投资领域的信托产品相比，房地产信托产品的平均年收益率最高。通过比较各类集合资金信托产品2003~2016 年的收益率（见图 10-4），可以看出房地产集合资金信托的平均收益率依然最高，2007 年、2011 年、2012 年三年其平均收益率均超过 10%，成为所有集合资金信托产品中，平均年收益率超过 10% 的唯一产品，2012 年房地产集合资金信托的平均收益率更是达到 10.11%。房地产信托产品具有较高的预期收益率，使它成为信托公司大力发展的信托产品。

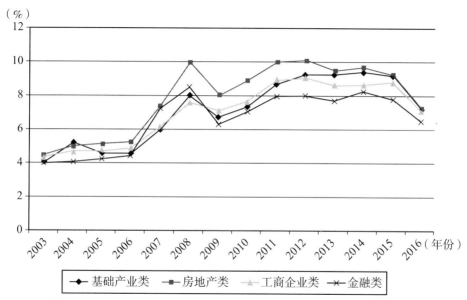

图 10-4　2003~2016 年中国集合资金信托产品平均年收益率
资料来源：根据用益信托网数据整理。

据用益信托工作室不完全统计，2015 年三季度房地产信托预期年化平均收益率为 9.18%，较二季度 9.68% 相比，下降 0.50 百分点；较三季度整个集合信托产品平均收益率 8.86% 相比，高出 0.32 个百分点。2015 年 7 月、8 月、9 月房地产信托预期年收益率分别为 9.47%、9.13%、8.90%，平均预期年收益率虽然首次跌破 9%，预期年化收益率在信托各个投资领域中依旧处于绝对优势，仍然是信托公司大力发展的信托产品。

第三，房地产信托盈利模式多样化。从房地产信托标的物及资金用途来看，中国房地产信托盈利模式主要有以下几种：一是房地产信托的贷款融资模式。例如，安信信托发行的温州"泰宇花苑"项目并发贷款集合资金信托计划，发行规

273

模为 4 亿元，发行期限 2 年。二是房地产信托股权融资模式。这种盈利模式操作的关键在于信托产品到期后，"股权变现退出"的保障问题。例如，建信信托作为信托计划的受托人，发行的信托计划总规模为 6.2 亿元的青岛卓远易得商城项目集合信托计划。三是运用租金收益权、股权收益权、项目收益权、应收账款收益权或特定资产收益权等开展的权益融资信托业务。例如，天津信托发行的"融创置地公司"股权收益权投资集合资金信托计划，信托募集规模 2 亿元人民币，信托期限为 2011 年 6 月 1 日至 2013 年 6 月 7 日。四是准资产证券化房地产信托融资模式。准资产证券化模式是房地产企业将优质资产及其现金流与信托模式巧妙结合的产物。中信信托发行的民享 3 号保障性安居工程应收账款流动化信托项目，募集资金 2.621 亿元。五是组合模式。根据市场需求，信托资金的运用方式涵盖了贷款、股权投资、权益投资、信托受益权转让等一揽子策略，并根据不同时点项目具体运营情况灵活决定信托资金的运用方式及退出方式。典型案例为睿石 35 号全功能房地产基金资金信托计划，信托期限为 3 年。

房地产投资信托基金（Real Estate Investment Trusts，REITs），是一种以发行收益凭证的方式汇集特定多数投资者的资金，由专门投资机构进行投资经营管理，并将投资综合收益按比例分配给投资者的一种信托基金制度。REITs 实际上是一种采取公司或者商业信托组织形式，集聚多个投资者的资金，收购并持有房地产或者为房地产进行融资，并享受税收优惠的投资机构，这种机构为开发商提供了融资渠道。美国、澳大利亚、日本、新加坡及欧洲主要国家的交易所都已有 REITs 上市，与普通股票一样交易。

2005 年 11 月，在全国商业地产情况调查组向国务院递交的调查报告中，商务部明确提出开放 REITs 通道的建议，国内 REITs 正从激烈探讨悄悄地向实质性尝试迈进。对国内的地产商来说，REITs 虽好，但操作起来却难。由于相应制度不健全，在国内操作 REITs 面临"双重税收"（投资公司在取得信托收益以及收益向投资人进行分配时需要缴税）问题，投资回报率要求较高，国内的房地产公司一般难以承受。由于没有设立 REITs 方面的合法机制，内地开发商都希望 REITs 在香港或新加坡上市，也乐于和外资基金合作。从某种意义上讲，REITs 将改变中国房地产市场的一些运作规则及固有理念，也将缔造一个全新的"地产金融"时代。

然而，中国在现实制度下，发展 REITs 还需要时间。对于上市公司来说 REITs 将为他们带来新的融资渠道，对于投资标的的地产公司来说将直接为其资产带来更大的流动性同时引起社会更高的关注度，这必然会给企业带来价值重估的机会。从长期来看，REITs 的发展意义是深远的，不仅为开发商提供新的融资渠道也为投资者提供了新的投资品种，同时在制度上的改变也许更应该值得我们注意。

六、住房抵押贷款证券化的制度演进

住房抵押贷款证券化是指住房抵押贷款机构将其所持有的抵押债权汇集重组为抵押组群，经过政府机构或私人机构的担保和信用加强，以证券形式出售给投资者，达到融通资金的目的。从我国银行信贷资产结构特点和发展趋势分析，2003年2月21日，中国人民银行发布《2002年中国货币政策执行报告》，首次在报告中提出"积极推进住房贷款证券化"。2005年3月21日，信贷资产证券化试点工作正式启动，经国务院批准，国家开发银行和中国建设银行作为试点单位，分别进行信贷资产证券化和住房抵押贷款证券化的试点。2005年4月20日，中国人民银行、银监会颁布了《信贷资产证券化试点管理办法》，该办法明确规定了资产证券化试点的形式，即资产支持证券由特定目的信托受托机构发行，代表特定目的信托的信托受益权份额，资产支持证券在全国银行间债券市场上发行和交易。2005年4月27日，中国人民银行发布《全国银行间债券市场金融债券发行管理办法》，规范金融债券发行行为。2005年6月16日，中国人民银行公布《资产支持证券信息披露规则》，规范资产支持证券信息披露行为，维护投资者合法权益，保证资产支持证券试点的顺利进行，促进银行间债券市场的健康发展。2005年8月30日，国务院批复《中国人民银行、银监会、保监会关于商业银行和保险机构投资者投资资产支持证券问题的请示》，允许商业银行、保险机构投资者投资资产支持证券。2005年12月1日，央行和银监会颁布了《金融机构信贷资产证券化试点监督管理办法》，标志着我国的信贷资产证券化试点进入了最后实施阶段。2005年12月15日，国家开发银行、中国建设银行两家试点银行在银行间债券市场分别发行首批资产支持证券。国家开发银行成功发行了41.77亿元名为"开元信贷资产支持证券2005年第一期"的信贷资产支持证券，建行也成功发行了30.17亿元名为"建元2005—个人住房抵押贷款支持证券"的信贷资产支持证券。两种证券的成功发行标志着住房抵押贷款证券化正式在我国登陆。

但从2007年中国建行发行的"建元2007-1"个人住房抵押贷款支持证券之后长达7年的时间里，由于多方面的原因，住房抵押贷款证券化一直裹足不前。2012年5月，中国人民银行、财政部以及银监会下发《关于进一步扩大信贷资产证券化试点有关事项的通知》，停滞四年之久的资产证券化才重新启动。一年后，2013年7月2日，国务院印发《关于金融支持经济结构调整和转型升级的指导意见》，要求逐步推进信贷资产证券化常规化发展。8月28日国务院召开常务会议，决定在严格控制风险的基础上，进一步扩大信贷资产证券化的试点。2014 年 7 月 22 日，中国邮政储蓄银行总规模 68.14 亿元的"邮元 2014 年第一期个人住房贷款支持证券化产品"在银行间市场成功发行，标志着我国抵押贷款证券化再次启动。

第二节　中国商业性住房金融存在问题的分析

发达国家的住房金融体系比较完善，具有良好的竞争机制，多元化的住房金融机构，活跃的住房金融市场，多样化的住房金融工具，完善的住房金融法律制度和发达的金融基础设施。美国的《住房法》、《国民住房法》，德国的《住房建设法》、《住房促进法》、《住房储蓄银行法》，日本的《公营住宅法》、《住房金融公库法》等，从法律上保障了住房金融制度的构建和完善。

中国住房分配的货币化市场化改革，催生了一个以商业银行为主导的较为完整的住房金融体系，住房公积金和商业性住房金融体系相结合，在住房市场的运行中发挥着不可替代的作用。但是，我国的商业性住房金融体系还存在一些不足，不能满足住房市场发展的需要。

一、商业银行承担了较多的政策性住房金融功能

如前所述，我国的住房公积金和政策性住房金融远不能满足中低收入者的住房信贷需求。在政策性住房金融功能不足的条件下，商业银行实际上被迫承担了大量的政策性住房金融的功能。对于首套房的贷款和二套房的贷款政策存在明显差别，限制二套房的贷款比例是为了稳定住房市场，对于商业银行并没有好处。从资金的安全性上考虑，商业银行倾向于对二套房购买者更优惠的利率和更低的首付要求，这与实际政策完全相反。政府强制要求商业银行对首套房的购买者提供利率优惠贷款。在住房市场波动剧烈的时期，商业银行还承担了住房市场金融调控的重任，影响了商业银行的自主经营。

二、住房抵押贷款证券化进展缓慢，严重制约着商业银行流动性

在我国商业银行的资产结构中，信贷资产一直占非常大的比重。发达国家商业银行存贷比一般不超过 50%，而我国仍在 70% 以上，这种较高的信贷资产占

比导致我国银行资产的流动性较低。因此，通过资产证券化将这一巨大资产盘活，对于改善商业银行的经营具有重大意义。由于银行资金来源具有短期性，住房抵押贷款却是长期的，这种期限结构上的不匹配使商业银行面临着越来越严重的流动性风险。推进商业银行住房抵押贷款证券化可以使银行迅速收回滞留在长期住房抵押贷款上的资金，解决流动性问题，又可以使银行有更多的资金周转用于发放住房抵押贷款，从而满足我国居民不断增长的住房消费需求，扩大住房市场的规模。银行将住房抵押贷款证券化可以用较低的成本来调整自己的资产负债结构，消除短存长贷现象，从而降低经营风险，提高盈利能力，更好地参与住房金融市场和实现金融创新。推进住房抵押贷款证券化，还可以开拓住房金融二级市场，解决一级市场无法解决的有关流动性资金供给等一系列问题，进而形成一个较为完备的住房金融体系。

从信贷资产支持证券的供给方看，我国商业银行将信贷资产（尤其是优质资产）移出表外的动力不足。从经营结构来看，我国大型商业银行的经营结构中，利息收入占经营性收入的比重仍在 60% 以上，银行经营转型升级和结构调整需较长的时间和过程。从扩大试点的资产池来看，银行信贷资产证券化的基础资产主要是企业信贷，而银行十分愿意证券化的不良贷款不是扩大试点范围的重点，因此银行对于个人住房抵押贷款、汽车抵押贷款等优质消费信贷证券化动力不足。更为重要的是，信贷资产证券化可能无法将风险从银行分流，因为我国大商业银行及其发行的理财产品是信贷资产证券化产品的主要投资者（2016 年银行持有信贷资产支持证券比例高达 63% 以上）。由银行发起证券化，信托公司作为受托和发行人，在银行间市场发售，信贷资产在银行间交易流转，风险并未真正转移出银行体系。2015 年，个人住房抵押贷款支持证券（RMBS）仅发行 10 单，总发行规模 329.43 亿元。

三、开发商融资渠道受限，融资成本上升

如图 10-5 所示，从 1998 年以来，开发商的资金来源中，来自银行信贷的比例逐年下降，自有资金比例逐渐上升，但并没有从根本上改变银行在开发商资金来源中的主体地位（预售资金其实也主要来自银行）。据估计，在房地产开发资金来源中，有 50%～60% 的资金是以开发贷款和住房按揭贷款等间接融资的形式筹自银行体系。从社会融资规模来看，企业股权、债权等直接融资占比仅为 3.04%，据此推断房地产股本融资和债券融资占比也很低，所以，其他资金来源主要与房地产信托等影子银行相关。可见，自 2003 年中国明确提出"建立多层次资本市场体系"以来，虽然房地产直接融资获得了较快发展，但与市场需求相

比，二者之间的缺口仍然较大，多元化的房地产资本市场尚未形成。除少数上市公司通过增发或发行公司债缓解资金紧张局面外，很多公司依靠房地产信托来解决资金问题，这无形之中加大了房地产开发商的资金成本。

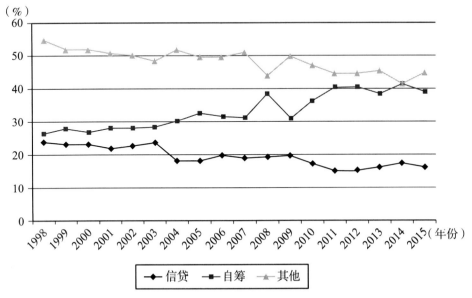

图 10 – 5 开发商资金来源（1998～2015 年）

资料来源：中华人民共和国国家统计局，《中国统计年鉴 2016》，中国统计出版社 2016年版。

第三节 商业性住房金融风险

防范住房金融风险，对于住房市场和住房金融市场的稳定发展至关重要。在个人住房抵押贷款方面，一直坚持最低两成首付要求，放款条件严格，基本上处于房价上涨的时期，因而个人住房抵押贷款风险并不突出。整体上讲，我国商业性住房金融风险主要集中在房地产开发领域，包括少数城市的房价泡沫、开发贷款、房地产信托以及独特的预售制度隐藏的各种风险。

一、房地产泡沫膨胀引发商业性住房金融风险

随着我国房地产业的发展，房地产泡沫膨胀趋势明显。从时间序列来看，中

国 30 个大中城市，2003 年以前房地产泡沫较少，2005 年房地产泡沫开始加速膨胀，2009 年房地产泡沫膨胀剧烈，2011～2012 年房地产泡沫膨胀势头得到缓解，之后再次出现房价泡沫膨胀，所有样本城市房地产泡沫演化表现出大致相似的走势。从空间来看，东部样本城市的房地产泡沫度明显高于中西部地区，东部地区城市住宅市场泡沫较严重，长三角地区城市的房地产泡沫度最高，中西部样本城市的房地产泡沫度基本接近，中部是南昌、西部是重庆房地产泡沫最严重，房地产泡沫演化表现出显著的区域差异（高波等，2015，第 90 页）。

房价泡沫膨胀如果得不到有效抑制和挤压，有可能引发房价泡沫破灭，带来一系列风险。首先，房价泡沫破裂将会导致个人住房抵押贷款的大面积违约。如果房屋价格下跌过多，住房抵押贷款违约情况就会增多，这样就增加了商业银行的违约风险，美国次贷危机是一个典型教训。其次，房价泡沫破裂也会带来房地产企业的信用风险，这是商业金融机构面临的最大住房金融风险。由于我国房地产开发资金中银行信贷资金所占的比重较高，房地产企业开发资金来源中直接和间接来自银行贷款的比重至少要占到 60% 以上，这意味着银行与房地产企业高度关联，如果房地产企业因为房地产泡沫破裂而导致住房滞销，则很有可能中断向银行偿还房地产开发贷款，使银行在房地产泡沫破裂中遭受巨额损失，银行等金融机构将面临较高的风险。最后，房价泡沫破裂也会带来房地产相关产业的信用风险。房地产业的上下游相关产业较多，产业链较长，是我国一项重要支柱产业和民生产业，房地产业风险将毫无疑问地传导给钢铁、水泥、建材等相关产业，如果这些企业行业出现问题并贷款违约，也会导致金融机构承担较大风险。

二、房地产开发贷款的操作风险

房地产开发贷款数额一般比较大，条件比较严格，要求"四证"齐全。而流动资金贷款的要求则较松，有抵押物或担保即可。所以，对于一些实力有限的开发商，在达不到"四证"齐全的地步时，通常以流动资金贷款来顶替开发贷款。这种不规范的操作，加剧了商业银行的金融风险。

在现实中，房地产开发商会高估房地产项目价值，以获得尽可能多的开发贷款。高估值对于房地产开发商的直接好处便是无形中抵消掉银行对于抵押比例的限制。而常用的手法，则是按照项目所在地区曾出现的最高水平来估价。然后，为了获取继续开发建设项目的资金，开发商会提前启动银行按揭贷款程序。房地产开发商由于资金不足，用个人住房贷款来充当开发建设的资金是房地产开发商中比较流行的一种做法，由于个人住房贷款较项目开发贷款手续较为简单，利率也较低，所以很多开发商包括一些信誉较好的开发商为了解决资金周转问题甚至会操作"假按揭"。在"假按揭"时,开发商还会以高出同等地段房地产的价格出售房屋。此外,房地产开发商还利用建筑施工企业垫资的方式降低自有资金投入。房地产开发商在不支付建设预付款的情况下,要求施工企业自行垫资施工,或者要求施工企业在工程开工前预缴一定数额的工程抵押金。而建设施工公司往往在产业链上位于底层,根本没有选择的余地。现在,垫资已成为房地产开发商降低资金成本、转嫁经营风险的重要手段,实际上已成为众多施工企业承揽项目的先决条件。由于建筑公司的资金亦多来自银行,房地产开发商要求建筑施工企业垫资,其实也是间接使用银行资金。在这过程中所隐含的各种风险也不断积累,商业银行是风险的承担者。

三、房地产信托风险突出

如前所述,房地产信托已经成为当前绝大多数开发商获得开发资金的重要渠道。与此同时,房地产信托风险频发,引发风险的原因较多。

(一)融资方的不诚信行为

房地产信托风险多源于融资方的不诚信行为,典型表现是隐瞒真实负债状况和恶意造假欺诈。在不少风险事件中,融资方或其实际控制人均存在隐瞒真实负债(尤其是民间借贷),借新还旧滚动融资,最终深陷债务泥潭致资金链断裂的情况。比如光耀地产、邹蕴玉及上海高远置业、杨定国及中都集团、史虞豹及邯郸金世纪地产、青岛舒斯贝尔、昆山纯高投资开发有限公司等均因债务危机致资金链断裂,而他们在信托计划成立时无一不隐瞒了真实债务状况。安信信托—浙江金磊房地产开发有限公司股权投资信托计划的融资方不仅隐瞒大额民间借贷纠纷,还涉嫌恶意欺诈,包括通过伪造公章、政府公函、挪用项目保证金等方式骗取信托资金。安信信托—温州"泰宇花苑"信托贷款集合资金信托计划遭遇融资方董事长擅自提走项目预售款并出逃境外的欺诈行为。

(二)信托公司尽调失职

尽职调查是信托风险防范的第一道关口,对消除信息不对称和揭示项目风险隐患至关重要,但诸多现实风险案例却凸显出信托公司尽调的失职和流于形式。中信信托—舒斯贝尔特定资产收益权投资集合信托计划融资方青岛舒斯贝尔在当地口碑不佳,开发的西班牙公馆项目早已停工且因违约交房多次被诉;四川信托—洋城锦都置业特定资产收益权投资集合资金信托计划融资方早在信托介入前就因资金周转陷入诸多纠纷，一期交房便违约，开发商在当地名声很差，信托公司尽调时却未能发现这些情况。在其他众多融资方陷入债务危机的案例中，信托公司均未能对融资方的真实债务状况（尤其是民间借贷状况）作出有效调查和揭示，显示信托公司尽调水平不足或尽调流于形式。

（三）信托公司风控把关不严

一些风格激进的信托公司过于强调业务规模扩张而风控把关却不严，带来风险隐患，具体表现在对开发商资质较弱、项目质地较差、风控措施不足的项目依旧放行。在不少风险案例中，融资方均为实力较弱的民营开发商，远未能达到"四三二"（即四证齐全、30% 自有资本、二级及以上开发资质）的风控要求。中融信托—鄂尔多斯伊金霍洛旗棚户区改造项目集合资金信托计划开发商资质为"四级"，注册资本仅为 1 000 万元；中融信托—青岛凯悦中心信托贷款集合资金信托计划开发商资质为"暂定"；五矿信托—荣腾商业地产投资基金信托计划融资方为上海不知名小开发商，注册资本仅 1 200 万元，开发资质为"暂定"；新华信托—山东火炬置业有限公司贷款集合资金信托计划融资方注册资本仅 2 000万元，开发资质为"暂定"；新华信托发行的上海录润置业股权投资集合资金信托计划，此前一些机构对融资方录润置地也做过尽调，因发现其存在不少瑕疵而放弃，但在新华信托却得到放行；中融信托发行的新都酒店股权收益权投资集合资金信托计划股权质押率高达 61.11%，且质押标的股权交易不活跃。

（四）信托公司错误评估项目前景

信托公司往往基于发行时取得的信息对项目前景做出过于乐观的判断，缺乏对信托存续期可能发生的不利情形的充分预判，尤其是缺乏对行业周期性波动的前瞻性预判。四川信托—上海森泽股权投资集合资金信托计划、中融信托—青岛凯悦中心信托贷款集合资金信托计划、中粮信托—中金佳成房地产基金 1 号集合资金信托计划、长城财富 5 号中都青山湖畔贷款集合资金信托计划、华宸未来—长兴莱茵河畔专项资产管理计划、中融信托—廊坊海润达股权投资集合资金信托计划等信托投资项目均因房地产调控和经济下行出现销售和资金回笼困难。四川信托—上海森泽股权投资集合资金信托计划收购的 11 栋高端别墅受房地产市场调整影响价值显著下跌，致使信托出现流动性危机。五矿信托—荣腾商业地产投资基金信托计划融资项目 2007 年便拿到预售许可，7 年过去销售套数不过 40%且均价低于周边项目，这些均反映出信托公司对项目前景预测过于乐观，而对宏观调控和行业调整造成的冲击预计不足。

（五）信托公司投后管理失职

投后管理指资金投出之后信托公司采取措施对资金使用和项目进展进行持续跟踪和监控，然而现实中信托公司普遍存在"重投前轻投后"的问题，以致未能及时识别风险并采取有效措施应对化解。比如中粮信托—中金佳成房地产基金1号集合资金信托计划中，中金公司作为项目股东全程参与管理，但项目前两年却迟迟未动工，后续管理不当。

（六）抵、质押物价值高估及抵、质押权瑕疵

不动产抵押是房地产信托的核心风控手段之一，优质足值的抵押物对房地产信托风险的处置至关重要，然而现实中抵押物价值虚高的情形并不少见，有的甚至存在抵押权瑕疵，为日后风险处置埋下隐患。比如，中融信托—青岛凯悦中心信托贷款集合资金信托计划成立时抵押物评估价值高达9.56亿元，而在风险发生后的拍卖评估价仅为3.3亿元，价值大幅缩水且多次流拍。中信信托—舒斯贝尔特定资产收益权投资集合信托计划风险发生后拍卖处置的拍卖参考价为7.89亿元，较信托成立之时的12.75亿元明显缩水，且多次流拍。五矿信托—荣腾商业地产投资基金信托计划抵押物存在第一顺位抵押权人，且信托抵押债权金额仅为2亿元，不足本金一半。湖南志高动漫文化产业园项目贷款单一资金信托成立时抵押物价值为14.19亿元，风险发生后根据湖南信托委托的资产评估机构对抵押物的重新评估，保守估值在5亿元以上，抵押物在成立时有高估之嫌。

四、独特的住房预售制度造成各种风险，且风险主要由消费者承担

中国所采用的商品房预售制度实际上是一种独特的融资体系。我国这种购房者预付全款的预售房制度是明显偏向于开发商的。一种观点认为，预售房制度中买卖双方是完全平等自愿的交易，这中间并不存在明显的强制。购房者可以选择不买，也可以选择购现房或二手房。这种观点回避了我国预售制度中买卖双方的权利并不对等，使得买房的风险主要由购房者承担。这种预付全款的预售制度存在如下四大风险：

一是虚假宣传与不实承诺风险。在多数条件下，期房尚未挖坑即可开卖。以北京市预售规定为例，普通商品房的预售条件仅设立在文件层面，如已交付全部土地使用权出让金、取得国有土地使用权证、建设工程规划许可证和施工许可证，同时预售商品房投入的开发建设资金达到总投资的25%以上等，对实际建

筑工程完成进度却未作任何要求。消费者购买期房时，所能查验的仅是开发商提供的宣传图册、沙盘和所谓样板间。尽管住房销售员常将楼盘前景描绘得非常诱人，但事先的承诺与宣传往往与实际交付的住房大相径庭。由于购房者已经预付了全部房款，维权变得十分困难，多数情况下只能自认倒霉。在现实中，虚假宣传与承诺在期房销售中极为常见，非专业人士很难识破其中猫腻。虚构学校、医院、地铁、道路交通等配套设施；绿化或园林面积缩水，承诺的绿地被盖成高楼，承诺的名贵树种被换成普通苗木；开发密度和容积率被提高，采光受到严重影响；车位配比下降，迫使业主高价租购车位；规划设计随意变更，人车分流变成人车合流，老人小孩安全系数降低；虚假承诺赠送面积，或将公有的花园、天台"赠送"给业主等。如果降低期房预付款比例，将对开发商的虚假宣传形成一定硬约束，淘汰不诚信企业，有利于提高开发商的诚信经营水平。

二是质量低劣风险。由于购房者在住房建设过程中已经预付了全部房款，住房实际建筑质量只能更多地依赖于开发商的"良心"。由于专业优势的存在，现实中多数期房购买合同还规定，住房交付时，购房者发现质量问题不能拒绝收房，只能先收房后再要求维修。在这种制度条件下，住房建筑质量低劣现象泛滥，各种质量纠纷层出不穷。监管部门人力有限无法帮助购房者维权，且本身容易与开发商形成利益共同体。各楼盘普遍存在的建筑质量问题包括：精装修房漏水，使得多数人情愿买毛坯自己请人装修；楼板或墙体裂缝、倾斜超标；使用劣质、易燃的保温材料；屋顶、外墙面下雨渗漏；在验收、测绘环节做手脚，实际面积或楼层层高缩水。还有可能出现如下问题：使用临时水电，不开通市政水电以转嫁成本；使用劣质电梯，增加危险系数；水泥标号降低、钢材型号减配；违反规划与土地出让合同，或者拖欠建筑款项，致使产权证无法按期办理等。

三是住房跌价风险。购房者预付全部房款后，到交付之前有两年左右时间。期间房价贬值风险都由购房者承担，开发商可将风险提前完全转嫁。2014年2月19日晚，杭州某楼盘将均价直接从17 200元/平方米降到了13 800元/平方米。有业主于当天上午购房，几小时内损失了数十万元。为此，2月21日下午该楼盘老业主齐聚售楼处进行了一系列维权行动，并出现了争执，售楼部被怒砸，沙盘被推倒。类似的情形，每次楼市降价时都将上演。虽然市场无情，有愿赌服输之说。但住房作为生活必需品享受教育等公共服务的必要条件，很多购房者是以满足自住需求为主要目的，并非主动自愿参与楼市"资本赌局"。让被迫或被诱使加入房地产"赌局"的普通居民，以举家积蓄来为"赌局"散场买单，这显然有失公平。而作为"赌局"设立者的开发商，用购房者资金"空手套白狼"，却不承担风险。降低期房付款比例，有利于促使开发商合理定价，从而降低房价泡沫。

四是延期交付及烂尾风险。购房者购买期房往往需要投入举家三代的积蓄外加银行贷款。如果开发商破产、经营困难或将资金挪作他用，导致期房烂尾无法交付，购房者的巨额投入将打水漂。由于开发商善用市场优势，很多购房合同对开发商能否按期交房并无约束，延期交房的约定赔偿金还不及银行存款利息。这意味着开发商如不按期交房，购房者实际上在给开发商提供低息贷款。期房的全额付款和按期交付软约束，刺激了开发商对预售款的挪用动机。通过预留部分购房款到交房时支付，不仅可以加大购房者按期收房的概率，还可以促使开发企业量力经营，不过度利用资金杠杆圈地炒作。

第四节 住房金融创新与金融风险防范

从根本上而言，促使房地产金融创新，切实防范住房金融风险，是防止房地产"泡沫化"，消除住房金融危机的主要措施。

一、住房金融机构创新

根据我国住房金融体系的实际状况，推进住房金融机构创新，必须进一步健全住房公积金管理机构，由住房公积金管理机构承担政策性住房金融的功能，并适时推进住房公积金制度改革，组建住房银行；建立专业住房储蓄贷款机构，专门从事住房金融业务。2004年2月6日成立的中德住房储蓄银行，作为首家中外共同投资的住房储蓄银行，由中国建设银行和德国施威比豪尔住房储蓄银行合资经营。中德住房储蓄银行初期在天津开展业务。2011年12月9日中德住房储蓄银行首家分支机构重庆分行开业。中德住房储蓄银行，对于我国组建专业住房储蓄贷款机构具有示范作用。住房公积金管理机构（住房银行）、住房储蓄贷款机构和商业银行共同构成我国住房金融机构体系。

二、住房金融制度创新

（一）完善个人信用制度

根据市场经济发展的要求，建立健全个人信用制度。首先，统一个人信用档案标准，建立个人基本账户制度。其次，建立个人信用调查和报告制度。再次，建立科学的个人信用评估体系。最后，建立个人信用制裁制度，加大对违约的惩罚和制裁。

（二）健全住房信贷保障体系

在我国现有住房信贷体系中，缺乏在社会范围内有效分散风险的机制设计。由住房公积金机构承担住房信贷保障功能，并建立和完善我国住房信贷保障制度。住房信贷保障制度包括担保和保险两部分内容。建立住房信贷保障制度实际上是在一个更大的范围内对金融机构的房地产抵押贷款风险进行转移和分散。此外，房地产信贷保障制度对于提高我国居民住房私有率和改善居民居住条件，以及推动抵押贷款标准化进而发展抵押贷款二级市场也有积极的意义。

（三）改革住房预售制度

考虑到制度转换的成本高昂，课题组不主张现阶段取消住房预售制度。毕竟如果开发商突然失去了占项目 40% 以上的资金来源，则出现大规模的烂尾楼并不是我们所期待看到的。但是，必须彻底改革这种购房者完全预付全部房款的住房预售制度。首先，严把准入关。符合当地预售条件，但住房主体建筑工程未完成一半时，购房者所支付的全部款项不应超过总房款的 30%。其次，付款比例应与工程进度相适应。住房主体建筑工程完成一半时，购房者所预付的全部购房款项（包括购房者申请到账的按揭贷款），不应超过总房款的 60%。最后，住房交付之前不得支付全部房款。住房主体建筑工程封顶时，购房者的最高预付额不应超过总房款的 80%，剩余的 20% 房款在住房实际支付时或交付后一周内支付。

三、住房金融市场创新

（一）完善住房金融市场中介体系

房地产金融的市场化，离不开资信评估机构、按揭证券机构等中介组织。早在 20 世纪 60 年代之前，美国的住房抵押贷款市场上就活跃着一批"抵押贷款银行家"，它们本身并不直接从事抵押贷款投资，其资金也不主要来自居民户的储蓄存款。它们的职能主要是在住房抵押贷款的借贷双方中间充当"经纪人"。

（二）构建两级市场体系

一个完善的住房金融市场必须由相互衔接的初级市场和二级市场组成，包括两级住房抵押市场，即住房资金初级交易市场和住房信用再交易、再流通的二级市场。

（三）拓展房地产企业债券市场

与我国住房市场相比，房地产企业债券市场发展不充分，建议采取以下对策促进房地产企业债券市场发展。一是放宽房地产企业债券融资的准入门槛。在中国，公司债券的发行受到严格的管制。《证券法》和《公司法》规定，公开发行债券的余额不得超过公司净资产的40%，每一笔公司债的发行必须由国家发改委严格审批。对于房地产企业债券的发行对象，应该扩大到达到一定规模的房地产企业，适当降低准入门槛。二是引入房地产债券的机构投资者。在试点并取得经验的基础上，培育房地产债券的机构投资者，逐步放松对商业银行购买公司债的限制。三是健全信用评级制度。由独立、公正的第三方建立评级机构，建立充分竞争、优胜劣汰的市场机制，以保证评级机构的公正性。政府监管部门的职责是对评级机构进行监管，最大限度地保障债券市场参与各方的利益，由市场来决定评级机构的生存和发展。四是开展房地产项目债券融资。以房地产开发项目为依托，将发行债券所筹集到的资金用于特定房地产项目开发，由房地产开发项目的收益来偿还债券本息。

（四）促进房地产信托市场发展

房地产信托在房地产金融市场中发挥着重要的作用，应采取多种措施促进房地产信托市场发展。一是改变信托贷款为主的房地产信托产品结构，促使信托贷款、股权融资、权益融资等组合运用的房地产信托产品创新。二是开发标准化的房地产信托产品系列，提高房地产信托产品的流动性。三是根据中国房地产市场期房销售的特点，试点"信托＋期权"的组合融资模式。房地产开发企业以协议销售的方式与购房者之间达成购房协议，购房者的购房款在取得销售许可证和按揭贷款前以购买"项目信托凭证"的方式支付给信托公司，取得信托公司的信托凭证，并同时与开发商签订信托凭证到期购买期房的购房协议。这种融资方式可以有效整合开发商、信托公司、商业银行及购房者的资源，为房地产开发企业进行融资，在一定程度上防范和规避市场风险和政策风险。

四、住房金融工具创新

我国住房金融市场上的住房金融工具比较单一，住房金融工具创新空间大。

（一）创新住房抵押贷款工具

通过住房抵押贷款工具创新，扩大住房金融产品供给。一是提供桥梁贷款。桥梁贷款是指银行在有关机构的协助下为顾客提供的房屋卖旧买新贷款。在这一过程中，消费者需要银行提供部分垫款，比如先买下一套住房，搬入后再出卖原有住房，归还银行垫款，以后再按月偿还银行的消费信贷。二是增加循环住房贷款。这种贷款是指对那些偿还能力强、信誉高的购房户，不限制他们的贷款额度，并允许他们在已取得的借款之外，按同一抵押贷款合同追加新的贷款，并顺延还款期，获取追加贷款的购房户须对追加部分承担较高的利率和费用。三是提供增值分享抵押贷款。这是指银行采用的增值分成抵押贷款方式，即将贷款利率降到市场平均利率水平以下，以换取参与房屋增值的分成。投资者以未来收益的一部分换取稍低利率的抵押贷款，从而减少了投资风险。

（二）拓展住房非抵押金融工具

根据市场需求，尝试住房非抵押金融工具创新。一是回租融资。投资者在出售物业的同时，随即向买方长期租赁同一物业，通过这种回租方式，承租人既可以将固定资产转化为流动资金，又可以继续占用、经营原有的固定资产。这种融资方式对卖方来说，是实现了无须用房产作为抵押物的高比例融资；对买方来说，买入房屋的同时即实现了长期稳定的出租经营。二是回买融资。投资者以市场价购进房地产之后，随即以成本价出售给金融机构，同时，又从金融机构那里买回。投资者向金融机构出售是一次性付款，而投资者从金融机构买回则是分期付款，这等于是向金融机构借到了一笔抵押贷款，借款比例可以超过总价款的70％。住宅投资信托基金、住宅有限合伙组织可以参与到回买的融资业务中。三是前沿货币合约。这是指通过贷款机构出资、开发商出地和技术，成立合资公司，将贷款转为投资，将空置房转变为出租经营性资产，待经营成熟后整体出售。

第十一章

多层次住房保障体系的探索与建构

中低收入者和社会"夹心层"的住房问题历来是困扰世界各国政府的难题。当前，我国正处于快速城镇化过程中，收入和财富分配严重失衡，住房市场非理性繁荣，有相当一部分中低收入家庭、城市农业转移人口或"夹心层"的居住状况堪忧。这无疑对我国政府所倡导的实现包容性发展、充分保障居民的住房权利是一个巨大的挑战。国际经验表明，解决居民的住房问题不能全靠市场，市场调节必然导致一部分中低收入家庭的住房消费水平低下，住房保障是政府的基本职责。因此，必须构建和完善"政府主导，市场参与"、覆盖所有城市常住人口的住房保障制度，并加强公共住房政策设计，满足中低收入者的基本住房需求，使"住房作为人类生存不可替代的必需品，人人享有适当住房"的观念得到落实。

究竟如何看待并解释这种具有中国特色的公共住房制度的演变？中国公共住房的政策和实践是一个在有限理性制约下的路径依赖过程，以经济增长为核心目标的地方政府在 1998 年房改之后受制于财政压力无力也无意承担住房保障的责任。处于横向竞争的地方政府在实践"以地谋发展"的经济增长战略中也一度放弃了公共住房责任。这推升了商品房价格并威胁到金融和社会稳定，在中央政府的强力干预下，中国公共住房迎来了第二次转向。2007 年 5 月，在中国公共住房体系中具有里程碑意义的《国务院关于解决城市低收入家庭住房困难的若干意见》再度强调公共住房的作用。2011 年，中央政府明确提出了公共住房的建设规模，要求在"十二五"期间建设 3 600 万套保障房。截至 2015 年 9 月，这个当初看似不可能实现的任务实现超额完成。

第一节　住房保障制度的变迁

总体上看来，中国公共住房体系经历了一个"N"形的演变过程。在新中国成立后直到改革开放前，城市公共住房占据主导地位。改革开放后到20世纪末，公共住房逐渐瓦解，由政府投资和控制的公共住房滑落到谷底。2008年美国次贷危机爆发以后，中国政府强烈意识到住房保障的责任，开始大力重建公共住房体系。

一、改革开放前公共住房占主导地位阶段

改革开放前，中国住房制度的起点是计划经济体系下的福利住房制度。在这种制度下，以针对城市居民的"低租金、高福利、无偿分配"为指导思想，公共住房由政府或单位统一建造，无偿分配给个人，国家收取少量租金。当然，对于这种住房制度是否真的称得上"高福利"一直有争议（包宗华，2015）。同时，政府秉持着"先生产，后生活"理念，认为住房投资和建设是一种非生产性投资，加之传统的重积累轻消费的理念和重工业优先发展战略及政策取向（即将住宅投资视作是生产居民消费品），住宅投资得不到应有的重视。因而住宅投资和建设占 GDP 的比例长期低下。20 世纪 50 年代，国家通过基本建设投资建设住房2.43 亿平方米，60 年代投资建设住房 3.44 亿平方米，70 年代投资建设住房8.62 亿平方米，30 年合计建设住房 14.49 亿平方米，用于住房建设的投资总计549.79 亿元。但是同一时期，城镇居民人口则从 1949 年的 5 765 万，激增到1978 年的 17 245 万。30 年人均住房投资不足 300 元，年人均住房投资不足 10 元（郭玉坤，2006）。根据张清勇（2008）以及高波和赵奉军（2009）的测算结果，从 1952 年到 1976 年，住宅投资总额从 13.23 亿元上升到 70.58 亿元，占 GDP 的比例只从 1.71% 上升到 2.33%。作为对比，在 2013 年，全社会住宅投资达到74 870 亿元（未经价格调整），占 GDP 的比例达到 13.2%。这个比例已经远远超出很多 OECD 国家 1956～2000 年的最大值，以至于担心中国整体住宅投资是否出现过度（赵奉军，2012）。因此，到改革开放之初，城市原有公共住房供应严重不足。匈牙利经济学家科尔奈所说的计划经济属于短缺经济在住房领域更为明显。广大城市居民居住条件相当恶劣。

二、市场化改革取向与公共住房体系的衰落

改革开放以来，中国城市原有的公共住房体系逐渐瓦解。1980 年 4 月，邓小平就城市住房问题表态，"要提高租金标准，鼓励个人购买住房，并鼓励通过多种形式建房"。同时，中国理论界苏星和陈敏之等提出住房应该是属于个人消费品的商品。这对以往将住房看作是国家提供的福利不属于商品的传统理论无疑是一个巨大的进步，但现在看来，将住房看作是一般的消费品和普通商品亦不恰当。

1980 年 6 月，以往由政府所有的公共住房开始向职工出售，并扩大到全国主要城市，但由于当时职工收入水平低，全价出售试点效果并不好。到 1982 年，中国开始在城市实行"三三制"补贴出售新建住房，即原则上个人购房只需缴纳房价款的 1/3。到 1985 年底，这个"三三制"推广到全国 27 个省市区的 160 个城市和 300 个县，但效果仍然不够理想，原因主要是租金低使得大家宁愿租房也不愿买房。到 1986 年，国务院提出我国房改的重点是逐步提高公房租金。1988 年 2 月，国务院召开第一次全国住房制度改革工作会议并印发《关于在全国城镇分期分批推行住房制度改革实施方案》（国发〔1988〕11 号），宣布将住房制度改革正式纳入中央和地方的改革计划，分期分批推行。这是中国政府出台的第一个房改总体方案，一般称之为提租补贴方案。然而遗憾的是，中国不久就发生了严重的通货膨胀，考虑到如果继续实施提租补贴方案，在成本推进效应的作用下，有可能导致进一步的通货膨胀，使经济形势更趋于恶化。于是原计划用 3 ~ 5 年完成的提租补贴方案，未全面推开就夭折了。1991 年，停顿两年的住房制度改革再次启动。当年 5 月，上海借鉴新加坡公积金制度率先开始住房制度改革。到 1992 年 7 月，住房公积金制度开始在全国推开。

1993 年，十四届三中全会明确提出我国要建立社会主义市场经济体制。1994 年 7 月，国务院发布了《关于深化城镇住房制度改革的决定》，提出了我国要建立与社会主义市场经济体制相适应的新的城镇住房制度。在这个决定中，有四点突破。一是明确住宅投资建设由国家、单位统包改变为国家、单位和个人三者合理负担。二是把住房实物福利分配方式改变为货币工资方式。三是建立以中低收入家庭为对象、具有社会保障性质的经济适用住房供应体系和以高收入家庭为对象的商品房供应体系。四是建立住房公积金制度。此后，在全国范围内，住房制度改革顺利推进，在建立住房公积金、提高公房租金、出售公房等方面都取得了较大进展。到 1998 年 6 月，城镇住房私有率超过 50%（并非住房自有率）；1998 年 7 月，为应对亚洲金融危机提出扩大内需的战略，而国务院下发的国发〔1998〕23 号文对于推进城市住房制度改革发挥了关键作用。至此，创造了中国

城镇住房市场快速发展的制度条件。

在大规模出售原有公共住房导致公共住房体系基本上瓦解的同时，政府也试图重建城镇公共住房体系。1991 年国务院在《关于继续积极稳妥地进行城镇住房制度改革的通知》中提出要 "大力发展经济实用的商品住房，优先解决无房户和住房困难户的住房问题"，是第一次在政府文件中出现跟经济适用房相似的概念，也确立了日后经济适用房的基本内涵。在 1994 年的《国务院关于深化城镇住房体制改革的决定》中首次提到 "建立以中低收入家庭为对象、具有社会保障性质的经济适用住房供应体系和高收入家庭为对象的商品房供应体系"。从此，我国开始了保障房建设。在 1998 年的纲领性文件中，再次提出 "建立和完善以经济适用房为主的多层次住房供应体系"，并提到 "最低收入家庭租赁由政府或单位提供的廉租住房"，但这一时期地方政府普遍不愿按照此纲领推进住房建设，因而普遍存在执行不到位、政策表面化的问题，经济适用房开发建设占住宅投资的比例逐年下降，并事实上逐渐边缘化。从 1998～2010 年，尽管经济适用房投资总额从 270 亿元增加到 1 067 亿元，增长了 295%，但是占城市住房投资的比例却从 13% 下降到 3%。这期间经济适用房投资比例最高的是 1999 年，超过16%，其后一路下滑。至于廉租房，1999 年至 2006 年全国廉租住房新开工量累计仅为 7.8 万套左右，累计投入资金仅为 70.8 亿元。

三、公共住房体系的复兴

由于住房分配货币化改革之后住房价格快速上涨，加之城镇化进程的大力推进，大量的劳动力涌入城市，以及城镇内部收入和财富的分化，这使得政府意识到不可忽视公共住房的特殊价值。2007 年 8 月，《国务院关于解决城市低收入家庭住房困难的若干意见》出台，标志着中央政府更加重视公共住房政策，探索建立健全住房保障制度。2008 年下半年，为应对全球金融危机的冲击，我国实行了积极的财政政策，出台了稳定经济增长扩大国内需求的 10 条措施，其中第一条就是加快建设保障性安居工程。2009 年，温家宝总理的政府工作报告中首次提到了积极发展公共租赁住房。2010 年 6 月 12 日，由住房城乡建设部等七部门联合制定的《关于加快发展公共租赁住房的指导意见》（以下简称《指导意见》）正式对外发布。根据《指导意见》，公共租赁住房供应对象主要是城市中等偏下收入住房困难家庭。有条件的地区，可以将新就业职工和有稳定职业并在城市居住一定年限的外来务工人员纳入供应范围。《指导意见》强调，新建公共租赁住房主要满足基本居住需求，成套建设的公共租赁住房，单套建筑面积要控制在 60 平方米以下，原则上只租不售。

2011 年，中国政府在"十二五规划"中提出，"要建设城镇保障性安居工程3 600 万套"，"加大保障性住房供给，多渠道筹集廉租房房源，完善租赁补贴制度，重点发展公共租赁房，逐步使其成为保障性住房的主体"。2013 年，我国开始推行公租房和廉租房的并轨运行制度。

迄今为止，我国已经重新建立了公共住房体系，公共住房分为实物保障和货币保障两种形式。实物保障性住房按照住房供应方式，可以归纳为租赁型保障住房和购置性保障住房。租赁型保障住房有廉租房和公共租赁房；购置性公共住房有经济适用房和限价商品房。再加上各类棚户区改造住房，可以统称为中国的公共住房体系（见表 11 −1）。

表 11 −1 当前各类公共住房基本情况

类别	对象	标准	方式	房源	资金来源	土地供应
经济适用房	初期为中低收入家庭，后期为低收入家庭	60 平方米左右	出售	新建改建购置	社会资金	划拨
廉租房	初期为最低收入家庭，后改为低收入家庭	50 平方米以内	货币补贴实物配租	新建改建购置租赁	各级财政预算；住房公积金增值收益；10% 的土地出让净收益	划拨
公共租赁房	中等偏下收入住房困难家庭、新就业职工、居住满一定年限的外来务工人员	单套 60 平方米以内；套均 40 平方米左右	出租	新建改建收购长期租赁	财政资金；信贷；企业债券；住房公积金贷款；保险资金；信托资金	划拨
限价商品房	中等偏下收入住房困难家庭	90 平方米以内	出售	新建	社会资金	招拍挂
棚户区改造	成片棚户区居民	无限制	出售	新建	财政资金；信贷；居民；开发商	招拍挂、划拨

第二节　住房保障制度的地方探索

我国地方政府推行住房保障制度建设一度缺乏动力的原因在于：一是保障房

建设的资金主要由地方政府筹集，地方财政缺口较大。二是房地产业对地方财政贡献巨大，许多地方政府担心保障房的供给会降低房地产价格，从而导致财政收入减少。加强对保障性安居工程的信贷支持力度是推动保障房建设的关键环节。根据中金公司的报告，2006～2009年间，保障性住房投资完成额基本上与土地出让收入中用于保障性住房建设的部分持平，这说明地方政府以往在保障性住房建设上采用了量入而出的应对策略。土地出让收入几乎是地方政府唯一可以依赖的保障性住房建设投资来源。尽管如此，面对社会各界对高房价和普通民众住房问题的关注越来越多，特别是来自中央政府的压力，地方政府在住房保障政策方面进行了有益的探索，出现了很多值得总结的经验。

一、北京：以公租房为主的四级政策性住房保障体系

北京四级政策性住房保障体系是：对没有购房支付能力的低收入家庭实行廉租住房政策，对有一定支付能力的低收入住房困难家庭配售经济适用房，对中等收入家庭的自住需求提供限价房，对"夹心层"和过渡期住房需求提供公共租赁房。建立了"低端有保障、中端有支持、高端有市场"的多层次住房供应体系。公租房是北京较早提出的保障房模式。北京的公租房具有如下特征：

（1）适应人群："夹心层"。公共租赁房是北京解决新就业职工等夹心层群体住房困难的一个"新产品"，用于对其他三种保障房的无缝衔接，其产权不归个人所有，而是由政府或公共机构所有，用低于市场价或者承租者承受起的价格，向新就业职工出租，包括一些新的大学毕业生，还有一些从外地迁移到城市工作的群体。

（2）租金核定：不同地段有不同标准。对于公租房的租金标准，按保本微利的原则，结合承租家庭负担能力和同类地段类似房屋市场租金，一定比例下浮确定公共租赁住房的租金。租金应该是申请家庭能接受的。而且根据不同地段，出台不同的租金标准。同一地段的公共租赁住房，是统一的价格。在公租房产权单位和租户确定的租金水平中，可以约定包含物业费，也可以约定单独收。

（3）房屋来源：建购并举。对于公租房的房源，北京采取新建和收购两种方式。一方面新建一些公租房，另一方面，政府也在已开发的商品房中收购一些，作为公租房。政府收购的房源，也有一定的针对性。首先要满足公租房的户型面积标准，即小户型；还要考虑区域，交通是否方便。根据北京的计划，目前收购的公租房主要布局在大型公交枢纽周边等交通便利的区域，以一、二居室小户型为主。

二、广州：四层次住房保障和供应体系

广州四层次住房保障和供应体系基本框架是：第一个层次是廉租房，保障的主要对象是双特困户；第二个层次是经济适用房，其保障对象是有一定经济能力，但在市场上买不起二手房或限价房的低收入家庭；第三个层次是限价商品房和经济租赁房，即满足中等收入家庭的首次置业需求和租赁需求，以解决"夹心层"群众的住房问题；第四个层次是经营性商品房，用以满足中高收入阶层的改善型住房需求。

从 2007 年起广州开始研究经济租赁房政策。该政策目标是解决不够廉租房条件、又没钱买经适房的"夹心层"住房问题。经济租赁房将根据申请者的家庭人均年收入分为多个档次，收入越高的市民，租金基数越高，每月缴纳的房租也越高。当租住者的收入高到可以进入租赁商品房市场，也将体现在租金当中，自然会选择退出经济租赁房而拥有完全产权的商品房。这样，经济租赁房的使用效率就会大大增加。

三、重庆：公租房为住房保障主要形式

重庆建立"双轨制"住房供应体系，住房供应的 30% ～ 40% 是公租房，60% ～ 70% 是商品房。重庆的住房制度是低端有保障、中端有市场、高端有遏制，形成一个比较完善的住房供应体系。

重庆的公租房有以下特征：

（1）适用人群和租金水平。重庆公租房的适用人群是低收入群体，但并不是最穷的人，最穷的人主要租住廉租房。按照规定，公租房与廉租房在同一个小区，但租金差别会很大。廉租房的租金标准是每平方米每月 8 角钱，50 平方米的房子一个月只要 40 元钱；而同地段同面积的公租房的租金要达到 500 元/月；而同类型的商品房市场租金大概是 1 000 元/月。可见，公租房的租金比商品房低，但又比廉租房高。

（2）产权归属与流转。申请到公租房的人居住满五年后，如果想拥有该房的产权，此时的公租房性质类似于经济适用房，但是政府要控制被购买的公租房不可以像经适房一样卖到市场上去，而只能卖给公租房管理局，公租房管理局回收以后还是公租房。这就使得公租房在一个封闭的系统内运行，保证了存量公租房的稳定。一个社会的低收入人群大致只有 20% ～ 30%，这个 20% ～ 30% 是固定比例的。所以，按照重庆的双轨制思路，公租房的存量应该保持大致的稳定。

（3）公租房面积及资金来源。重庆的公租房以小户型为主，激励富裕起来的租住者搬出公租房，到商品房市场上去改善居住条件。公租房的成套面积主要有30平方米、50平方米，最多到70~80平方米左右。公租房的房源主要通过新建、收购、改建等多种渠道获得。公租房建设资金主要通过政府注资、依靠商业银行贷款、公积金贷款、发行债券、房屋租售等方式筹集。公租房分布在不同的社区里，也就是说，住公租房的人跟住商品房的人生活在不同楼内，但是在一个大的区域里，这就形成了混居，不会形成新的城市"贫民窟"。

四、淮安：共有产权住房

淮安市2007年在全国首推共有产权住房保障模式，即以出让土地的共有产权房替代划拨土地的经济适用房。所谓共有产权住房，是指由购房人和政府按照出资比例购买住房，各自享有相应的产权比例。这是一种既有保障房属性，又带有商品房属性的新的"政策性商品房"。共有产权住房提供了相对完善的政府资金退出机制：若购房人5年内购买政府产权部分，按原供应价格结算；若5年后购买，则按当时的市场评估价格（不含装修费）结算。共有产权住房执行政府指导价，一般低于同期、同区段商品房价格5%~10%。购房人的出资与房价总额的差价由政府出资，并按出资比例形成共有产权，共有产权住房上市或退出时只要购买政府的产权部分或按比例与政府分成即可。

按照淮安市的规定，家庭月平均收入在800元以下，就有申购比市场平均价格低30%左右的政策性商品房的资格，并可选择"共有产权"模式。可选择的住房不仅限于保障房，还包括商品房，而共有的比例也是有弹性的，可以是个人7成，政府3成；也可以是5：5开，即双方各半；在回迁安置人群中还尝试了6：4和8：2等比例。更重要的是，对于低收入群体家庭，淮安采用的不是全国通行的"轮候制"，而是逐级提高的"门槛制"。先满足特殊困难群体，然后再根据情况逐渐放宽。"门槛"也已逐步降低，最新的保障对象，已经开始指向刚就业的大学毕业生等"夹心层"群体。

为避免穷人区集中现象，共有产权住房分布在多个小区内，强调"分散建设"。在开发商修建的楼盘当中，政府回购一部分，再以"共有产权"模式出售，这就避免了低收入群体集中居住，客观上减少了"穷人区"的出现。

淮安对共有产权住房的制度安排，在《房屋登记簿》及其《房屋所有权证》上有明确的比例及权属关系。如果购房人私下倒卖会存在极大风险，因为买卖双方都已构成侵占共有产权人即国家的利益，对此行为政府可依法制止、纠正、打击。同时，共有产权住房的退出机制清晰、可操作，克服了经适房的一些缺陷。

五、杭州："六房并举"

杭州于 2010 年初出台了《关于加强保障性住房建设，支持自住型和改善型住房消费，促进房地产健康稳定发展的若干意见》，对保障性住房建设提出了指导意见。

（1）坚持"租、售、改"三位一体方针和"六房并举"的总体要求，全面推进廉租房、经济适用房、拆迁安置房、经济租赁房、危改房和人才房等保障性住房的建设，加快实现拆迁安置房"房等人"目标，解决两个"夹心层"的住房困难问题。其中，主城区 2010 年开工建设经济适用住房 50 万平方米，竣工 50 万平方米；开工建设廉租房 5 万平方米；开工建设拆迁安置房 400 万平方米，竣工 300 万平方米；建设经济租赁房（含大学毕业生公寓、外来务工人员公寓 9 万平方米）42 万平方米；开工建设人才专项用房 50 万平方米；完成 180 万平方米危旧房改善扫尾项目；通过收购、定向采购存量房以及普通商品房；增加保障性住房的房源。加大保障性住房供地和配套建设力度，确保主城区经济适用房供地 500 亩，经济租赁房供地 200 亩，人才专项用房供地 500 亩，拆迁安置房供地 2 300 亩。

（2）扩大经济适用住房和廉租房保障覆盖面。根据实际情况，加大经济适用住房保障力度，逐步放宽经济适用住房准入条件；研究经济适用住房货币补贴政策，鼓励符合经济适用住房购置条件的住户直接通过市场购买住房。进一步放宽廉租住房的准入条件，对低保标准 2.5 倍（含）以下的住房困难家庭实现应保尽保。进一步推进经济租赁房配租工作，尽力解决"两个夹心层"住房困难问题。

（3）加大对保障性住房建设资金的支持。拓宽保障性住房建设资金来源，积极争取开展利用住房公积金支持保障性住房建设试点工作。

六、上海："四位一体"，租售并举

2011 年 7 月 14 日，国家开发银行与上海市人民政府举行了高层会晤并签署《"十二五"开发性金融战略合作备忘录》，国开行将在"十二五"期间，通过提供贷款、投资、租赁、证券等方式继续为上海在保障房建设等方面提供全面融资支持。

课题组在上海调研时发现，上海住建部门学习了淮安共有产权住房保障制度并进行了改进。近年来，上海先后制订出台了廉租住房、共有产权住房（经济适用住房）、公共租赁住房、动迁安置房等一系列住房保障重大政策和措施，基本形成了以"四位一体"、租售并举为特征的住房保障体系。对城镇户籍低收入住房困难家庭，主要实施廉租住房制度；对城镇户籍中低收入住房困难家庭，主要实施共有产权住房保障制度；对存在阶段性住房困难的上海青年职工和引进人才、来沪务工人员及其他常住人口，主要实施公共租赁住房制度。同时，还结合旧城区改造，定向供应动迁安置房，改善拆迁区域内中低收入住房困难家庭的居住条件。

（1）廉租住房制度。上海自2000年起开展廉租住房制度试点，2001年底在全市推行，经过多年的探索实践，廉租住房制度逐渐完善。一是实行集收入困难和居住困难为一体的"双困"准入机制，不断适时放宽准入标准。自2000年实施廉租住房制度以来，不断调整廉租住房准入标准，扩大廉租住房受益面。2006～2011年已先后六次放宽廉租住房家庭收入和财产准入标准，目前廉租住房的收入标准为人均可支配收入1 600元/月以下、人均财产5万元以下，家庭人均居住面积标准7平方米以下。上海廉租住房准入标准的动态调整机制已逐步形成。二是采取租金补贴为主、实物配租为辅的保障方式，努力提高实物配租比例。租金补贴方式是由廉租家庭直接到市场上寻找合适的租赁房源，政府给予租金补贴，并将补贴的租金直接支付给住房出租人。实物配租方式主要针对孤老、残疾、劳模等特殊家庭，由住房保障机构组织提供租赁房源，按照市场租金的一定比例收取租金，配租家庭按其月收入的5%～10%支付自付段租金，其余租金由政府补贴，并直接支付给住房出租人。三是坚持多渠道、多途径筹措廉租房保障资金和适用房源。在资金筹措上，根据国家规定并结合上海实际，主要通过提取不少于10%的土地出让金净收益资金、利用住房公积金的部分增值资金、安排财政专项资金等多种渠道，落实廉租房保障资金。在房源筹措上，积极探索通过在保障性住房项目中配建、在旧小区综合整治项目中改建、利用旧厂房改建、收购转化动迁安置房、收购市场存量小户型住房、市场出租房源代理经租等多种方式。四是探索建立住房和收入状况核查新机制。上海从2007年开始，探索创新，建立了以信息化手段为依托的居民住房状况和经济状况核对新机制。其中，住房保障申请家庭的住房状况，主要通过全市房地产交易登记系统和公有住房数据库系统进行核查；居民家庭经济状况，则主要通过民政、社保、税务、房管、公安、金融、交通等部门政务信息比对的方式进行核查。截至2010年，上海累计廉租受益家庭已达7.5万余户，对符合条件的申请家庭已基本实现"应保尽保"。

（2）共有产权住房保障（经济适用住房）制度。为解决上海城镇中低收入家庭的住房困难，2009年6月，上海出台《上海市经济适用住房管理试行办法》。为建立和发展可持续的共有产权住房保障（经济适用住房）制度，在体制机制方面进行了探索创新。一是实行"共有产权"机制，着重解决共有产权住房使用和收益分配的公平性问题。共有产权住房主要是"居住为主",在购房人自住时,保障机构让渡名下份额的"使用权",使购房人享有完整的房屋"使用权",解决他们的住房困难;考虑到今后部分家庭收入提高,有改善居住条件的可能,按规定允许其转让,购房人和住房保障机构按各自的产权份额分配上市转让收入,并通过销售合同事先约定。住房保障机构通过收回在住房建设中的各项投入,用于支付共有产权住房的回购款、后续的保障性住房建设等费用。二是确立集中建设和分散配建相结合的建设机制。集中新建的项目通过项目法人招投标方式,选定具有良好资质和信誉的房地产开发企业进行建设。同时积极推动配建模式,规定凡新出让的商品住房建设用地,必须按照不低于该项目住房建设总面积5%的比例配建共有产权住房。三是实行严格的"三级审核、两次公示"制度。申请受理后,首先由街道(乡镇)住房保障机构负责初审核查,进行户口年限、婚姻情况、住房情况、经济状况等各方面条件的审核。初审核查合格后,在申请家庭户籍地和实际居住地进行首次公示。初审公示通过的,由区(县)住房保障机构复审核查。复审核查合格后,在指定媒体向社会进行第二次公示。复审公示通过的,由区(县)住房保障机构对申请家庭进行"资格"登录。登录后,进入轮候选房程序。在选房前,市住房保障机构还将对已经登录的申请家庭进行抽查审核。申请家庭的轮候序号需采取公开摇号方式,通过计算机程序确定。选房配售工作依据申请家庭房源供应数量以及户型比例等,公开组织进行。

2009年12月,徐汇、闵行两区启动共有产权住房申请供应试点,近2 000户家庭签约购房。为扩大共有产权住房政策受益范围,2010年8月和2011年3月,上海两次放宽准入标准,人均月可支配收入线由2 300元,逐步放宽至2 900元、3 300元,人均财产线由7万元,逐步放宽至9万元、12万元。2010年下半年起,在全市中心城区和部分有条件的郊区分步开展推开申请供应工作。2011年,申请供应范围进一步扩大,覆盖全市所有区县。

在房源建设方面,上海通过"政府主导、市场运作、市区联手、以区为主"的建设机制,不断加大共有产权住房的建设和供应力度。2008~2010年,全市累计开工建设共有产权住房超过1 000万平方米。截至2010年底可供房源数量达到500万平方米,约8万套。

(3)公共租赁住房制度。2009年8月,上海出台《关于单位租赁房建设和使用管理的试行意见》,鼓励产业园区、单位利用自用土地建设单位租赁房。2010年9月,市政府正式颁布《上海发展公共租赁住房的实施意见》。上海公共租赁住房制度的主要特点:一是不限户籍、不设收入线,主要以在上海有稳定职业、居住困难作为申请条件,将住房保障覆盖面从户籍人口扩大到有基本稳定工作的城市常住人口;二是采取"政府支持、机构运作"的管理模式,政府通过投入部分资本金，给予土地、税收、公用事业收费优惠等方式，支持发展一批公共租赁住房专业运营机构，采取市场机制实施投资建设和经营管理；三是只租不售，实行有限期租赁，租赁合同期限一般不低于 2 年，符合条件的可以续租，租赁总年限一般不超过 6 年；四是租赁价格略低于市场租金，既体现公益性，又保证可持续经营；五是房源筹措多元化，采用新建、配建、改建、收购、代理经租等多种方式筹集房源。2010 年，全市新开工建设和筹措公共租赁住房项目（含单位租赁房）达到 100 万平方米，约 2 万余套。

（4）动迁安置房政策。旧区改造是重要的民生工作，是彻底改善广大市民居住条件的重要途径，也是上海住房保障工作的重要组成部分。为有效满足旧区改造的动拆迁需要，上海自 2002 年启动建设动迁安置房，由政府提供优惠政策，限定建设标准，限定价格，按照"政府引导、企业运作"的原则，定向供应旧区改造和市政重大工程项目的动迁居民。在安置方式上，采取建设就近安置住房和异地动迁安置房等方式，以满足动迁居民的不同需求。在房型设计上，以中小户型为主，形成了"五七九"的房型特色：即套型建筑面积以 70 平方米左右 2 室 1 厅为主、适当配置 50 平方米左右 1 室 1 厅，少量配置 90 平方米左右 3 室 1 厅。在新项目规划选址上，坚持"因地制宜、科学合理"的原则，与城镇规划相结合，依托城镇比较完善商业、教育、医疗、市政等公共设施，结合轨道交通等便捷公共交通，综合考虑在靠近中心城区的东、南、西、北四个方向选址布局，方便居民的生活和出行需要。

目前，上海已经基本构建了"四位一体"的住房保障体系，住房保障工作已取得一定成效。上海进一步健全"四位一体"分层次、多渠道、成系统的住房保障体系，完善各项制度，优化管理体制和运作机制，通过各种方式建设和筹措房源，供应各类保障性住房，不断加大保障性住房的政策受益面，着力解决中低收入住房困难家庭和青年职工、引进人才和来沪务工人员等群体的居住问题，使改革发展的成果更快地惠及民生。

住房保障是提高居民住房消费水平的重要手段。住房消费属于综合性消费，它可能波及和带动居民一般性消费支出，包括衣、食、住、行等各个方面都与房地产消费有关。比如，人们的服饰风格与其居住的社区和住宅档次有着紧密联系；足够的住房空间，可为人们居家下厨、烹饪烧菜提供便利；带有车库的住房增多，会促进私家车的消费等等。总之，住房水平提高和居住环境改善，可拉动多个领域的产品销售和劳务交换。发展房地产业，提高居民住房消费水平，可为人们其他方面的发展创造条件，促进居民生活水平全面提高。正因为如此，当人们的住房需求不能得到满足时，其他方面的消费和发展也会受到抑制。住房是必需品、是奢侈品也是公共品，作为必需品和奢侈品的住房消费，可通过商品房市场得以解决，作为公共品的住房消费，则不能置于社会保障范畴之外。

总之，保障性住房建设可为中低收入居民提供物质保障、安全保障、精神保障、尊重保障和发展保障，可以提高社会财富水平、稳定社会秩序、增进低收入群体的社会归属感、体现社会关爱及实现社会公正与和谐。住房保障政策分为供给方补贴和需求方补贴两大类，在房地产市场过热的时候，宜采用需求方补贴；而房地产市场趋冷的时候，则宜采用供给方补贴。从我国城镇居民收入存在两极分化趋势、当前房地产市场供需失衡以及我国房地产市场仍需长期稳定发展的角度考虑，必须大力推进保障性住房建设。当然，在保障性住房建设过程中，还有一些必须面对并且要高度重视的问题，这些问题能否得到有效解决，直接关系到保障性住房福利效应的发挥和宏观政策效果的实现。

第三节 住房保障制度存在问题的分析

中国的住房保障不仅仅是保障公民基本住房权利，更对中国经济增长和新型城镇化具有重要意义。对照当前住房保障的现实，尽管从 2007 年开始，中央政府十分重视住房保障，但整体上仍然存在诸多问题。这些问题主要表现在以下几个方面：

一、保障房的定位和政府对于住房保障的责任界定不清

部分城市设定的住房保障对象除了低收入群体，还包括公务员、高级人才等，政府建立住房保障制度的目的不仅是为了实现对低收入阶层的住房保障，还夹杂着为解决劳动力流失、引进人才等目的。例如深圳提供的部分保障房，包括经济适用房和公共租赁房，还提供给高层次专业人才、行政事业单位初级人员等，同时也作为解决一些历史遗留问题的房源。厦门享受公共租赁住房保障对象包括公务人员（含教师）、引进人才等。宿迁将公租房还作为吸引劳动力的条件之一。

现行的住房保障制度没有清晰地界定政府的责任。首先，我国对政府责任（包括但不只是住房保障）的规定大多是笼统而模糊的，只有概念意义上的责任而没有具体的"质"和"量"的规定，因而是无法问责的。其次，政府履行责任的程度是量力而行，也就是视财力而定，没有制度化的预算保证。所以，我们看到的实际情形常常是，在某项公共服务"欠账"多年成为严重问题之后就集中

"补课",从基础设施、教育、医疗到住房保障都是如此。再次,对住房保障的对象和标准没有明确界定,使政府部门在执行过程中拥有太大的解释空间,严重影响到住房保障的公平公正。最后,对政府提供住房保障的手段没有清晰界定。

二、农业转移人口长期游离于住房保障体系之外

农民工住房问题,也是当前国内学术界研究的热点问题之一,也是推进和实践新型城镇化的重点和难点。尽管按照常住人口计算的我国城镇化水平已经达到56.1%(2015 年),但很多学者认为这种城镇化水平是"半截子城市化"或"浅层城市化",有大量的流动人口主要是民工群体未能融入城市,他们只是生产在城市,未能变成真正的市民。而阻碍这些农业转移人口变成真正市民的关键是住房问题(陈锡文,2010)。由于保障房供给严重不足,绝大多数人被迫涌进商品房市场,这实际上偏离了当年住房制度改革确定的目标。随着城镇化的推进,大量的农业转移人口涌入城市,并事实上成为今天工人阶级的主体,尽管中央政府三令五申要求地方政府将农业转移人口纳入住房保障对象,但城市的住房保障体系基本上将他们排除在外。

从现有研究来看,农民工居住面积小,居住环境差是一致的结论。国务院发展研究中心课题组(2011)的调查表明,近80%的农民工居住在功能不全的临建房或简易房,大部分是位于城乡接合部的农民出租房、城中村、城市中的老平房、居民楼地下室等,且面积很小。国家统计局《2012 农民工监测调查报告》中对农民工在城市住房条件的调查显示,只有0.6% ~1.3%的民工在城镇购买了住房。有大约1/3 居住在单位提供的宿舍中,还有1/3 合租或独自租赁住房。

对于这种居住状况形成的原因,研究者大多认为主要受制于两个因素:一是农民工自身的低收入难以改善住房状况。根据国家统计局《农民工监测调查报告2012》的数据,2012 年我国外出农民工人均月收入水平为2 290 元。而国务院发展研究中心2010 年的抽样调查显示,想在务工地区购房的民工,能够承受的商品房单价为:42%在2 000 元/平方米以下,53%在2 000 ~5 000 元/平方米。二是受城市户籍管理制度和住房政策的影响(潘泽泉,2008)。目前除少数经济发达城市对农民工实施一定的社会保障外,大部分城市农民工不在住房保障的覆盖范围之内,而"以地谋发展"的地方政府没有动力解决民工的住房问题(刘守英,2012)。郭新宇和薛建良(2011)基于多元 Logit 模型分析了民工居住选择形式的影响因素,结果发现,在影响农民工住房选择行为的诸多因素中,居住和就业的稳定性及迁移的家庭特征对住房保有形式和质量均有显著影响。

三、住房保障制度在土地、融资和准入、退出上等实施机制不完善

在现行制度安排下，政府无须为产权性质的保障房筹集资金，但要提供土地。而对于非产权性质的保障房，政府几乎是唯一的提供者，既要提供土地，又要提供资金；既要解决"房源"所需的资金，又要长期负担建成后大量的房屋维修费用，所需资金数量庞大，且占用周期长；按照目前的租金补助标准，难以形成建设资金投入产出的良性循环。

建设用地指标管理已成为困扰保障房提供的两大问题之一。一是新增建设用地的总量限制。确保中国 18 亿亩耕地面积是不可逾越的底线，对耕地转为非耕地进行严格的限制，这意味着对土地出让数量进行严格控制的政策将是长期的，是不能松动的。地方政府新增建设用地的数量受用地指标总量的严格限制。二是新增建设用地的安排向工业等项目倾斜。确保每年的经济和税收增长速度是地方政府的首要目标，因此，需要优先安排大型项目的建设用地。三是存量土地的供给受到房屋拆迁的限制。《物权法》和《国有土地上房屋征收与补偿条例》实施后，客观上拆迁的难度加大，拆迁周期延长，这无疑会增加存量土地供应的难度。四是建设用地在保障性住房和商品房开发之间的配置会影响到地方政府的财政收入，而财政收入也是提供住房保障的必要条件，因而形成两难局面。

在我国公共财政支出中，保障房建设在金融、财政和税收上的系统配套支持政策严重不足。现阶段，虽然政府提出了财政拨款、住房公积金增值资金、直管公房出售一定比例的归集资金、社会捐赠等多种渠道、多种方式的资金筹措机制，但在实践中，住房保障所需资金仍然主要来源于财政资金，包括上级政府转移支付和地方政府自筹资金。由于政府责任界定不清，造成了保障房缺少稳定的筹资渠道。对于地方政府来说，保障房支出没有像教育经费一样得到长期保障，来自上级的转移支付是不稳定的，而地方自筹部分的来源也是不稳定的。

从总体上看，住房保障工作在我国开展的时间不长，各地各部门主要把工作重点放在扩大保障面上。随着工作的逐步推进，许多后续管理上的问题开始暴露出来，尤其是在监管机制方面，还有大量制度建设工作需要跟进。

产权性质保障房在退出上存在的问题主要是，住房在市场出售时政府的优先回购权或收益分成权难以落实。对于非产权性质保障房，由于产权归国家所有，所以准入和退出可以看作是同一个问题，即通过定期的审查来确认被保障对象是否继续符合保障资格，符合资格则相当于再次准入，不符合就退出。对于那些经年审发现不再符合保障条件的家庭，在清退方面缺少切实有效的手段。目前各地退出机制主要采取经济调整手段，效果有限。国家审计署公布的 19 个城市 2007 ~

2009 年廉租房建设情况的公告表明，厦门等 6 个城市不同程度存在廉租房保障对象退出难的问题。

四、外部制度环境不完善对住房保障制度产生负面影响

住房保障制度不是建立在真空中，外部制度环境对住房保障制度的设计和运行都会产生影响，这些问题的影响超越了住房保障问题，也不是住房保障制度所能解决的。影响住房保障制度的外部环境主要包括以下几个方面。

（1）缺乏公开的利益博弈机制。由于未建立公开的利益博弈机制，使利益博弈转入地下，结果是只有接近权力的人群才能拥有发言权，而真正的住房保障对象远离权力，缺少自己的利益代言人，导致住房保障制度设计偏离了公平正义的轨道。而我国又缺少公众参与的传统和鼓励公众参与的机制，使制度的扭曲难以得到纠正。

（2）尚未建立公共财政制度。长期以来，我国政府没有将提供公共服务作为政府的基本职能，相应的公共财政制度没有建立起来，传统的吃饭财政＋建设项目预算的财政预算模式已经制约了公共服务的供给。近年来，中央开始强调公共服务型政府的建设，公共财政制度也在研究和探索中。

（3）城乡分割的二元土地制度。城乡分割的二元土地制度下，农民可能在农村拥有宽敞但闲置的住房，同时又可能在城市无力获得适当的居住条件而成为住房保障对象，这种情况导致城乡统筹的住房保障制度难以建立。

第四节　如何理解我国公共住房体系的演变

对中国公共住房体系演变的解释，众说纷纭，见仁见智。我们的观点是：首先，公共住房制度改革和变迁是一个有限理性制约下的路径依赖过程。其次，这是一个由政府主导的强制性制度变迁与地区经济增长目标导向的权衡取舍过程。再次，这是一个"以土地谋发展"的增长模式下的逐底竞争（race to the bottom）过程。最后，在财政压力下中央—地方政府博弈对公共住房体系演变具有关键影响。

一、有限理性制约下的路径依赖过程

今天诸多人士在谈加强顶层设计，对住房领域来说，其潜台词是以往的中国

住房制度改革并没有一个顶层设计或顶层设计太粗糙。我们首先要明白，包括住房制度改革在内的中国整体改革进程带有强烈的增量改革和渐进式改革的特征，也就是俗称的"摸着石头过河"。这种改革的特征是，在不进行全盘私有化的前提下，以各种局部的或区域的制度创新把市场化的激励机制注入到各个经济领域，这种方式既能保证宏观经济和社会的稳定，又能有效的促进经济增长（Linda Yueh，2013）。这种改革从学理上是符合奥地利学派关于制度变迁"零打碎敲式的社会变革"的观点[①]。当年主导住房制度改革的人们，我们同样不能期待他们能够高瞻远瞩，事实上他们也不可能预料到中国社会经济条件翻天覆地的变化，因而期待他们在改革开放之初就能为房改定好蓝图然后照此实行不能有偏差，这不是一种科学的态度。改革在很大程度上是一种试错的过程。比如，在1994年和1998年的房改目标中要求建立以经济适用房为主的住房供应体系，而后来的住房发展完全偏离了这个目标。一些人认为目标是对的，是执行的问题。我们认为，这个目标本身是有问题的，住房分配货币化改革的目标不应该让多数人都住在公共住房里。新加坡能做到，却具有不可复制性。再比如，原有公房出售如果能保留一部分而不是几乎全部出售，后来面对保障房的压力政府就不会捉襟见肘，但当时政府并没有想到那么长远，短期出售原有公共住房能缓解当时的财政压力哪怕未来会增加财政压力，政府的行为同样会短期化。

路径依赖过程意味着制度变迁和改革有着某种惯性，会沿着确立的轨道继续往前走除非受到某种冲击，我们的起点是计划经济体制下原有公共住房，在这个起点上前进的方向只能是"破"而不是"立"。原有公房的最终出售和公共住房体系瓦解得到了在这个轨道上的最大推动力—地方政府的强力支持，除非受到外部冲击或来自中央政府的强大压力，如前所述的"N"形变迁中第二次转向是不大可能发生的。

二、政府主导的强制性制度变迁和地区经济增长目标导向的取舍过程

在中国集权式的政治结构下，政府拥有绝对的政治优势，政府一直作为最主要的制度供给者而存在，在中国所发生的涉及全民利益的制度变迁，基本都是由政府发起和主导的，其变迁路径在很大程度上也决定于政府的动机与资源能力（陈杰，2010）。当然，政府并非全知全能，前述的有限理性就制约着政府的目标

---

① 人类的所有知识，尤其是有关社会因果关系的知识，都有着高度易错性的特点。这意味在社会改造的问题上，合理的选择应当是"零打碎敲"而不是整体主义的。

实现；同时，市场化改革的推进和产权体系的确立，政府控制的资源也在逐渐减少，这同样会制约政府的目标和行动。但总体上来说，中国政府的资源控制和整合程度及能力是其他国家难以望其项背的。

就中国公共住房制度变迁过程而言，从改革目标确立、发动和实施、监督和效果，都基本上体现了政府的意志。同时，政府的目标是多重的，但对中国政府来说，经济增长在长期一直是首要目标（在一些特殊的时间段里会有所偏离），如果其他目标与经济增长目标有冲突，往往会让位于经济增长。改革过程中一个长期的口号"效率优先，兼顾公平"就是明证。这种发展型国家（developmental state）与亚当·斯密所倡导的"守夜人"型的国家有着重大区别，实践过程中的"兼顾公平"往往会演变成"不顾公平"。在地方政府看来，这些公共住房项目是一个破坏其增长路径的包袱，而好不容易才甩掉以往的旧公房，现在又要重建公共住房，这是难以接受的。从 1998 年和 2011 年这两次对公共住房的不同处理上可以看出经济增长目标的主导地位。在 1998 年，中国经济面临着亚洲金融危机的冲击，中国希望以住房制度改革来刺激经济增长，而原有的公共住房只能被继续加快处理；而在 2011 年后全球金融危机时代，中国同样希望以大规模的保障房建设来刺激经济增长。目标是一致的，只不过采取的方式不同罢了。

如果我们将新公共住房的长期供应看作整个社会性支出的一部分，那我们会看到，自 20 世纪 90 年代以来，中国财政支出结构中的社会性支出（social expenditure）是长期不足的。在 2006 年之后学术界已经意识到社会性支出的不足已经影响到中国长期增长的路径后有所改观（课题组，2006），表 11 - 2 的数据显示了这一点。在表 11 - 2 的数据中，中国的数据主要来自《中国统计年鉴》中公布的财政收支，但这种统计口径与现实的财政收支有很大差距。根据周天勇（2014）的计算，政府的实际财政收入要远高于统计年鉴中公布的数据，因而中国的社会性支出的比例应该低于根据统计年鉴数据计算的结果。这种社会性支出不足很难以地方政府执行不力来开脱，这实际上是以增长为核心目标后自然的带有全局性的取舍过程，不仅仅是住房领域如此。

表 11 - 2   **社会性支出的国际比较（%）**

国家	占 GDP 比例 （2014 年）	占总支出比例 （2011 年）	占 GDP 比例平均值 （1980~2014 年）	占总支出比例平均值 （1980~2011 年）
澳大利亚	19	48.9	16.2	42.3
奥地利	28.4	54.6	26.5	49.7
加拿大	17	42.6	16.9	40.3[d]
法国	31.9	56.2	29	52.9

国家	占 GDP 比例 （2014 年）	占总支出比例 （2011 年）	占 GDP 比例平均值 （1980~2014 年）	占总支出比例平均值 （1980~2011 年）
德国	25.8	56.6	25.1	55.4[e]
意大利	28.6	55.4	24.9	48.3
英国	21.7	47.3	20.5	45.9[f]
美国	19.2	45.5	16.4	40.9
日本*	23.1[a]	55.1	16.5[b]	49[e]
韩国	10.4	29.8	7.5[c]	23.3[f]
OECD 整体	21.6	47.9	19.8	47.1
中国	8.7	34.7	—	—

资料来源：a 为 2011 年数据；b 为 1980~2011 年；c 为 1990~2014 年；d 为 1985~2011 年；e 为 1995~2011 年；f 为 1990~2011 年；http://stats.oecd.org。

三、"以地谋发展"增长模式下逐底竞争（race to the bottom）过程

要理解中国公共住房在第二次反转中的漫长过程，还需要认识到中国的增长模式的本质。我们在此借用刘守英（2012）的一个术语——"以地谋发展"来说明这个增长模式。

在 1989 年，财政部的文件《国有土地使用权有偿出让收入管理暂行办法》的颁布，标志着土地出让收入正式进入财政收支体系。开始的规定是在扣除 20% 的城市土地开发建设费用后，60% 的收入归所在城市，40% 上交中央。到了 1992 年，分成比例大调整，土地出让金总额的 5% 上交中央财政，其余留归地方支配。地方政府因而成为土地出让金的主要受益者。

在第四章中，我们曾谈到地方政府在土地市场上采取了低价出让工业用地、高价出让商住用地的策略。在此，我们用一个简单的新古典地租模型来说明这种交叉补贴何以运行。如图 11-1 所示。假设政府可以支配的土地供给为 OL，不同类型的用地需求分别为 D_1 和 D_3。如果没有规划限制，假设 D_1 为居住用地需求，D_3 为其他用地需求，在均衡时，价格为 P_3，OL_1 的土地用于居住，L_1L 的土地用于其他。如果居住用地需求增加到 D_2，在没有规划限制时，土地用途必然发生转变，土地均衡价格上升到 P_2，同时，L_1L_2 的土地从其他用途转变为居住用途；但是政府可能希望维持其他用途如工业用地的地价，不会增加居住用地，此时居住用地的地价上升到 P_1，而其他用途用地的价格仍然保持在 P_3。相对于 B

点，现在必然有无谓损失（deadweight loss）ABC。现在的问题是，既然有无谓损失，为什么政府仍然要采取这种策略？有两种解释，一是无谓损失是包含政府在内的整个社会的，政府的损失未必减少。二是政府希望以此为信号吸引更多的工商业资本，从而在未来能够弥补其损失。

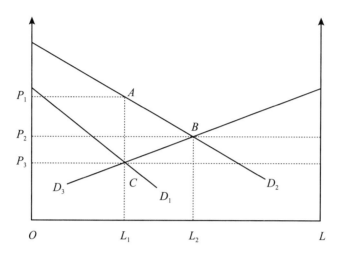

图 11 - 1　土地交叉补贴的新古典模型

总体上看来，一旦确立"以地谋发展"经济增长方式，处于横向竞争中的地方政府几乎必然会走向土地要素价格的逐底竞争。这种居住用地高地价补贴工业用地的低地价，也是"中国制造"的竞争优势来源之一。换句话说，中国居民为房价支付更高的地价实际上在补贴全世界享受低价中国制造的消费者。而既然居住用地价格已经很高了，再拿出宝贵的土地用于公共住房，机会成本是很高的。而更高的地价也意味着更高的房价。[①] 这也就意味着在劳动力净流入的东部城市，地方政府几乎没有动力为涌入城市的农业转移人口提供住房。这些农业转移人口的居住情况更恶劣，但他们受到的关注远不如棚户区居民。

四、财政压力下中央—地方政府博弈过程

从熊彼特（Schumpeter，1918）到希克斯（Hicks，1969），都特别看重财政压力在制度变迁中的作用。熊彼特认为，"从国家财政入手的这种研究方法，在用于研究社会发展的转折点时，效果尤为显著，……在社会的转折时期，现存的

---

① 新古典地租理论认为，在土地用途相互竞争时，地价会影响到土地上的产出的价格；这与传统的李嘉图的地租理论大不一样。

形式相继陨灭，转变为新的形式。社会的转折总是包含着原有的财政政策的危机……。"我国学者张宇燕和何帆（1997）将其归纳为"财政压力是国家推动改革的直接原因"。在理解公共住房的变迁逻辑时，这种分析思路不可或缺。

中国最初的住房制度改革也是政府有强烈动机在最短时间内甩掉福利住房这个沉重的财政负担。但1980~1985年全国财政情况持续好转，1985年财政收支实现平衡，当年全国财政收入扣除物价因素后是1980年的1.4倍，中央财政收入更是1980年的2.2倍，改革动力有所降低。80年代后期，中央政府在住房补贴上的负担急剧增加。1988年住房补贴总额为583.68亿元，是1978年47.15亿元的11.4倍，而当年国家财政收入总额不过2 587.82亿元，财政赤字是80.49亿元，可见住房补贴对国家财政形成巨大压力。在这个背景下，中央政府又有了强烈的"动力"在全国范围尽快实行去补贴化的房改。为此，1988年起政府发动了"以租代售"的全国性房改。

从财政压力可以解释从中央到地方政府瓦解原有公共住房的动力，但无法解释在1994年分税制改革后财政压力大为缓解，为什么新公共住房一直延缓到2007年受到重视并拖延到2011年才提出建设目标？我们可以用行为经济学的拖延症（Maskin，2007）或来自低收入群体的压力不显著来解释，但我们认为这涉及中央—地方的博弈。在王绍光和胡鞍钢（1993）提出中国国家能力建设后，中央于1994年采取了分税制改革，此后，中央财政收入的增长幅度远超出地方财政，地方财政入不敷出严重，不得不靠中央的转移支付和走向依赖土地出让收入。[①] 但就公共住房项目来说，中央和地方政府并没有明晰双方的财政责任。理论上，对于公共住房这种带有收入再分配性质的事务，一国中央财政应该承担主要责任，但一个重要的国情是，中国的社会保障一直没有做到全国统筹，如果认为公共住房是广义社会保障的一部分，怎么可能公共住房项目率先做到全国统筹从而让中央政府承担主要支出责任呢？连义务教育经费的投入在我国也主要是由地方政府负责的，住房公积金甚至连省级统筹都做不到。所以，郑思齐等（2009）主张在公共住房项目上要做到中央财政投入为主，其实并不现实。并且在中央政府看来，既然土地出让收入和与房地产有关的收入都归地方所有，地方政府在公共住房领域承担主要责任岂不是顺理成章吗？所以，按照原国务院总理朱镕基（2011）[②] 的说法："我们制定了一个错误的政策，就是房地产的钱，都收给地方政府，而且不纳入预算，这不得了。"因此，中央希望地方政府能够主动承担主要责任，这自然不可能得到"以地谋发展"的地方政府的配合。比如，

---

① 需要指出的是，不管有没有分税制，只要土地出让收入归地方，土地财政都会发生。
② 转引自汪亚东：《朱镕基与校友谈事实》，载于《凤凰周刊》，2011年第15期。

上海在 2002 年干脆取消经济适用房，一直到 2008 年再建设经济适用房用于共有产权房，而我们并没有看到上海因此受到中央的问责。2002 年，中国改革了土地出让方式，经营性土地由以往的协议出让改为招标、拍卖和挂牌出让，2004年 8 月 31 日为最终截止期限。土地出让方式的变革使得地方政府的土地出让收入大幅增加，被称之为"第二财政"（见图 11 – 2）。

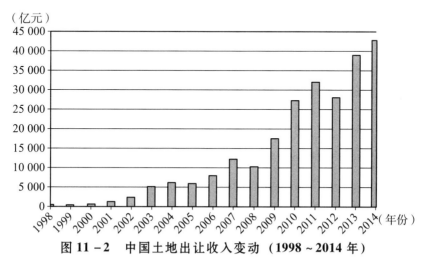

（亿元）

图 11 – 2　中国土地出让收入变动（1998～2014 年）

资料来源：Wind 数据库。

2005 年之后由于土地出让收入的大幅增加极大地缓解了地方财政压力。[1] 客观上使得重建公共住房有了财政基础。[2] 但有了重建的客观资源未必会有自愿的行动。例如，2007 年，财政部曾就廉租房建设要求地方从土地出让净收益中提取 10% 用于资金来源，中央转移支付补助中西部省市，但令财政部没想到的是，没有一个省动用土地出让收入，当时地方政府需要建设的廉租房面积并不算大。审计署报告显示，北京、上海、重庆、成都等 22 个城市从土地出让净收益中提取廉租住房保障资金的比例未达到规定要求，2007～2009 年，这些城市共计少提取 146.23 亿元（经济观察报，2011）。所以，有财政基础也未必会有动力实现中国公共住房体系的第二次转向，在地方政府看来，给城市原住民提供公共住房还情有可原，但给那些农业转移人口和流动人口提供公共住房实际上是引火烧身之举，地方政府担心这会吸引更多的所谓低端劳动力流入导致财政不堪重负。在这种思想制约下，如果没有第三方协调和来自外部的压力，地方政府只会陷入逐底

───────────

[1]　土地出让总收入并不能完全视为地方可用支出，还要支付一笔庞大的拆迁和征收成本，一般认为土地出让净收益大概占到土地出让总收入的 25% 左右。

[2]　截止到 2014 年，中央财政的专项保障房补助资金为 1 980 亿元，相比过去确实有大幅增加，但仅占整个总投入的 10% 左右，公共住房地方政府负主要责任的特征非常明显。

竞争而无法自拔。2003 年以来，中国城市居民对高房价的抱怨和中央政府担心由房价泡沫引致金融风险，以及以全球金融危机后从上到下对增长下滑的担心，中央政府在 2008 年之后试图通过公共住房项目刺激经济增长，并强制将公共住房项目纳入到地方政府的责任中，自 2010 年住建部开始与各省级政府签订住房保障目标责任书，在这个自上而下的压力体制下，中国公共住房政策的第二个转向基本实现。

第五节　住房保障制度建构：包容性发展的视角

住房保障的理念并没有多少争议，无论中外，人们在政府有义务保障城市中低收入群体的住房消费需求上是有共识的。罗森（2005）指出，"尽管住房市场在相当程度上是一个竞争市场，但是出于公平和效率的理由需要政府采取行动。效率理由包括住房消费的正外部性和贫民窟带来的社会成本，以及联邦住房补贴会抵消地方财产税对住房消费的扭曲，而公平理由是通过向穷人提供有补贴的住房，或可得到一个更公平的收入分配"。美国在 1949 年通过的住宅法案的序言里，宣布了它的住宅目标："让每一个家庭都能在适宜的居住环境里拥有一个舒适的家"。在法案通过后超过半个世纪的时间里，联邦政府为资助全国的低入者，建设、修缮了 500 多万户住宅，同时为 20 多万户低收入家庭提供了租房券。即使在号称最自由的经济体如香港地区，由政府兴建的居屋或公屋几乎容纳了一半的城市居民。关于住房保障的争议大多集中在住房保障的形式、规模、程度以及效率上，而不在政府必须提供住房保障方面。

我国针对中低收入居民的住房保障制度建立比较迟，且经历了一个曲折的认识和实践过程，但近年来发展较快，党的十七大适时提出了实现全体城市居民"住有所居"的宏伟目标。2011 年，中央政府明确提出"十二五"期间保障房的建设规模，2015 年我国圆满完成了建设 3 600 万套保障房的任务。根据全国大部分地区的情况，我国的住房保障体系包括廉租房、公共租赁房、经济适用房、共有产权住房、限价商品房（或称"两限房"）五种类型。公共租赁房受到地方政府的重视。此外，2014 年住建部选择了 6 个城市实施共有产权住房的改革试点。

一、从住房权利到住房保障

住房是人类生存和发展必不可少的物质基础，随着社会的进步和人们观念的变革，住房权利应运而生。1991 年，联合国经济、社会和文化权利委员会就"适当住房权"发表了著名的第 4 号意见，对适当住房权利做出了详细的解释，明确提出了国家对实现和保障住房权利的义务。目前，有 50 多个国家在宪法中规定了住房权利。作为经济社会文化权利公约的缔约国，我国同样有履行该公约规定的"适当住房权"的义务。2007 年时任建设部部长汪光焘公开宣布中国将"人人享有适当住房"。

对一项权利来说，如果只有空洞的口号，而没有具体的内容与保障措施，并不能成为真正的权利。同时，我们要意识到，权利可分为积极的权利和消极的权利。如果是消极的权利，那意味着居民在获得住房过程中其权利应该受到保护，例如住房的质量、使用权的稳定、获得住房的机会平等之类，并不意味着政府或全社会有相应的责任为某一群体提供住房。相反，如果是积极的权利，那意味着政府或全社会在保护上述权利不受侵犯的同时，还有责任和义务为某一群体提供相应的住房，使其不至于流离失所无家可归。

从住房权利的演进来看，世界各国越来越倾向于从积极权利来理解住房权利，即政府在满足公民的基本住房权利方面负有相应的责任。这种观念的转变有着深刻的社会经济背景。以英国这个第一个完成工业革命的国家来说，在工业革命之后，由于城市化的发展，农村大量人口流入城市，成为最早的工人阶级。相比于农村的住房，城市的地价和房租是普通大众难以接受的。地下室、棚屋等非正式住房成为工人的主要栖居地。由于这部分人口恶劣的住房条件反过来影响了整体居住环境，形成贫民窟和犯罪等社会问题，导致工人运动此起彼伏。英国的统治阶层意识到住房问题的严重性，当时的英国首相迪斯累利用形象的语言描述了英国的住房危机："茅屋里没有幸福，宫殿里也不会有安宁"（The palace is not safe when the cottage is not happy）。在工人运动的压力和社会各界的呼吁下，以英国为代表的一些国家开始改变传统的放任自流的住房政策。从 19 世纪中期开始，英国政府就从人道主义和公共卫生等角度，开始整治贫民窟，授予地方政府拆除和改建不符合卫生条件的住房的权力，还颁布了一系列法令，规定地方政府有责任为工人提供廉价住房。这意味着政府在住房保障方面负有不可推卸的责任。

二、住房保障的社会功能与包容性发展

由政府实施的住房保障，以满足人的基本生存需要为目标，通过向困难群体提供社会救助，来提高社会总体福利水平，从而扩大社会持续发展的能力。住房

保障的社会功能主要表现在如下几个方面：①

1. 提供物质保障，提高社会财富水平

物质是第一性的，是支撑人类社会繁衍发展和文明进步的前提条件。住房是人们生活、生产及从事文化、艺术等其他精神活动的基础。住房保障最直接的社会福利效应，就是为那些没有能力，或者暂时没有能力解决住房问题的群体提供从事社会活动的物质基础保障。特别是对中国社会而言，家的概念是以住房为基础的，"安得广厦千万间"是社会福利水平的象征，没有住房便不能有正常的消费，消费水平是影响居民效用的关键变量，住房保障政策为那些低收入群体提供了稳定的居所，增加了他们的财富水平和总体社会福利水平。

2. 提供安全保障，促使社会秩序稳定

家是一个人避风遮雨的港湾，拥有稳定的住所，人们才会有安全感，社会才会有安定团结的局面。在当前的风险社会中，人们随时承受着不可预知风险的压力，包括失业、疾病等各种风险的突然发生可能会打乱人们的正常生活秩序，特别对于困难群体而言，他们抵御风险的能力较差，极易陷入危机和困境中。当危机与伤害发生时，人们最想回到家中，在那里休息、疗伤，否则这部分人群极易转化为社会不稳定因素。住房保障为困难群体提供了风险发生时的安全保障，可使他们在有安全感的心理状态下，渡过难关，继而寻求更高的生活质量。

3. 提供精神保障，增强社会群体的归属感

对精神生活的追求是人类区别于一般动物的标志之一，并在一定程度上促进物质生产水平的提高。精神的需要包括友谊、情感、心灵归属等方面，人们在相互交流、接触中获得精神世界的愉悦，在群体互动中获得知识的提高，而所有这些交流都需要一个有形的场所。住房作为人与人交往、合作、互动的场所，不仅提供物质基础，更能带来情感上的支撑，尤其对中低收入群体而言，住房更是为他们提供了精神保障，提高了他们的社会归属感。居住在高档社区的人，可能更多时间是穿梭于写字楼和会所间，住宅反而只是个睡觉的地方；而对于一般公众、特别是中低收入群体，他们的住宅承载了更多的内容：是教育子女的场所、家人共聚的场所、友人交流的场所……，现代社会生活节奏加快、竞争压力增强，人们的精神世界里越来越需要沟通、倾诉和相互鼓励，由共享感情基础上的互动而产生的亲情、友情、信任、吸引和归属感，可给他们带来极大的心理动力和精神安慰。因此，保障性住房作为一种值得人们信赖和依靠的物质资源，显示出精神层面的价值，为社会中低收入群体建造了精神的家园，提高了整个社会群体的归属感。

---

① 参见高波、赵奉军：《中国房地产周期波动与宏观调控》，商务印书馆 2012 年版，第 277～280 页。

4. 提供尊重保障，体现社会关爱

在当前的社会转型过程中，竞争、流动和分化的加剧，使人们在知识技能、社会地位、生活方式等方面的差距越来越大。个人与个人、群体与群体之间在很多方面存在着观念分歧，相互隔阂、相互误解、彼此偏见严重、社会认同感降低，对于那些无法拥有稳定居所的人群，他们在社会比较、社会舆论中形成失落感、自卑感、挫败感，构成一定的心理压力和阴影，从而限制了他们潜能的发挥，如此恶性循环强化了他们的弱势地位。尊重是对个体价值观念或行为方式的接纳、承认，使之认识和确信自己是一个有价值的人。社会成员具有个体差异性，受自身条件、机遇等各方面限制，对资源的占有或获取资源的能力各不相同，但社会必须给予每个成员以尊重。使困难群体能够体面地居住，是对他们的基本尊重，这是社会的关爱，也是社会的责任。无家可归或居无定所的流浪者，难以获得尊重；那些负担不起住房成本，寄居他人家中或破旧房屋中的困难群体，也难以获得尊重。住房保障让家庭困难的社会成员也能居有定所，是从社会层面承认了这部分人群的价值，在这个过程中获得社会信任、社会尊重与社会认同感，使他们强化社会身份、增加自信、转变对自身的不利评价，树立积极健康的生活态度，建立对生活的希望和激情，维护他们的自尊，有助于他们进一步赢得社会尊重、实现自身价值。

5. 提供发展保障，实现社会公正

马克思主义世界观把人的自由全面发展作为经济社会发展的最终目的，人的发展与自然界、社会的发展都必须以物质统一性为基础。人们的居住条件，是其自身发展的重要物质基础。稳定、舒适的居住环境，有利于孩子的健康成长、有利于劳动者安心工作。在人的成长发展过程中，可能机会并不均等，但从社会全局的角度出发，努力弥补这种不平等，尽量给各社会群体以公正的发展条件，是政府的职责所在。对那些没有能力在商品房市场获得住房、实现居住需求的人群，政府应该提供住房保障，给他们发展的权利。住房保障不仅为困难群体提供发展保障，更长远的意义在于实现社会公正，促进社会不同阶层的融合与互动。对于困难群体，为他们的发展提供基本保障，让他们有一个安心学习、工作和奋斗的环境，他们就可以通过自己的努力，摆脱贫困，走出受救助的行列。只有让所有社会群体都看到发展的希望，社会才能形成良性互动（高波等，2012，第277~280页）。

三、重构城市住房保障制度的若干问题

我国住房制度改革之初，政府和一些国有事业单位拥有的公房基本上全部低

价卖给了个人。在住房分配货币化、市场化改革取得突破后，住房价格高涨政府才意识到住房市场并不能解决"人人有房住"的目标。因此，启动大规模的保障住房建设除了上述的保障住房权利践行社会正义外，亦实乃亡羊补牢之举。住房保障作为一种准公共产品或"社会基础设施"，在具有良好物质基础设施的中国，公共住房这种"社会基础设施"是十分落后和供给不足的。

在中国经济由高速增长转向中高速增长的新常态下，经济增长结构性减速和动力不足问题十分突出。住房保障对于增强中国经济增长的动力空间广阔。中国的城市化虽然取得了巨大成就，但一直停留在"半城市化"阶段，大量进入城市的农业转移人口只是工作在城市，而消费不在城市。统计资料表明，截止到2011年，我国城镇人口已有6.91亿，城镇化率达到51.27%，城市人口首次超过农村人口。与此同时，有17%的人口生活在城镇但没有在城镇落户，另外还有7 000多万的流动人口。这2亿人口受制于住房市场的高房价和住房保障不到位而无法彻底融入城市。借助住房保障和户籍制度改革深化中国的城市化进程，使他们真正融入城市，这将大大提升我国的消费水平和经济增长的动力。为此，对改革和完善我国城市住房保障制度做如下探讨。

（一）保障房的建设主体

理论上，地方政府更了解本地居民和经济状况，财政分权理论认为对于公共住房职能，地方政府是责无旁贷的。当然，这并不意味着中央政府没有责任。中央政府之所以有责任，在于住房保障具有与基础教育类似的准公共产品的性质，公共住房在帮助弱势群体和践行社会正义方面的成效显著，把它视为一种准公共产品。这意味着对这种具有外溢性质的公共产品，中央政府也是有责任的。

对于城市政府而言，不仅掌握了更多的信息，更了解当地居民的偏好。更重要的是，土地出让收入基本上完全属于城市政府，因而城市政府理所应当在公共住房方面承担主要责任。但是，理所应当的事物未必能真正得到实施。在住房保障方面，地方政府更多的压力其实是来自中央政府的政治压力。作为处于GDP考核和地区竞争中的城市政府，公共住房的短期机会成本是相当大的（尽管从长期来看，公共住房将有利于城市竞争力的提升）。如果没有来自中央政府的压力，地方政府是不会主动重视住房保障的。所以，在这种自下而上的可问责体制尚未健全时，自上而下的压力完全有必要。

从相关理论的进展来看，20世纪70年代以来，福利国家理论在西方国家受到质疑，新自由主义理念逐渐主导公共政策制定，一些经济学家鉴于政府在公共产品的生产中存在效率低下、政府官员往往追求预算最大化且没有降低成本的动机、腐败盛行等提出了"公共产品的私人生产"或"公私合作伙伴关系"（public-private partnership）的观点。在这种理论指导下，公共产品供给方式发生了显著变革，外包成为政府减轻财政压力提高效率的经常选择，在美国，甚至连监狱都是民营的。关于住房保障的实践，在很长一段时间里，公共住房是由政府全能控制并排斥市场机制参与的。在很多西欧国家，公共住房支出一度占到国家支出预算的10%～15%，并在80年代逐渐引发了一系列问题，特别是在政策实施中出现的项目维护与运营资金不足、建筑质量标准过低与项目选址不当等政策设计和项目规划问题、贫困集中和高犯罪率等社会问题。实证研究表明，公有住房很少能有效率的增加住房消费或福利。梅奥（Mayo，1986）指出，美国的公共住房的消费效率大约是86%（收益与成本之比），生产效率只有43%（价值与成本之比），另一项由巴顿和奥尔森（Barton & Olson，1983）进行的研究表明，美国的公共住房的成本比他们的实际价值高出14%。约翰·希尔科（John Hilke，1992）的实证研究表明，在住房服务方面，政府机构的花费要比私人承包商多花费20%。主要欧美国家先后开始反思其可支付住房政策。一方面，既有的公共租赁住房项目出现重大转型，特别是出现了公共租赁住房的私有化和社会化趋势；另一方面，政府直接投资兴建公共租赁住房这一模式在欧美国家受到排斥，可支付租赁住房政策逐渐从政府直接干预转向提供补贴刺激营利或非营利部门的可支付租赁住房供应模式。伦敦政治经济学院的两位学者克里斯蒂娜·怀特海和凯瑟琳·斯坎隆（Christine Whitehead & Kathleen Scanlon，2007）在一篇关于欧洲9国的公共租赁房的总结性报告中，作者发现，在过去10多年中，欧洲诸国的公共租赁房赋予了地方政府更多自主权，公私合作伙伴关系得到广泛应用。从国际发展趋势来看，围绕政府和住房保障的讨论已经从政府是否应该对住房保障承担责任，转移到政府如何更为有效地推进保障性住房建设（Gibb，2010）。发达国家几十年的经验已经表明政府并不适合直接投资建造保障性住房，政府更适合的角色不是执行者，而是引导者，即引导私营企业投资建设保障性住房，从而达成政府在住房保障方面的目标。

对我国来说，我们可能并不存在如上所述的理论问题，更多的是现实的压力。即地方政府如何完成保障房建设这一既具有民生意义，又具有政治意义的任务。坦率地说，地方政府对公共住房建设一度是没有动力和积极性的。一是要拿出原本可以出让的土地用于保障房建设；二是会降低商品房和土地出让价格。这是地方政府不愿意看到的事情。不过，近两年来有所改观，一是中央政府的压力越来越大，地方政府只能亦步亦趋；二是一些城市的高房价已经导致了明显的副作用，劳动力流失严重，导致产业转移，迫使地方政府为这些"新市民"安居乐业想办法。

按照现行政策规定，住房保障投资可以有多种模式，包括政府直接投资建设、政府组建专门投资公司或利用已有国有房地产开发企业投资建设、在房地产开发项目中配建公共租赁住房由政府回购或无偿收回、政府通过优惠政策引导企业投资建设等。要加快推进公共住房建设，完全靠政府的力量不现实，且如前所述存在多种弊端。靠开发商配建，在住房市场低迷时开发商根本就没有积极性，杭州2011年就取消了开发商配建公租房的规定。但是要吸引企业参与公共住房建设，关键是要解决资金回报率低的问题。若能解决回报率低的问题，融资难就不是什么大问题。目前真正解决了回报率问题的往往是一些工业园区或开发区由企业新建的公租房项目，这些项目与其说是保障，不如说是职工集体宿舍，由于所使用的土地是工业用地，加之租赁对象稳定，因而即使完全没有政府的政策支持，也能获得合理的回报率。但对于大多数公租房来说，就没这么好运了。究其根源，这与目前市场租金低下有关。对投资企业来说，市场租金其实就是公租房租金的天花板。这意味着如果企业走市场程序，拍地—投资—招租—收益，肯定是无法获得合理回报的。

一种办法是像上海那样，将公租房租金提高至市场租金水平。在欧洲诸国，政府控制的社会性住房其房租要低于市场租金的30%，但公租房租金价格并不是必须如此。住建部2012年6月12日公布的《公共租赁房管理办法》中对此并没有限制性的规定。如果提高至市场租金水平，那似乎和市场上租房没什么两样了。其实不然。中国城市租赁房的租期较短且租金变动频繁租客利益得不到保证。政府提供的公租房的优势是公租房源足够稳定且能保证租客的利益，因此，如果在政策上允许提高公租房租金至市场租金水平，那么公租房的回报率低下的问题可以部分得到解决。当然，我们只是说部分得到解决，原因在于现在很多城市房价租金比超过500，如果以此作为天花板，则即使提高到市场租金水平，回报率也足以让有意进入公租房的企业望而却步。另外，提高至市场租金水平并不意味着住房保障对象需要支付市场租金，这是两回事。住房保障对象可以支付完全等值市场租金，也可以支付部分租金，不足部分由政府补贴。

如果不能提高至市场租金水平，那就必须在其他政策支持方面想办法提高投资回报率。第二种办法是政府补贴公租房运营商，而不是补贴保障房对象。即政府和投资企业商定合理的资本回报率，租赁价格接受政府指导价格，回报率不足部分由政府补贴。这种办法由于预留了未来租赁价格的上调空间，或者通过允许企业在一定年限后转成商品房出售，类似于英国的"购买权"计划，这会逐渐减少政府的财政补贴水平。现在重庆的公租房的设计中就设定了5年之后允许出售的计划，只不过重庆这种完全由政府主导的公租房运营模式很多城市未必有学习的资本。

第三种办法是政府通过减免各种成本来降低参与企业的支出，从而提高投资回报率。如果政府能够提供免费的土地，则公租房的成本主要集中在折旧和利息上，折旧这一块主要是建安成本难以减少，在利息上如果能延长贷款期限并降低贷款利率，也能显著的降低成本。银行给予企业的房地产项目贷款最长不超过5年，这意味着有必要研究促进公租房建设的金融政策如财政贴息或者利率优惠。当然，也要防止企业以公租房建设为名目获取优惠贷款。在土地政策方面，在上海的公租房实践中，很多对公租房有兴趣的房地产开发商都表示，只有在土地免费划拨或土地成本由政府包下来的前提下，公租房才有可能做下去。如何有效降低土地成本？一种选择是使用农村集体建设用地，前段时间虽有类似提议，但存在诸多的不确定性可操作性不强。另一条路径是年租制，目前也只有提议未见实施。最简单的办法还是免受土地出让金。另外，在政府减免各种费用的同时，可以通过优惠措施让企业持有公租房附属的商用物业，这样堤内损失堤外补。在这方面，中国香港的"领汇模式"尤其值得借鉴。

最后一条措施是必须有完备的退出渠道。上述措施提高资本回报率吸引企业进入公租房建设，但是只有进入还不够，如果不能保证企业在需要的时候退出，那也会影响企业参与公租房的积极性。一种选择是如前所述的出售部分公租房，另一种是学界讨论较多的资产证券化，如用REITs的方式退出等。

采取上述措施，使政府与开发商形成双赢局面之后，广大"夹心层"的住房保障才有望真正落到实处。只有公租房保障体系真正健全起来，才能进而起到规范和引导私人租赁住房市场的作用，同时引导居民逐渐改变"重买轻租"的住房消费理念，从而为抑制商品住房价格，实现"住有所居"打下制度基础。到那时，完全可以把廉租房与公租房合二为一，形成一个补贴政策不同，但容易统筹的住房租赁保障体系。

此外，目前地方政府的一种看法是，公共租赁房是否会吸引所谓低素质人口，造成各种社会问题。这种担心主要涉及一些外来务工人员大量流入的城市。这种担心并没有道理。原因有两点。一是城市的发展本身需要各种层次的工作，实际上，随着无限劳动供给的终结，一些外来务工人员已经开始供不应求，其收入甚至超过一些本科毕业生。从某种意义上来说，地方政府担心的应该是这些人不愿意留下来。二是即使政府没有提供公共租赁房，他们本身就已经在城市安营扎寨，普遍存在的工棚、城中村就是例证。城市政府在过去不保障他们的居住权利，因而并没有形成一些发展中国家普遍存在的贫民窟现象。地方政府现在将他们列入到保障对象，只不过是直面现实不再掩耳盗铃而已。在实证研究方面，陆铭等人（2012）的研究表明，城市规模每扩大1%，个人的就业概率平均提高0.039～0.041个百分点（各种社会问题往往与就业有关）。其中低技能组别劳动力的受益程度最高。不过，尽管如此，如果某地的公租房一枝独秀，确实有可能导致外来务工人员的更多涌入。解决的办法并不是提高门槛，而是所有城市政府都应加入到保障外来务工人员的居住权利中来。同时，为了提高地方政府对保障房建设的动力，中央政府非常有必要给予财政补贴。

（二）保障房的保障对象

在保障房中，公租房的保障对象大体上可以分为三类：一是中低收入住房困难家庭，他们的经济支付能力难以通过市场购买或租赁住房，而按现行政策又不属于经济适用房和廉租住房的供应对象，这部分人是"夹心层"的主体。二是进城务工人员和其他外来人员中的住房困难者，他们中的相当一部分虽长期生活、工作在城市，但是由于没有城镇户籍，尚未纳入政府住房保障范围。三是新就业的机关、事业单位和国有大中型企业中暂时购房支付能力不足的住房困难职工。除这三类外，还有一些虽属经济适用住房或廉租住房的保障对象，但由于房源供应不足尚在轮候中的低收入住房困难家庭也是公租房的保障对象。

对于第一类和第三类住房保障对象，目前基本上没有争议。但将第二类列入到公租房的保障对象，尽管在中央政府的文件中和一些地方政府颁布的公租房管理办法中，明文规定将进城务工人员纳入到公租房的保障对象，但实际执行情况并不令人满意。例如在杭州的公共租赁房受理公告中，基本上就只是针对第一类和第三类人群，找不到外来务工人员的位置。其政策文件只是规定"外来务工人员集中的开发区、工业园区应以建设集体宿舍为主，由各区、县（市）政府（管委会）独立选址建设，以解决符合条件的外来务工人员的住房问题。"北京的规定也大体类似，要求对于外来务工人员，除满足北京的收入和住房规定和工作标准外，"由各区县人民政府结合本区县产业发展、人口资源环境承载力及住房保障能力等实际确定。"

在住建部最新颁布的《公共租赁房管理办法》（2012年7月15日施行）中，针对户籍家庭，提出了收入和住房标准，针对非户籍家庭主要是外来务工人员提出了工作年限标准。在全国若干城市的公租房管理实践中，普遍设定了四个标准，一是工作标准，二是收入标准，三是住房标准，四是户籍标准。其中户籍标准在逐渐淡化，这是一个好现象。表11-3总结了我国若干城市公租房的准入标准。总体上看来，标准或门槛的空间差异还是很大的。个别城市例如南京表面上没有限制户籍，但外来务工人员要求连续5年的社保，这也是相当难的。我们应该明确的是，中国未来城镇化的主力其实是这些外来务工人员。如果公租房的门槛设定的这么高，那么这种浅层城市化究竟到何时才能真正地融合呢？另外，表11-3中唯有上海没有针对公租房设定收入标准。原因或许与上海的公租房的定价是参照市场租金价格有关。我们建议淡化户籍和收入标准，强化工作和住房标准，尤其是针对外来务工人员的公租房更应如此。

表 11 – 3 　　　　　　　　　　国内若干城市公租房申请标准比较

	户籍标准	工作标准	收入标准	住房标准
北京	有户口限制	无限制	3 口家庭低于 10 万元	人均居住面积低于 15 平方米
上海	有户口或居住证	签订一定年限合同	无限制	无房或人均居住面积低于 15 平方米
杭州	有户口或居住证	签订 1 年以上合同	人均低于 47 691 元	无房
南京	无限制	对户籍家庭无要求；外来务工人员要求连续缴纳 5 年的社保	低于上年度市区人均可支配收入的 80%	无房或人均居住面积低于保障面积以下
重庆	无限制	签订 1 年以上合同	单身人士月收入不高于 2 000 元，家庭人均不超过 1 500 元	无房或人均居住面积低于 13 平方米

　　对于公租房退出问题，实际上涉及两种退出。一种是公租房租赁对象本身的退出。另一种是投资主体的退出。对于前一种，目前各地的管理文件都规定了若干种退出情形，包括公租房空置、转租、不缴纳租金等。重庆的实践中允许租赁者在 5 年之后购买所租住的房屋，这类似当年英国的“购买权”计划。除重庆外，其他城市尚没有见到类似做法。而这种出售的办法，在公共租赁房绝对数量短缺时不可行。

　　如何解决当前的农民工住房困境？根据国务院发展研究中心课题组（2011，第 231～237 页）的观点，当前我国农民工定居城镇的条件已经初步形成，这包括：农民工定居城镇的意愿增强；农民工收入逐步提高，为进城定居奠定了物质基础；农民工住房开始受到各级政府的重视，为农民工进程定居创造了条件；最后，户籍等制度改革的深化为解决农民工住房问题创造了体制条件。杨瑞龙（2016）指出我国是发展中大国，大量农村剩余人口在向城市转移过程中将面临一系列市场机制本身无法解的问题（如农民工住房问题），要发挥后发优势就必须更好地发挥政府的作用。丁成日等人（2011）从六个方面论述了如何解决进城民工的住房问题：（1）规范出租屋管理及市场机制；（2）改革城市规划和管理体系，整合政府职能管理；（3）制定与快速城市化相匹配的住房政策，完善住房租赁市场，特别是新城市人口的房屋出租市场；（4）城郊农村建设用地发展规划

319

的规范化；（5）改革土地政策；（6）改革地方公共财政。

目前，大多数研究者认为应该将农民工纳入到城市住房保障范围内，由政府牵头建设面向外来农民工的低价房和外来人员集中居住区。但也有研究者认为这种建设方式可能会造成新的居住分割的问题（赵奉军，2012）。党国英（2012）认为，中国不可能也不需要单独针对农民工建立一个特殊的住房计划，单靠将农民工纳入住房保障体系远远不能实现目标。要改善农民工的居住环境，首先要提高农民工收入，其次要降低城市房价，再次要加强城市居住管理。同时，一些综合改革配套措施要跟上，比如户籍制度和土地制度改革。户籍制度关键是要实现"以房管人"。土地制度的关键是要允许农民在进城落户以后，有权利继续拥有各项土地财产权。这样可以使农民放心进城。在一定的时间以后，农民可以通过市场交易将农村资产"变现"，得到在城市买房的部分资金。

（三）保障房的区位选择

秦晖教授最近在燕山大讲坛中提到了美国和法国城市居住格局的差异，其中提到"同样是西方城市，巴黎和美国城市的区别非常大，最大的区别是巴黎穷人住在几环外，富人住在城里；美国穷人住在城里，富人住在郊区。"以往的分析都认为美国这种居住格局是汽车普及的功劳。秦晖教授认为事实并非如此，出现美国这种情形其实是穷人驱逐富人的过程。"其实美国政府没有这样主张，而是极力主张贫富混合居住，但可以让穷人进来，就不能防止富人搬走，这是他们所面临的大问题。"对法国来说，在巴黎郊区建设的大规模的公共租赁房虽然已几次升级换代，但仍然不能避免居住隔离的问题。2005 年巴黎郊区大规模骚乱就造成惨烈损失。发达国家公共租赁房最终由供给方补贴走向需求方补贴，也与此有关。所以，首先需要明确的是，无论是集中在郊区建造公共租赁房，还是在中产阶层社区建造部分公租房，都会造成问题，并没有两全其美的办法。

我国的实际情况是，居住分割一直存在。但这种居住分割并不是体现在明显的穷人区和富人区的分野，陈钊等人（2012）最近对上海的实地研究表明，按户籍身份而形成的居住区分割现象已经在上海这样的城市中有所显现，外来人口显著更倾向于选择外来人口比例较高的居民小区居住。要达到居住区上的完全融合，需要有 25.02% 的外来人口搬入本地户籍人口比例较高的居民小区。

结合中国的实际情况，类似美国那种穷人赶走富人的情景在我国短期内不大可能出现，原因在于我国并不存在那种明显的富人社区。星河湾和绿城的房子并不是主流。公共租赁房的分散居住而不是集中居住并不会造成中产阶层搬离社区。因此配建公租房实现混合居住是一个最不坏的选择。但确保混合居住政策得到良好执行的坚实基础是地方政府相应的优惠政策。可以采取容积率补偿、低利率贷款和税收减免等政策。以美国的马里兰州蒙哥马利郡为例，政府强制规定每个规模超过50个住宅单元的开发项目都要包括15%的中等价格住宅单元—将保留其中的1/3给当地的住宅委员会或非营利组织用于可支付出租住房计划。相应对开发商有一定的容积率优惠—建造者可以获得在地块上多建造22%的住宅单元的奖励。此外，还包括向符合要求的开发商提供低于市场水平的贷款利率，以及提供一定的税收减免政策等优惠。

如果公共租赁房的服务对象主要是城市新贫民，其选址就不能远离市区。根本原因是，这部分人收入本来就比较低，远离市区造成的通勤成本会造成公租房的吸引力大降，除非政府通过健全公共交通等公共服务降低通勤成本。一种方式是在地铁沿线，距离地铁站点步行 10 ~ 15 分钟之内的地段选址，建设高层高密度的住宅社区，在兼顾地价的同时，方便居民的交通出行。另一种方式是将城中村改造与公共租赁房的规划结合起来，了解城市新移民的现有居住方式，然后就近选址规划建设，这样就不涉及居住地转换的问题。第三种方式是都市更新计划，即合理利用存量房资源。一些 20 世纪 80 年代的 5 ~ 7 层的居民楼，其地段非常好，但室内格局具有那个时代明显的局限。政府完全可以与这些房东谈判实施都市更新计划，提高容积率，从而增加公共租赁房供给。现在一些城市一个不好的现象是内环内往往都是低密度和低容积率住房（个别城市如保存历史文化遗产可能因此受限可以理解），外环和郊区恰恰相反。这种容积率的管制方式完全是违背效率原则的。

（四）保障房的实际收益对象

诺贝尔经济学奖获得者刘易斯在《发展计划：经济政策的本质》（1988，第105 页）中曾经说，"再也没有任何一方面的公共政策比住宅政策带来的挫折和失望更多了。几乎在每一个地方，计划的意图和实际成就之间的差距都大得令人愤慨"。在住房保障领域，我们也有过类似的情形。例如经济适用房，在 1998 年房改后政府视之为中低收入群体的主要居住选择。结果，近水楼台先得月，很多经济适用房小区成了公务员小区或国有大型企业和事业单位的家属楼。这就要提醒我们，一项政策或制度，谁是最终受益者并不确定。如果我们希望最终受益者与政策所拟定的受益者一致，还需要仔细斟酌。福利经济学的原理告诉我们，最好的改革是帕累托改进，即无人受损至少有一个群体福利得到增进的改革。如果退而求其次，改革至少要求是卡尔多改进，即存在净收益。不过有时候，由于种种原因，理性有限性的制约、集体行动的困境或者是承诺的不可置信，一些卡尔多式的改革甚至包括帕累托式的改革未必能得到实施。这是改革的困境，非独住房领域如此。

以公共租赁房为例，这是一项帕累托式的改革吗？不是。因为这里面仍然存在福利受损群体。一个典型的群体是直接与公租房竞争的租赁房市场，即使是像上海、重庆这样参照市场租金定价的公租房定价体系，也会因为租赁群体选择余地的增加出现市场租金价格向下调整的压力。当然，这个损失在短期看是无法弥补的。在长期，有着更多的不确定性，例如公租房体系良好运行带来的外部性会增加租赁房市场的需求。

那么，如果将政府看作一个经济主体的话，政府的福利会受损吗？如前所述，如果将公共租赁房看作是产业结构调整和城市化的助推器，那么短期的财政压力是可以承受的。很多地方政府以低廉的工业用地价格招商引资，短期看来也是福利受损的。但通过征收增值税和与此配套的服务业的全部营业税，更重要的是商业居住用地的出让，完全能够收回成本。所以，当我们计算公租房的成本与收益时，除了要考虑社会收益外，还要考虑其带动效应。我们最近的一项研究表明，农村的住宅投资之所以在城市化迅猛推进的同时还在增加，根源就在于进城务工的农民无法融入城市。外来务工人员攒够钱了就回家盖房，城市房价越高，城市越不友好，回家盖房的动力越充足。但可悲的是，这些在农村盖的住房的利用率非常低下。如果公租房做得好，基本公共服务如教育、医疗、社区服务等健全，这些人的消费会大幅增加。因此，考虑到这些溢出效应，公租房的投资收益是高的。

毫无疑问，城市低收入住房困难群体、新就业大学生和进城务工人员，他们将直接受益于公租房。也有一些人会抱怨某些公租房项目的位置或价格，但消费者选择项的增加向来都是能增加其福利的。由于公租房只租不售且住房规格受限，导致浑水摸鱼者没有积极性，这就避免了经济适用房以往的悲剧。当然，公租房的建设要与户籍制度改革、农村宅基地制度改革以及基本公共服务均等化联系起来，否则，对外来务工者来说，只是多了一项居住选择而已，受益有限。

（五）保障房的建设方式

地方政府在土地出让上采取了类似于交叉补贴的制度，即通过住宅和商业用地的高地价弥补工业用地的低地价。一旦商业和居住用地的出让收入成为地方政府的"建设财政"，那么地方政府就有另一种交叉补贴制度，即通过商业和住宅用地的高地价来补贴公租房为主体的保障房建设。如果商品房市场因为"限购"受到制约，那么以公租房为主体的保障房建设就会因为财力受限成了无源之水。所以，一直以来，就存在着一种观念，认为市场的归市场，保障的归保障。地方政府只需管好保障房，而不用管商品房。正因为有这种思路，2012 年，一些地方政府频频在限购放松的问题上动脑筋。但是这种交叉补贴的思路是大有问题的。原因在于，保障房与商品房并不是没有关系的，如果商品房价高涨脱离大部分群体的支付能力，不仅仅有泡沫经济崩溃的风险，也客观上使得更多的人被抛向保障房，保障房的压力也会越来越大。所以，在怎样建设公租房的问题上，首先必须明确不能让公租房的压力越来越大。否则，不仅建设的资金来源压力越来越大，而且建设好之后具体管理运营的压力也会很大。现在各地的住房保障部门在可见的将来无疑会规模膨胀。更何况让更多的人住进公共租赁房并不是一个好的方案。在这点上，香港的经验绝对不值得大陆学习。

在保障房的建设或运营方式上，主要有两种方式，一种是政府新建保障房，即供方补贴俗称补砖头，另一种是利用市场上已有的房源，对需求方发放货币补贴俗称补人头。目前，发达国家已经普遍脱离了补砖头的阶段。原因有三：一是住房总量已经脱离了普遍短缺的阶段。二是补砖头很难避免形成穷人社区。三是追求效率动机发现补砖头存在诸多福利损失问题。我国住房市场上，适合用作保障房的存量住房不足，政府建设一定量的保障房有其必要性。在实践中，一些城市在新建或收购公共租赁房的同时，针对原住民或廉租房保障对象采用租金补贴方式提供住房保障越来越普遍。

政府没有必要大包大揽，政府与企业建立公私合作的伙伴关系，以吸引企业参与公租房的投资和运营，关键解决好资金的回报率问题。完全靠公租房的租金肯定无法吸引企业参与建设，这需要政府给予政策优惠，例如土地价格减免、商业配套的出售、税收优惠、购买权出售计划等。以美国为例，2010年全美前十大出租公寓所有者中，有6家是廉租公寓的提供者，包括排名第1的波士顿资本（Boston Capital），排名第2的SunAmerican保障性住房公司（SunAmerican Affordable Housing Partners Inc.），排名第5的PNC税收返还资本（PNC Tax Credit Capital），排名第6的国家投资基金（National Equity Fund），排名第7的企业共同投资公司（Enterprise Community Investment Inc.），排名第8的保障性住房Richman集团（The Richman Group Affordable Housing Corporation），6家合计拥有72.6万套公寓，占前十大公寓所有者拥有总量的63%。这些市场化的租房公司正是我国极度短缺的。而这些公司之所以能够良好运行关键是1986年美国政府税制改革中推出了一项旨在促进中低收入家庭住房改善的方案（Low Income Housing Tax Credit，LIHTC）。方案规定任何公司或房地产投资基金（REITs）投资于符合一定租金标准的廉租公寓（主要面向收入不到当地中等收入水平60%的家庭，其租金水平不能超过此类家庭收入的30%，并承诺在30年内遵守这一租金限制，15年后有一次机会可以把廉租公寓转变为市场化租金的公寓）都将获得税收优惠，即在10年内每年获得相当于建造成本4%或9%的税费返还。享受LIHTC税收返还优惠后，投资于廉租公寓的地产投资基金的年化收益率可达7.5% ~

8.0%，虽然不是很高，但由于风险小，仍吸引了不少保守型投资人。

此外，公益组织或慈善组织在住房保障中的作用也应引起重视。随着中国经济的持续增长，包括慈善组织在内的各种非营利组织大有可为。一些国家出现教会等非政府组织提供短期的低租金甚至免租金的房子，这些也可以看做是保障房的有益补充。

（六）保障房的建设规格和租金标准

适当降低保障房的建设规格，并不仅仅是一个减少寻租空间的问题，更是符合现阶段经济发展水平的问题。在七部委 2010 年 6 月份出台的《关于加快发展公共租赁住房的指导意见》中明确提出了两种规格的公共租赁房，一种是单套建筑面积在 60 平方米以下的成套建设的公租房，另一种是以集体宿舍形式建设的公租房。实际上，一些城市并没有严格遵照前者执行。例如上海的公租房项目中，就有 80 平方米左右的三居室的公租房。

与公租房建设规格相伴的问题是租金设置标准，这个问题已经有很多专门的文章探讨。租金标准一般有两种，一种是参照市场租金，另一种是比市场租金低 30% 左右。在欧洲的社会住房（social housing）中，普遍采取的是后一种。我国各地情况不一样，上海、重庆采取的是参照市场租金标准，更多的城市采取后者。如前所述，我国公租房租金价格设置的一个很大困扰是目前市场租金标准本来就很低，这中间有多种原因，包括房东因预期房价升值而降低了住房持有成本，也有如城中村等这种非正式住房本身获取的成本就低。这种低下的租金标准也是上海、重庆等城市参照市场租金设置的一个重要原因。

公租房的建设规格如果降低，本身就能降低租金标准。现在一些城市公租房的建设似乎没有吸取以前经济适用房的教训，尽管在建设面积上有了明确的要求，但是在室内装修上没有做到合理的降低成本。例如，上海的馨宁公寓和尚景园，是首批面向社会供应的市筹公租房项目，累计有房源 5 100 套，均为全装修房。屋内卧室及客厅均铺有复合木地板，全套橱柜、卫浴设备、沙发、餐桌椅等设施家具均已齐备，每户还配有液晶电视、电冰箱、空调等。一般来说，在租房市场上，全装修房和简装修房的房租差距至少在 30% 以上。实际上，在规格的提高上，更多的是采取提高基本公共服务供给的水平，吸引租房者选择公共租赁房，从而降低各种城中村改造的难度，提高公租房的入住率。对租房来说，靠近工作地点方便出行亦是租房者考虑的关键问题。这就要求在公租房的建设中，必须把公共交通的健全或方便出行作为优先考虑的问题。

（七）保障房的土地问题

土地问题是我国现代化进程中一个全局性战略性重大问题，一直是人们关注的热点。在住房保障问题上，土地问题也是一个需要解决的难题。按照宪法规定，城市的土地属于国家所有，由地方政府代表国家掌握实际支配权。农村和城市郊区的土地，除由法律规定属于国家所有的以外，属于集体所有；宅基地和自留地、自留山，也属于集体所有。在现实中，农村土地由集体所有实际上是一种模糊的产权制度，在行政权力支配社会的体制中，集体所有的农村土地不难避免上级政府对集体利益的侵蚀。城市政府对保障房的用地，是在国有城市土地上安排的，土地指标十分紧缺。

大城市和一些中心城市由于集聚效应吸引了上亿的外来务工人员。这些人口本身是有土地或宅基地的，由于土地本身无法移动，而且土地制度并没有明确农民个人有最终处置权，农业转移人口既要作为保障房的供应对象，又缺少土地指标，这是一个难题。解决保障房用地的途径是：第一，提高土地利用效率，调整土地利用结构，适当提高住宅用地比例和增加保障房用地。我国城市的工业用地面积占比过高，一般在25%以上，有些甚至超过35%，远高于国外15%的水平。因此，提高工业用地的产出效率，适度降低工业用地比例，在不增加建设用地总量的条件下调整用地结构，适当增加住宅及保障用地。第二，根据城市常住人口的变化，安排城市建设用地的增量，使得城市建设用地的数量与城市常住人口规模挂钩，为确保符合条件的农业转移人口逐步在城镇就业和落户，相应增加城市建设用地指标，并安排足够的土地用于保障房建设。第三，尝试在农村集体建设用地上建设保障房的改革试验，这将大大拓展了保障房的用地来源。

对于人多地少的中国，城市化是集约节约利用土地的最好方式。如果政策得当，并不存在城市化威胁耕地和粮食安全的问题。现在的矛盾是大量的农业转移人口受限于高房价无法在就业地城市落户，只能将打工收入积攒后回农村盖房，盖好房后又基本不住继续在城市打工。农村的住房空置率大约在30%，远高于城市，这是土地资源的最大浪费。从1999~2010年，我国农村居民的住宅投资（不包含土地价格）从1 799亿元增长到5 264亿元，年均增长率为10%。考虑到我国同期农村人口从8.2亿减少到6.7亿，农户人均住宅投资的增长更是显著。因此，要改变这种状态，必须在土地制度上有突破，否则，不仅仅是保障房的建设面临土地困境，更会影响到中国经济增长的可持续性。

（八）保障房的建设规模问题

究竟建设多少保障房，需要仔细研究。建少和建多都有问题，但对政府而言，可能前者更好受一点，因为建少了，还可以通过提高保障房的门槛来解决。如果建设得太多，必然是资源的巨大浪费。从国际经验来看，保障房（欧洲所称的 social housing）在各国的住房存量中大不一样。伦敦政治经济学院的两位学者克里斯蒂娜·怀特海和凯瑟琳·斯坎隆（Christine Whitehead & Kathleen Scanlon, 2007）在一篇关于欧洲 9 国的公共租赁房的总结性报告中，给出了欧洲诸国公共租赁房的规模（见表 11 - 4），作者发现，在过去 10 多年中，欧洲诸国的公共租赁房规模呈现出下降趋势，究其原因在于公共租赁房的私有化政策的实施。

表 11 - 4 　　　　　　　　**欧洲诸国公共租赁房的规模**

国家	自有房屋（%）	租赁私人（%）	公共租赁房（%）	公共租赁房总数（套）
荷兰	54	11	35	2 400 000
奥地利	55	20	25	800 000
丹麦	52	17	21	530 000
瑞典	59	21	20	780 000
英国	70	11	18	3 983 000
法国	56	20	17	4 230 000
爱尔兰	80	11	8	124 000
德国	46	49	6	1 800 000
匈牙利	92	4	4	167 000

资料来源：Christine Whitehead & Kathleen Scanlon（2007）。

各个城市的保障房实际上是层层分解，具体某个城市保障房的建设规模问题更值得仔细研究。保障房的建设规模主要与政府的财力和商品房价水平直接相关。若房价太高，直接增加了包括公共租赁房在内的各种保障房的需求，保障房在建规模只能被迫扩大。所以，在探讨保障房建设规模的时，想方设法控制商品房价必须成为各级地方政府的施政目标。

大城市和中小城市对保障房的建设规模是有差异的。大城市土地利用效率更高，城市的聚集效应明显超过拥挤效应，商品房价格更高，农业转移人口规模更大，对保障房需求量大，城市政府面临更大的住房保障压力。大多数中小城市商品房价格较低，农业转移人口规模较小，对保障房需求量小，对低收入阶层的住房保障可以更多采用货币补贴，城市政府不需要大量建设保障房。对于同一个城市来说，在不同的发展阶段对保障房的建设规模要求不同。当出现产业进入、农业转移人口大量涌入、常住人口持续增长，这个城市保障房建设规模需要相应扩大。反之，当出现产业萎缩、就业减少，甚至保障房过剩，这时城市政府要适当压缩保障房的规模，尽可能实现保障房供求平衡。

　　在现实中，城市政府住房保障的重点是棚户区改造和老城拆迁安置，保障房建设的规模与棚户区改造和老城拆迁的力度有关。由于棚户区改造房的居民基本上属于城市的原住民，这意味着对那些进入城市的农业转移人口来说，他们仍然很难真正成为住房保障的主要受益群体。公共住房项目如何解决农业转移人口的居住问题，是中国城镇化的关键问题。无疑，这需要更深层次的改革。

第十二章

城市住房制度：总体设计、改革路径及策略

正如英国作家狄更斯所言："这是一个最好的时代，这是一个最坏的时代"。改革开放以来，我国经过近 40 年的城市住房制度改革，彻底停止了"统一管理，统一分配，以租养房"的公有住房实物分配制度，基本建立了与社会主义市场经济体制相适应，住房开发企业化、住房分配货币化、住房配置市场化、住房管理社会化和政府主导公共住房保障的住房制度。与此同时，房地产市场发生深刻转型，房地产业成长为国民经济的支柱产业，房地产财产成为国民财富的重要组成部分，城市居民的住房条件大大改善。但是，我国住房市场和住房制度仍然存在住房消费支付能力不足，投资性住房需求过度，住房租赁市场低迷，城市住房用地供应短缺，农业转移人口住房需求得不到满足，房价和楼市大起大落等大量问题。因此，加强城市住房制度的供给侧结构性改革刻不容缓。

2016 年中央经济工作会议强调要促进房地产市场平稳健康发展，坚持"房子是用来住的，不是用来炒的"的定位，综合运用金融、土地、财税、投资、立法等手段，加快研究建立符合国情、适应市场规律的基础性制度和长效机制，既抑制房地产泡沫，又防止出现大起大落。[①] 本书正是从这个角度切入的。本章着重探讨城市住房制度改革的原则、目标，展开住房制度总体设计，并提出相关政策建议。

---

① 《人民日报》2016 年 12 月 17 日第 01 版。

第一节　城市住房制度改革的原则与目标

一、城市住房制度改革的原则

根据我国城市住房制度改革的经验，针对城市住房制度存在的问题，从城市住房制度供给侧结构性改革角度，提出我国城市住房制度改革的基本原则。

1. 路径依赖与尊重历史的原则

新制度主义理论认为，制度是内生变量，制度的内生性和积淀性决定了制度之间很难相互替代或简单移植，制度不可简单复制，制度变迁具有路径依赖的特征，因而合理且可行的制度变革首先必须尊重历史。在中国城市住房供给和需求实现基本平衡的现阶段推进城市住房制度改革，是要在已经建立的基本符合社会主义市场经济体制要求的现有城市住房制度的基础上，根据城市住房制度存在的问题，不断改革和创新城市住房制度，使城市常住人口全面实现"住有所居"、"住有宜居"的目标。我国停止住房实物分配，实行住房分配货币化改革的路径是正确的，但在现实中住房偏离了居住功能、凸显了投资功能，突出住房的居住功能、增强住房的保障功能、深化住房投资功能、遏制住房投机行为将是城市住房制度改革的重要路径选择。

2. 促进人的城镇化与以人为本的原则

新型城镇化已提到国家发展战略的高度，而城镇化的关键是人的城镇化尤其是农业转移人口的城镇化。现阶段中国按照常住人口计算的城市化率与按照户籍人口计算的城市化率有 15% 左右的差距，这种浅层城市化或半截子城市化不能再继续下去了。另一方面，农村各种"空心村"蔓延，事实上的一户多宅以及农户的住宅投资建设如火如荼，导致大量土地资源浪费并威胁着中国城镇化进程的可持续发展。因此，城市住房制度改革，必须想方设法让农业转移人口能留在城市成为新市民实现"住有所居"。"城市的空气让人自由"要惠及到所有在城市工作和生活的人。以人为本，要坚持权利优先，居住权利作为农业转移人口城市生活权利的基础必须得到足够的重视和保障。

3. 系统改革与整体推进的原则

深化城市住房制度改革，既要推进系统全面地深化改革，还必须全面实施配套性制度改革。深化城市住房制度改革，与土地制度改革、财税体制改革、金融

329

制度改革、收入分配制度改革、户籍制度改革等密切相关，相辅相成。改革进入深水区，任何一项改革，都与其他改革具有千丝万缕的联系。所以，在谋划城市住房制度改革设计时，必须充分了解相关配套性制度改革的实际，协调推进，相得益彰。

4. 更好的发挥市场机制作用与激励相容原则

党的十八届三中全会提出要让市场发挥资源配置的决定性作用。在利益主体多元化、商品和要素价格日益市场化的今天，如何在政府主导型的改革中充分发挥市场机制的作用，减轻政府负担同时发挥市场的价格发现和资源优化配置的功能是个大问题。从制度设计的原理上讲，每个理性经济人都会有自利的一面，其个人行为会按自利的行为规则行动；如果有一种制度安排，使行为人追求个人利益的行为，正好与委托人价值最大化的目标相吻合，这一制度安排，符合"激励相容"。在中国住房市场上，中央政府和地方政府的目标并不一致，再加上信息的不充分不对称，原有的一些制度安排，例如房价目标调控制度，很难满足激励相容的要求。因此，现阶段的城市住房制度改革，必须在更好地发挥市场包括非政府部门作用的同时，在制度或政策设计上坚持激励相容的原则。

二、城市住房制度改革的目标

对于我国城市住房制度改革的目标或总体设计，随着住房制度改革的深化有所调整。1994年7月，国务院下发的《关于深化城镇住房制度改革的决定》，确定城市住房制度改革的目标是：建立与社会主义市场经济体制相适应的新的城镇住房制度，实现住房商品化、社会化；加快住房建设，改善居住条件，满足城镇居民不断增长的住房需求。1998年7月3日国务院发布的《国务院关于进一步深化城镇住房制度改革加快住房建设的通知》，明确提出城镇住房制度改革的目标是：停止住房实物分配，逐步实行住房分配货币化；建立和完善以经济适用住房为主的多层次城镇住房供应体系；发展住房金融，培育和规范住房交易市场。2014年3月16日中共中央、国务院印发的《国家新型城镇化规划（2014~2020年）》在第26章"健全城镇住房制度"中提出"建立市场配置和政府保障相结合的住房制度，推动形成总量基本平衡、结构基本合理、房价与消费能力基本适应的住房供需格局，有效保障城镇常住人口的合理住房需求。"我们认为，在经济新常态下，房地产业发展进入新阶段，城市住房制度改革的目标必须有所变动，新时期城市住房制度改革目标为：完善以商品房为主、购租并举的多层次住房供应体系，持续改善城镇居民居住条件；建立和完善与新型城镇化和城乡发展一体化相适应的城乡统一的住房市场和土地制度；建立健全住房财税制度和住房金融制度；建立政府主导与企业参与的住房保障体系；不断完善住房市场和行业的法制；系统构建和完善覆盖所有城市常住人口，实现"住有所居"、"住有宜居"、"人人享有适当住房"住房发展目标的住房制度体系。

——完善以商品房为主、购租并举的多层次住房供应体系。新时期住房制度改革的目标旗帜鲜明地提出以商品房为主。低于市场均衡价格的政府管制价格会造成住房供应不足和需求过度，再加之政府部门掌握的居民的住房和收入信息有限，从而造成难以避免的短缺。1998年以后的以经济适用房为主体的保障房短缺在很大程度上与此有关。完善以商品房为主、购租并举的多层次住房供应体系，政府鼓励社会力量参与供给租赁住房，由市场来识别住房支付能力不足的城镇居民，从而将其纳入到公共住房的保障目标中，大幅度节省各种资源，更有效率地实现"住有所居"、"住有宜居"目标。

——建立和完善与新型城镇化和城乡发展一体化相适应的城乡统一的住房市场和土地制度。根据《国家新型城镇化规划（2014～2020）》，新型城镇化要求"以人为本，公平共享"。随着住房市场的发展趋向成熟，与新型城镇化和城乡发展一体化相适应的城镇住房制度的三个支柱是农业转移人口市民化、基本公共服务一体化和均等化以及深化城乡土地制度改革。打破城乡分隔、城乡二元的住房市场和土地制度是未来5～10年我国城乡住房制度改革的重要任务。

——建立健全住房财税制度和住房金融制度。住房财税制度和住房金融制度是住房制度的基础性制度，是住房市场有效运行的重要保障。住房财税制度，依靠完善的房地产税制获得房地产税收收入，为居民有效提供城市基础设施和公共服务及公共住房。住房金融制度，由政策性和商业性住房金融中介紧密配合构成的住房金融体系，金融功能完善，金融监管严密，时刻坚守不爆发系统性、区域性金融风险的底线。

——建立政府主导与企业参与相结合的住房保障体系。住房保障是政府的基本职责。政府在主导住房保障过程中，主动引入市场机制，引导全社会关注和参与住房保障。政府做一个引导者和监管者而不单纯是一个执行者，引导私营企业和其他社会资本投资、建设、运营保障性住房，着重提高住房保障制度的效率，尽可能降低交易成本，从而实现政府住房保障的宏伟目标。

——完善住房市场和行业的法制。党的十八届四中全会通过了《中共中央关于全面推进依法治国若干重大问题的决定》，根据国家治理现代化的要求，系统地提出了依法治国、建设社会主义法治国家的目标。法治中国的建设无疑将进一步为完善住房市场和行业的法制，有效实行房地产市场调控、建立房地产长效机制指明方向。

331

第二节　城市住房制度总体设计

　　根据中国的现实情景，围绕实现所有城市常住人口"住有所居"、"住有宜居"、"人人享有适当住房"的住房发展目标和城市住房制度改革目标，侧重从住房市场、土地制度、住房财税制度、住房金融制度和住房保障制度等五个维度展开城市住房制度总体设计。

一、住房市场

　　准确把握住房的居住属性，以市场为主、购租并举满足所有城市常住人口多层次住房需求；中高端商品房满足中高收入群体的住房需求，中低端商品房满足中低收入群体和夹心层的住房需求；市场租赁房、公租房和共有产权住房满足不同收入群体的住房需求，实行购租同权，确保租房居住者均等享有城市公共产品和公共服务；加强住房预售管理和预售资金的监管，注重对房地产经纪中介的监管，实现住房交易秩序的规范化和法制化；运用住房财税政策和金融政策支持城市常住人口的住房消费需求，抑制住房投资需求，打击住房投机需求；根据住房市场的运行规律，地方为主，分类调控，因城施策，因时制宜，促使住房市场动态供求平衡，避免房价大起大落。

二、土地制度

　　加强城乡土地利用总体规划和用途管制，构建城乡统一的土地制度；切实推进土地征收制度改革，建立公平共享的土地用途转变的增值收益分配制度；建立城乡统一的建设用地市场，完善建设用地招拍挂制度，探索土地使用权出让期限结构多样化，真正形成由供求决定地价的机制；全面落实人地挂钩政策，根据人口流动情况分配建设用地指标，合理增加热点城市建设用地供应，适当提高住宅用地比例；推进农民宅基地确权登记，给予农民对宅基地充分的财产权和处置权；依法对农村土地承包经营权确权登记，并实行严格的农地用途管制。

三、住房财税制度

将房地产税制改革纳入财税体制改革的整体框架，加快制定房地产税法和完善不动产登记制度；按照"宽税基、简税种、低税率"的原则，合并房地产开发流转环节的多类税种，降低房地产业的税负水平，加强培育房地产税税基，逐步开征房地产保有环节的房地产税；中央政府确定房地产税制框架，地方政府根据"谁收益、谁缴税"和"量入而出"的准则，采取民主决策确定房地产税的课税对象、税基和税率。在财政支出方面，确保公共住房的投入，满足全社会住房保障的需求，促进城市基础设施和基本公共服务投入的均等化；逐步建立基本公共服务统一的均等化标准，着力实现义务教育、社会保障、公共卫生、劳动就业等在城乡之间、城市之间数量合理、质量相近、方便可及性大致相同；政府主导基本公共服务供给，放开市场准入，鼓励各种社会组织、市场主体以及社会公众参与提供基本公共服务。

四、住房金融制度

构建政策性和商业性功能分工合理、互为补充、良好互动的住房金融体系，住房金融市场运行高效，住房金融中介体系完善，住房金融工具和金融产品丰富，住房金融服务水平不断提升，住房金融监管规范有序，确保住房金融安全。在政策性住房金融领域，以现有住房公积金制度为基础，建立国家、省市区住房公积金管理机构，全面拓展政策性住房金融功能，条件成熟时改组为专业性、政策性住房银行。在商业性住房金融领域，发挥金融杠杆功能，调节住房供求结构，创新住房金融工具和拓展住房金融服务，促使股票、债券、房地产投资信托基金（REITs）等直接融资业务和房地产证券化的发展。

五、住房保障制度

住房保障是各级政府的基本职责。以政府为主，吸引企业参与提供住房保障；购租并举、以租为主，实物补贴和货币补贴有机结合；中低端商品房、共有产权房、公共租赁房、经济适用房、廉租房等多层次住房供应充足，住区公共产品和公共服务配套齐全，社区管理井然有序；坚持公平、公正、公开原则，面对城市常住人口的中低收入家庭和"夹心层"的"住有所居"的需求筛选住房保

333

障对象，住房保障对象准入、退出机制运行高效；住房保障、住房市场与土地制度协调融合，住房保障财税体制机制健全，政策性住房金融功能完善；并与我国社会主义市场经济体制相适应的住房保障制度。

第三节　城市住房制度改革路径和重点策略

根据我国城市住房制度改革目标和城市住房制度的总体设计，侧重从住房供应体系与土地制度、住房交易和价格调控制度、住房财税制度、住房金融制度与住房保障制度等方面寻求改革路径和策略，并探讨相关配套性制度改革，以不断提高我国城市住房制度的绩效。

一、完善住房供应体系与创新土地制度

（一）改革和完善住房供应体系

由于不同收入群体的住房支付能力不同，建立多层次的住房供应体系，以满足不同收入群体的住房消费需求。对高中收入群体，供应各种档次的商品房，对中收入群体和低收入群体供应商品房、限价房、共有产权房（经济适用房）、公共租赁房及廉租房。对共有产权房必须明确双方的产权份额并约定再次交易的规则。

（二）简化住房产权类型

现行城镇范围内住房产权类型多样且非常复杂，这非常不利于住房的流动。以北京为例，根据测绘确权的相关规定，北京房产类型总共有 8 大类 11 细类 24 种。通过新老划断的办法，控制新增住房的产权类型。

（三）自下而上推进建立干部官邸制度

党的十八届三中全会公布的《关于全面深化改革若干重大问题的决定》中，明确提出"探索实行官邸制"。从我国的实际情况来看，宜从县级单位入手，积累经验然后自下而上推行。

（四）　加快制定《城市更新条例》

组织制定《城市更新条例》，促进旧城改造，通过容积率奖励、市地重划等政策，彻底改变当前很多城市中心城区"拆不动、赔不起、玩不转"的困境。

（五）　科学调整城镇土地利用结构

适当压缩工业用地的比例，增加住宅用地比例，并调整容积率。通过城市居住用地比例和面积的增加，降低居住密度，改善中国城市人居环境。

（六）　改革和完善土地出让制度

我国招标、拍卖、挂牌出让国有土地使用权制度日趋规范，农村集体建设用地入市亦可采用招标、拍卖和挂牌方式。对于土地使用权的出让年限，可根据实际情况进行调整，规定 5 ~ 10 年、20 年、40 年、50 年、70 年、90 年、99 年等多种出让年限，改变土地使用权出让年限将形成多种土地出让价格，满足土地市场需求。根据不同的土地出让年限，制定相应的税收政策加以调节。

（七）　推进跨区域的城乡建设用地增减挂钩

2014 年的数据表明，我国民工总体上跨省流动的比例为 47%，而中、西部分别达到了 63% 和 54%。这使东部农业转移人口流入城市的建设用地十分紧张。如果城乡建设用地增减挂钩局限在县市内部，则一方面民工流入地会出现建设用地紧张，另一方面流入地政府则无动力解决这些跨省的农业转移人口的住房问题。根据城市常住人口的变化，实施跨区域城乡建设用地增减挂钩。

（八）　推进存量"小产权房"合法化

对于符合土地用途管制和城市规划，在集体建设用地上开发建设的住房逐步实行与国有土地的住房享受相同的权利。对于城市的农民拆迁安置房，允许其上市交易。根据"小产权房"价格低于商品房、公共服务不足的现实，可采取房地产税收调节措施，征收房地产税以增加公共服务供给。

（九）　有效增加公共租赁房的供给

制定公共租赁房规划，加强公共租赁房建设，并适量收购存量房，增加公共租赁房供给。对于参与兴建并持有租赁住房的开发商，政府给予一定的税收和信贷优惠,以此促进机构主体参与租赁房建设,改变当前中国租赁房市场过于分散的局面。

(十) 改革住房预售制度

改革由购房者付全款并承担主要风险的住房预售制度,明确规定按照建筑工程的建设进度支付相关款项,并加强第三方监管,切实保护购房者的基本权益。

二、加强住房价格调控和提高居民住房支付能力

(一) 建立健全住房价格(含租赁价格)统计制度

国家统计局现行按月公布的 70 个大中城市新房销售价格指数,存在明显的缺陷,住房的不同质导致住房价格纵向可比性弱。因此,建议采用 Hedonic 特征价格法或重复销售价格法构造城市住房价格指数,并定期公布增量和存量住房价格指数,包括定基指数和环比指数。

(二) 完善地方政府房价目标调控制度

从经济学角度来看,房价的合理性需要满足三点:一是空间无套利,即居住在不同城市或城市不同区域对消费者来说效用是无差异的;二是租买无差异,即在消费者的租买选择中不存在一种选择更合算;三是考虑到住房具有投资品的属性,住房价格的合理性还在于与其他资产相比不存在更高的资产回报率。在房价高涨时期,中央政府强令地方政府实施房价目标调控,本质上是要防止政治风险和金融风险,这是无可厚非的。中央政府利用土地政策、财税政策、金融政策等宏观经济政策对房地产市场实施调控。地方政府根据地方经济实际,住房供求状况和房地产市场走势,对区域房地产市场实施调控。城市政府要从根本上明确对城市房地产市场负责,因城施策,顺势而为,实现房地产市场稳定可持续发展。

(三) 构建城市层面的房价和房地产泡沫预警系统

从 2003 年开始,住建部选取了上海、天津、重庆等 13 个城市作为房地产市场预警预报信息系统的试点城市。2008 年 7 月,国家发改委批准了住建部的房地产预警预报系统,但其后一直未有明确的进展。在随后政府的房地产市场调控中也未见此预警系统发挥作用。近年来,随着房价快速上涨及房价波动,房地产市场隐藏着越来越大的金融风险,因而有必要及时跟踪和监测房地产市场的走向。

为此，建议构建城市层面的房地产市场预警系统，及时准确地提供房地产市场信息。

（四）制定限制住房投资需求的政策

长期以来，我国缺乏足够的居民的投资品，甚至出现了资产荒，住房的投资功能得以强化，影响了住房的消费功能。因此，必须制定限制住房投资需求的政策，遏制住房投资和投机需求。对购买、持有或交易三套房及以上居民家庭，采用一定税收政策和金融政策，提高住房交易成本，限制住房交易。

（五）实施以提高居民住房支付能力的住房租赁市场管制

居民住房支付能力受到可租赁住房租约的稳定性与可得性和住房租金价格的影响。政府对住房租赁市场的管制，通常有两种类型：一种是以美国为典型的直接管制住房租赁市场的租金价格；另一种是以德国为代表的不干预房租，而是重点管制住房租约的稳定性。我国住房租赁市场的管制，可借鉴德国的经验，重点关注住房租赁租约的稳定性与可得性。

三、改革和完善住房财税体制

（一）对于居民购买和出售唯一住房的家庭给予全面的税收减免

对居民购买首套房，给予豁免契税和印花税。对居住满一定年限的居民唯一住房转让时全面豁免增值税、契税、印花税等交易环节税收和费用。对唯一住房，即使不满居住规定年限也可以在转让时根据持有年限适当减免交易环节税收。

（二）逐步开征住房保有环节房地产税

从上海和重庆开征房地产税试点来看，尚未取得在全国范围内开征住房保有环节房地产税可借鉴的经验。短期内可以考虑增加房地产税试点城市，制定和实施区别于上海和重庆的房地产税试点方案（不同免征对象和税率），积累开征房地产税的经验。开征住房保有环节的房地产税是一个渐进的过程，可以根据不同的征收对象逐步征收。（1）企事业单位和商业机构，完善开征房地产税。（2）永久产权（如侨房、公房等），可以率先开征房地产税。（3）小产权房、城中村可以结合确权同时开征房地产税。（4）土地使用权出让的住房，土地出让期限结束后开征房地产税且转为永久产权，缩短土地出让期限的住房到期后即可开征房地产税。

（三）改革土地增值税

从实际情况看，土地增值税计征烦琐，征收难度大，且多年来对房地产市场无论是价格还是供求的调节都未达到预期的效果。可以考虑将土地增值部分计入所得征收所得税。

（四）完善住房出售的资本利得税

为抑制住房投资需求，对居民持有并出售的多套房产的增值部分，实行随持有房产年限的增加而税率递减的所得税政策。

（五）加快房地产税制的立法进程

将房地产税制改革纳入我国整体税制改革框架。制定一部税收基本法，在统一的立法宗旨的指导下，明确税收立法、征税范围、征管程序、税权划分、税务机关和纳税人的权利义务、税务争议及与国际税法的衔接和适用等重大问题，达到统领、约束、指导、协调各单行税收法律法规的重要作用。根据税收基本法，制定房地产税收法规，拓展房地产税基，简化房地产税种，确定房地产税率。

四、创新住房金融制度

（一）增强住房公积金制度的政策性住房金融功能

改革现有住房公积金制度，突出植入政策性住房金融功能，拓展住房公积金的金融功能，着重服务于住房公积金缴纳群体和中低收入群体的住房保障和住房消费。

（二）完善住房公积金管理机构

在住建部住房公积金司的基础上，加快组建国家住房公积金局，成立省级统筹的住房公积金管理中心，对全国住房公积金系统实行垂直管理和风险管控。国家住房公积金局直接对省级住房公积金管理机构实施监管，增强住房公积金监管的专业性和权威性。

（三） 优化住房公积金业务

住房公积金制度改革应该在降低缴存比例的同时扩大覆盖面；在资金的使用上，根据申请者的住房状况和收入水平，采取差别化的利率；在资金紧张时，可以实行"个人住房公积金转商业贴息贷款业务"。

（四） 剥离商业银行的政策性住房金融功能

明确商业银行不承担政策性住房金融功能，在满足银监会的基本规定下由商业银行自主决定住房贷款利率和首付比例。

（五） 大力推进住房抵押贷款资产证券化

随着住房抵押贷款余额的大量增加，商业银行面临短存长贷期限错配的困扰。因此，必须积极稳妥地推进住房抵押贷款资产证券化，提高商业银行的流动性。

（六） 推行首套房金融支持政策

对城市居民购买首套房给予金融支持，提高购买首套房公积金贷款的额度，探索购买首套房家庭个人所得税抵扣贷款利息。

（七） 建立政策性抵押担保和保险机构

组建政策性抵押担保和保险机构，为商业性和政策性住房金融机构提供开发和消费贷款及购买房地产债券提供担保和保险；为商业性和政策性金融机构将保障性住房抵押贷款证券化出售提供担保和保险。

五、改革和完善住房保障制度

（一） 加强将城市常住人口纳入住房保障对象的政策落实

在当前中国的情境下，住房保障的重点对象是庞大的农业转移人口。农业转移人口融入城市的关键是住房问题。2013 年国务院再次要求地级以上城市要把符合条件的外来务工人员纳入当地住房保障范围。从当前各地的实践来看，保障房对象大体上设置了四个标准，即收入标准、住房标准、户籍标准和工作标准。关于住房保障对象的门槛设置，建议淡化并逐步取消户籍标准，弱化收入标准，强化工作和住房标准。

（二）确定中央政府和地方政府的住房保障成本分担机制

中央政府和地方政府共同承担住房保障的职责，因而要共同负担住房保障的成本。根据事权和财权匹配的原则，确定中央政府和地方政府住房保障成本分担的比例。从公共财政理论上讲，中央政府对住房保障承担主要责任，但鉴于地方政府获取了土地出让收入且更了解本地实际情况，地方政府在现阶段要承担更大的责任。

（三）政府主导，引导企业参与住房保障

政府主导保障住房的开发建设、运营和管理，并不排斥企业参与，政府主动引入市场机制，引导私营企业投资建设保障住房，政府与企业建立公私合作的伙伴关系，从而达成政府在住房保障方面的目标。引导企业投资建设并运营保障住房关键是要解决回报率低下的问题，政府通过减免企业的税费，降低成本，允许企业持有保障住房附属的商用物业，提高企业的投资回报。政府补贴保障住房运营商，而不是补贴住房保障对象。政府和投资企业商定合理的资本回报率，保障住房租赁价格接受政府指导价格，回报率不足部分由政府补贴。对于企业参与和运营的保障住房项目，可推行共有产权或先租后售等方式，保障企业的投资回报。

（四）优化保障住房的选址

尽可能在轨道站点周边地区规划经济适用房、公共租赁房、廉租房等，并提供便捷的出行条件，降低家庭的生活成本。对于城市新移民，尽可能在他们的现有居住地点周边选址规划建设保障住房，减少居住地转换。

（五）健全保障住房的退出机制

保障住房的退出，是住房保障制度的关键。对于符合条件退出保障住房的家庭，要及时办理退出手续，对于逾期退出或不退出的家庭采取强制性和惩罚性措施，彻底改变保障住房严进宽出的局面。

六、深化住房配套性制度改革

（一）建立住房普查和抽查统计制度

自 1984 年第一次住房普查后，我国再没有进行住房普查。迄今为止，充其

量各个城市只有新建住房的销售信息（这还受到开发商捂盘的干扰），缺乏完整准确的存量住房信息。我国要尽快建立住房普查和抽查制度，5 年左右开展 1 次住房普查，每年进行住房抽查，完善住房信息系统，建立住房信息公开制度。地方政府及时公开在住房方面的发展规划、建设进度，避免由于信息不充分、不对称导致住房恐慌性需求。地方政府每年以白皮书的形式向全社会公布当地的住房存量和流量以及未来的住房供求形势。

（二）加快实行不动产统一登记制度

不动产统一登记制度属于中国的社会基础设施（social infrastructure）建设，尽管一次性投入成本巨大，但必将带来长远的收益。不动产统一登记制度建立后，在以人查房方面可以实施某种限制，但关于存量住房的信息要及时公布并动态更新。实行不动产统一登记制度，可以更好地落实《物权法》的规定，保障不动产交易安全，有效保护不动产权利人的合法权益。实行不动产统一登记制度，具有激活沉淀资产、撬动经济发展的杠杆功能，并提高政府治理效率。

（三）完善住房领域公共治理机制

信息公开、利益相容和可问责是住房领域公共治理机制的三根支柱。信息公开与透明是公共治理的最基本要求，而利益相容要求官员和政府不能独立成为一个分利集团，如果政府官员能够享受到各种公务员小区，那他们很难对住房问题的严重性感同身受；可问责要求政府官员的权力必须得到制约。

（四）培育农村集体建设用地市场和完善农民宅基地制度

党的十八届三中全会《中共中央关于全面深化改革若干重大问题的决定》，明确提出建立城乡统一的建设用地市场。在符合规划和用途管制前提下，允许农村集体经营性建设用地出让、租赁、入股，实行与国有土地同等入市、同权同价。随着农村集体建设用地市场的发育，农民的土地权益将得到保障。

对于完善农民的宅基地制度，关键是承认宅基地及其住房属于农民私产，给予农民充分的财产权和处置权。第一，将宅基地的处置权还给农民，真正使农民的宅基地产权落到实处。第二，农民获得宅基地的处置权，相当于农业转移人口获得了到城市居住的"第一桶金"，从而实现类似城市居民的住房梯度消费，最终实现人的城市化与土地城市化的协调发展。第三，农民拥有宅基地的处置权，农民有权出售宅基地给城市居民，实现农民与城市居民的双向流动。

（五）促进基本公共服务均等化

住房的价值和使用价值，离不开基本公共服务供给。提高基本公共服务供给水平，实现基本公共服务均等化，是社会经济发展的必然要求。深化政府间财政转移支付制度改革，缩小区域财力差距，促使地方政府重点关注提供基本公共服务，保障财政支出向公共服务领域倾斜。明确事权和支出责任，明确各级政府在提供基本公共服务方面的具体职责。不断完善预算管理制度，持续推进预算公开，稳定公共服务财政支出规模。彻底改变基本公共服务的城市偏向，尤其是大城市偏向状况，在全球城市中心城市之间、大中小城市之间、城乡之间真正实现基本公共服务均等化。

（六）加强户籍制度改革

2014 年 7 月 24 日，国务院印发了《关于进一步推进户籍制度改革的意见》，明确提出了"调整户口迁移政策，统一城乡户口登记制度，全面实施居住证制度，加快建设和共享国家人口基础信息库，稳步推进义务教育、就业服务、基本养老、基本医疗卫生、住房保障等城镇基本公共服务覆盖全部常住人口"的户籍制度改革目标。这种户籍制度改革，将为城市住房制度改革提供良好的制度环境。

参 考 文 献

中文参考文献

［1］［英］阿代尔·特纳著，王邦胜、徐惊蛰、朱元倩译：《债务和魔鬼：货币、信贷和全球金融体系重建》，中信出版社 2016 年版。

［2］［美］阿列克斯·施瓦兹，陈立中译：《美国住房政策》，中国社会科学出版社 2012 年版。

［3］［印度］阿马蒂亚·森，王宇、王文玉译：《贫困与饥荒》，商务印书馆 2001 年版。

［4］［美］爱德华·L·格莱泽、约瑟夫·乔科等，陈立中、陈一方译：《美国联邦住房政策反思：如何增加住房供给和提高住房可支付性》，中国建筑工业出版社 2012 年版。

［5］［英］艾伦·W·埃文斯，徐青译：《经济、房地产与土地供应》，中国人民大学出版社 2013 年版。

［6］［英］奥利弗·哈特，费方域译：《企业、合同与财务结构》，上海三联书店 1998 年版。

［7］包宗华：《我国住房制度改革发展的断想》，载于《上海房产》，2015 年第 10 期。

［8］包宗华：《中国房改的经验及深化的建议》，载于《上海房产》，2010 年第 5 期。

［9］包宗华：《中国房改 30 年》，载于《住宅产业》，2010 年第 Z1 期。

［10］［德］比约恩·埃格纳，左婷、郑春荣译：《德国住房政策：延续与转变》，载于《德国研究》，2011 年第 3 期。

［11］蔡昉：《城市化与农民工的贡献》，载于《中国人口科学》，2010 年第 1 期。

［12］蔡洪滨：《为什么在中国创新这么难》，载于《现代国企研究》，2012

年第 3 期。

　　[13] 财政部财政科学研究所、北京大学林肯中心"中国土地财政研究"课题组:《中国土地财政研究》,载于《经济研究参考》,2014 年第 34 期。

　　[14] 曹广忠、袁飞、陶然:《土地财政、产业结构演变与税收超常规增长——中国"税收增长之谜"的一个分析视角》,载于《中国工业经济》,2007年第 12 期。

　　[15] 曹建海:《中国城市土地高效利用研究》,经济管理出版社 2002 年版。

　　[16] 陈伯庚等:《城镇住房制度改革的理论与实践》,上海人民出版社 2003年版。

　　[17] 陈斌开、徐帆、谭力:《人口结构转变与中国住房需求:1999 ~ 2025》,载于《金融研究》,2012 年第 1 期。

　　[18] 陈洪波、蔡喜洋:《德国住房价格影响因素研究》,载于《金融评论》,2013 年第 1 期。

　　[19] 陈剑:《法德政策性金融机构模式》,载于《全球瞭望》,2013 年第1 期。

　　[20] 陈杰:《制度经济学视角下的中国住房制度变迁分析》,载于《社会科学辑刊》,2010 年第 6 期。

　　[21] 陈利平:《高增长导致高储蓄:一个基于消费攀比的解释》,载于《世界经济》,2005 年第 11 期。

　　[22] 陈锡文:《新生代农民工需要融入城镇关键在住房》,载于《农村工作通讯》,2010 年第 6 期。

　　[23] 陈彦斌、陈小亮:《人口老龄化对中国城镇住房需求的影响》,载于《经济理论与经济管理》,2013 年第 5 期。

　　[24] 陈钊、陆铭、陈静敏:《户籍与居住区分割:城市公共管理的新挑战》,载于《复旦学报(社会科学版)》,2012 年第 5 期。

　　[25] 陈志武:《发展金融是中国的唯一出路》,载于《房地产导刊》,2009年第 11 期。

　　[26] 党国英:《解决农民工住房问题应有一个大思路》,载于《城市规划》,2012 年第 3 期。

　　[27] [美] 道格拉斯·C·诺斯,陈郁、罗华平等译:《经济史中的结构与变迁》,上海三联书店 1994 版。

　　[28] 邓宏乾:《以"住有所居"为目标的住房制度改革探讨》,载于《华中师范大学学报(人文社会科学版)》,2009 年第 9 期。

　　[29] 邓宁华:《城市化背景下日本住房问题和政策干预》,载于《日本研

究》，2013 年第 3 期。

［30］丁成日、邱爱军、王瑾：《中国快速城市化时期农民工住房类型及其评价》，载于《城市发展研究》，2011 年第 6 期。

［31］丁祖昱：《中国房价收入比的城市分异研究》，载于《华东师范大学学报（哲学社会科学版）》，2013 年第 3 期。

［32］董大旻：《工业房地产发展趋势分析和统计指标体系建设》，载于《价格理论与实践》，2007 年第 3 期。

［33］董昕、张翼：《农民工住房消费的影响因素分析》，载于《中国农村经济》，2012 年第 10 期。

［34］杜雪君、黄忠华、吴次芳：《房地产价格、地方公共支出与房地产税负关系研究——理论分析与基于中国数据的实证检验》，载于《数量经济技术经济研究》，2009 年第 1 期。

［35］冯皓、陆铭：《通过买房而择校：教育影响房价的经验证据与政策含义》，载于《世界经济》，2010 年第 12 期。

［36］弗农·亨德森：《中国的城市化：面临的问题及政策选择》，载于林重秉、斯宾塞编著：《中国经济中长期发展和转型》，中信出版社 2011 年版。

［37］盖凯程、李俊丽：《中国城市土地市场化进程中的地方政府行为研究》，载于《财贸经济》，2009 年第 6 期。

［38］高波：《房地产税收财政困境与突破路径》，载于《中国经济报告》，2017 年第 2 期。

［39］高波：《新常态下中国经济增长的动力和逻辑》，载于《南京大学学报（哲学·人文科学·社会科学）》，2016 年第 3 期。

［40］高波：《现代房地产金融学》，南京大学出版社 2015 年版。

［41］高波、王辉龙等：《住房消费与扩大内需》，人民出版社 2015 年版。

［42］高波：《中国房地产税立法的逻辑》，载于《河北学刊》，2015 年第 4 期。

［43］高波、王辉龙、李伟军：《预期、投机与中国城市房价泡沫》，载于《金融研究》，2014 年第 2 期。

［44］高波、王文莉、李祥：《预期、收入差距与中国城市房价租金"剪刀差"之谜》，载于《经济研究》，2013 年第 6 期。

［45］高波、赵奉军等：《中国房地产周期波动与宏观调控》，商务印书馆 2012 年版。

［46］高波：《中国房地产税制：存在问题与改革设想》，载于《南京社会科学》，2012 年第 3 期。

[47] 高波、陈健、邹琳华：《区域房价差异、劳动力流动与产业升级》，载于《经济研究》，2012 年第 1 期。

[48] 高波：《现代房地产经济学》，南京大学出版社 2010 年版。

[49] 高波、赵奉军：《中国住宅投资的周期波动与测度（1952～2007）》，载于《经济前沿》，2009 年第 8 期。

[50] 高培勇、汪德华：《本轮财税体制改革进程评估：2013.11～2016.10（上）》，载于《财贸经济》，2016 年第 11 期。

[51] 国务院发展研究中心课题组：《农民工市民化：制度创新与顶层政策设计》，中国发展出版社 2011 年版。

[52] 国务院发展研究中心课题组：《中国住房市场发展的基本判断与住房政策走向前瞻》，载于《改革》，2007 年第 12 期。

[53] 郭松海：《积极引导农村第三次建房热潮》，载于《建筑科技》，2010 年第 5 期。

[54] 郭新宇、薛建良：《农民工住房选择及其影响因素分析》，载于《农业技术经济》，2011 年第 12 期。

[55] 郭玉坤：《中国城镇住房保障制度研究》，西南财经大学博士论文，2006 年。

[56] 郭志刚：《重新认识中国的人口形势》，载于《国际经济评论》，2012 年第 1 期。

[57] 胡彬：《制度变迁中的中国房地产业：理论分析与政策评价》，上海财经大学出版社 2002 年版。

[58] 胡洪曙：《财产税、地方公共支出与房产价值的关联分析》，载于《当代财经》，2007 年第 6 期。

[59] 胡晓：《我国收入差距扩大对宏观经济的影响》，载于《中央财经大学学报》，2011 年第 4 期。

[60] 华生：《城市化转型与土地陷阱》，东方出版社 2013 年版。

[61] 黄海洲、汪超、王慧：《中国城镇化中住房制度的理论分析框架和相关政策建议》，载于《国际经济评论》，2015 年第 2 期。

[62] 黄泰岩：《正确把握扩大内需这一战略基点》，载于《求是》，2012 年第 12 期。

[63] 黄小虎：《我国城镇住房制度改革思路的演变》，载于《红旗文稿》，2010 年第 1 期。

[64] 洪银兴：《〈资本论〉的现代解析》，经济科学出版社 2011 年版。

[65] 洪银兴：《现代经济学》，江苏人民出版社 2000 年版。

[66] 贾康：《再谈房产税的作用及改革方向与路径、要领》，载于《国家行政学院学报》，2013 年第 4 期。

[67] 贾康、刘微：《"土地财政"论析——在深化财税改革中构建合理、规范、可持续的地方"土地生财"机制》，载于《经济学动态》，2012 年第 1 期。

[68] 贾康：《房产税改革：美国模式和中国选择》，载于《人民论坛》，2011 年第 3 期。

[69] 姜伟新：《居民住房改善与城镇住房制度改革》，载于《住宅产业》，2009 年第 10 期。

[70] ［美］科斯、阿尔钦、诺斯等，刘守英译：《财产权利与制度变迁：产权学派与新制度学派译文集》，三联书店上海分店、上海人民出版社 1994 年版。

[71] 李恩蕙：《韩国住宅金融制度的演进与住宅金融需求的变化》，载于《国际金融》，2015 年第 1 期。

[72] 李进涛、孙峻：《住房政策变化与市场背景策应：观照英国做法》，载于《改革》，2013 年第 5 期。

[73] 李力、白云升、罗永明：《土地供求分析与实证研究》，地质出版社 2006 年版。

[74] 李培：《中国住房制度改革的政策评析》，载于《公共管理学报》，2008 年第 3 期。

[75] 李昕、徐滇庆：《房地产供求与演变趋势：澄清一种统计口径》，载于《改革》，2014 年第 1 期。

[76] 李扬、张平、张晓晶、江红驹：《当前和未来五年中国宏观经济形势及对策分析》，载于《财贸经济》，2013 年第 1 期。

[77] 李永友：《房价上涨的需求驱动和涟漪效应》，载于《经济学（季刊）》，2014 年第 1 期。

[78] 林岗、张宇：《马克思主义与制度分析》，经济科学出版社 2001 年版。

[79] 林荣茂、刘学敏：《中国工业用地利用的数理分析与实证研究》，载于《财经研究》，2008 年第 7 期。

[80] 刘佳燕：《1940 年代以来巴西公共住房政策发展评析和启示》，载于《国际城市规划》，2012 年第 4 期。

[81] 刘守英：《以地谋发展模式的风险与改革》，载于《国际经济评论》，2012 年第 2 期。

[82] 刘守英、蒋省三：《土地融资与财政和金融风险——来自东部一个发达地区的个案》，载于《中国土地科学》，2005 年第 10 期。

[83] 刘伟、李连发：《地方政府融资平台举债的理论分析》，载于《金融研

究》，2013 年第 5 期。

[84] 刘卫东、段洲鸿：《工业用地价格标准的合理确定》，载于《浙江大学学报（人文社会科学版）》，2008 年第 7 期。

[85] 刘志彪：《以城市化推动产业转型升级》，载于《学术月刊》，2010 年第 10 期。

[86] 刘易斯：《发展计划：经济政策的本质》，北京经济学院出版社 1988 年版。

[87] 刘中起：《德国住房政策对中国的借鉴——以德国为例》，载于《中国名城》，2014 年第 10 期。

[88] 陆铭、欧海军、陈斌开：《理性还是泡沫：对城市化、移民和房价的经验研究》，载于《世界经济》，2014 年第 1 期。

[89] 陆铭、蒋仕卿、陈钊、佐藤宏：《摆脱城市化的低水平均衡——制度推动、社会互动与劳动力流动》，载于《复旦学报（社会科学版）》，2013 年第 3 期。

[90] 陆铭、高虹、佐藤宏：《城市规模与包容性就业》，载于《中国社会科学》，2012 年第 10 期。

[91] 陆铭等：《中国的大国经济发展道路》，中国大百科全书出版社 2008 年版。

[92] 卢祖清：《住宅救济政策概述》，载于《社会建设》，1949 年第 9 期。

[93] 罗森：《住房补贴对住房对策、效率和公平的影响》，载奥尔巴克等主编《公共经济学手册（卷1）》，经济科学出版社 2005 年版。

[94] 骆祖春、高波、赵奉军：《土地财政的标尺竞争机制与空间效应分析》，载于《学海》，2011 年第 6 期。

[95] 罗必良：《分税制、财政压力与政府"土地财政"偏好》，载于《学术研究》，2010 年第 10 期。

[96] 《马克思恩格斯文集》第 10 卷，人民出版社 2009 年版。

[97] 倪鹏飞：《中国住房：制度缺陷、行为冲动与市场失衡》，载于《价格理论与实践》，2015 年第 4 期。

[98] 倪鹏飞等：《深化城镇住房制度综合配套改革的总体构想》，载于《财贸经济》，2012 年第 11、12 期。

[99] 潘泽泉：《农民工融入城市的困境：市场排斥与边缘化研究》，载于《天府新论》，2008 年第 4 期。

[100] 仇保兴：《中国特色的城镇化模式之辩》，载于《城市发展研究》，2009 年第 1 期。

［101］Renaud，B.，《中国新城市时代住房政策的制度性观点》，满燕云、隆国强、景娟等编，《中国低收入住房：现状与政策设计》，商务印书馆 2011 年版。

［102］任雨来：《天津市规划和土地利用运行分析体系研究》，中国经济出版社 2006 年版。

［103］孙志华：《美国住房政策考察及借鉴》，载于《山东社会科学》，2012 年第 9 期。

［104］邵书峰：《新农村建设视角下农户住房投资行为分析—基于河南省南阳市 600 农户的调查》，载于《调研世界》，2010 年第 4 期。

［105］邵挺：《土地供应制度对我国房地产市场影响研究》，中国发展出版社 2013 年版。

［106］世界银行：《1995 世界发展报告》，中国财政经济出版社 1995 年版。

［107］田淑敏、宇振荣、郭爱云：《京郊农民对住宅建设的意愿分析》，载于《中国土地科学》，2009 年第 3 期。

［108］［法］托马斯·皮凯蒂，巴曙松等译：《21 世纪资本论》，中信出版社 2014 年版。

［109］万广华、蔡昉等：《中国的城市化道路与发展战略：理论探讨和实证分析》，经济科学出版社 2012 年版。

［110］王洪卫、韩正龙：《公共支出结构与房价走势：基于经济分权背景的分析》，载于《商业研究》，2015 年第 10 期。

［111］王先柱、赵奉军：《房价波动与财政收入：传导机制与实证分析》，载于《财贸经济》，2012 年第 11 期。

［112］王绍光、胡鞍钢：《中国国家能力报告》，辽宁人民出版社 1993 年版。

［113］王小鲁：《我国国民收入分配现状、问题及对策》，载于《国家行政学院学报》，2010 年第 3 期。

［114］王小鲁：《灰色收入与国民收入分配》，载于《比较》，2010 年第 49 期。

［115］汪利娜：《我国土地财政的不可持续性》，载于《经济研究参考》，2009 年第 42 期。

［116］汪东亚：《朱镕基与校友谈事实》，载于《凤凰周刊》，2011 年第 15 期。

［117］卫欢：《美国公共住房制度及其对中国的启示》，载于《改革与战略》，2016 年第 4 期。

[118] 魏杰、王韧：《我国住房制度的改革路径：基于住房商品的特殊性质》，载于《经济体制改革》，2007 年第 2 期。

[119] 吴雪晴：《值得借鉴的美国、加拿大住房金融模式》，载于《外向经济》，1998 年第 3 期。

[120] 吴学义：《战时民事立法》，商务印书馆 1946 年版。

[121] 席斯：《土地收益近半被控，分配新规酝酿中》，载于《经济观察报》，2011 年 11 月 5 日。

[122] 向肃一、龙奋杰：《中国城市居民住房支付能力研究》，载于《城市发展研究》，2007 年第 2 期。

[123] 解海、洪涛、靳玉超：《中国城镇居民住房支付能力测度与比较》，载于《西安交通大学学报》，2013 年第 4 期。

[124] 谢福泉、黄俊晖：《日本住宅金融公库的改革及其启示》，载于《亚太经济》，2013 年第 2 期。

[125] 熊鹭：《日本国家债务困境及启示》，载于《中国财政》，2011 年第 21 期。

[126] 许善达：《开征房产税不符合中国国情》，http：//news. xinhuanet. com/house/hf/2013 – 11 – 15/c_118155069. htm.

[127] 许迎春、文贯中：《美国农地征收制度及其对中国的启示》，载于《华东经济管理》，2011 年第 5 期。

[128] 许德风：《住房租赁合同的社会控制》，载于《中国社会科学》，2009 年第 3 期。

[129] 严清华：《西方房地产》，武汉大学出版社 1994 年版。

[130] 杨瑞龙：《中国特色社会主义政治经济学逻辑下政府与市场之间的关系》，载于《政治经济学评论》，2016 年第 4 期。

[131] 杨赞、易成栋、张慧：《基于"剩余收入法"的北京市居民住房可支付能力分析》，载于《城市发展研究》，2010 年第 10 期。

[132] 姚玲珍、刘霞：《我国房产税改革试点的市场效应分析——基于上海房产税试点相关数据的实证研究》，载于《现代管理科学》，2014 年第 4 期。

[133] 余翔：《丹麦住房抵押贷款证券化模式及其启示》，载于《学术论坛》，2015 年第 4 期。

[134] 虞晓芬、傅剑、林国栋：《社会组织参与住房保障的模式创新与制度保障——英国住房协会的运作经验与借鉴》，载于《城市发展研究》，2017 年第 1 期。

[135] 袁庆明：《新制度经济学教程（第二版）》，中国发展出版社 2014

年版。

[136] 曾国安、满一兴：《如何深化城镇住房保障制度和住房制度改革》，载于《湘潭大学学报》，2014 年第 3 期。

[137] ［美］兹维·博迪、罗伯特·C·默顿、戴维·L·克利顿，曹辉、曹音译：《金融学》，中国人民大学出版社 2010 年版。

[138] 曾毅等：《生育政策调整与中国发展》，社会科学文献出版社 2013 年版。

[139] 踪家峰、刘岗、贺妮：《中国财政支出资本化与房地产价格》，载于《财经科学》，2010 年第 11 期。

[140] 张恩逸：《我国城镇住房制度存在的问题与对策》，载于《国家行政学院学报》，2007 年第 2 期。

[141] 张清勇：《房价收入比的起源、算法与应用：基于文献的讨论》，载于《财贸经济》，2011 年第 12 期。

[142] 张清勇：《中国住宅投资波动的长期趋势与区域差异》，载于《建筑经济》，2008 年第 10 期。

[143] 张清勇：《中国城镇居民的住房支付能力：1991－2005》，载于《财贸经济》，2007 年第 4 期。

[144] 张世英、张志升：《我国工业用地使用权有偿使用制度改革研究》，载于《天津师范大学学报（社会科学版）》，2008 年第 2 期。

[145] 张宇燕、何帆：《在国有企业的内部培育市场》，载于《国际经济评论》，1997 年第 Z6 期。

[146] 张元端：《中国住房制度改革路线图》，载于《城市开发》，2007 年第 22 期。

[147] 张伟：《从墨西哥住房公积金制度设想我国住房公积金制度的顶层设计》，载于《中国房地产金融》，2013 年第 1 期。

[148] 张向东：《审计署摸底定音 地方债规模 10 万亿》，载于《经济观察报》，2011 年 6 月 24 日。

[149] 张宇、刘洪玉：《美国住房金融体系及其经验借鉴——兼谈美国次贷危机》，载于《国际金融研究》，2008 年第 4 期。

[150] 赵奉军：《住宅投资与经济周期牵扯：自 OECD 国家生发》，载于《改革》，2012 年第 6 期。

[151] 赵奉军：《中国城镇居民住房消费的再估计——基于中国家庭追踪调查数据的实证分析》，载于《当代财经》，2015 年第 1 期。

[152] 赵奉军、邹琳华：《自有住房的影响与决定因素研究评述》，载于

《经济学动态》，2012 年第 10 期。

[153] 赵奉军、高波、骆祖春：《支付能力、金融支持与住房供给双轨制》，载于《江海学刊》，2011 年第 3 期。

[154] 赵燕菁：《土地财政：历史、逻辑与抉择》，载于《城市发展研究》，2014 年第 1 期。

[155] 郑思齐、符育明、任荣荣：《住房保障的财政成本承担：中央政府还是地方政府?》，载于《公共行政评论》，2009 年第 6 期。

[156] 郑思齐等：《北京"城中村"中外来务工人员生活与居住状况调研报告》，清华大学房地产研究所内部资料，2008 年。

[157] 郑云峰：《德国住房保障：制度构成、特征及启示》，载于《北华大学学报（社会科学版)》，2016 年第 2 期。

[158] 周飞舟：《生财有道：土地开发和转让中的政府和农民》，载于《社会学研究》，2007 年第 1 期。

[159] 周飞舟：《分税制十年：制度及其影响》，载于《中国社会科学》，2006 年第 6 期。

[160] 周飞舟：《大兴土木：土地财政与地方政府行为》，载于《经济社会体制比较》，2010 年第 3 期。

[161] 周京奎：《政府公共资本品供给对住宅价格的影响效应研究——来自天津市内六区的调查证据》，载于《经济评论》，2008 年第 5 期。

[162] 周其仁：《城乡中国》，中信出版社 2013 年版。

[163] 周其仁：《农地产权与征地制度——中国城市化面临的重大选择》，载于《经济学（季刊)》，2004 年第 1 期。

[164] 周仁、郝前进、陈杰：《剩余收入法、供需不匹配性与住房可支付能力的衡量——基于上海的考察》，载于《世界经济文汇》，2010 年第 1 期。

[165] 周天勇：《中国财政供养的机构和人员太多》，http：//finance. ifeng. com/news/special/guofulun1/#_from_ralated

[166] 周黎安：《晋升博弈中政府官员的激励与合作——兼论中国地方保护主义和重复建设问题长期存在的原因》，载于《经济研究》，2004 年第 6 期。

[167] 周雪飞：《分税制下土地财政"倒逼金融"现象分析及对策研究》，载于《光华财税年刊》，2009 年。

[168] 周毅：《美国房产税制度概述》，载于《学术争鸣》，2011 年第 3 期。

[169] 住房建设课题组：《回顾中国住房制度改革》，载于《城市住宅》，2010 年第 4 期。

[170] 住房建设课题组：《住房制度改革：成就巨大问题突出》，载于《城

市住宅》，2010 年第 4 期。

［171］住房城乡建设部墨西哥住房公积金制度培训团：《墨西哥住房公积金制度及其启示》，载于《中国房地产金融》，2013 年第 10 期。

［172］中国建设银行住房抵押贷款证券化课题组：《赴美国、加拿大、香港考察住房抵押贷款证券化的报告》，载于《中国房地产金融》，2000 年第 1 期。

英文参考文献

［1］Aaronson，D.，*A Note on The Benefit of Homeownership*，*Journal of Urban Economics*，2000，47（3），pp. 356 – 369.

［2］Angel S.，Mayo S. K. and Stephens W. L.，*The Housing Indicators Program：A report on Progress and Plans for The Future*，*Journal of Housing and the Built Environment*，1993，8（1），pp. 13 – 48.

［3］Bajic，V.，*The Effects of a New Subway Line on Housing Prices in Metropolitan Toronto*，*Urban Studies*，1983，20（2），pp. 147 – 158.

［4］Barton，David M. and Edgar O. Olsen，*The benefits and costs public housing in New York city*，*Institute for research of poverty discuss paper*，1983，pp. 373 – 376.

［5］Bayer P.，Mcmillan R.，*A Unified Framework for Measuring Preferences for Schools and Neighborhoods*，*Journal of Political Economy*，2007，115（4），pp. 588 – 638.

［6］Benjamin，J. D. and G. S.，Sirmans，*Mass Transportation*，*Apartment Rent and Property Values*，*Journal of Real Estate Research*，1996，12（1），pp. 1 – 8.

［7］Black，J.，*Housing Policy and Finance*，*Routledge Press*，1988，P. 26.

［8］Blackmore，K.，*Social Policy：An Introduction*，*Open University Press*，1998.

［9］Brasington，D. M.，*Which Measures of School Quality Does the Housing Market Value?*，*Journal of Real Estate Research*，1999，18（3），pp. 395 – 414.

［10］Burns，L. and Grebller L.，*The Housing of Nations：Analysis and Policy in a Comparative Framework*，*London Macmillan*，1977.

［11］*Canada Mortgage and Housing Corporation（CMHC），Canadian Housing Observer* 2014，https：//www. cmhc-schl. gc. ca/odpub/pdf/68189. pdf? lang = en.

［12］Carliner，M. S.，*Development of federal homeownership "policy"*，*Housing Policy Debate*，1998，9（2），pp. 299 – 321.

［13］Chen，H.，A. Rufolo and K. J. Dueker，*Measuring the Impact of Light Rail Systems on Single – Family Home Values：A Hedonic Approach with Geographic In-*

formation System Application, *Transportation Research Record*, 1998, 16 (17), pp. 38 – 43.

[14] Christine Whitehead and Kathleen Scanlon, *Social Housing in Europe*, *LSE London*, 2007.

[15] Chiodo A., Hernandez – Murillo R., Owyang M. *Nonlinear Hedonics and the Search for School Quality*, *Ssrn Electronic Journal*, 2009.

[16] Clapham, D., *Housing and The Economy*: *Broadening Comparative Housing Research*, *Urban Studies*, 1996, 33 (4 – 5), pp. 631 – 647.

[17] Czischke, D., Pittini, A., *Housing Europe* 2007: *Review of Social*, *Co-operative and Public Housing in the* 27 *EU Member States*, *CECODHAS*, 2007 (9), pp. 23 – 25.

[18] Department of the Environment, *Transport and the Regions* (*DETR*), *Quality and Choice*: *A Decent Home for All*: *The Housing Green Paper*, *DETR*, 2000, pp. 4 – 6.

[19] Diaz – Serrano, L., *Disentangling The Housing Satisfaction Puzzle*: *Does Homeownership Really Matter?*, *Journal of Economic Psychology*, 2009, 30 (5), pp. 745 – 755.

[20] Dietz, R. D. and D. R. Haurin, *The Social and Private Micro-level Consequences of Homeownership*, *Journal of Urban Economics*, 2003, 54 (3), pp. 401 – 450.

[21] Donnison, David V., Clare Ungerson, *Housing Policy*, *Penguin Books Ltd*, 1982, pp. 13 – 14.

[22] Dore, R. P., City life in Japan: a study of a Tokyo ward, University of California Press, 1958, pp. 22 – 28.

[23] Donnison, D. and C. Uigerson, *Housing Policy*, *London*: *Penguin Books Ltd.*, 1982.

[24] Evans, T., Whitehead M., Diderichsen F., *Challenging inequities in health*: *from ethics to action*, *Oxford University Press*, 2001, pp. 91 – 103.

[25] Elsinga, M. and J. Hoekstra, *Homeownership and Housing Satisfaction*, *Journal of Housing and the Built Environment*, 2005, 20 (4), pp. 401 – 424.

[26] Farías, I., *Improvising a market*, *making a model*: *Social housing policy in Chile*, *Economy & Society*, 2014, 43 (43), pp. 346 – 369.

[27] Flatau, P., M. Forbes, P. H. Hendershott and G. Wood, *Homeownership and Unemployment*: *The Roles of Leverage and Public Housing*, *NBER working paper*,

2003, No. 10021.

[28] Garcia, J., Hernandez, J., *User cost changes, unemployment and home-ownership: Evidence from Spain*, *Urban Studies*, 2004, 41 (3), pp. 563 – 578.

[29] Gibbons, S. and S., Machin, Valuing School Quality, *Better Transport and Lower Crime: Evidence from House Prices*, *Oxford Review of Economic Policy*, 2008, 24 (1), pp. 99 – 119.

[30] Gibb, K., *Trends and Change in Social Housing Finance and Provision within the European Union*, *Housing Studies*, 2010, 17 (2), pp. 325 – 336.

[31] Goss, E. P. and J. M. Phillips, *The Impact of Homeownership on The Duration of Unemployment*, *Review of Regional Studies*, 1997, 27 (1), pp. 9 – 27.

[32] Gollier C., *Wealth Inequality and Asset Pricing*, *Review of Economic Studies*, 2001, 68 (1), pp. 181 – 203.

[33] Green, R. K. and M. J. White, *Measuring The Benefits of Homeowning: Effects on Children*, *Journal of Urban Economics*, 1997, 41 (3), pp. 441 – 461.

[34] Green, R. K. & Hendershott, P. H., *Home-ownership and the Duration of Unemployment: a Test of the Oswald Hypothesis*, *NBER working papers*, 2001.

[35] Hart, Oliver and John Moore, *Contracts as Reference Points*, *Quarterly Journal of Economics*, 2008, 123 (1), pp. 1 – 48.

[36] Hart, Oliver, *Hold-up, asset ownership, and reference points*, *Quarterly Journal of Economics*, 2009, 124 (1), pp. 267 – 300.

[37] Hart, Oliver, *Noncontractible Investments and Reference Points*, *Games*, 2013 (4), pp. 437 – 456.

[38] Harshman, B. and Quigley J., *Housing Markets and Housing Institutions in a Comparative Context, in Housing Markets and Housing Institutions: An International Comparison*, ed. by Harshman and Quigley, *Kluwer Academic Publishers.*, 1991.

[39] Haurin, D. R., T. L. Parcel and Haurin R. J., *Does Homeownership Affect Child Outcomes?*, *Real Estate Economics*, 2002, 30 (4), pp. 635 – 666.

[40] Harris, W. D. and Gillies, J., *Capital Formation and Housing in Latin America, Washington, D. C.: Pan American Union*, 1963.

[41] Helpman, E., *The Size of Regions, Topic in Public Economics*, London: Cambridge University Press, 1998.

[42] Henderson, J. V., *The Urbanization Process and Economic Growth: The So – What Question*, *Journal of Economic Growth*, 2003, 8 (1), pp. 47 – 71.

[43] Hilke, J. C., *Competition in Government – Financed Services*, *Quorum*

Books, 1992.

[44] Hilber, C. A. and C. J., Mayer, *Why Do Households without Children Support Local Public Schools? Linking House Price Capitalization to School Spending*, *Journal of Urban Economics*, 2009, 65 (1), 74 – 90.

[45] Hills, J. Ends and Means, *The Future Roles of Social Housing in England*, *London School of Economics*, *CASE report* 34, 2007 (9), pp. 185 – 192.

[46] Jin Y., Li H. and Wu B., *Income Inequality*, *Status Seeking*, *Consumption and Saving Behavior*, *Working paper*, *Tsinghua University*, 2010.

[47] Kasarda John D. and Edward M. Crenshaw., *Third World Urbanization: Dimensions*, *Theories*, *and Determinants*, *Annual Review of Sociology*, 1991, 17 (17), pp. 467 – 501.

[48] Katz, B., Turner, M. A., Brown, K. D., Cunningham, M. and Sawyer, N., *Rethinking Local Affordable Housing Strategies: Lessons from 70 Years of Policy and Practice.*, *The Brookings Institution Center on Urban and Metropolitan Policy and The Urban Institute Discussion Papers*, 2003.

[49] Kara Jose. M., *Alagados: the Story of Integrated Slum Upgrading in Salvador (Bahia)*, *Brazil*, *World Bank Working Paper*, 2008, 1 (1), No. 47027.

[50] Kluwer, Quigley, *Why Should the Government Play a Role in Housing?*, *Theory & Society*, 1999, 16 (4), pp. 201 – 203.

[51] Klink J. and Denaldi R., *On Financialization and State Spatial Fixes in Brazil. A Geographical and Historical Interpretation of the Housing Program My House My Life*, *Habitat International*, 2014 (44), pp. 220 – 226.

[52] Knaap, G. J., C., Dingand L., Hopkins, *Do Plans Matter? The Effects of Light Rail Plans on Land Values in Station Area*, *Journal of Planning Education and Research*, 2001, 21 (1), pp. 32 – 39.

[53] Landis, J. D. and McClure, K., *Rethinking Federal Housing Policy*, *Journal of the American Planning Association*, 2010, 76 (3), pp. 319 – 348.

[54] Lall, S. V., Freire, M., Yuen, B., Rajack, R. and Helluin, J. J., *Urban Land Markets: Improving Land Management for Successful Urbanization*, *Springer Netherlands*, 2009, pp. 252 – 282.

[55] LaLonde R. J., Topel R. H., *Economic Impact of International Migration and the Economic Performance of Migrants*, *Handbook of Population and Family Economics.*, *Elsevier*, *Amsterdam*, 1997.

[56] Ledbetter William H., Jr., *Public Housing: A Social Experiment Seeks Ac-*

ceptance, *Law and Contemporary Problems*, 1967, 32 (3), pp. 490 – 527.

［57］ Li Xun, Xu Xianxiang and Li Zhigang, *Land Property Rights and Urbanization in China*, *China Review*, 2010, 10 (1), pp. 11 – 37.

［58］ Lo, Kuang – Ta, *The Crowding-out Effect of Homeownership on Fertility*, *Journal of Family and Economic Issue*, 2012, 33 (1), pp. 108 – 117.

［59］ Lund, B. , *Understanding Housing Policy*, *The Policy Press*, 2006.

［60］ Malta, F. , *Low Income Housing in Brazil*: *The Case of Sao Sebastiao*, *Focus*, 2006, 3 (1), pp. 17 – 22.

［61］ Mayo, S. K. S, *Sources of inefficiency in subsidized housing programs*: *a comparison of U. S. and German experience*, *Journal of Urban Economics*, 1986, 20, pp. 229 – 249.

［62］ Maskin E. and Tirole J. , *Public-private partnerships and government spending limits*, *International Journal of Industrial Organization*, 2008, 26 (2), pp. 412 – 420.

［63］ Matlack J. L. and Vigdor J. L. , *Do Rising Tides Lift All Prices? Income Inequality and Housing Affordability*, *Journal of Housing Economics*, 2006, 17 (3), pp. 212 – 224.

［64］ Mayer C. J. , Gyourko J. and Sinai T. M. , *Superstar Cities*, *Social Science Electronic Publishing*, 2006, 5 (4), pp. 167 – 199.

［65］ Malpass, P. , and Murie A. , *Housing Policy and Practice*, *London*, *Macmillan*, 1999.

［66］ McCluskey W. , *The Property Tax System in Brazil*, *Property Tax*: *An International Comparative Review*, *Ashgate*, 1999, Chapter 13, pp. 266 – 282.

［67］ McMillen, D. P. and J. , McDonald, *Reaction of House Prices to a New Rapid Transit Line*: *Chicago's Midway Line*: *1983 – 1999*, *Real Estate Economics*, 2004, 32 (3), pp. 463 – 486.

［68］ Michael Voigtländer, *A high financial burden for German home buyers*, *IW – Kurzbericht Working papers*, 2016.

［69］ Murray, C. and Clapham, D. , *Housing Policies in Latin America*: *Overview of the Four Largest Economies*, *European Journal of Housing Policy*, 2015, 15 (3), pp. 347 – 364.

［70］ Mulder, C. H. , *Homeownership and Family Formation*, *Journal of Housing and the Built Environment*, 2006, 21 (3), pp. 281 – 298.

［71］ Munch, J. R. , Rosholm M. and Svarer M. , *Are Home Owners Really More Unemployed?*, *The Economic Journal*, 2006, 116 (514), pp. 991 – 1013.

［72］ Murphy, K. M. and Vishny, R. , *Income Distribution*, *Market Size*, *and Industrialization*, *The Quarterly Journal of Economics*, 1989, 104 (3), pp. 537 – 564.

［73］ Navarro, Mario, *Housing Finance Policy in Chile: The Last 30 Years*, *Land Lines*, 2005, 17 (3), pp. 12 – 14.

［74］ Nickell, S. J. and Layard R. , *Labormarket Institutions and Economic Performance*, *Handbook of Labor Economics 3*, 1999, pp. 3030 – 3084.

［75］ Oates, W. E. , *The Effects of Property Taxes and Local Public Spending on Property Values: An Empirical Study of Tax Capitalization and the Tiebout Hypothesis*, *Journal of Political Economy*, 1969, 77 (6), pp. 957 – 971.

［76］ Olsen, E. , *A Competitive Theory of the Housing Market*, *American Economic Review*, 1969, 59 (4), pp. 612 – 622.

［77］ Oswald, A. , *A Conjecture on the Explanation for High Unemployment in the Industrialized Nations*, *University of Warwick Economic Research Papers*, 1996, No. 475.

［78］ Òscar Jordà, Moritz Schularick & Taylor, A. M. , *The Great Mortgaging: Housing Finance, Crises and Business Cycles*, *Economic Policy*, 2016, 31 (85), pp. 107 – 152.

［79］ Partridge, M. D. and Rickman D. S. , *The Dispersion of US State Unemployment Rates: The role of Market and Non-market Equilibrium Factors*, *Regional Studies*, 1997, 31 (6), pp. 593 – 606.

［80］ Pehkonen, J. , *Unemployment and Homeownership*, *Applied Economic Letters*, 1997, 6 (5), pp. 263 – 265.

［81］ Pero, A. S. D. , *Housing policy in Chile: A case study on two housing programmes for low-income households*, *OECD Social Employment & Migration Working Papers*, 2016.

［82］ Pero, A. S. D. , Adema W. , Frey V. , et al, *Policies to promote access to good-quality affordable housing in OECD countries*, *OECD Social Employment & Migration Working Papers*, 2016.

［83］ Peters, P. A. , *Spatial segregation in complex urban systems: Housing and public policy in Santiago, Chile*, *Dissertations & Theses – Gradworks*, *The University of Texas at Austin*, 2009.

［84］ Portnov Boris A. , *The Effect of Housing on Migrations in Israel: 1988 – 1994*, *Journal of Population Economics*, 1998, 11 (3), pp. 379 – 394.

［85］ Ricardo Vela'zquez Leyer, *The Development of Housing in Mexico: A Wel-*

fare Regime Approach, *Real Estate Economics*, 2015, 14 (4), pp. 523 – 539.

[86] Rohe, W. M. and Stegman M., *The Impact of Homeownership on the Social and Political Involvement of Low-income People*, *Urban Affairs Quarterly*, 1994, 30 (1), pp. 152 – 172.

[87] Rosenberg, M., *Conceiving the Self*, New York: *Basic Books*, 1979.

[88] Rossi, P. H. and Weber E., *The Social Benefits of Homeownership*: *Empirical Evidence from National Surveys*, *Housing Policy Debate*, 1996, 17 (1), pp. 1 – 36.

[89] Rodda, D. T., *Rich Man*, *Poor Renter*: *A Study of the Relationship Between The Income Distribution and Low-cost Rental Housing*, *Harvard University*, 1994.

[90] Rosenthal, L., *House Prices and Local Taxes in the UK*, *Fiscal Studies*, 1999, 20 (1), pp. 61 – 76.

[91] Sand, J., *House and Home in Modern Japan*: *Architecture*, *domestic space*, *and bourgeois culture*, 1880 – 1930, *Harvard University Asia Center*, 2005 (223), pp. 33 – 35.

[92] Sánchez, A. C., *Building Blocks for a Better Functioning Housing Market in Chile*, *OECD Economics Department Working Papers*, 2012.

[93] Schwartz, A., S. Susinand I., Voicu, *Has Falling Crime Driven New York City's Housing Boom*? *Journal of Housing Research*, 2003, 14 (2), pp. 101 – 136.

[94] Smith, L. B., Rosen, K. T. and Fallis G., *Recent Development in Economic Model of Housing Markets*, *Journal of Economic Literature*, 1988, 26 (3), pp. 29 – 64.

[95] Taira, K., Urban Poverty, *Ragpickers and the "Ants 'Villa'" in Tokyo*, *Economic Development and Cultural Change*, 1969, 17 (2), pp. 155 – 177.

[96] Trewartha, G. T., *Japanese Cities Distribution and Morphology*, *Geographical Review*, 1934, 24 (3), pp. 404 – 417.

[97] Tiebout, C. M., *A Pure Theory of Local Expenditures*, *Journal of Political Economy*, 1956, 64 (5), pp. 416 – 424.

[98] Valenca M. M., and Bonates M. F., *The Trajectory of Social Housing Policy in Brazil*: *From the National Housing Bank to the Ministry of the Cities*, *Habitat International*, 2010, 34 (2), pp. 165 – 173.

[99] Voith, R., *Transportation Sorting and House Values*, *Real Estate Economics*, 1991, 19 (2), pp. 117 – 137.

359

[100] Wei S. J. , Zhang X. , *The Competitive Saving Motive: Evidence From Rising Sex Ratios and Savings Rates in China*, Journal of Political Economy, 2011, 119 (3), pp. 511 – 564.

[101] Weissmann, E. , *Importance of Physical Planning in Economic Development*, *Housing and economic development*, *A report of a Conference Sponsored at the Massachusetts Institute of Technology by the Albert Farwell Bemis Foundation*, 1955.

[102] Winchester, L. , *Sustainable human settlements development in Latin America and the Caribbean*, Cepal Serie Medio Ambiente Y Desarrollo, 2005, 99 (39), pp. 23 – 27.

[103] Yueh, L. , *What drives China's growth?*, National Institute Economic Review, 2013, 223 (1), pp. 4 – 15.

教育部哲学社會科学研究重大课题攻關項目
成果出版列表

序号	书　名	首席专家
1	《马克思主义基础理论若干重大问题研究》	陈先达
2	《马克思主义理论学科体系建构与建设研究》	张雷声
3	《马克思主义整体性研究》	逄锦聚
4	《改革开放以来马克思主义在中国的发展》	顾钰民
5	《新时期　新探索　新征程 ——当代资本主义国家共产党的理论与实践研究》	聂运麟
6	《坚持马克思主义在意识形态领域指导地位研究》	陈先达
7	《当代资本主义新变化的批判性解读》	唐正东
8	《当代中国人精神生活研究》	童世骏
9	《弘扬与培育民族精神研究》	杨叔子
10	《当代科学哲学的发展趋势》	郭贵春
11	《服务型政府建设规律研究》	朱光磊
12	《地方政府改革与深化行政管理体制改革研究》	沈荣华
13	《面向知识表示与推理的自然语言逻辑》	鞠实儿
14	《当代宗教冲突与对话研究》	张志刚
15	《马克思主义文艺理论中国化研究》	朱立元
16	《历史题材文学创作重大问题研究》	童庆炳
17	《现代中西高校公共艺术教育比较研究》	曾繁仁
18	《西方文论中国化与中国文论建设》	王一川
19	《中华民族音乐文化的国际传播与推广》	王耀华
20	《楚地出土戰國簡册［十四種］》	陈　伟
21	《近代中国的知识与制度转型》	桑　兵
22	《中国抗战在世界反法西斯战争中的历史地位》	胡德坤
23	《近代以来日本对华认识及其行动选择研究》	杨栋梁
24	《京津冀都市圈的崛起与中国经济发展》	周立群
25	《金融市场全球化下的中国监管体系研究》	曹凤岐
26	《中国市场经济发展研究》	刘　伟
27	《全球经济调整中的中国经济增长与宏观调控体系研究》	黄　达
28	《中国特大都市圈与世界制造业中心研究》	李廉水

序号	书　名	首席专家
29	《中国产业竞争力研究》	赵彦云
30	《东北老工业基地资源型城市发展可持续产业问题研究》	宋冬林
31	《转型时期消费需求升级与产业发展研究》	臧旭恒
32	《中国金融国际化中的风险防范与金融安全研究》	刘锡良
33	《全球新型金融危机与中国的外汇储备战略》	陈雨露
34	《全球金融危机与新常态下的中国产业发展》	段文斌
35	《中国民营经济制度创新与发展》	李维安
36	《中国现代服务经济理论与发展战略研究》	陈　宪
37	《中国转型期的社会风险及公共危机管理研究》	丁烈云
38	《人文社会科学研究成果评价体系研究》	刘大椿
39	《中国工业化、城镇化进程中的农村土地问题研究》	曲福田
40	《中国农村社区建设研究》	项继权
41	《东北老工业基地改造与振兴研究》	程　伟
42	《全面建设小康社会进程中的我国就业发展战略研究》	曾湘泉
43	《自主创新战略与国际竞争力研究》	吴贵生
44	《转轨经济中的反行政性垄断与促进竞争政策研究》	于良春
45	《面向公共服务的电子政务管理体系研究》	孙宝文
46	《产权理论比较与中国产权制度变革》	黄少安
47	《中国企业集团成长与重组研究》	蓝海林
48	《我国资源、环境、人口与经济承载能力研究》	邱　东
49	《"病有所医"——目标、路径与战略选择》	高建民
50	《税收对国民收入分配调控作用研究》	郭庆旺
51	《多党合作与中国共产党执政能力建设研究》	周淑真
52	《规范收入分配秩序研究》	杨灿明
53	《中国社会转型中的政府治理模式研究》	娄成武
54	《中国加入区域经济一体化研究》	黄卫平
55	《金融体制改革和货币问题研究》	王广谦
56	《人民币均衡汇率问题研究》	姜波克
57	《我国土地制度与社会经济协调发展研究》	黄祖辉
58	《南水北调工程与中部地区经济社会可持续发展研究》	杨云彦
59	《产业集聚与区域经济协调发展研究》	王　珺

序号	书　名	首席专家
60	《我国货币政策体系与传导机制研究》	刘　伟
61	《我国民法典体系问题研究》	王利明
62	《中国司法制度的基础理论问题研究》	陈光中
63	《多元化纠纷解决机制与和谐社会的构建》	范　愉
64	《中国和平发展的重大前沿国际法律问题研究》	曾令良
65	《中国法制现代化的理论与实践》	徐显明
66	《农村土地问题立法研究》	陈小君
67	《知识产权制度变革与发展研究》	吴汉东
68	《中国能源安全若干法律与政策问题研究》	黄　进
69	《城乡统筹视角下我国城乡双向商贸流通体系研究》	任保平
70	《产权强度、土地流转与农民权益保护》	罗必良
71	《我国建设用地总量控制与差别化管理政策研究》	欧名豪
72	《矿产资源有偿使用制度与生态补偿机制》	李国平
73	《巨灾风险管理制度创新研究》	卓　志
74	《国有资产法律保护机制研究》	李曙光
75	《中国与全球油气资源重点区域合作研究》	王　震
76	《可持续发展的中国新型农村社会养老保险制度研究》	邓大松
77	《农民工权益保护理论与实践研究》	刘林平
78	《大学生就业创业教育研究》	杨晓慧
79	《新能源与可再生能源法律与政策研究》	李艳芳
80	《中国海外投资的风险防范与管控体系研究》	陈菲琼
81	《生活质量的指标构建与现状评价》	周长城
82	《中国公民人文素质研究》	石亚军
83	《城市化进程中的重大社会问题及其对策研究》	李　强
84	《中国农村与农民问题前沿研究》	徐　勇
85	《西部开发中的人口流动与族际交往研究》	马　戎
86	《现代农业发展战略研究》	周应恒
87	《综合交通运输体系研究——认知与建构》	荣朝和
88	《中国独生子女问题研究》	风笑天
89	《我国粮食安全保障体系研究》	胡小平
90	《我国食品安全风险防控研究》	王　硕

序号	书　名	首席专家
121	《农民工子女问题研究》	袁振国
122	《当代大学生诚信制度建设及加强大学生思想政治工作研究》	黄蓉生
123	《从失衡走向平衡：素质教育课程评价体系研究》	钟启泉 崔允漷
124	《构建城乡一体化的教育体制机制研究》	李　玲
125	《高校思想政治理论课教育教学质量监测体系研究》	张耀灿
126	《处境不利儿童的心理发展现状与教育对策研究》	申继亮
127	《学习过程与机制研究》	莫　雷
128	《青少年心理健康素质调查研究》	沈德立
129	《灾后中小学生心理疏导研究》	林崇德
130	《民族地区教育优先发展研究》	张诗亚
131	《WTO 主要成员贸易政策体系与对策研究》	张汉林
132	《中国和平发展的国际环境分析》	叶自成
133	《冷战时期美国重大外交政策案例研究》	沈志华
134	《新时期中非合作关系研究》	刘鸿武
135	《我国的地缘政治及其战略研究》	倪世雄
136	《中国海洋发展战略研究》	徐祥民
137	《深化医药卫生体制改革研究》	孟庆跃
138	《华侨华人在中国软实力建设中的作用研究》	黄　平
139	《我国地方法制建设理论与实践研究》	葛洪义
140	《城市化理论重构与城市化战略研究》	张鸿雁
141	《境外宗教渗透论》	段德智
142	《中部崛起过程中的新型工业化研究》	陈晓红
143	《农村社会保障制度研究》	赵　曼
144	《中国艺术学学科体系建设研究》	黄会林
145	《人工耳蜗术后儿童康复教育的原理与方法》	黄昭鸣
146	《我国少数民族音乐资源的保护与开发研究》	樊祖荫
147	《中国道德文化的传统理念与现代践行研究》	李建华
148	《低碳经济转型下的中国排放权交易体系》	齐绍洲
149	《中国东北亚战略与政策研究》	刘清才
150	《促进经济发展方式转变的地方财税体制改革研究》	钟晓敏
151	《中国—东盟区域经济一体化》	范祚军